미국과 아시아

1950년대 세계성의 심상지리

America and Asia in Imagination

The Imaginative Geography of the World in 1950s Korea

아연동북아
총서 _ 28

미국과 아시아

1950년대 세계성의 심상지리

| 권보드래 편저 |

아연출판부
고려대학교 아세아문제연구소

아연동북아총서 발간에 부쳐 8
책머리에 10

| 제1부 | 번역, 문학, 세계성

1장 1950년대 번역 장의 형성과 문학번역
: 국가권력, 자본, 문학의 구조적 상관성을 중심으로 | 이봉범 14

| 제2부 | 미국 표상과 젠더

2장 1950~60년대 펄 벅 수용과 미국
| 김윤경 108

3장 명랑소설의 장르 인식, '오락'과 '(미국) 문명'의 접점
: 1950년대 중·후반 『아리랑』의 명랑소설을 중심으로 | 이선미 135

4장 최재서의 '맥아더'
: 맥아더 표상을 통해 본 한 친일 엘리트의 해방 전후 | 정종현 171

| 제3부 | 식민과 냉전의 심상지리

5장 오영진과 반공·아시아·미국
: 이승만 전기극 〈청년〉과 〈풍운〉을 중심으로 | 김옥란 212

6장 1950~60년대 냉전문화의 번역과 '김수영' | 박연희 261

| 제4부 | 미국 너머의 세계, 그 시도와 좌절

7장 1950년대 대중가요의 아시아적 이국성과 국제성 욕망 | 이영미 298

8장 한국 영화의 세계성과 지역성, 또는 민족영화의 좌표
: 1950년대 영화 비평담론을 중심으로 | 이순진 344

9장 린위탕(林語堂), '동양'과 '지혜'의 정치성
: 1950~60년대의 린위탕 열풍과 두 개의 중국 | 권보드래 385

영문 초록 426

Preface 8

Acknowledgements 10

| Section 1 |

Translation, Literature, and Globality

Chapter 1 The Formation of Translation Field and Literary Translation in the 1950s
: Structural Relationship of the State, Capital and Literature
| Lee, Bong Beom 14

| Section 2 |

The Representation of America and Gender Politics

Chapter 2 The Reception of Pearl Buck and the Image of America in the 1950~60s | Kim, Yunkyung 108

Chapter 3 The Convention and Consciousness of the 'Humor Novel' in the Late 1950s
: The Humor Novels as a Contact Zone of 'Entertainment' and '(American) Civilization' | Lee, Sunmi 135

Chapter 4 Choi Jaeseo's MacArthur
: The Representation of MacArthur by (Post)Colonial Period Elites
| Jeong Jonghyun 171

| Section 3 |
The Imaginative Geography of the Colonial Period and Cold War Era

Chapter 5 Anticommunism, Asia, America, and Oh Youngjin
: 〈The Youth〉 and 〈Storm Riders〉 as Biographical Dramas of Rhee Syngman | Kim, Ock-ran 212

Chapter 6 The Translation of Cold War Culture and Kim Su-young's Translational Practice in the 1950~60s | Park, Yeon Hee 261

| Section 4 |
The World Beyond America: Experiments and Traces

Chapter 7 The Asiatic Exoticism and Desire for Internationality of 1950s Popular Songs | Lee, Young Mee 298

Chapter 8 The Globality and Locality of Korean Cinema, and the Cartography of National Cinema
: Criticism of the 1950s | Lee, Soonjin 344

Chapter 9 Lin Yutang and the Cultural Politics of Chinese Liberalism
: The Readership of Lin Yutang and Korea between Two Chinas | Kwon, Boduerae 385

Abstract 426

아연동북아총서 발간에 부쳐

탈냉전 이후 동아시아의 역동적 발전은 역내의 정치-외교, 경제 질서뿐만 아니라 문화, 사상, 종교 등의 제 영역에서 새로운 변화를 추동하고 있다. 이런 변화는 일국적 차원의 고찰로는 해명될 수 없는 복잡하고도 민감한 초국가적(transnational) 현상을 낳고 있다. 특히 동북아시아는 지리적 인접성, 공통의 역사-문화적 경험, 협력과 공존의 필요성 등으로부터 연유하는 초국가적 사고와 움직임이 활성화되고 있다. 이런 동북아에 대한 이해를 심화, 확대하고 새로운 해석과 전망을 제공하기 위해서는 국가별 연구나 학문 분과의 분절적 연구를 넘어 동북아시아를 분석의 단위로 삼는 다학문적·학제적 연구가 요청된다.

동북아시아 연구가 갖는 실천적 의미는 매우 중요하다. 주지하듯이 동북아시아는 세계의 어느 지역보다도 급속한 변화와 발전상을 보여 주고 있음에도 불구하고, 여전히 근대성의 문제와 냉전의 구도에 얽매여 있는 곳이다. 20세기 전반기의 제국주의 침략과 식민 경험은 오늘에도 국가적·민중적 기억을 지배하고 있다. 냉전의 산물인 남북 분단과 북한의 핵 위협은 동북아시아의 커다란 불안 요소가 되고 있다. 국가 간 역사 및 영토 분쟁 또한 동북아의 평화로운 발전에 장애로 남아 있다. 그러나 우리는 불편한 역사적 경험과 현재의 불안정이 다른 한편으로 동북아시아의 여러 구성 요소들을 상호 긴밀히 연결시키고, 그로부터 문제 해결을 위한 공통의 기반이 마련될 수 있음에 주목한다. 동북아시아는 대립과 갈등의 무대이기도 하지만 평화와 공존의 모색을 위한 토대이기도 하다. 이제 동북아 연구는 동북아가 처한 현실을 객관적으로 진단하고, 평화로운 미래를 건설하는 시대의 요청에 부응하지 않으면 안 된다.

고려대학교 아세아문제연구소(이하 아연)는 대표적인 동북아시아 지역 종합 연구소로서 학제 간 연구를 통한 동북아 지역 연구를 이끌어 왔다. 1957년 설립된 이래 아연은 구한국 외교문서와 공산권 연구 총서 및 동아시아 연구 총서, 중국 연구 총서, 한일 공동 연구 총서, 민주주의 총서 등 연구 성과의 체계적 집성을 통해 학문적 차원에서 현실을 진단하고 바람지한 미래의 방향을 전망하는 대학 연구소의 역할을 충실히 수행해 왔다. 2008년부터는 한국연구재단의 '인문 한국'(HK) 사업 해외지역학 분야의 지원 기관으로 선정되어, '동북아시아의 초국가적 공간: 사상·사회·문화·제도의 교류와 재구성'이라는 연구 어젠다를 중심으로 10년 기간의 대규모 프로젝트를 진행하고 있다. 이제 아연은 지난 50여 년 동안 축적된 연구 경험과 현재 진행 중인 '인문 한국' 사업의 성과, 각종 동북아 지역 연구 지원, 국내외 소장 학자 교류 지원 프로그램 등을 기반으로 해 〈아연동북아총서〉를 발간한다. 이 총서의 성과가 동북아 공동의 문제를 해결하고 조율하며 바람직한 미래를 모색하는 장이 될 수 있기를 기대하면서, 관심 있는 분들의 격려와 질정을 바란다.

아세아문제연구소장 이종화

책머리에

『미국과 아시아 – 1950년대 세계성의 심상지리』는 권보드래·김옥란·김윤경·박연희·이봉범·이선미·이순진·이영미·정종현이 함께 출판하는 두 번째 책이다. 함께 공부해 온 지 벌써 10년을 넘겼다. 2007년 봄 '시민의 탄생에 대한 문화론적 연구 – 1950년대 매체에 나타난 자유·민주·교양 담론과 시민 표상을 중심으로'라는 거창한 표제 하에 당시 학술연구진흥재단 공동 연구 사업에 지원하기 위해 만났던 것이 출발점이다. 막상 사업에는 선정되지 않았지만 사업을 준비하면서 오래 함께 할 동력을 얻었고, 한 차례는 운 좋게 선정되어 3년간 '아시아재단과 한국의 냉전문화'란 주제 하에 자료를 수집해 공부하고 학술 대회를 개최하면서 논문을 발표했다. 그 사이 몇 명은 취직했고 몇몇은 직장을 옮겼고 누구는 많이 아팠고 누군가는 가까운 사람을 떠나보내기도 했다.

이 책은 그 10여 년 세월의 딱 복판에서 쓴 글을 모은 것이다. 여기 실린 대부분의 글이 2012~13년의 소작(所作)이니 책으로 묶는 데 어지간히 게을렀다고 할 수 있겠다. 다만 그 책임은 총괄과 실무를 맡았던 개인이 전적으로 져야 할 몫이다. 2013년 말 전체 원고가 모인 것을 일괄해 손질하고 표제를 단다는 핑계로 무려 3년 넘게 묵혔다. 그 사이 단 한 번도 독촉하거나 꾸지람하는 말이 나온 적 없었으니 우리 모임은 참 무던하고도 무심한 사람들만 모였는가 싶다.

다행히 대부분 글의 문제의식은 여전히 유효하다고 생각한다. 이 책을 구상할 때 욕심은 1950년대 한국인들의 관념과 상상 속에서 '세계'가 어떻게 달라졌는지 알아보고 싶다는 것이었다. 1910~45년을 통해 한반도의 주민들은 식민지라는 근본적 제약 속에서나마 '세계'의 확장과 재편을 경험해 왔다. 일본 제국의 확대를 따라, 혹은 제국에 맞서는 운동 속에서 중국·러시아와 동남아시아에 이르는 지역을 편력하기도 하고 멀리 미국과 유럽에까지 닿기도 했다. 해방 후 분단과 전쟁을 겪으면서 상황은 크게 달라진다. 한반도 남반부의 대한민국은 북방으로의 길을 잃고 아시아 내 교역로도 거의 차단당한 채 미국이라는 초강대국에 대한 의존도를 빠르게 높여갔다.

이 책에서는 이렇듯 미국이 급부상하면서 식민지시기의 '세계'가 재편되는 양상을 추적하고자 했다. 이를 위해 1950년대의 문학·문화장에서 번역을 통해 세계성이 구축된 경과를 살피는 데서 시작해, 맥아더와 펄 벅이라는 미국 상징의 부성적(父性的)·모성적(母性的) 모델이나 대중잡지에서의 미국 문명 수용을 검토하고, 최재서·오영진·김수영 등 문제적 개인을 통해 냉전의 심상지리가 구성되고 비판받은 내력을 일별했으며, 대중가요와 영화 및 독서시장에서 미국 너머의 세계가 기억되고 추구되어 온 면모에도 주목했다. '아메리카니즘'이라 요약해야 할 현상이 초점이 될 수밖에 없었으나 그렇게 초점을 맞출 때도 자생적 사회·문화적 욕구와의 역동적 관계에 관심을 두려 했다.

한국전쟁 후 1950년대는 이른바 '자유진영'과 '공산진영'이 대립하고 '제3세계'가 대두하던 무렵이다. 세계적 냉전기의 첫머리라 일컬을 수 있겠다. 중국과 동남아시아, 유럽에도 힘닿는 대로 시선을 돌렸지만 '공산진영'이나 '제3세계'에 대한 상상을 추적하는 데는 이 책이 아무래도 부족하다는 생각이다. 다행히 다른 연구자들이 이 주제에 대한 관심을 확산시키고 있는 중이고, '냉전'과 '아시아'를 화두 삼아 공부하는 과정에서 우리 또한 부족한 몫을 채워나갈 수 있으리라 생각한다. 첫 번째 책 『아프레걸 사상계를 읽다 – 1950년대 문화의 자유와 통제』를 출간한 것이 2009년이었으니 그 동안 근 10년이 지난 셈인데, 지금 준비 중인 세 번째 책에는 좀 더 부지런할 것 역시 다짐해 본다.

이 책은 공부 모임에서 함께 한 공영민·공임순·김병오·박현선·심혜경·안진수·우지현·이상준·이영재·이화진·조준형 선생과의 우정의 산물이기도 하다. 필자로 다 참여하진 못했으나 이분들과 함께 공부하고 토론한 기억이 책의 갈피갈피에 녹아 있기를 바란다. 세월 그 자체를 자랑 삼을 수야 없겠지만, 문학·연극·영화·대중가요 등 다양한 장르 연구자들이 10여 년 동안 느릿느릿 노닥노닥, 그러면서도 꾸준히 만나 온 것 자체가 우리 모임의 힘이거니 싶을 때가 많다. 삶에서나 공부에서나 소중한 인연이 오래 이어지기를. 책 출간을 지원해 주시고 오래 기다려 주신 고려대학교 아세아문제연구소에도 깊은 감사를 전한다.

2018년 2월
글쓴이들을 대표해 권보드래

제1부

번역, 문학, 세계성

1장

1950년대 번역 장의 형성과 문학번역

국가권력, 자본, 문학의 구조적 상관성을 중심으로

이봉범

1. 1950년대 번역 장 형성의 특수성

국가권력, 출판자본, 문화 주체
- 장기적 관점에서 본 1950년대의 번역

1950년대는 한국번역(문학)사에서 번역의 장이 문화제도적으로 조형된 최초의 연대이다. 번역물의 경이적 폭증 및 번역의 표준적 규범을 둘러싼 담론 투쟁이 지속적으로 전개된 당대 번역의 특징적 양상에 기댄 평가만은 아니다. 이보다는 번역이 사회문화 전반의 핵심 의제로 공론화된 가운데 공론의 장에서 나름의 자립성을 지닌 번역의 다양한 주체들, 이를테면 국가권력, 출판자본, 문화 주체(독자 포함) 등이 각기 분명한 의도와 실행력을 갖추고 상호 인정 투쟁을 벌이면서 번역의 제도화가 이루어졌다는 것에 근거한 판단이다. 국가권력은 문화적 후진성 극복과 문화 유신(維新)을 목표로 내걸고 번역을 통해 학술 진흥을 성취한 메이지 시기 일본과 전후 독일을 모델로 한 '외국도서번역 간행사업'을 정책적으로 추진했으며, 출판 자본은 문화계몽기관을 자임하며 전(선)집, 단행본, 문고본 등 다양한 번역 출판 활동을 전개했다. 코즈모폴리턴을 자처한 문학 주체들 또한 한국 문학의 재건이라는 명제를 내세우면서 번역문학을 통한 민족문학의 세계문학으로의 지양을 꾀했다. 물론 이 같은 명분 이면에는 각 주체가 처한 상황적 조건에 따른 정치적 셈법이 깊숙이 게재되어 있었다. 국가권력은 대(對)사회문화적 통제력을 강화해 지배체제의 안정적 재생산을 도모하기 위해, 출판자본은 상업적 이윤의 극대화와 시장개척을 위해, 문학 주체는 생계유지의 수단, 문학적 자양분의 섭취, 문단권력의 확보를 위해 각각 번역을 호명하고 가능한 자원을 총동원해 번역의 주도권을 선취하려 기도했다. 그 경합은 일정한 세력 균형 속에 새로운 '번역의 표준 정하기'라는 틀에서 전개된다. 문제는 그 번역표준이라는 것이 현실적으로 존재하지 않는다는 데 있다. 따라서 각 번역 주체는 각자의 특수한 이해관계에 기초해 암묵적으로 용인되었던 기존의 규범적 질서를 변경하거나 새롭게 창안해야만 했다. 그 결과 서로 모순된 이해만큼이나 다양한 번역표준이 제기될 수밖에 없었으며 부정과 부정의 담론 투쟁이 불가피했다. 요약하건대 번역표준을 중심으로 전개된 당대 번역담론 투쟁은 각 세력의 투쟁과 타협, 갈등과 교류가 일어나는 장으로 기능하는 가운데 번역의 제도화를 촉진시키는 매개가 된다. 그 과정에서 번역은 일시적 유행어가 아닌 하나의 시대적 숙어(熟語)로 정착되었으며, 번역계에 획기적이고 긍정적인 변화들이 야기되기에 이른다.

그런데 1950년대 번역 장의 형성은 통시적으로 볼 때 번역을 발판으로 근대화를 이룩하려고 했던 과거 번역문화의 수렴이자 확산이라는 이중적 의미를 지닌다. 그 수렴의 과정은 탈(脫)식민 내지 반(反)식민의 문제와 내접되어 있다. 다시 말해 식민지 시기 이래 누적되어 온 번역 실천과 직접적으로 관련된 유산들과 이로부터 파생된 관행과 내면화된 관념들, 예컨대 창작 및 연구 대비 번역의 열등한 위상, 직역(충실성)/의역(가독성)의 이분법적 대립 인식, 오역 지적 위주의 번역비평, 중역(重譯), 특히 일본어 중역의 범람과 이에 대한 극단적 혐오, 번역출판의 저작권에 대한 윤리적 불감증, 새것(외국의 것) 콤플렉스와 전통 부정, 외국어 능력자의 번역 능력에 대한 과도한 신뢰 등에 대한 연속(단절)과 전환의 맥락에서 번역 장이 정초되었던 것이다. 그것은 해방 직후 미군정기 및 단정 수립 후의 번역유산도 아울러 포함한 것이었다. 특히 좌우익을 막론하고—비록 그것이 특수 관계에 있는 정파의 노선이나 이해관계를 무비판적으로 반영하는 즉자적 정파성을 충실하게 대변한 것이었다고 하더라도—세계문학과의 굳건한 제휴를 통해 민족문화 건설을 주창한 가운데 서구 사상과 문화를 적극적으로 수용·번역함으로써 번역의 새로운 전기를 마련했음에도 불구하고 이념(정치)의 절대성에 압도되어 기형적으로 주조된 번역 지형의 전환까지도 내포한 것이었다. 어쩌면 두 겹의 탈식민의 과제를 수반했다고 볼 수 있다.

물론 그 작업이 합리적으로 원활하게 수행된 것은 아니다. 번역의 제도적 위상 제고, 번역의 직능적 전문화와 같은 긍정적 결과를 이끌어낸 바 있지만 식민유산이 온존·강화된 측면도 이에 못지않았다. 식민잔재 청산의 당위성에서 비롯된 과도한 반일감정에 따른 부정의 반동이 번역론의 합리적 모색을 방해했을 뿐만 아니라 제1공화국 지배이데올로기의 일종이었던 반일주의의 규정력, 게다가 1952년부터 시작된 한일회담이 네 차례 거듭 파행되면서 야기된 재식민화에 대한 우려가 전 사회적으로 고조되는 시대 상황적 구속성이 크게 작용했다고 볼 수 있다. 김병철은 우리의 근대 번역문학을 일본적 요소로부터 탈피해 가는 도정으로, 반면 해방 후 현대 번역문학은 번역문학의 완벽성에로 전진해 가는 것으로 다소 희망적 관찰을 피력했지만,[1] 후자의 도정 또한 이데올로기적 규율에 맞서는 것과 더불어 식민유산의 청산을 수행하는 지난한 과정이었다고 봐야 한다.

확산의 과정은 당대적 결실보다는 오히려 후일에 미친 효과라는 차원에서 더 큰 의의를 지닌다. 그것은 가시적 및 비가시적 측면 모두에서 관찰할 수 있다. 가시적으로는 당대 번역의 경험과 성과가 과정적으로 수렴되는 것에서 확인할 수 있다. 가령 폐쇄적 개방의 문화지형에서 지배이데올로기, 특히 냉전적 반공주의와 친연성을 지닌 일체의 사상과 문화가 무차별적으로 도입·번역됨으로써 번역물의 총량적 증대가 야기되고 그것이 조정의 절차를 거쳐 일정한 체계 하에 수렴되는 과정과—『세계문학전집』과 같은—또 이 전집류와 기타 단행본, 문고본의 번역출판을 토대로 1960년대 셰익스피어전집과 같은 기획번역 출판이 성행하게 되는 일련의 도정에서 1950년대 번역의 영향을 확인해 볼 수 있다. 비가시적인 영향은 쉽게 계량화하기 어려우나 김수영과 김현의 예에서 단서를 찾아볼 수 있다. 즉 김수영의 경우 번역을 통해 탈식민적 의식세계를 모색하는 가운데, 다소 비약하자면 번역이 저항과 문학적 혁신 수단으로 기능하는 것에서, 김현의 경우는 외국 문학을 선험적인 것으로 인정하고 받아들인 오류를 자기반성하고 문학의 고고학이라는 새로운 방법론을 안출하는 과정에서 각각 그 흔적을 발견할 수 있다.[2] 1950년대 번역의 당대적 의의를 폄하하고자 함은 아니다. 다만 현재의 번역학의 수준으로 볼 때 1950년대 또한 번역(문학)의

1_김병철, 『한국현대번역문학사연구 (상)』, 을유문화사, 1998, 7면 참조.

2_김현과 번역의 관계에 대한 포괄적인 분석은 조재룡, 『번역의 유령들』, 문학과지성사, 2011, 326~393면 참조.

후진성을 여전히 여실하게 보여 준다고 하더라도 장기 지속의 관점에서 1950년대 번역을 접근해야 한다는 점을 환기해 두고자 함이다. 김병철이 1960년대를 번역문학의 르네상스적 개화기로, 1950년대를 그 시초의 연대로 규정한 것도 이런 계기적 연속성을 염두에 둔 것이었다.

번역과 문화장치 – 검열, 매체, 출판

공시적 차원에서 1950년대 번역 장은 또 다른 층위의 제도적 요인들과 불가분의 상관성을 지닌 채 형성된다. 즉 검열, 매체, 출판, 학술 등의 문화장치와 영향을 밀접하게 주고받는다. 먼저 검열제도는 외국 서적의 유입 차단과 번역 후 취체의 두 차원에서 광범하게 이루어진다. 양서(洋書)의 수입은 경제적 여건(달러 보유 문제)을 근거로 불허되다가 1954년 가을 '에브리맨스 라이브러리' 3세트가 신용장(letter of credit)에 의해 최초로 수입 허가된 이래 원조자금, 특히 ICA(International Cooperation Administration) 원조자금을 이용한 관급성 수입과 민간업자(실수요자 포함)의 수입 두 경로로 이루어지는데, 엄격한 추천기준을 적용했다. 국시(國是), 즉 반공주의에 저촉된 일체의 경우는 원천적으로 불허되었으며 심지어 공산주의적 서적을 주로 간행하는 출판사의 여타 출판물까지도 수입을 금지시켰다. 이 규정은 외화 수입, 외국 레코드 수입의 경우에도 마찬가지로 적용된다. 문학의 경우는 이에 덧붙여 장르상 평론은 괜찮아도 작품의 도입은 1950년대 후반까지 금지되었다.[3] 그로 인해 노벨문학상 수상 작품조차 국내에서는 구득

3_「外書 읽히는 동태」, 『동아일보』, 1958.9.23.

할 수 없는 난센스가 벌어지기까지 한다. 허가를 받아 수입되었다고 하더라도 그것을 번역 출판하고자 할 때는 또다시 검열당국의 허가를 재차 받아야 했으며, 나아가 번역 출판되었다 하더라도 검열당국에 의해 발매 금지, 반포 금지, 압수 조치 등 행정처분이 행사되었다. 원서든 번역본이든 외서는 이중삼중의 검열을 통과해야만 사회적 소통이 가능했던 것이다. 일서(日書)의 경우는 더 가혹했다. 학계의 끈질긴 요청에 의해 전시 부산에서 서적의 종목과 수량을 제한한 가운데 학술연구에 필요한 경우에만 수입이 승인되었는데, 그러한 규정은 1954년 이후에 한층 강화된다. 특히 민간차원의 수입은 실수요자의 증명이 첨부되어야만 그것도 제한된 범위 내에서 수입이 가능했다. 문교부가 추진한 '외국도서번역 간행사업'에서도 일서는 원칙적으로 배제되었고, 1954년부터는 국문 출판의 일본에서의 인쇄 수입도 일체 금지되었다. 영화의 경우 일본 작품의 모작 또는 표절은 두말할 나위가 없고 한 구절 이상의 일본어 사용이나 일본의 의상 및 풍속 표현이 모두 금지되었다. 명백한 차별 조치였다고 할 수 있다. 따라서 1950년대 공식적인 수입절차를 거쳐 번역 출판된 일서는 없다고 봐야 한다.

그런데 검열과 번역의 관계에서 간과해서는 안 될 요목은 첫째, 경색된 외국 문화 수입 조치로 인해 번역의 영역이 위축되었음에도 불구하고 다른 한편으로는 번역물의 과잉이 초래된다는 점이다. 그 내용도 반공주의만이 아니고 자유, 민주, 교양과 같은 근대 지식(사상) 전반이 두루 포괄되었으며 사회민주주의 경향까지도 번역 게재·출판된다는 것에 주목할 필요가 있다. 사상 통제 및 지배이데올로기의 확산과 침투에 역점을 둔 당대 검열정책이 초래한 역효과였다.[4] 즉 반공 이외의 지식과 사상에 대한 사전 봉쇄에도 불구하고 자유민주주의에서 탈정치적 대중물에 이르기까지 다양한 조류의 번역이 가능했던 것은 그것이 반공주의를 공고히 하기 위한 불가피한 방편이었기 때문이다. 반공주의를 정점으로 자유민주주의의와 반일주의가 수직적 위계관계를 형성했던 당대 지배이데올로기의 내적 파열이었다고 볼 수 있다. 둘째, 검열의 반복적 일상화로 인해 문화 주체들의 내면화된 자기 검열이 번역의 영역에서도 정착되었다는 점이다. 가령 사르트르가 코뮤니즘에 전향을 했기 때문에 『구토』 번역본을 발행 금지시켜야 한다는 임긍재의 견해, 러시아혁명 후의 문학작품이 인간성이 왜곡된 사회의 산물이기에 번역의 대상에서 배제시켜야 마땅하다는 손우성의 주장[5] 등은 반공주의의 내면화의 정도를 잘 보여 준다.

출판제도 역시 당대 번역의 존재방식에 큰 영향을 끼친다. 거시적으로는 번역의 활성화에 크게 기여했다. 한국전쟁을 계기로 새롭게 등장한 희망사, 신태양사, 학원사, 사상계사, 삼중당 등의 출판자본과 비교적 안정적 재생산구조를 확보하고 있던 을유문화사, 정음사 등 거의 모든 출판사들이 공히 번역, 특히 문학번역물을 특화시키는 전략을 구사한 가운데 사활을 건 경쟁구도가 조성됨으로써 번역의 수요가 급증하게 된다. 신태양사 같은 경우는 문학번역, 즉 게오르규의 『25시』(전 2권, 김송 역(譯))의 수익을 토대로 창립되었으며 이후에도 『25시』의 연속 10판과 프랑수아 사강의 『슬픔이여 안녕』, 야스모도 도스에꼬(安本末子)의 『구름은 흘러도』 등 문학번역 단행본이 공전의 베스트셀러가 됨으로써 창출한 수익으로 재정적 안정성을 확보하는 행보를 보인 바 있다. 물론 모두 일본어 중역이었다. 문학번역물은 교과서 출판과 더불어 1950년대 출판자본의 특화 상품이었던 것이

4_이에 대한 구조적 분석은 이봉범, 「1950년대 문화 재편과 검열」, 『한국문학연구』 34, 동국대 한국문학연구소, 2008, 33~39면 참조.

5_손우성, 「문화건설과 번역문학」, 『신천지』, 1953.12, 157면.

다. 이 같은 전략이 단행본에서 시작해 문고본, 전(선)집 분야로 확대됨으로써 번역의 수요가 공급을 능가하는 현상이 발생하게 되고 그에 따른 원고난, 역자난이 가중된다. 그 번역 붐의 흐름이 가속되어 번역문학사의 획기적 계기로 평가되는 세계문학전집의 기획 출판으로 귀결되기에 이른다. 그 과정에서 중복 출판, 무단 출판, 추월경쟁에 따른 졸속 출판, 역자 도용, 출판사 간의 역서 전매행위 등 번역출판의 부도덕성이 불거졌지만, 번역의 사회적 저변 확대 및 잠재적 번역 수요를 창출하는 등의 긍정적 효과를 야기하게 된다.

한 가지 더 주목할 것은 이들 출판자본이 대체로 잡지를 겸영했고 아울러 잡지 연쇄전략을 구사함으로써 번역이 잡지에서도 중시된다는 사실이다. 물론 『사상계』의 번역이 구미 편중을 보이듯[6] 각 잡지의 편집노선에 따라 번역 대상이 특정되지만 총량적으로 볼 때 잡지의 번역 수요는 단행본을 상회하는 수준이었다. 특히 잡지는 외국 문헌의 번역과 더불어 한국 문학의 외국어 번역에도 적극적으로 참여한다. 어쩌면 후자를 선도한 대표적 기관이었다. 한국 최초의 계간지 『지성(知性)』이 국내 평판작의 영역(英譯), 즉 김성한의 「귀환」(“Coming Home”/강봉식 역), 송병수의 「쇼리 김」(“Shortie Kim”/류의상 역), 오상원의 「유예」(“Respite”/서의돈 역) 등을 번역 게재한 시도는 한국 문학의 외국어 번역을 촉진시키는 촉매 역할을 한다. 다른 한편 출판자본이 번역의 불구화를 조장하는 데 기여한 바도 매우 컸다. 번역출판의 대상 선택에 압도적인 주도권을 행사하고 실제 번역 과정

6_『사상계』의 번역 실상과 그 출처에 대해서는 권보드래, 「『사상계』와 세계문화자유회의; 1950~1960년대 냉전 이데올로기의 세계적 연쇄와 한국」, 『아세아연구』 54-2, 고려대 아세아문제연구소, 2011 참조.

에서도 영리추구를 위해 과도한 간섭, 이를테면 번역자에게 생략을 무리하게 강요함으로써 최소한의 충실성 규범조차 지킬 수 없게 만드는 일이 횡행했다. 그 정도는 당국의 제약을 능가하는 수준이었다.[7] 그 과정에서 번역가는 청부 번역의 기능인으로 배치되고 따라서 번역 주체의 번역 실천은 극히 제한될 수밖에 없었다. 이렇듯 정치권력과 더불어 출판자본이 번역 텍스트의 결정에 전폭적 권능을 행사했다는 사실은 당대 번역이 문화권력 및 이데올로기와 자본의 영향 속에 존재했다는 것을 시사해 준다.

위에서 살펴본 바와 같이 1950년대 번역 장의 형성은 이중삼중으로 중첩된 근대적 유산을 극복하는 것과 동 시기 문화제도와의 상호작용이 교차되는 가운데 복잡다단한 과정을 거칠 수밖에 없었다. 더욱이 번역과 밀접한 연관성을 지닌 문화제도적 장치들 또한 번역제도와 마찬가지로 탈식민의 차원에서 생성 중에 있었기 때문에 그 복잡성이 증폭된다. 이 같은 사실은 한국번역(문학)사에서 1950년대라는 특정 시공간이 중시되는 이유가 되며 나아가 1950년대 번역을 살핌에 있어 번역(작품)에 직간접적인 영향을 끼친 구조적인 요인까지 포괄해 접근해야 함을 요청한다고 볼 수 있다. 그것은 단순히 번역 상황을 점검하는 수준을 넘어 번역이 당대 한국 사회의 정치적, 문화적 사유의 재편에 어떻게 개입했는가를 묻는 작업으로까지 논의의 지평을 넓혀야 한다는 것을 뜻한다. 이는 번역 텍스트에 대한 징후적 독해, 즉 번역의 표피와 더불어 그것을 가능케 한 심층을, 특히 드러나지 않지만 당대 번역의 특징적 실존에 관여된 사회문화적 변인들을 찾고 읽어내는 작업을 통해 가능할 것이다.

7_한교석, 「번역문학과 그 양식」, 『자유문학』, 1958.2.

'문화적 후진'의 자의식과 번역의 풍토

번역 주체들의 서로 다른 동기에서 번역이 촉발되었다고 하더라도 그것이 번역의 지점으로 집결될 수 있었던 것은 문화적 후진성에 대한 통절한 자의식 때문이었다. 번역 주체들이 공통적으로 지닌 그 자의식이 1950년대 번역을 활성화시킨 근원적 동력이었다고 봐도 무리가 없을 듯하다. 그 자의식은 과거에도 여러 차례 비등한 바 있지만 1950년대는 한국전쟁을 통해 세계사를 구체적, 현실적, 체험적으로 느끼고 생각할 수 있게 됨으로써 그 강도가 한층 강렬할 수밖에 없었다. 그렇다면 당대 문화적 후진성의 실제는 어떠했을까?

> 미국 공보원을 통하여 미국의 마천루 식 문화를 한국에 부식하려고 노력하는 미국무성의 호의에 의한 수다한 미국 소개서로서의 배부, 개개의 각종 기관의 적당한 노력의 대가로 또는 애걸복걸 고군분투하며 베풀어진 미국 도서의 약간의 수집품, '언크라'나 문교부다 꿈에 깨어난 듯이 간혹 학교나 대학에 배부해 주는 구제물자 비슷한 낡은 도서나 얼마쯤의 구입 도서, 기타 약간의 독지가의 노력으로 기증되는 '콜렉션' 그리고 우리 국내에서 생산되는 얼마쯤의 그 볼품없는 도서군, 이것들이 통틀어서 우리가 세계문화 수준에 육박하려고 무수한 대학 고교 중학 국민학교 학술원 무슨 연구소 무슨 문화인 등록 무슨 문화상 하고 현란하고도 다채로운 異口唱和하기를 공업입국이라 하고 기고만장 원자력 시대에 대결하려 들고 있는 우리나라 정부의 雄壯無比한 국책 수행에 그 기초로서 대응하는 지적자료원의 총합인 것이다.[8]

8_고재창, 「외국문헌도입과 그 행정문제」, 『동아일보』, 1954.4.25.

앞의 인용문은 외국 문헌의 도입 및 보급 실태에 대한 국립도서관원의 비판적 보고이다. 그의 지적처럼 문화적 독립과 경제적 자립(공업입국)을 근간으로 한 전후 재건사업에 절대적으로 필요한 지적 자료원이 주로 한국 부흥을 위해 제공된 원조불로 구입한 도서 정도였던 것이 당대의 객관적 현실이었다. 그것도 정부의 검열제도의 수준을 벗어나지 않는 범위 내에서 민간상사(民間商社)의 손을 거쳐 도입되었기 때문에 정실(情實)이 개입될 수밖에 없었고 따라서 실효성이 적은 서적들이 대부분이었다. 각 학문분야의 기초적 참고문헌인 외국 전문학술지의 경우 해방 이후 발간분이 완질로 구비된 것이 한 분야도 없는 반면, 소량 잔존한 식민지 시기의 수입분은 온전히 보존되어 있는 도서관의 대조적 풍경이 그 실상을 잘 드러내 준다. 기초학문 관련 외서의 가치와 그 도입의 필요성이 사회문화적으로 요청됐음에도 불구하고 그 실태는 대단히 문제적이었다. 무엇보다 외국 원조나 UNKRA(United Nations Korean Reconstruction Agency, 국제연합한국재건단)와 외국의 민간문화단체의 기증에 의존했던 관계로 서목(書目)의 선택에 우리의 자주성이 반영될 수 없었다.[9] 그리하여 정신생활의 양식마저도 외국에 의존하는 반(半)식민지적 처지에 놓여 있다는 비판이 거세게 일었다.[10] 문제의 핵심은 정부가 외서 도입을 독점적으로 관장했다는 데 있다. 그 권능은 앞서 언급한 검열제도(수입 추천과 사후 검열)를 통해서뿐만 아니라 통상 및 외환 정책에 의해서도 발휘된다. 입법 및 행정 기관과 달리 일

9_1950년대에 譯詩集『20세기 英詩選』(신생문화사, 1954)을 출간한 바 있는 김종길 선생의 증언에 따르면, UNKRA의 도서원조에 의해 경북대에 현대영시 관련 엔솔리지가 미국으로부터 바로바로 들어와 이를 두루 참조했다고 한다. 이봉범 구술 채록,『김종길: 한국근현대예술사 구술채록 연구시리즈 74』, 한국문화예술위원회, 2006, 147~148면.

10_「외서수입의 길을 트자」(사설),『한국일보』, 1955.6.23.

반 지식인이나 실무자의 외서 수입은 사실상 불가능했다. 우선 결재할 달러가 없었고 민간 수입업자의 경우 설령 종교불이나 암거래불로 달러를 확보했다고 하더라도 세제 혜택과 같은 특혜가 없는 데다 공정환율(official exchange rate)이 적용되어 수입단가가 높을 수밖에 없었기 때문에 채산성이 전혀 맞지 않게 된다. 더욱이 일서는 양서와 달리 ICA불(弗)의 사용이 허용되지 않아 불가불 수출불을 사용해야 했기 때문에 정가의 7배 이상으로 수입을 해야만 했다.[11]

일서든 양서든 설령 수입되었다 하더라도 고가 판매가 불가피했으므로 독서기근을 해결하기란 태부족이었다. 따라서 정부가 수입도서의 서목 선정에 최대한의 자유를 보장하고 정부보유불로 수입할 수 있는 길을 터주어 수입도서 가격의 적성화를 기하지 않는 한 원활한 외서 도입은 실현될 수 없는 실정이었다. 문화적 쇄국의 주범이 정부로 겨냥된 것은 이 때문이다(『동아일보』, 1958.3.24.). 외서 수입을 둘러싸고 국가권력/학계, 문화예술계, 출판계의 대립구도가 조성된 것 또한 당연하다. 물론 정부 주도의 외서 수입은 점차 증가한다. 1955년 문교부 집계에 따르면, 한 해 동안 미국 47건(5만 8,165권), 영국 26건(2만 9,414권), 프랑스 4건(4,970권), 서독 7건(820권), 일본 59건(3만 5,886건), 기타 15건(1만 7,660권), 총 158건 14만 6,915권의 외서가 수입되었다고 한다.[12] 그 구체적인 서목을 알 수 없으나 정부의 검열을 통과한 만큼 정부가 역점을 두었던 자연과학, 기술 부문이 주종

11_권영대, 「日書輸入에 대하여」, 『한국일보』, 1960.7.25. 수출불 중에서도 특히 高價인 일본 지역불을 사용하게 되어 이중으로 불리한 상황이었다. 4·19혁명 후에야 비로소 ICA弗 사용 금지 조치가 철회되는데, 이 시기 일서의 수입이 급증한 것도 이와 무관하지 않다.

12_「1955년도 외국서적수입 통계」, 『연합신문』, 1955.12.27.

을 이루었을 것으로 추정된다. 더 중요한 것은 수입 도서가 점증한다고 하더라도 그것이 과연 적재적소의 실수요자에 보급될 수 있었는가의 문제이다. 문맹률이 급감했음에도 외국 원서를 독해할 수 있는 인구는 지극히 적었다. 일서의 해독 능력은 성인층에 국한되었고 양서(주로 영서) 또한 일부의 소수만 해독이 가능한 상황, 비록 점차 전자가 감소하고 후자가 증가했다 할지라도 그러한 과도기적 현상이 1950년대 내내 지속되는 상태는 독서계의 근본적인 위기 요인으로 작용했다.[13] 다시 말해 번역을 경유하지 않는 한 외서 도입의 의의는 반감 내지 실종될 수밖에 없는 또 다른 난관이 도사리고 있었던 것이다.

> 출판계에서는 온갖 부문에서 번역물의 간행 계획이 입건되고 있어 세계적인 최대 장편의 하나인 톨스토이의 『전쟁과 평화』도 벌써 수처에서 간행이 경쟁되고 있다는 소식을 듣거니와 일전에는 출판기관에서도 세계문학전집 전 30권의 방대한 계획을 세우고 역자의 선정에까지 논의가 진전되었다가 난관인 것이 역자 문제이어서 모처럼 세웠던 전집 간행 계획은 아깝게도 수포로 돌아가고 말았다고 한다. 그 이유는 문장의 능력은 未準하나 외국어가 능숙한 외국어학자에게 맡기자느냐 혹은 외국어는 능숙하지 못해도 문장 능력이 충분한 현역 문인에게 맡기자느냐 하는 문제에 들어가 外語의 능력은 미준하더라도 문장이 있는 현역문인에게 日譯을 대본으로 맡기자는 것이 타당한 것이라는 논리가 승리를 얻게 되었다. 그러나 여기에는 다만 하나의 부대조건이 있는 것으로 그것은 일역 대본의 번역을 일단 외어에 능숙한 외어학자에게 내맡겨서 외서와 대조하여 시정을 하기로 하고 그것을 두 사람의 共譯으로 하는 것이 완전을 기하는 타당한 방법이라는 결론에 누구나 이의도 없이 귀착되었다. (…중략…) 석 달 동안에 칠만 오천 환 수입으로는 이

13_조근영, 「독서인의 苦衷」, 『조선일보』, 1955.8.24.

번역에 착수할 사람이 없으리라는 데서 이 모처럼의 계획은 고스란히 와해가 되고 만 것이었다. 이 와해를 요약해서 말하면 외어의 능력과 문장의 능력을 겸비한 一刀兩面用 소유자가 없는 것으로 학계가 직면한 수치스러운 일임에는 틀림없으나 그것이 사실임에는 또한 어찌하는 도리가 없다.[14]

위 인용문은 당대 번역의 풍토를 여실히 보여 준다. 이 글은 지금까지 알려지지 않았던 세계문학전집의 간행이 1954년에 이미 기획 추진되었다는 사실과 더불어 이 기획이 와해된 일련의 과정을 통해 문학번역과 관련된 당대 논의의 수준을 확인할 수 있다는 점에서 주목이 된다. 우선 출판자본이 문학번역에 적극적으로 참여함으로써 번역의 기운이 고조되었다는 점과 여기에는 미첼의 『바람과 함께 사라지다』를 비롯해 번역문학에 대한 대중적 수요가 급증하는 상황이 중요한 기반이 되었다는 사실을 확인할 수 있다. 그로 인해 전 30권의 대형 기획과 같은 번역문학 전집류가 출판자본의 간판상품으로 등장했다는 것은 당대 번역시장의 규모를 가늠케 해준다. 또한 번역출판의 수익성이 번역을 성사시키는 데 중요하게 작용했다는 점도 확인할 수 있다. 출판자본은 수요자들의 경제력과 구매력을 감안해 번역 단행본의 가격을 낮게 책정해야 했으며 그로 인해 번역료가 낮게 책정됨으로써 번역자를 섭외하기 어려웠던 사정은, 번역에 있어 출판자본이 압도적 우위의 위치에 있었다 할지라도 그 주도권을 일방적으로 행사할 수 없게 만드는 구조적 관계를 낳았다. 위의 세계문학전집의 경우 4×6판 500항 1권 초판 3천 부 1할 인세 정가 500원, 이 체계에서 번역자에게 돌아가

14_계용묵, 「작품의 번역과 역자문제-문장을 구사할 수 있는 표현능력」, 『경향신문』, 1954.11.11.

는 번역료는 15만 환에 불과했다.

그리고 당시 번역론의 지평이 '최적의 번역'에 있었다는 것도 나타난다. 번역, 특히 문학번역은 번역의 불가능성이 존재한다는 원칙론과 우수한 번역가가 적고 번역출판물의 필요성이 시급하다는 현실론이 공존한 상태에서 그렇다면 최적의 번역을 어떤 방법으로 이끌어낼 것인가가 논점으로 부각된 맥락을 잘 보여 준다.[15] 위의 세계문학전집의 경우를 통해 일역 대본을 대상으로 문장력을 갖춘 문인이 최적의 번역의 적임자이며 다만 최적의 번역에 완전을 기하기 위한 차원에서 외국어학자에게 원서 대조의 역할을 맡기는 방법이 당시의 수준에서 이끌어 낼 수 있는 최상의 결론이었음을 알 수 있다. 충실성(직역)-외국어학자 / 가독성(의역)-문인의 대립은 당대 번역비평의 중심 논제였다. 문인들은 대체로 일본어 중역이 불가피한 과도기적 상황에서 일어 해득력과 문장력을 고루 갖춘 문인들이 문학번역을 주관해야 한다는 입장을 견지했다.[16] 아울러 일본어 중역을 포함해 중역, 삼중역도 시의성이 있다고 주장한다. 위 글의 필자인 계용묵도 번역의 우열은 역필(譯筆)의 능력이 원작의 의미를 살리느냐에 있다는 전제 아래 문인 중심의 중역이 차선의 방안이라고 본다. 이러한 입장은 일본어 및 영어 해득력이 미비한 번역의 주독자층(청년학생층)을 고려한 것이었다. 반면 외국

15_문학 텍스트와 달리 실용적인 텍스트는 의미와 형식의 결합이 상대적으로 느슨하기 때문에 직역이 적정하다고 간주하는 것이 상례지만, 1950년대 한국 현실에서는 오역이 아니더라도 실용적 텍스트의 직역도 많은 난점이 존재했다. 번역 기술이 미성숙했기 때문이다. 가령 당대 번역의 수요가 높았던 신문통신 기사의 경우 '의역을 하면 원문과 전혀 다른 것으로 되어 버리고, 직역을 하더라도 외신에서 사용되는 언어가 그 사회에서 일반인들이 사용하는 생생하고도 새로운 말이기에 그 내용을 제대로 표현해 낼 수 없는' 문제가 항상적으로 발생했다. 이에 대해서는 심연섭, 「外信飜譯의 문제」, 『문화세계』, 1953.11, 84~89면.

16_정비석, 「번역문학에 대한 私見」, 『신천지』, 1953.12, 159~165면.

어 전공자들은 대체로 번역의 질을 문제 삼으면서 충실성의 규범을 강조한다. 따라서 일본어 중역은 가당치 않으며, 어학 능력을 구비한 역자에 의해 번역이 이루어져야 한다고 본다.[17] 물론 다른 견해를 피력한 논자도 있었다. 가령 손우성은 가독성을 중시하는 가운데 원역이 어렵거든 중역이든 삼중역이든 무방하며 현실적으로 충실성을 갖춘 양심적 번역은 너무나 과한 욕심이라고 보았다.[18] 번역의 질을 우선적으로 강조하는 논의 자체가 오히려 번역문학의 맹아를 미리 저지해 버리는 역효과를 낳는다는 우려를 표명한 논자도 있었다.[19] 위의 분업과 협업에 기초한 공역(共譯)의 방식이 최적의 번역을 위한 최선책이라는 합의 도출된 결론은 실현 가능성의 문제도 문제이려니와 이 같은 대립구도를 봉합한 것으로 볼 수 있다. 중요한 것은 이 구도가 1950년대 내내 지속된다는 사실이다. 그에 대응해 번역론의 지평이 상호 오역 시비, 단독번역/공동번역을 둘러싼 번역의 효율성 논란, 일본어 중역/영어 중역의 우열 등으로 한정될 수밖에 없었다.[20] 즉 번역비평 또는 번역 실천의 규범을 정하는 도정이었다. 특히 그것이 문단(학) 내 권력투쟁과 결부되면서 한층 격렬해진다.

17_오화섭, 「번역문학소고」, 『경향신문』, 1954.7.25. 오화섭은 일본어 중역을 극력 반대하면서도 불어 및 독어 텍스트의 경우는 번역 적임자가 없다는 이유로 영어 중역을 하는 것이 바람직하다는 다소 모순된 주장을 피력한다.

18_손우성, 「생의 營養, 번역문학의 과제」, 『동아일보』, 1954.9.4. 손우성은 '일본의 명치, 대정시대 같이 광신적 외국 숭배열이 일어나서 전통적 국수주의와 법석이는 한편 제대로 꼴을 갖추지 못한 번역물이라도 대중이 탐독했으면 좋겠다.'는 소망을 여러 차례 표명한 바 있다.

19_박태진, 「번역문학에 대한 是非」, 『문화세계』, 1953.9, 69면.

20_번역의 우수성을 둘러싼 논란에 대한 비판도 거세게 일었는데, 번역의 목적은 '외국어를 해득하지 못하는 사람에게 그 외국어로 된 문화적 소산을 소개하는 데 있으므로 번역의 우수성을 판단하는 기준은 독자의 多少에 있다.'는 논리에 입각한 비판이 주종을 이루었다. 박상식, 「'표현의 재현'으로서의 번역」, 『한국일보』, 1959.10.1.

지금까지 1950년대 번역 장의 형성을 중심으로 당대 번역적 상황의 대강을 조감해 봤다. 다소 장황하게 검토한 이유는 1950년대 번역의 특징적 존재방식을 좀 더 섬세하게 파악하기 위함이었으며 다른 한편으로는 1950년대 번역의 정치학, 즉 (문학) 번역이 당대 정치적, 문화적 사유와 질서 재편에 어떻게 개입했는지를 논구하기 위한 거점을 마련하려는 욕심 때문이었다. 이와 관련된 연구는 박지영에 의해 선구적으로 이루어진 바 있다.[21] 필자의 문제의식도 박지영과 대동소이하다. 다만 본고는 번역 장의 중요 구성 주체인 국가권력, 출판자본, 문학 주체 상호간의 구조적 역관계를 중심으로 번역의 정치학의 작동 양상을 살핀다는 데 차이가 있다는 점을 밝혀 둔다. '어떻게 읽었나'와 '무엇을 읽었나'의 상호 제약성에 초점을 둔 번역의 정치학 문제이다.

2. 국가권력의 근대화 기획과 번역

국가권력의 외서 수입 통제

1950년대 국가권력은 근대화의 실질적 주체이자 능동적 실현자였다. 근대(화)가 시대정신으로 부상하였음에도 불구하고 그것을 실현할 수 있는 주체세력이나 사회적 기초가 결여되었기 때문에 국가권력이 그 담당 주체

21_박지영, 「'번역'의 시대, 번역의 문화 정치 - 1950년대 번역정책과 번역문학장」, 『대동문화연구』 71, 성균관대 대동문화연구원, 2010;박지영, 「1950년대 번역가의 의식과 문화정치적 위치」, 『상허학보』 30, 상허학회, 2010.

가 되었던 것이다. 단정 수립 후 전향의 소용돌이에 의해 일반국민 및 문화 지식인들이 사상적으로 순치됨으로써, 즉 반공주의 이데올로기로 획일화되고 더욱이 한국전쟁을 통해 내부 평정작업이 완수됨으로써 시민사회적 토대는 완전히 붕괴되었다. 이승만 정권은 미국의 동아시아전략에 포획된 가운데 정치적 지배구조에 제한을 받아 대미종속성 내지 신식민성을 지닐 수밖에 없었고 따라서 지배체제의 불안정성을 드러냈지만, 국내적으로는 일정 정도의 이데올로기적 헤게모니를 확보한 가운데 사회 전반에 막강한 자율성을 행사한다. 이런 맥락에서 국가권력의 근대화 기획이 입안되었고, 국가권력을 중심으로 강력한 근대화가 추진되기에 이른다. 물론 그것은 아래로부터 비등한 대중들의 근대적 욕망과 결합돼 시대정신으로 자리 잡을 수 있었다.

위로부터의 근대화 기획은 본질적으로 국가권력의 통치의 효율성을 제고하기 위한 수단으로 기능한다. 즉 이를 통해 정치경제적인 측면뿐만 아니라 사회문화적인 측면에까지 세력관계를 재편해 국가의 대(對)사회 통제력을 확대함으로써 지배체제의 안정적 재생산 기반을 구축하고자 하는 정략적 의도를 분명히 지니고 있었다. 가령 사회문화 분야의 중요 근대화 기획이었던 의무교육제도, 문맹퇴치운동 등은 국민형성적 효과를 창출하면서 1950년대 반공국민으로의 국민정체성을 확립하는 데 중요한 역할을 했다.[22] 그러나 다른 한편으로는 사회문화적 근대화의 기반을 확충하는 긍정적 효과도 유발한다. 의무교육완성 6개년 계획(1954~58)의 실시로 취학률은 88.44%(1954)에서 96.13%(1959)로, 취학아동수는 240만 5,301명

22_강인철, 「한국전쟁과 사회의식 및 문화의 변화」, 정신문화연구원 편, 『한국전쟁과 사회구조의 변화』, 백산서당, 1999, 208~209면.

(1954)에서 378만 5,050명(1959)으로 향상되었으며, 5차례에 걸친 문맹퇴치운동(1953~57)의 결과 문맹률은 26%(1953)→12%(1955)→8.5%(1957)→4.1%(1958)로 급감했다. 1930년 전후 언론기관의 문자보급운동과는 차원이 다른 것이었다. 그 성과가 당대뿐만 아니라 이후 한국 사회의 근대화에 초석이 되었음은 주지의 사실이다. 이 같은 양면성은 1950년대 근대화 기획에 대해 균형적 시선으로 접근해야 한다는 것을 요구한다.

번역과 관련해 국가권력이 추진한 근대화 기획은 외국 도서 수입과 도서 번역사업이다. 물론 전자는 번역과 직접적인 연관은 없다. 다만 번역(될) 가능성을 염두에 둘 때, 그것이 번역 대상도서의 선택에 일정한 영향을 끼쳤다는 점에서 나름의 연관성을 상정할 수 있다. 특히 애초에 특정 텍스트를 번역하기로 결정하는 단계에서부터 번역의 문화권력 및 이데올로기가 작동한다는 점에서 중요성을 지닌다. 앞서 언급했듯이 외서 수입 권한은 실질적으로 국가권력이 독점하고 있었다. 수입 추천의 항목에서부터 그 절차까지 장악하고 있었다. 더러 외서 수입의 절차와 허가를 둘러싸고 주무부처, 특히 출판을 비롯해 문화행정 전반을 관장했던 공보처(1955년 1월부터는 문교부로 이관)와 상공부·법무부 간에 권한 갈등이 야기됨으로써 제한적 범위 내에서의 수입조차도 행정적으로 까다로워져 문화쇄국을 조장한다는 비난을 받기도 했다. 분란의 과정을 거쳐 외서 수입의 체계가 정비되는데, 그 결과는 '외국도서인쇄물 추천기준 및 추천절차'(1957.8.30.)로 수렴된다.

1) 판매용으로는 학술연구 참고용 및 교양서적에 한하여(日書는 학술도서에 한함) 추천하되 다음의 것은 제외한다. ①대한민국과 국가원수를 비방 또는 모욕하고 적성(북한괴뢰 포함)국가 선전 찬양과 적성국가에서 발행한 것 ②공산주의자 및 그 추종자의 저작물과 주로 공산주의 서적을 간행하는 출판사의 출판물

③미풍양속과 공공질서를 해할 우려가 있는 것과 청소년의 도의 및 정서교육에 유해한 것 ④국내에서 발행한 도서와 유사한 내용의 것.

2) 실수요자용으로서 다음 사항의 내용을 추천한다. ①공공기관에 있어서 그 직무수행의 참고자료로 인정되는 것에 한하되 해당기관의 기능을 고려하여 필요치 않은 사항은 인정치 않는다.

3) 기타에 있어서는 기증품, 탁송품, 휴대품, 재산반입 등의 경우에는 전기 ①, ②항에 준하여 추천하되 수요자가 확인되는 일서로서 학술도서에 한하여 인정할 수 있다. 단, 이 경우에 있어서 자연과학계 도서는 추천을 요하지 않는다.[23]

이상의 조항은 문교부가 중심이 되어 내무·법무·재무·상공·체신부 및 공보실의 수차 협의를 거쳐 국무회의에서 통과된 것이었다. 판매용·실수요자용·기타로 구분해 비교적 체계를 갖추고 있는데, 영리 목적의 판매용인 경우 수입의 제한 폭이 엄격하게 적용되었음을 알 수 있다. 학술도서를 제외한 일본 서적, 비(非)반공서적, 외설로 간주될 수 있는 서적 등이 엄금되고 있는 이 규정은 외화, 레코드 수입에서도 그대로 적용됐다. 실수요자용은 공공기관의 직무수행과 관련된 것으로, 주 실수요자라고 할 수 있는 대학·학회·학술단체하고는 무관했다고 보인다. 기증도서일 경우에도 일서의 자연과학계에 대한 다소의 관대가 있었지만, 마찬가지의 적용을 받았기

23_「외국도서인쇄물 추천기준 및 추천절차에 관하여」, 『문교월보』, 1957.11.25, 96면. 이 추천기준은 승계·확대되어 1970년대까지 시행된다. '외국정기간행물 수입배포에 관한 법률'(1961.12.30., 법률 제903호), '도서수출입 추천 기준 및 절차'(1967.8.2., 문공부공고 제1019호), '간행물의 수입수출 등에 관한 사무처리 요강'(1968.12.28., 문화공보부 예규 제1호), '외국간행물 수입배포에 관한 법률시행규칙'(1976.4.15., 문화공보부령 제50호) 등을 통해 확인해 볼 수 있다. 이 법률 혹은 시행령은 모두 관계당국이 외서 수입을 사전에 개입하여 추천하게 함으로써 사실상 사전허가제나 다름없는 구실을 했다. 「외서추천, 검열 완화하라」, 『동아일보』, 1971.8.2.

때문에 학술도서 및 교양서적의 도입은 공사(公私) 양면에서 매우 제한적일 수밖에 없었다. 실수요자의 실질적인 학술연구의 참고도서 도입을 도모한다는 애초 이 행정령의 취지를 무색케 하는 제약이었다. 특히 판매용의 경우 수입 허가를 받았다고 하더라도 이를 발매하기에 앞서 해당기관장의 검인을 재차 받아야 했다. 검인을 받지 않았을 시 발매 또는 반포 금지 처분을 당했다. 전체적으로 외서 수입의 폭이 매우 좁았으며 그나마도 특정지역(국가)에 편중될 수밖에 없는 구조이다. 번역 대상의 폭도 그만큼 협소해지는 것이 불가피했다. 잔존한 일본 서적이나 미 공보원 및 외국 원조기관이 기증한 도서의 활용가치가 증대될 것은 역연했다. 또 비공식 루트로 밀수입된 것이 판매되거나 무단 번역이 성행할 수밖에 없었던 것도 같은 맥락이다. 행정권을 발동해 밀수입의 주 대상인 일본 서적에 대한 단속을 지속적으로 시행하나 광범하게 산재한 수요자가 존재했기에 근절은 불가능했다.

눈여겨볼 대목은 외서 수입의 재원이 대부분 외국 원조였다는 사실이다. 1953년 UNKRA 계획에서 1958년 ICA 원조까지의 문화교육 부문 원조 총합 불화액(拂貨額) 약 3,100만 달러 가운데 외서 구입비로 사용된 것은 7만 8,884달러였다. 그것도 UNKRA 원조에서만 배정된다. ICA와 AFAK 원조는 직업훈련과 같은 기술적 영역에 전부 할당되었다. ICA 계획에 의한 서울대학교 원조액 약 540만 달러도 모두 교사 건축비로 소용된다.[24] 따라서 외서 수입에 책정된 금액이 많지 않았다고 할 수 있다. 그렇다고 정부예산에서 배정되었다고도 볼 수 없다. 총 정부예산 중 문교예산

24_「외국 원조기관의 변천과 문교 분야에 있어서의 외원사업」, 『문교월보』, 1959.5.20, 62~69면 참조. 해방 후 외국 원조기관의 원조 내역과 그 성과에 대해서는 「각 외국 원조기관 업적의 大要」, 『문교월보』, 1959.7.20., 67~70면 참조.

은 1954년 9.4%에서 1955년에 21%로 확대되고 그 비율이 점차 증가했지만, 1959년 기준으로 문교예산 가운데 80.2%가 의무교육비로 할당된 것을 감안하면[25] 외서수입비의 책정은 없었다고 봐야 한다. 더욱이 원조자금 중 불하액과 별도로 대충자금(對充資金) 675만 달러가 제공되었지만 이 또한 외국 서적 구입에 전혀 투입되지 않았다. 민간에서 정부불로 외서 수입을 강력히 요구한 것도 이런 맥락에서였다. 그리 많지 않은 금액과 특정 지역에 편중된 그것도 원조에 전적으로 의존해서 이루어진 것이 당대 외서 수입의 실체이다. 물론 민간 영역을 고려할 때 외서 수입의 총량은 늘어나겠지만 엄청났을 것으로는 판단되지 않는다. 수익성이 크지 않았기 때문이다. 원조와 관련해 유념할 것은 비록 원조의 주축국이 미국이었다고 하더라도 적어도 외서 수입의 영역에서만큼은 미국의 영향력이 개입될 여지가 없었고 또 존재하지도 않았다는 점이다.

문교부의 '외국 도서 번역 간행 5개년 계획'

번역과 직접 관련된 근대화 기획은 도서 번역사업이다. 1953년 문교부가 중심이 되어 학술의 각 분야에 걸친 우수한 외서를 번역 간행해 보급한다는 취지로 문교부 내 외국 도서 번역 간행사업을 담당하는 부서와 위원회를 설치한 뒤, 곧바로 문교부령 제30호(1953.7.6.)에 의해 외국 도서 번역 심의위원 규정을 제정하고 학문의 전 분야를 대상으로 한 도서 선정과 선정된 도서의 번역·출판에 대한 계획을 입안함으로써 도서 번역이 국책사

25_『합동연감』, 합동통신사, 1960, 464~465면.

업으로 추진된 것이다.[26] 이른바 '외국 도서 번역 간행사업' 5개년 계획(1953~57)이다. 물론 이 사업은 정부 수립 직후부터 국가차원의 번역기관 설치에 대한 문화지식인들의 끈질긴 요청, 특히 전시 '문교부 내 번역국 설치 및 민간협의운영' 요구가[27] 반영된 산물이었고 아울러 21부문 28인의 권위 있는 학자들로 구성된 번역심의위원이 대상 도서와 역자의 선정을 주관했다는 점에서 관민합동(官民合同)이라는 성격이 강했다. 향후 30년 계획으로 매년 1,000권씩 3만 권의 외서를 번역하겠다고 문교당국이 공식 천명할 만큼 중점을 둔 사업이었다.[28]

민간의 요구가 대폭 반영되었고 또 관련 전문가들이 적극적으로 참여·주도했기에 큰 기대를 모았으나 번역과 출판 모두에서 초기부터 난관에 부딪친다. 재정 문제였다. 본격 시행된 1954년에는 『법에 있어서의 상식』(비노크라토프/서돈각 역), 『농학개론』(J.W 페타이슨/조백현 역) 등 5권을 번역 출판하는 데 그친다. 그것도 애초 책정된 정부예산 600만 원이 30% 삭감된 상태에서 UNKRA 원조 200만 원의 용지대금이 제공되었기에 가능했다.[29] 자유아세아연맹이 용지와 원서를 원조해 주겠다는 약속을 실행하지 않아 더욱 곤란했다. 더욱이 민간업자(합동도서주식회사)에 위탁해 출판하는 시스템에다 적자 보전을 해주지 않았기 때문에 출판업자들의 대처도 소극적이었다. 1955년부터는 원고료와 함께 조판비의 상당액을 국고금으로 보조하는 구급책을 씀으로써 도서가격의 저렴화를 꾀하고 도서 발행을 촉진할 수

26_이 사업의 입안과 추진 경과에 대해서는 「도서번역사업의 연혁과 전망」, 『문교월보』, 1959.7.20 참조.

27_「문화정책 총 비판」(지상좌담회), 『대학신문』, 1952.9.15.

28_『태양신문』, 1954.1.31.

29_「대학신문」, 1954.6.9.

있어 이 해에 18권의 번역도서가 발행되는 성과를 거둔다.

하지만 중진(重鎭) 중점주의 원칙을 고수해 지지부진할 수밖에 없는 번역 과정도 문제이려니와 출판된 도서의 태반이 전문적 학술서이기에 독자층이 제한되어 있었고 판로 또한 원활하지 못해 재정난이 가중됨으로써 여러 차례 위기에 봉착한다. 행정력을 동원해 관공서를 중심으로 판로를 개척해 보지만 역부족이었다. 번역 탈고된 역서조차 발행되지 못하게 되자 민간 출판자본(민중서관, 청구출판사)을 끌어들여 발간을 권고하고 급기야 1959년부터는 국고에서 직접 발행하는 방향으로 선회하는 등 갖은 우여곡절 끝에 1953년 7월부터 1959년 12월까지 152권의 외서를 완역할 수 있었고 그 중 94권을 출판 완료한다.[30] 결코 만만치 않은 성과이다. 당시 출판환경을 감안할 때 국가권력이 번역, 출판, 배포의 주체가 된 관제번역 출판이었기에 가능했다고 볼 수 있다. 1958년부터는 아시아재단의 지원을 받은 바 있다. 출간된 도서목록은 〈표 1〉과 같다.

표 1 | 문교부 도서번역사업의 번역도서 일람표

도서명	저자	역자	면수	도서명	저자	역자	면수
서양철학사(상)	비드런드·럿셀	정석해 한철하	483P	현대구라파사(상)	제·살윈·샤피이로	신한철	795P
서양철학사(중)	〃	〃	340P	현대구라파사(하)	〃	〃	639P

30_완역을 마친 나머지 58책도 1962년까지 모두 출간된다. 1960년에는 에리히 프롬의 『정신분석과 종교』(박경화 역)를 비롯해 26권, 1961년에는 브라이스의 『현대민주정치론(하)』(서석순 역)을 시작으로 14권, 1962년에는 오스본의 『미학입문』(조우현 역)을 비롯해 20권이 각각 간행되었다. 아울러 새로 2권이 추가 번역돼 출판되었다(『한국출판연감』, 1963, 532~537면 '목록' 참조). 모두 대한교과서주식회사가 발행했다.

서양철학사(하)	〃	〃	580P	전쟁과 평화	죤·포스트·덜레스	한규종	381P
민주주의와 교육	존·듀이	오천석 임한영	676P	광상의 성인	A.란M.빗트맨	손치무	359P
자유론	J·S·밀	한태수	212P	실험의학의 원리	크라우데·보사드	이영택	613P
현대신학의 제형	메킨도쉬	김재준	539P	전설의 시대	J.벌핀취	이하윤	485P
고등미분 적분학	필립·프란크린	장기원	624P	불란스혁명사	죠지·레게버	민석홍	299P
동물생태학(상)	피어스	김호직	353P	언어와 진리와 논리	에이야	이영춘	631P
동물생태학(하)	〃	〃	465P	중국문화사총설	錢穆	차주환	375P
외교학개론	해롤드·니콜손	이정우 정일형	220P	양돈법	아더·L·안더손	윤상원	674P
응용도학	후랑크·M·뭐너어	김봉우	393P	한국동란사	로버트·T·오리	김봉호	277P
공업제도학	토마스·E·후렌취 촬스·제이·버크	김봉우	720P	잔치(饗宴)	풀라톤	조우현	173P
이승만 박사전	로버토·티·오리버	박마리아	652P	지사학(地史學)	D.드럼버	김봉균	825P
소득(所得)	피구우	최호진	166P	서양미술사	라아나흐	장발	453P
자본주의 대 사회주의	피구우	송기철	128P	고주파공학	타르멘	이재곤	803P
그리스도교와 문명	에밀·뿌른너	김재준	222P	영어교수의 이론과 실제	C.C.프리즈	전형국	335P
쉑스피어의 이야기들	찰스램 메리램	피천득	454P	종의 기원	C.R.다윈	김호직	450P
심리학개론(상)	보오링 렝펠트 웰드	고순덕	603P	행정학	H.A.시온 D.W.시미스불크 V.A.톰프손	김영훈	760P
심리학개론(하)	〃	〃	592P	윤리학원리	G.E.무어	정석해	402P
시련에 선 문명	아놀드·J·토인비	조의설	315P	교육학	버드런드·럿쎌	임한영	394P
형이상학서론	임마뉴엘·칸트	박종홍	192P	방사선과 생세포	F.G.스피어	이민재	330P
역사의 한 연구(상)	아놀드·J·토인비	정대위	430P	민주적 생활을 위한 효과적 연설법(한·영합본)	로버트·T·오리버	홍홍순	230P
역사의 한 연구(중)	〃	〃	411P	민주적 생활을 위한 효과적 연설법(영문판)	〃	〃	116P
역사의 한 연구(하)	〃	〃	501P	국세법발달사	A.누스철바우	서석순	522P

법에 있어서의 상식	비노크라도프	서돈각	255P	고등회계학	W.H.파톤	조익순	783P
농학개론	J·W·페타이슨	조백현	443P	정치학개론	T.H.스테븐슨	한규종	337P
화성학	월터어·피스톤	박태준	410P	인간의 본성과 운명(상)	R.니흐버	이상설 양유선	406P
금속재료학개론	윌리암·호모버크	박희선	403P	인간의 본성과 운명(하)	〃	〃	430P
화학공장의 설계	비만트	양동수	852P	지도의 실제	A.E.트랙슬러	어기형	634P
분석화학의 기초이론	그루나·하그	신윤경	337P	현대민주정치론	V.J.Bricl	서석순	700P
목야경영법	A·W.샘프손	조백현	850P	약리학(상)	구르헬빌즈	이우주	696P
철근콩크리트	더·피보디	정인준	443P	약리학(하)	〃	〃	
생물화학교본	밋첼	이춘영	954P	경영계획과 경영통계	B.E.캣즈	송태영	498P
관개의 이론과 실제	O·W이스라엘슈	박성우	537P	실천이성비판	임마뉴엘·칸트	최재희	365P
존재와 무	싸르트르	손우성	471P	미국헌법발달사	벤자멘·덕·라이트	문홍주	370P
아메리카 회화사	플렉스너	박갑성	196P	개관세계사	르네·세디오	정운룡	451P
현대 미국미술의 종류	존J·A.보오	박갑성	341P	신앙과 역사	라인홀트·니버	조형균	398P
조림학원론	F.S.보러	현신규	347P	중국미술사	휴고·만스터·버그	박충집	252P
중국 선사시대의 문화	안더슨	김상기 고병익	413P	인간의 권리	유네스코	이극찬	458P
공산주의의 사회학과 심리학	주우루스·몬렌라드	배운학	465P	회사회계 기준시설	W.A.페틀튼 A.C.레이틀	소진덕	290P
교육사상사	로버트·알리히	한기언	578P	미생물학개론	톰프손	안재준	766P
화학분석의 조작법	G.A.뉴쓰	최호영	659P	곤충학	H.H.로스	백운하	700P
십대 경제학자	요셉A.슘페테	백창석	467P	작물의 생산	T.B.헛췌슨 T.K.울프 M.S.깁브시	김인권	335P
전기공학의 이론과 실제	그레이	이종일	863P	공업발효학	L.A.언더코프러 R.J.힉키	김호식	694P
한국기행	에룬스터·롭펜스	한우근	335P	백터해석	I.G.코휜	김정훈	268P
사회경약	J.J.룻쏘	남용기	253P	척추동물의 비교발생학	A.F.휴트너	강영선	630P
				영어문형연습(상/하)	C.C.프리즈	전형국	581p

당시 신문에서 보도한 목록과는 다소의 차이가 있다. 문교부의 공식적 집계이기에 이것이 정확할 것이다. 플라톤의 『심포지엄(饗宴)』, 다윈의 『종의 기원』, 루소의 『사회계약론』, 사르트르의 『존재와 무』, 칸트의 『형이상학서론』, 『실천이성비판』, 러셀의 『교육학』 등 고대에서 현대에까지, 인문학에서 자연과학까지를 포괄한 광범위한 분포를 보인다. 그 세부 분야도 종교, 철학, 교육학, 심리학, 법학, 경제학, 정치학, 언어학, 수학, 지리학, 물리학, 화학, 농학, 공학, 의학, 약학, 원자학 등 기초학문의 제반 분야를 골고루 망라하고 있다. 면수(面數)도 웬만한 출판자본은 엄두도 내기 어려울 만큼 대체로 많다. 몇 가지 눈에 띄는 경향은 첫째, 자본주의/사회주의(공산주의)의 대립에 기초한 자본주의체제의 우월성을 설파한 이론서의 번역이다. 『공산주의의 사회학과 심리학』은 공산주의를 혼란과 비극을 부단히 일으키는 암적 존재로 전제한 가운데 그 부정적 실체를 규명하고 있으며, 『자본주의 대 사회주의』는 자본주의와 사회주의를, 『전쟁과 평화』는 제2차 세계대전 이후의 자유세계와 공산세계의 정책을 각각 대비적으로 고찰하고 있는데, 주 논점은 후자의 비판에 있다. 둘째, 주로 미국의 최신대학교재로 사용되고 있는 기초학문 각 분야의 개론서 번역이다. 『금속재료학개론』, 『외교학개론』, 『화성학』, 『조림학원론』, 『철근콩크리트』, 『생물화학교본』 등은 당시 미국 각 대학에서 해당 분야의 교과서로 채택된 개론서였다. 『농학개론』, 『동물생태학』, 『양돈법』, 『목야경영법』, 『공업제도학』, 『관개의 이론과 실제』, 『화학공장의 설계』 등 이공계통의 정평 있는 이론서도 해당 분야의 중요 교재로 채택된 것들이었다. 이론서 및 개론서 번역의 미국 편중을 시사해 준다. 『아메리카회화사』, 『현대미국미술의 종류』, 『미국헌법발달사』 그리고 영미법 중심의 법학입문서 『법에 있어서의 상식』 등까지 감안하면 그 편중의 정도를 능히 가늠해 볼 수 있다.

셋째, 『민주주의와 교육』, 『자유론』, 『역사의 한 연구』, 『현대민주정치론』, 『사회경약』, 『종의 기원』, 『존재와 무』 등 우리 학술지식계에 지대한 영향을 끼치는 서양 고전이 번역되어 관급(官給)되었다는 점이다. 이 같은 관급적 번역출판 사업의 파급 효과가 어떠했는지는 측정하기 쉽지 않다. 다만 정부 각 부처를 위시해 해외주재 각 공사관, 외국의 저명한 도서관, 전국의 공공도서관 및 특수도서관, 문화단체, 각 대학도서관 등에 무료로 배부했다는 사실로 미루어 볼 때 그리고 '동물학, 식물, 광산학, 물리학, 화학, 실업학 교과서들이 일본 교과서를 번역해 교수'했던[31] 해방기의 실정을 고려할 때 기초학술 자료에 목말라하던 교육계나 실수요자들에게 상당한 기여를 한 것만큼은 충분히 유추해 볼 수 있다. 실제 번역도서의 상당수는 대학교재로 지정된 바 있다(『경향신문』, 1962.3.9.).

'외국 도서 번역 간행사업'은 오히려 학술번역의 기풍을 진작시켰다는 것에 더 큰 의의를 부여할 수 있다. 이 번역사업을 계기로 학술 명저의 번역이 다방면으로 촉발된다. 서울대는 전시(1952)에 출판위원회(이하윤, 권중휘 등 총 10인)를 자체적으로 구성해 외국 번역 출판사업을 추진했으나[32] 예산 문제로 지지부진하던 것이 이 사업을 계기로 재가동되어 1955년에 10여 권의 번역서를 간행한다. 특히 을유문화사의 학술번역 출판이 두드러졌는데, '歐美新書(구미신서)'(1955~65, 전 50권), '飜譯選書(번역선서)'(1956~72, 전 31권)가 대표적인 기획이다.[33] 민간 출판자본 가운데 유독 을유문화사가

31_「문교와 문화운동」, 『국민보』, 1947.1.29.

32_『동아일보』, 1952.5.14.

33_1950년대에 '구미신서'는 32권, '번역선서' 9권이 각각 발간된 바 있다. '구미신서'의 목록을 간행순서로 밝히면, 『원자보고서』(이버스 딘/조순탁), 『대전환기』(루이스 알렌/송욱), 『자유와 문화』(존 듀이/이해영), 『서양의 미래』(드 뷰스/민석홍), 『사회주의의 종말론』(이스트

이 같은 학술번역 출판을 기획할 수 있었던 것은 유엔 출판부와 한국 총대리점 계약을 체결해 동 출판사가 간행하는 모든 도서를 국내에 독점 공급할 수 있었고, 미 공보원으로부터 번역료 지원을 받았기에 가능했다. 아울러 1955년 중고등학교 교수요목 변경에 의해 검인정교과서 출판의 폭이 8과목 40종으로 확대됨으로써 획득한 수익이 이 기획에 투입되었다.[34] 장기적인 효과 면에서 볼 때는 이 사업의 번역심의위원회가 법정기구화되고 국문도서번역분과, 외국문도서번역분과, 한문고전번역분과위원회로 분화·확대되는 것을 계기로('도서번역심의위원회규정', 1960.12.2., 국무원령 제114호) 외서번역 출판사업이 국책사업으로 지속 확대될 수 있었다는 점도 간과할 수 없는 의의이다.

먼/이기홍), 『고귀한 생애』(트루블러드/엄요섭), 『아메리카 연구』(데오토카스/김기두), 『새 세계의 새 희망』(B.러셀/이극찬), 『민주주의와 국제정치』(피어슨/조효원), 『행복의 탐구』(메키버/안병욱), 『노동문제 50년사』(사이러스 칭/오윤복), 『생활의 설계』(R.리노우/이만갑), 『20세기 자본주의혁명』(A.벌리/김두희), 『미국사대요』(F.디슬스웨이트/이보형), 『소비에트사회사』(로스토우/이만갑), 『미국정부형태론』(그리피스/조효원), 『맑스주의론』(마이어/양호민), 『바다의 신비』(라첼 칼손/조상진), 『현대사』(한스 콘/민석홍), 『경제윤리』(차일드, 케이터/양홍모), 『공공사회의 철학』(울터 리프맨/이극찬), 『생산성 향상과 경영개선』(G.허튼/장기봉), 『문화의 이론』(T.S엘리어트/김용권), 『경제논쟁의 이론과 실제』(갈브레이드/박희범), 『현대와 자유』(S.E 모리슨/이극찬), 『평화를 위한 교육』(허버트 리드/안동민), 『민주주의 원리 신강』(매키버/오병헌), 『역사와 영웅』(시드니 후크/민석홍), 『良識과 핵전쟁』(D.C 피터/김용철), 『철학과 행복』(자크 마리땅/김재희), 『보수주의론』(피터 비레크/이극찬) 등이다. '번역선서'의 경우는 『아동심리개요』(뷰레르/이진숙), 『미국문화사』(M.컨리프/송욱), 『현대교육사조』(와일즈/이종수), 『과학과 현대』(화이트헤드/김준섭), 『듀이 선집』(어윈 에드먼/오천석), 『현대도덕철학』(필립 라이스/김태길), 『정치권력론』(B.러셀/이극찬), 『행정학원론』(레오나드 화이트/민병태 외), 『경제발전의 이론』(마이어, 볼드윈/성창환) 등이다. 문고판인 '구미신서'는 교양정도가 높은 독자층에 인기가 많았다고 한다. 「외서번역물이 우세」, 『서울신문』, 1959.3.28.

34_『을유문화사 50년사』, 1997, 130~131면.

을유문화사에서 발간한 구미신서 제3권 『자유와 문화』(존 듀이 / 이해영 옮김)의 재판본 표지. 발행일자는 1955년 8월 20일이다.

흥미로운 사실은 문학예술에 관한 번역출판이 극소수라는 점이다. 문학작품은 거의 없다. 추후에 간행된 58권에도 문예와 관련된 것은 『미학입문』(오스본/조우현 역), 『중국문학사』(胡雲翼/장기근 역) 2종뿐이고 내부분 자연과학 분야의 기초이론서였다. 을유문화사의 번역기획도 마찬가지이다. 그러면 당시 범람한 문학작품 번역의 출처가 어디였을까? 대체로 일본어 중역이었을 것으로 짐작된다. 물론 일부는 미 공보원으로부터 흘러나왔을 것이다. 실제 전시에 미 공보원의 후원으로 『주홍글씨』(호돈/최재서), 『개척자』(위라 카터/여석기), 『바람과 함께 사라지다』(미첼/양원달) 등이 번역 출판되었고 이후 멜빌, 포, 존 스타인백, 마크 트웨인, 오 헨리 등 미국 근현대작가의 소설과 『미국의 현대시』, 『미국의 현대소설』, 『미국의 현대극』 등이 역간된 바 있다.[35] 하지만 『세계문학전집』을 포함해 당시 서구

35_양원달, 「번역문학」, 한국문인협회 편, 『해방문학 20년』, 정음사, 1966, 71~75면. 당시 미 공보원의 후원에 의해 역간된 미국 문학의 기획번역으로는 『미국의 현대시』(L·보오건/김용권), 『미국의 현대소설』(F·J·호프맨/주요섭), 『비평의 시대 – 현대미국비평사』(W·V·오카너/김병철), 『미국의 현대극』(A·S·다우너/여석기), 『미국의 단편소설』(R·B·웨스트/곽소진) 등 5권으로 구성된 '20世紀美國文學研究叢書'(수도문화사 刊)와 『사랑은 죽음과 함

문학작품의 번역을 충당하기에는 부족했다고 봐야 한다. 내발적(內發的) 차원에서 미국 문화의 국내 전파에 기여한 단체들, 대표적으로 '미국문화연구소'(1955.7.)의 활동을 감안해서도 그러하다.[36] 한국의 번역물 대부분, 특히 정기간행물 및 단행본의 문학 분야가, 제정러시아의 소설들이 불역본에 의해 많이 읽힌 19세기 미국의 경우와 같이, 일본의 영향 속에 있다는 외국인 교수(A. McTaccart)의 지적도 이를 뒷받침해 준다.[37] 또 『세계문학전집』 간행을 일본의 전집을 갖다 놓고 진행했다는 최재서의 발언에도 주의를 기울일 필요가 있다.[38] 따라서 국가의 번역사업에 미국의 직간접적인 개입을 비약하거나 미 공보원의 활동을 강조해 (문학) 번역사업의 의도를 아메리카나이제이션(Americanization)으로 특화시키는 견해는 재고의 여지가 있다. 1950년대 번역의 정치학이 서구 중심주의, 자유민주주의, 반공주의 이데올로기를 대중적으로 확산시키는 것과 유관하더라도 그것은 다방면으로 접근해 고찰할 필요가 있다.

께』(죤·패트릭/오화섭), 『지평선 넘어』(유진·오닐/오화섭), 『우리 邑內』(소온톤·와일더/오화섭), 『피크닉』(윌리암·인지/이근삼), 『밤으로의 긴 旅路』(유진·오닐/오화섭) 등 5권으로 짜인 '現代美國戲曲傑作選'(수도문화사 刊)이 대표적이다.

36_'한미 간의 문화학술의 교류 및 연구를 목적'으로 설립된 '미국문화연구소'에 참여한 임원은 고문(유진오, 박종화, 변영로, 이희승, 모윤숙, 서정억), 대표운영위원(이한직), 전문연구위원(조지훈, 왕학수, 김용갑, 오영진, 김종길) 등이다. 내건 사업은 '월간종합지 『展望』의 간행, 학술서적의 번역 및 출판, 미국 학술서적의 기증 알선, 반공 선전을 목적으로 하는 방송, 문화영화의 제작 배급, 한국 명저의 영역 및 출판, 연구원의 해외 파견'이다. 『동아일보』, 1955.7.22.

37_『대학신문』, 1955, 2.21.

38_「르네쌍스가 가까웠다 - 번역문학 부움이 의미하는 것」(좌담회), 『사상계』, 1959.9, 280면.

번역출판과 검열, 그리고 일본어 서적

한편 국가권력이 번역에 개입하는 또 다른 방식은 검열제도를 활용한 번역(허가)권의 독점적 행사이다. 이는 당대 번역 장 및 번역 지형을 불구적으로 주조해 내는 데도 결정적인 역할을 한다. 그 독점권을 한 마디로 요약하면 '외국 출판물을 번역하여 출판하고자 할 때에는 공보처장의 허가를 받아야 한다.'는 규정이다('출판물에 관한 임시조치법안' 제21조, 1955.1.21.). 번역출판의 자유를 명백히 부정하는 조항이다. 문제는 이 법안이 제정·공포되지 못하고 사문화되었다는 사실이다. 1952년 3월 광무신문지법이 국회에서 공식 폐기되고 난 뒤 국가권력이 그 대체법안으로 출판물법을 4차례 제정하려고 시도하다가 사회문화계의 강력한 저항에 부딪쳐 좌절된 바 있다.[39] 위 법안은 그 일환이었다. 따라서 번역출판을 검열할 수 있는 합법적 근거는 존재하지 않았다. 있다면 사상 관련은 국가보안법, 성 풍속 관련은 형법을 원용하는 것이었다. 다만 번역출판물을 단속하는 행정권 발동은 미군정법령 제88호와 제115호에 의거해 이루어진다. 일본의 정기간행물 및 (번역)단행본의 단속에도 군정법령이 항시 적용되었다. 법체계상 불법임에도 불구하고 일본서의 번역출판은 허가를 받아야만 했다. 이 점은 다음의 사례에 잘 나타나 있다.

〈日本書籍飜譯許可申請書〉

左記書籍을 國文으로 飜譯하야 出版코저 하오니 許可하여 주시옵기 趣旨書及元

39_출판물법안을 포함해 문화 관련 법제의 제정과 관련된 자세한 내용은 이봉범, 「8·15해방~1950년대 문화기구와 문학」, 『현대문학의 연구』 44, 한국문학연구학회, 2011 참조.

本添附玆以仰願하나이다.

記

著書名　少年期

著者　波多野勒子

譯者　鄭旦心(大邱市 三德洞 一街 一七)

檀紀 四二八七年 九月十四日 大邱市 公平洞 一三

玄岩社(四二八四年 十二月 二十四日 第一ㅇ八二號 登錄)

代表 趙 相 元

〈공보 제一八ㅇ號〉

檀紀 四二八七年 九月二三日 공보처장

玄岩社 대표 趙相元 귀하

〈일본서적 번역출판 허가 신청 반려의 건〉

귀하가 단기 四二八七년 九월 一四일자로 신청하신 일본서적 「少年期」의 번역 출판 건은 현 시국 하 이를 승인할만한 긴급 필요성을 인정할 수 없아와 승인치 않기로 결정하여 일건서류를 반려하오니 여차 양승하시기 무망하나이다.[40]

일본 서적의 번역출판 허가 여부를 둘러싼 현암사 사장 조상원과 공보처의 왕복서한이다. 허가 반려의 이유가 번역의 긴급성을 인정할 수 없다는 것인데, 그것은 곧 번역출판의 허가가 당국의 자의(恣意)에 좌우되었다는 것을 일러 준다. 이 같은 비합리적 번역 허가는 1959년『아리랑』이 일본 소설을 번역해 전재했다가 전부 삭제조치 당한 것에서 보듯 이후에도 그대로 관철된다. 공보처에서는 재일공산당 계열의 불온출판물 유입 차단

40_조상원,『책과 30년』, 현암사, 1974, 253~254면.

과 저속성 그리고 민족적 양심을 고려한다는 명분을 내세웠다. 식민 경험의 트라우마에 따른 반일 국민감정과 해방 직후 저속한 일서 번역물이 범람해 출판시장을 왜곡시켰던 구조가 지속되는 것에 대한 자성의 움직임 등으로 인해 이런 조치가 대중적 지지를 받은 것도 사실이다. 국가권력의 배타적 번역(허가)권이 지배이데올로기의 대국민 확산과 침투에 동원되는 정략적 도구성의 면모를 잘 보여 주는 지점이다.[41] 따라서 일서의 경우 일부 전문학술서를 제외한 여타 서적의 수입 차단, 밀수입된 서적의 압수 조치, 게다가 번역출판조차 허가권을 이용한 봉쇄 등 세 차원의 제재로 인해 합법적 출판 활동이 제한·위축되는 것이 불가피했다. 특히 문학작품이 공식적으로 번역돼 유통되는 것은 불가능에 가까웠다. 해방 후 일본 문학작품의 번역 현황에 대한 조사결과에 따르면, 1950~59년 동안 가가와 도요히코의 『나는 왜 크리스찬이 되었는가』 등 총 7편이 번역 출판되었다고 한다.[42] 비공식적으로 도입된 것이었고 대부분 무단 출판이었다.

그렇다고 이 같은 사실이 일본 문학(서)이 읽히지 않았다는 것을 의미하지는 않는다. 문화적 식민지 혹은 일본 추종의 아류에 떨어질 위험성에 대한 경계의식[43]이 팽배했음에도 불구하고 일본 문학은 오히려 과거에 비

41_한 신문은 4·19혁명 직후 일서 번역물의 범람이 이승만 정권의 독선적인 반일정책 붕괴의 반동에서 온 문화적 현상으로 진단한 바 있다. 「일본문학번역과 작가」, 『경향신문』, 1960.10.12.

42_김근성, 「무엇이 번역되었나」, 윤상인 외, 『일본문학번역 60년 현황과 분석』, 소명출판, 2008, 30면. 번역된 문학작품은 가가와 도요히코의 『나는 왜 크리스찬이 되었는가』와 『死線을 넘어서』, 구라타 햐쿠조의 『사랑의 인식과 출발』, 니와 후미오의 『일본은 패했다』, 후지와라 데이의 『내가 넘은 삼팔선』, 야스모토 스에코의 『구름은 흘러도』와 『재일 한국소녀의 수기』 등이다. 야스모토 스에코의 번역물 2편은 동일한 작품의 다른 번역본이기에 엄밀히 말해 총 6편이었다고 할 수 있다. 본격 문학이기보다는 대부분이 수기류이다.

해 더욱 왕성하게 수용되었다고 볼 수 있다. 일본어 서적의 효용가치 때문이었다. 즉 일어를 제외한 외국어 실력이 전반적으로 미숙했던 상태에서 일본어 교육을 받은 일반 독자나 지식인들, 특히 교직 관계자들에게 일본어 서적의 효용성은 남달랐다.[44] 일본서의 수요자층이 광범하게 분포된 상태였고 또 일서는 말할 나위 없고 여타 외서의 수입이 제한적이었던 조건에서 일서의 효용성은 과거에 비해 증대될 수밖에 없었던 것이다. 물론 이때의 일서는 전후 최신의 조류가 아닌 대체로 식민지 시기에서부터 잔존한 것들이었다. 잔존한 것이나마 일서는 굳이 번역을 하지 않아도 수용 가능성이 비교적 높았던 것이다. 해방 직후 순한글 서적이 읽기 더 어려웠던 사정으로 일서가 애용되었던 풍조의 잔영이었다. 일서 '번역'의 효용가치는 일어 해득 능력이 없는 새로운 독자들이 수요층으로 대거 편입·확대되는 1960년대에 접어들어 자연스럽게 대두하기에 이른다. 4·19혁명 직후부터 일서의 번역물이 봇물을 이루면서 붐을 이룬 것은 그 반영이다.[45] 번역의

43_이하윤, 「일본문학작품의 한국어번역」, 『경향신문』, 1960.9.2.

44_『1963년도 출판연감』, 40면 참조.

45_그 번역 붐은 이전과 비교해 전후 일본의 대중물이 주류를 이루며 해적판이 독서시장을 압도하는 특징을 보인다. 특히 菊田一夫의 「軍の名は」, 原田康子의 「挽歌」, 五味川純平의 「人間の條件」, 三島由紀夫의 「美德のよろめき」 등 전후 일본의 베스트셀러 대중소설 대부분이 번역되어 우리나라에서도 베스트셀러가 되며 이 번역본과 더불어 이것의 해적판이 양산되면서 일본의 영향 내지 지배에 대한 우려가 증폭되기에 이른다. 물론 일본의 정평 있는 신인문학상인 介川賞 수상작, 『세계문학전집』 및 『전후세계문제작품집』(신구문화사) 등에 정선된 일본 작가편, 横光利一, 川端康成, 谷崎潤一郎, 太宰治, 大岡昇平 등 일본 현대문학의 대표적 작가들의 작품 등에 대한 단행본으로의 번역이 병행되지만 당시 일서 번역붐은 대중소설과 논픽션 류와 같은 잡서가 주종을 이루었다. 영화, 음반, 방송극 분야는 그 정도가 더욱 심각해 일본 대중가요의 표절·복사음반이 전체 제작음반의 50~60%를 차지할 정도였다. 이에 대한 자세한 내용은 「한국 속의 일본을 고발한다 - 해적판」, 『신동아』, 1964.11., 86~95면 참조.

중개 과정을 거치지 않은 일본 문학의 수용, 그렇다면 이 시기 일본 문학의 원문을 읽은 이들이 누구이며 그것이 한국 문학 재건에 어떻게 작용했는가의 문제가 제기된다. '이들'은 앞서의 지적처럼 식민지 시기 일본어 교육을 받은 당시 30세 전후의 독자층으로 예상되는데, 대학생을 포함해 일어 해득력이 없는 지식인들의 지적·문학적 원천은 무엇이었을까? 다시 말해 4·19혁명 후 일서가 다량으로 수입되고 『일본전후문제작품집』(신구문화사, 1960), 『일본문학선집』(1960)을 비롯해 일본 문학(서)의 번역 간행이 성행한 가운데 일본 문학이 서구 문학과 더불어 문학의 중요한 자양분이 되었던[46] 시점까지의 원문 위주 일본 문학의 수용을 어떻게 평가해야 하는가의 문제는 1950년대 번역(문학)의 정치학을 논할 때 중시될 필요가 있다. 이에 대해서는 문학 주체의 번역 인식을 논하는 자리에서 후술하겠다.

그러면 공적 차원의 일본 문학(서) 번역의 부재에도 불구하고 번역계의 '그레샴의 법칙'의 주범으로 지적된 일어 중역의 범람(『동아일보』, 1955. 10.25.)은 어떻게 조성된 것일까? 그것도 검열제도에서 일차적인 원인을 찾아볼 수 있다. 앞서의 외서 수입 기준에 명시되어 있는 바와 같이 학술 및 교양서적의 수입에서 제외시킨 것이 4개 조항이었지만, 그 범위는 대단히 넓은 것으로 봐야 한다. 크게 보아 비(非) 반공으로 규정될 수 있는(친공(親共) 또는 적성(敵性)의 의미보다 폭넓은) 국가, 인신(저작자)을 두루 포괄한 것

46_대표적으로 김승옥의 사례에서 확인할 수 있다. 김승옥은 대학생 때 소설을 쓰게 된 가장 큰 동기가 당시 번역되기 시작한 일본 소설, 예컨대 슈우사꾸(遠藤周作), 오오에 켄자부로오(大江健三郎), 시이나 린조오(椎名麟三) 등의 소설을 읽고 받은 충격 내지 자극 때문이었는데, 이러한 일본 소설이 과거에 막연하게 헤르만 헤세, 앙드레 지드를 읽고 서양 문학에서 받았던 느낌과는 다르게 훨씬 실감나고 절절한 것으로 느껴졌다고 고백한 바 있다. 최원식·임규찬 엮음, 『4월혁명과 한국문학』, 창작과비평사, 2002, 30~31면.

이기에 외서 도입은 구미의 자유민주주의 이념에 부합한 저작물로 제한될 수밖에 없었다. 적어도 1950년대에는 소위 제3세계 저작물의 번역은 거의 없었다. 구미서적의 수입조차 행정적 절차의 까다로움과 경제성의 부족, 즉 수익성이 온전히 보장되기 어려운 출판시장의 열악함으로 인해 원활하지 못했다. 실제 번역 원본을 구할 수 없는 경우도 허다했다. 이에 덧붙여 이조차도 번역해 낼 수 있는 번역가가 극소수였다. 따라서 일어 중역이 가장 손쉬운 방편이 되리란 것은 어렵지 않게 예상할 수 있다.[47] 공급과 수요의 불일치에서 온 원고 내지 저자 부족으로 일서 번역 및 일어 중역이 성행했던 해방 직후의 상황[48]과는 본질적으로 다른 맥락이다. 특히 문학작품은 수입이 원천 금지되었기 때문에 사정이 더욱 열악했다. 그렇다면 이런 악조건 속에서 실제 464권의 문학작품의 역간, 구체적으로 전집류 187권과 문고류 277권의 번역물은[49] 어떻게 생산된 것인지, 다시 말해 무엇을 대상 텍스트로 한 번역인지 궁금해지지 않을 수 없다. 김병철의 통계가 원본 번역한 것만을 통계로 잡은 것인지는 알 수 없다. 설령 그렇다 하더라도 이 집계에 포함되지 않은 어쩌면 이를 상회하는 문학작품의 번역은 대체로 일어 중역이었을 것으로 판단된다. 원본을 대상으로 한 것이라도 적어도 일본어판을 참조했을 것이다. 물론 여기에는 출판자본의 투기적 개입이 크게

47_가령 게오르규의 『제2의 찬스』(정음사, 1957, 정비석·이진섭·허백년 공역)의 경우 원작이나 영어판을 구할 수 없어 일어판 중역이 불가피했다고 한다. 이진섭, 「기이한 인연」, 『세월도 강산도』(최영해선생화갑기념송사집), 정음사, 1974, 92면. 원역 『제2의 찬스』(전 2권, 정음사, 이세정 역)는 1994년에 출간된 바 있다.

48_이중연, 『책, 사슬에서 풀리다』, 혜안, 2005, 164~168면; 조풍연, 「더한층 곤경에」, 『개벽』, 1948.1, 60~62면 참조.

49_김병철, 앞의 책, 22~25면.

작용했다. 문학번역물 특화전략을 거의 모든 출판자본이 구사했기 때문에 빚어진 번역문학의 공급 부족이 일어 중역을 한층 더 조장했다고 볼 수 있다. 더욱이 저작권법이 공포(1957.1.)되었음에도 불구하고 국제저작권협회에 가입하지 않았던 관계로 국내저작물과 달리 외국 저작물에 대한 저작권 보호가 유명무실하게 되고 또 부칙 조항에 의해 해방 전 저작권 양도계약이 무효로 됨으로써 출판사가 외서 번역을 남용했던 것도 작용했다. 이렇듯 검열제도에 의해 새롭게 축조된 번역 지형은 지식수입원이 서구 편향으로 기울고 일어 중역이 횡행하게끔 하는 번역적 상황을 제도적으로 창출했던 것이다. 이는 검열제도가 해방 직후 정치적 목적과 출판자본의 영리성이 결합되어 좌익서 번역 중심으로 구성된 번역계의 구조적 변환을 추동했다는 것을 의미한다.

미(美) 공보원의 번역사업과 미국화 기획

이와 관련해 미 공보원의 번역 개입을 살펴볼 필요가 있다. 미 공보원의 활동은 위의 을유문화사의 번역출판에 번역료 지원을 제공한 것에서 확인되듯이 당대 번역에 직간접적으로 관여했다. UNKRA 원조와 같은 각종 원조사업을 통한 간접적 지원뿐만 아니라 사상계사의 단행본 출판 및 잡지 간행에 지속적으로 물적 지원을 제공한 것과 같이 당대 상당수의 출판자본에 원조를 제공했다.[50] 민간 영역에의 원서 기증도 상당했다. 출판자본들이

50_단정 수립 후 최고 문단권력기관으로서 순수문학의 요람이자 진지로 기능했던 순문예지 『文藝』(1949.8.~1954.3.)도 미 공보원의 재정 보조가 있었기에 창간할 수 있었다. 『모윤숙 문학전집 5』, 성한출판사, 1986, 194면.

미 공보원의 지원을 받으려고 치열한 경쟁을 벌였으며, 심지어 그 지원 여부가 출판자본의 존폐를 좌우한 경우도 있었다. 미국 중심의 서구 문예의 번역과 보급에 가장 열성적이었던 문학전문지 『문학예술』은 미 공보원과 아시아재단의 종이 지원이 끊기면서 재정난으로 휴간한 뒤 곧바로 폐간된 바 있다. 미 공보원과 번역의 관계에 있어서 압권은 미 공보원이 직접 번역 사업을 시행한 것이다. 출판과를 중심으로 1951년부터 1961년까지 310권을 번역 발간해 군, 대학 등에 무상으로 기증했다.[51] 미국의 정치, 역사, 경제, 문예 등을 망라하고 있으며 당연히 미국의 이념과 사상 등을 담은 저작들이었다. 그중 상당수가 대학교재로도 선택됐다. 이러한 미 공보원의 활동은 기본적으로 미국화라는 거대한 문화적 기획의 일환으로 시행된 것이었다. 즉 미국의 이상과 방식을 한국인의 일상에 심음으로써 지속적인 정치적 영향력을 확보하려는 미국 정부와 새로운 시장의 개척과 그에 대한 지속적 지배를 관철시키려는 미국 자본이 만들어 낸 합작품으로, 문화적 미국화의 중요한 통로였다.[52]

문제는 그것이 관철되는 방식과 효과의 정도이다. 앞서 검토한 바와 같이 번역출판이 폐색된 환경에서 미 공보원의 번역사업이 상당한 영향력을 끼쳤을 것은 불문가지이다. 1950년대 한국의 탈(脫)식민과 근대화가 '미국 따라하기'를 통해서만 이루어질 수 있다는 인식이 팽배한 상태에서[53] 지적,

---

51_김용권, 「문학이론의 번역과 수용(1950~1970)」, 『외국문학』, 1996.8, 15~20면 참조.

52_김균, 「미국의 대외 문화정책을 통해 본 미군정의 문화정책」, 『한국언론학보』 제44-3호, 한국언론학회, 2000, 68~69면 참조.

53_김연진, 「'친미'와 '반미' 사이에서 - 한국 언론을 통해 본 미국의 이미지와 미국화 담론」, 김덕호·원용진 엮음, 『아메리카나이제이션』, 푸른역사, 2008, 272면.

문화적 대미의존도가 암묵적으로 조장되었을 것이며, 그것이 아래로부터 대중들이 자발적으로 수용한 미국 대중문화 내지 미국적 생활양식과 소비에 대한 욕망과 결부돼 전반적으로 미국화의 흐름을 고조시켰을 것이다. 또 당시 지배이데올로기, 특히 자유민주주의와 반공주의의 강화에 큰 영향력을 발휘했다고도 볼 수 있다. 번역서 310권 중 50여 권이 공산주의 비판 관련 서적이었다는 점에서 미 공보원 번역사업이 지식인들에게 반공의 논리적 기반을 제공하고 그들의 의식세계를 정향시키는 데 기여했을 것으로 충분히 추정할 수 있다.[54] 지배/종속의 관계 조성에 따른 학문적 신식민성의 틀이 만들어졌다고도 볼 수 있다. 한국전쟁 이후 미국이 남한에 대해 전개한 냉전문화 정치가 적 만들기(enemy making)와 친구 만들기(friend making)의 동시진행형, 즉 소련을 위시해 중국, 북한을 괴뢰로 낙인찍는 선전과정이자 남한주민을 비롯해 자유세계 전반에 걸쳐 친미적 시민을 창출하는 문화교류 과정이었으며 그것이 1950년대는 특히 교육자나 언론인과 같은 엘리트 집단에 초점을 두고 이루어졌다는 점에서 더욱 그러하다.[55] 다만 이러한 정황적 조건만으로 당시 미국(미 공보원)의 번역사업의 효과를 위와 같이 단정 짓기는 여러모로 곤란한 지점이 존재한다. 정치경제 분야

54_박지영, 「'번역'의 시대, 번역의 문화정치」, 『대동문화연구』 71, 성균관대 대동문화연구원, 2010, 495면.

55_정일준, 「미국의 냉전문화 정치와 한국인 '친구 만들기': 1950, 60년대 미 공보원(USIS)의 조직과 활동을 중심으로」, 학술단체협의회 엮음, 『우리 학문 속의 미국』, 한울, 2003, 23~34면 참조. 주한 미 공보원의 번역에의 개입도 이런 차원에서 이루어졌음을 미 공보원이 작성해 미 공보처에 보낸 '한국계획'(1960)을 통해서 확인해 볼 수 있다. 정일준이 발굴 소개한 '한국계획'의 구체적 프로젝트의 프로그램 중 도서번역에 해당하는 내용은 '미국 문학에 관한 4권의 책과 미국의 다른 문화적 성취에 관한 2권의 책 출판을 지원한다.', '현지 저자의 책들, 특정 한국인의 미국 인상기를 지원할 것이다.'로 되어 있다.

와 달리 문화영역에서의 미국의 영향력을 식별해 내기 어려운 것은 물론이려니와 그것이 내발적 요인과 어떻게 내접되어 현시되었는가에 대한 문제도 구체적으로 따져봐야 한다. 즉 미국화가 번역의 다른 문맥과 절합(articulation)의 방식에 따라 갖게 되는 의미 맥락에 주목해야 한다. 가령 미 공보원의 전략과 의도가 새것 콤플렉스에 침윤된 지식인들과 또 영리추구를 본질로 하는 출판자본과 어떤 접점을 이루며 굴절되는가에 대한 검토가 요청된다. '미국의 국무성이 서구 문학의 대명사같이 되었고 우리 작가들은 외국 문학을 보지 않는 것을 명예처럼 생각하게 되었고, 다시 피부에 맞는 간편한 일본 문학으로 고개를 돌이키게 되었다.'는 김수영의 전언은[56] 이의 필요성을 뒷받침해 준다. 신태양사와 같은 상당수의 출판자본이 일본어 중역에 더 집중했던 일종의 풍선효과도 마찬가지이다. 더욱이 1950년대는 적어도 미 공보원의 프로그램이 민주주의 제도의 발전에 적대적이고 국가 전체의 이익을 위해 미국과 진심으로 협력하는 데 무관심하거나 반대한 이승만 정부에 의해 제약을 받았고 따라서 프로그램 대부분을 자체적으로 실행해야 하는 조건이었다는 점에서[57] 미 공보원의 번역을 통한 미국화 기획은 여러 매개 과정을 거칠 수밖에 없었다.

이 부분에서 지적하고자 하는 것은 미 공보원의 번역사업이 미국의 대한 문화정책의 차원에서 치밀하게 추진된 것이었다고 하더라도 당시 국가권력의 번역정책과 검열정책의 영향 속에 있었다는 점이다. 미 공보원의 문화전략 내지 번역정책의 의도가 일방통행적으로 관철되었던 것이 아니라는 점, 또 그 영향력이 막강했다고 하더라도 그것이 국가권력의 정책으

56_김수영, 「히프레스문학론」, 『김수영전집 2』, 민음사, 1989, 204면.
57_정일준, 앞의 글, 35면.

로 조성된 번역적 상황이 전제됨으로써 가능했다는 점을 간과해서는 안 된다. 따라서 1950년대 일본어 중역의 성행과 미 공보원을 위시한 미국 기관의 번역물의 (가치)증대가 병행된 번역 장의 특징적 양상은 일차적으로 국가권력의 외서 수입 및 번역 정책과 불가분의 관계를 지닌 산물이었다.

3. 출판자본의 이율배반적 출판전략과 번역

출판자본의 저변과 번역 논리

1950년대 번역의 활성화에 기여한 또 다른 핵심 주체로 출판자본을 꼽을 수 있다. 출판자본의 번역에의 기여는 번역출판의 양적 증대는 물론이러니와 그 보급의 실질적 주체로서 번역의 잠재적 독자층을 개발하고 새로운 수요를 자극함으로써 번역시장을 개척·창출해 낸 것에서 돋보인다. 그 일련의 과정은 번역의 문화적 가치를 제고하고 번역의 질을 한 단계 끌어올리는 성과를 수반한다. 더욱이 외서 수입 및 번역출판권을 독점적으로 행사한 국가권력의 유·무형의 통제 속에서 다른 한편으로는 경영기반이 매우 취약한 토대 위에서 일궈 낸 성과이기에 그 의의가 자못 크다. 물론 출판자본의 번역 중시는 이전에도 존재했다. 가깝게는 일제의 극심한 문화통제에 대한 반동이 격렬하게 폭발한 해방 직후에 대부분의 출판자본은 민족문화 건설의 명분과 영리 추구라는 본래적 목표의 혼재 및 길항을 내장한 채 번역출판을 통한 새로운 민족국가의 건설을 전망했으며, 그 지향이 사회문화세력의 정치적(정략적) 의도와 공명을 일으키면서 한층 촉진된 바 있다.[58] 1943년 8월 일제의 출판활동에 대한 강제금지 조치로 출판사업을 접어야 했던 정음사, 영창서관, 한성도서, 박문서관 등의 민족출판자본과 고려문화사, 을유문화사, 백민문화사, 백양당, 아문각 등 새로 등장한 출판사가 가세함으로써 출판물의 홍수 시대를 열었고 이에 대응해 번역출판이 급증했던 것이다. 그러나 번역서가 출판물을 크게 좌우할 수준은 아니었다. 예컨대 당대 교재 및 학습참고서와 더불어 출판의 대종을 이루었던 문학출판의 경우 1946년 문학단행본 가운데 번역이 차지하는 비중이 30%로 꽤 높았으나, 미군정기 전체로 보면 18% 정도에 그친다.[59] 번역물보다는 창작물 출판이 우세하였다고 볼 수 있다. 더욱이 번역출판은 출판자본의 근대 기업화에 크게 기여하지 못했다. 다시 말해 을유문화사와 정음사 같은 몇몇 출판사를 제외하고는 번역출판의 수익을 통해 출판자본의 재생산 구조를 확립하는 데 이르지 못했으며, 게다가 지배권력의 통제 및 경영기반의 악화로 기획성 있는 번역출판이 불가능했고 번역출판의 지속성 또한 유지하기 어려웠다. 이 같은 번역적 상황에서 해방기 번역출판은 각 정파의 이념적 주의주장의 선전매개자로서의 정치성과 영리 위주의 모리(謀利)

58_해방기의 번역적 상황과 그 정치학에 대해서는 박지영, 「해방기 지식 場의 재편과 '번역'의 정치학」, 『대동문화연구』 68, 성균관대 대동문화연구원, 2009 참조.

59_조대형, 「미군정기의 출판연구」, 중앙대 석사학위논문, 1988, 95~96면 참조. 『출판대감』(조선출판문화협회, 1949)의 목록을 통해 문학번역서의 양을 확인해 보면 1945년 2종, 1946년 10종, 1947년 10종, 1948년 18종에 불과하며, 문학서 가운데 외국 문학서의 비율은 1946년 17.5%, 1947년 14.9%, 1948년 15.7% 정도였다. 물론 이 통계에 잡히지 않은 모리 번역출판을 감안하면 그 비율이 다소 증가할 수 있겠으나 20%를 넘지 않았을 것으로 판단된다. 번역출판이 활발했던 다른 영역, 가령 역사 분야는 한국학 관련 출판이 우세하였다는 점에서, 사상 분야는 비록 좌익서 중심의 번역이 주종을 이루나 그 흐름이 정부 수립 후 일서 및 좌익서 축출 조치로 급감했다는 것을 감안할 때 이 시기 전체 출판물 중 번역서가 차지하는 비중이 압도적이었다고 보기는 어렵다. 물론 그것이 이 시기 번역출판의 의의를 경감시키는 요인으로 간주할 수는 없다.

의 극단성을 노정한 채 그 역사적 시효를 마감하고 1950년대로 이월된다. 해방기에 비해 1950년대는 모든 출판자본이 번역을 특화상품으로 채택하고 그에 따른 번역출판의 경쟁구도가 정착됨으로써 양과 질 모두에서 번역(문학)출판의 획기적인 변화를 야기한다. 그 변화를 집약적으로 보여 주는 지점이 번역이 당대 출판자본의 근대 기업화에 근간이 된다는 데 있다. 그것은 해방기에 조성된 극단적 번역지평의 조정 과정이었으며 번역 장의 제도적 형성을 출판자본이 주도하는 것으로 나타난다.

출판자본의 상황과 번역의 활성화

여기에는 1950년대 출판자본이 처한 특유의 조건과 논리가 개재되어 있었다. 첫째, 출판자본의 세대교체와 더불어 신흥 출판자본이 대거 등장해 출판계의 규모가 급격히 확대됨에 따라 이를 채우는 내용과 형식의 출판물 공급이 시급히 요청되었다. 그러나 그 불가피성에 비해 출판물의 생산은 이를 충당하기가 현실적으로 불가능했다. 한국전쟁으로 말미암아 출판기간시설이 대부분 파괴되었고 해방기에 활동했던 저명한 저술가(각계 학자 및 문학예술가)의 상당수가 (납)월북됨으로써 원고난이 가중됐기 때문이었다. 이 같은 수급의 불일치에서 오는 난관이 번역의 출판수요를 구조적으로 추동하기에 이른다. 특히 재생산구조의 안착이 절실했던 신흥 출판사들에게는 상대적으로 적은 제작비에 높은 수익률까지 기대할 수 있는 번역출판이 유리했다. 국제출판협회와 국제저작권협회에 가입하지 않았던 관계로 원저자와 출판사에 대한 저작권 및 출판권에 대한 양도계약이 없이도 자유롭게 번역출판이 가능했던 것이 이를 더욱 조장했다. 1957년 1월 저작권법이 공포된 후에도 외국 저작권 보호가 출판사의 자율(양심)에 맡겨졌기에 사정은 마찬가지였다.[60] 그 중에서도 일어 중역 출판이 자극될 수밖에 없었다. 외서 수입통제에 의해 양서에 대한 접근성이 한정된 데다 전문 번역가가 부족한 형편에서 일어 중역만큼 영리성을 담보할 수 있는 번역 대상은 없었다. 유럽서(러시아, 이탈리아 등)의 영어 중역 출판이 부분적으로 나타난 것도 이런 맥락에서다.

둘째, 당대 대부분의 출판자본이 문어발식 종합출판을 지향함으로써 번역의 양적 팽창과 더불어 번역 대상의 영역을 다변화시켰다. 그 종합출판은 두 차원, 즉 학술서, 교과서(대학교재 포함), 교양서, 문예서, 아동서 등 분야별로 다른 하나는 그것이 단행본, 문고본, 전(선)집, 백과사전 등의 형태로 나타난다. 게다가 이러한 행태의 서적출판과 함께 잡지 발행까지 겸영하는 전략 및 나아가 잡지 연쇄전략까지 구사한 출판자본이 상당수였다. 이전 해방기에 정음사와 을유문화사가 추구했던 종합출판 전략이 확대되어 만개한 것이었다. 그로 인해 각 부문별로 치열한 생존경쟁이 불가피해짐으로써 출판물이 폭증하고 이에 대응해 번역출판도 총량적 증대가 이루

60_흥미로운 사실은 지적 저작물의 소유권을 관장하는 협약인 저작권법이 오히려 번역출판의 입지를 축소시킨다는 점이다. 번역의 스캔들이란 개념으로 번역행위에 존재하는 다양한 차원의 불평등 관계, 즉 지배/종속의 관계들에 주목한 베누티는 그 한 요인인 현 저작권법이 원저자에 특권적 지위를 부여한 가운데 번역의 공간을 협소하게 만들고 번역에 불이익을 초래케 하는 문제점과 그 맥락을 역사적으로 추적하고 원저자 개념 및 그에 따른 저작권 개념을 대체할 수 있는 해결책을 과거의 판례를 통해 모색한 바 있다(로렌스 베누티, 임호경 옮김, 『번역의 윤리』, 열린책들, 2006, 제3장 참조). 우리의 경우도 마찬가지여서 국제저작권협회 가입(1987) 이후 무분별한 중복 번역이 방지되는 긍정적 효과에도 불구하고 판권 문제가 개입됨으로써 벌어지는 경쟁적 판권 확보 싸움과 판권을 획득한 출판사의 번역권 독점과 부실 번역이 나타나는 등 전반적으로 저작권법에 따른 새로운 번역이 봉쇄되는 역효과가 비등하는 실정이다. 이 점에 대해서는 윤지관, 「번역의 정치학; 외국문학 번역과 근대성」, 『안과 밖』, 영미문학연구회, 2001, 46~47면 참조.

어진다. 문학번역만 보더라도 김병철의 통계에 의하면 전집류는 23종 187권, 문고본은 277권으로 해방기(1945~50)의 71권의 번역단행본 출판과는 비교가 되지 않는 수준이다. 다른 분야의 번역 정도는 확인할 수 있는 자료가 없으나 대체로 마찬가지의 수준을 보였을 것으로 추정할 수 있다. 당시 문교부의 도서출판 분류표 기준에 따른 출판 현황 집계를 살펴보면, 사회과학(역사, 법정, 사회)은 1952년 182종, 1953년 179종, 1954년 325종, 1955년 288종, 1956년 428종, 1957년 257종, 자연과학(공학, 산업 포함)은 1952년 234종, 1953년 183종, 1954년 184종, 1955년 164종, 1956년 175종, 1957년 142종 등이 각각 발행되었는데,[61] 1950년대 후반 출판물의 국내/외국 번역물의 비율이 대략 65%/35%로 나타난다는 조사 보고를[62] 적용했을 때 사회과학은 580여 종, 자연과학은 380여 종이 번역본이었을 것으로 추산할 수 있다. 다소 무리한 추산일 수 있겠으나 번역의 대강의 규모와 다변화 정도를 어느 정도 헤아려볼 수 있다. 앞의 을유문화사의 '구미신서'(문고본)의 경우에서 확인할 수 있듯이 실제 1958년부터 봇물을 이룬 문고본의 경우는 거의 전부가 번역물이었다.[63] 이 같은 번역의 다변화는 각 부문별 경합 번역 및 중복 번역 출판을 야기하는 폐단을 수반하기도 했다. 종합출판이었기 때문에 각 출판자본은 번역의 내적 분업 시스템을 구축할 수 있었고[64] 따라서 번역 대상도서의 구입과 선정, 번역가의 확보,

61_『1958년 경제연감』, 한국은행 조사부, Ⅲ-332 통계편 참조. 1953~58년 문교부 집계를 필자가 종합적으로 검토해 집계한 결과임을 밝혀 둔다.

62_「이 가을 독서는 전집 붐」, 『조선일보』, 1959.10.19.

63_김창집, 「출판계의 현황과 그 과제(하)」, 『동아일보』, 1959.9.6.

64_이 시스템은 무엇보다 출판자본의 수익성 제고에 여러모로 장점이 있었다. 가령 번역단행본 출판을 전(선)집 형태로 수렴해 재출간하거나 잡지에 번역물을 연재하고 추후 단행본으로

번역의 기획 등에 효율성을 기할 수 있는 장점이 있었으나, 출판자본의 생존을 좌우한 경쟁구도는 출판사 간 속도경쟁, 출혈경쟁을 강제하면서 졸속 출판, 무단 출판과 같은 부정적 출판 관행의 범람을 야기했으며 이와 연동된 중역, 오역, 표절, 매명, 대리번역 등 번역(가)의 문란도 조장하게 된다. 특히 수요가 많았던 문학번역은 외국 베스트셀러 번역물의 경합 및 무단 중복 출판이 두드러져 제58회(1958) 노벨문학상 수상작 『의사 지바고』는 한 해에 6개 출판사에서 동시 간행된 바 있으며, 『오 헨리 작품집』(단편선)은 1959년 대동당 판본에서부터 20여 종이 번역되면서 원전은 사라지고 번역본이 또 다른 번역본을 낳는 악순환이 나타나기까지 했다. 번역 요람기의 부득이한 부산물이었다고 볼 수 있다.

셋째, 당대 출판자본의 운동방식이 번역의 특정한 지형을 주조해 내는 데 큰 영향을 끼친다. 1950년대 출판자본은 대체로 문화성과 기업성의 이율배반적인 관계에 처해 있었다.[65] 물론 상업성, 즉 영리 추구는 출판자본의 본질이자 내면의 목표이다. 그런데 그것이 문화와 결합되어 출판저널리즘으로 존재할 때는 문화성을 무시하고는 실현되기 어려우며 따라서 문화성을 효과적으로 이용해서 자신의 목표를 도모할 수밖에 없다.[66] 비록 출판저널리즘이 근대주의자들의 이니셔티브에 의해 개화 및 계몽의 수단으로 등장한 신문저널리즘에 비해 출발부터 상업주의적 성격이 훨씬 강했다고 하더라도 문화성을 전연 도외시하기란 불가능했다.[67] 오히려 기업성을 적

출판하는 방식은 투자(제작비) 대비 수익의 안정적 창출을 확보하는데 단연 유리했다. 사상계사가 B.무어의 「現代 쏘聯정치의 모순과 고민」을 『사상계』지에 연재(1954.8.~1955.4.)한 뒤 곧바로 단행본(1955)으로 출판한 것이 비근한 예다.

65_김용호, 「현 실정과 그 타개책」, 『신천지』, 1953.12, 148면.

66_백철, 「저널리즘과 문화성」, 『현대문학』, 1955.1, 96~97면.

극적으로 발양하기 위해서라도 출판에 대한 시대적 요청과 대중들의 기대 수준을 일정하게 충족시키는 전략이 필요했고, 그것이 시사성(시대성)을 매개로 한 상업성과 문화성의 모순적 결합 형태로 시현되는 가운데 출판저널리즘은 나름의 문화건설기관으로 독자적인 기능을 감당해 왔다. 비록 소수였다 할지라도 식민지 시기 한성도서, 학예사, 박문출판사 등은 이윤 추구보다는 국권 회복과 민족 계몽에 일익을 담당하는 출판활동을 전개한 바 있다. 그 모순된 양면성이 어떻게 조정되어 발현되는가는 시대에 따라 다르게 나타나는데, 1950년대는 외국 선진문화의 수입과 번역을 매개로 한 출판활동이 기업성과 문화성을 절묘하게 조화시킬 수 있는 시대 분위기(근대화의 시대정신)가 조성됨으로써 번역출판이 극대화될 수 있었다. 해방 직후에도 같은 논리로 번역이 민족문화 건설의 전망을 담보하는 유력한 방편으로 대두돼 출판의 일 주류로 부상했으나 모색의 차원에 머물렀을 뿐 그 건설의 구체성으로까지 진전되지 못했던 것[68]에 비해 1950년대는 위의 호조건을 바탕으로 번역의 지형을 주조해 내는 동시에 지식 내지 문학예술의 장을 재편해 내는 영향력을 발휘할 수 있게 되는 것이다. 물론 그것은 번역

67_신문의 공공성/기업성의 모순적 관계와 그것의 문화적 반영인 신문문예의 문화성/상업성에 대한 고찰은 이봉범, 「해방 후 신문의 문화적 기능과 신문소설 - 식민유산의 해체와 전환을 중심으로」, 『한국문학연구』 42, 동국대 한국문학연구소, 2012 참조.

68_그것은 시대적 제약, 특히 지배권력의 문화통제력이 작용한 바 크지만 좌/우를 막론하고 대부분의 출판자본이 문화성(민족문화 건설)과 영리성을 원활하게 조정해 내지 못하고 어느 한쪽으로 편중된 운동방식을 구사함으로써 초래된 바도 이에 못지않았다. 따라서 전자를 배타적으로 강조한 경우(대표적으로 대성출판사)뿐만 아니라 후자만을 좇은 군소출판사들이 모두 출판 현장에서 사라진 것은 어쩌면 필연적이었을지도 모른다(이중연, 앞의 책, 142~147면 참조). 이중연은 후자와 관련해 해방기 영리 위주 출판이 심화돼 나타난 출판의 실제로 친일파의 저술·작품, 종이 독점, 저속한 책(통속소설, 유행가집), 아동만화, 번역서 등 5가지를 꼽은 바 있다.

지형의 축소를 지불한 대가이다. 그로 인해 번역 대상의 이념적 스펙트럼이 대폭 축소되는 동시에 특정 지역, 즉 구미(歐美)의 번역 밀도가 그만큼 높아진다.

한 가지 유념할 것은 문화성과 상업성의 조화가 출판과 문화의 상호이해에 의존한 것이라는 점이다. 이를 출판과 문학의 관계를 통해서 살펴보면, 출판은 판로가 보장된 상품성이 큰 문학이 우선적으로 필요했고 문학(인)에 있어서는 신문에 버금가는 명예와 보수뿐만 아니라 문학의 항구적 보존 및 정리에 가장 유효한 형식인 출판이 절실히 요구되었다는 점에서 양자의 접점이 형성된다.[69] 번역과 관련해 그 이해가 합치되는 지점이 특히 대중적 소설과 문학 전(선)집류였다. 1950년대 국내 문학창작 출판뿐 아니라 번역출판에서도 소설이 압도적인 비중을 차지한 것[70] 또 한국 문학 및

69_조연현, 「문학저널리즘考」, 『韓國新文學考』, 문화당, 1966, 187~188면 참조. 한국전쟁 후 시집이 대부분 자비출판으로 간행된 것도 이런 맥락에서이다. 출판의 영리적 기획과 합치되지 못한 상태에서 문학의 보존을 위한 불가피한 선택이었다고 볼 수 있다. 반면 출판자본들이 국내시집 출판보다는 외국시인전(선)집의 형태로 기획적 번역출판에 서서히 주목하게 된 것도 마찬가지의 차원이다. 교양문화사의 『세계시인전집』(전 20권)이 그 시초라 할 수 있는데, 발레리(박이문 역)를 1회 배본으로 시작해 휘트먼(양주동), 테니슨(피천득), 보들레르(박남수), 베를렌(이환), 예이츠(송욱), 릴케(구기성), 헤세(박찬기), 엘리엇(김종길) 그 외 괴테, 바이런, 셸리, 키츠, 하이네, 위고, 말라르메, 랭보, 파운드, 오든 등으로 연속된 이 전집은 원역을 지향함으로써 상당한 주목을 받았다.

70_예컨대 대동당출판사는 'NOVEL CLUB'이란 소설문고를 기획해 번역소설 문학을 특화시켜 출간한 바 있는데, 1959년에는 『警官과 讚頌歌』(오·헨리/이규동 역), 『骨董品商』(디킨즈/이영희), 『幻滅의 女人』(토마스만/박찬기), 『肉體의 惡魔』(라디게/서정회), 『하늘의 牧場』(스타인벡/심명호), 『루우딘』(투르게네프/최태웅), 『江건너 숲속으로』(헤밍웨이/조광묵), 『侯爵夫人의 사랑』(하디/김관석), 『金髮의 엣그벨트』(이영구 역편), 『神曲』(단테/이상로) 등 10편의 번역소설을 1차로 배본했고, 『마농레스코』, 『魔王』, 『斷頭臺의 마지막 女人』 등 10편을 2차 배본했다(1960).

세계문학 전(선)집이 간행될 수 있었던 것도 이런 맥락에서이다. 그것은 역사적으로 볼 때 신소설 이래 문학의 상품성이 회복·제고되는 긍정적 효과를 수반하는 과정이기도 했다.

번역문학상과 해외 저작권법

그 상호이해의 의존관계는 한국 문학의 해외 소개에서도 마찬가지로 적용된다. 한국 문학의 세계적 진출에 대한 논의가 세계시장에서 경쟁력 있는 작품을 선별해 내는 것이 관건적 요소라고 누차 공론화된 바 있지만,[71] 실제로는 작품의 우열 자체보다는 외국 출판사의 수지타산이 맞아야 하는 것이 우선적이며 따라서 상내편 독사의 구미에 맞는 작품의 선택과 우리말에 능한 외국인의 번역으로 가독성을 높여야 하는 것이 선결과제였다.[72] 어떤 경우이든 번역은 출판자본의 상업성이란 타율적 제한 속에서 실현될 수밖에 없는 것이었다.

한국문학사 최초로 1950년대에 등장한 각종 번역문학상은 그 조화의 일환으로 기획된 상품이었다고 볼 수 있다.[73] 번역문학상은 출판자본과 문

71_「한국문학의 과제」(좌담회), 『현대문학』, 1966.6. 국제펜클럽 한국본부에서는 일찌감치 외국에 소개할만한 작품에 대한 '작품월평회'와 작가작품 연구를 중심으로 한 '외국작품연구회'를 정기적으로 개최한 바 있다. 백철, 정인섭, 손우성 등이 주도했다. 『조선일보』, 1957.2.6.

72_박태진, 「우리文學의 海外紹介에 대한 私見」, 『사상계』 1962 임시증간호, 476면.

73_1954년부터 대한출판협회가 주체가 되고 국립도서관과 공동으로 '독서주간'(1954.11.21.~27,)을 설정하고 범국민 독서운동을 전개한 것도 마찬가지의 맥락이다. 애초에 표방했던 문화 발전과 독서생활을 향상시킨다는 취지와 더불어 출판계의 활성화를 위해서는 무엇보다 독서인구의 창출이 시급하다는 출판자본들의 절박함이 결합된 캠페인이었다고 볼 수 있

화(학)단체를 중심으로 다수 제정되었는데, 샌프란시스코에 본부를 둔 아시아재단의 주관으로(문총이 협찬) 자유문학상과 함께 번역문학상을 제정한 것이 그 시초이다.[74] 의욕적으로 '당분간 영어로 된 문학에 국한해 번역한 대표적인 것에 수여'한다는 미국(문학)에 대한 경사를 노골적으로 표방했음에도 불구하고 7회 동안(1954~59) 매년 자유문학상은 시상한 반면 번역문학상은 한 차례도 시상하지 않았다. 당시 유일의 문인단체이자 최고 문단권력기관이었던 한국문학가협회가 주관한 한국문학가협회상(1955~60)도 마찬가지여서 시, 소설, 희곡, 평론 등 규범문학 외에 수필, 아동문학, 번역을 포함시키는 다소 파격적인 설정을 시도했으나 번역은 한 번도 시상한 적이 없다. 본격적인 시상이 이루어진 것은 '문화적 후진성을 시급히 극복하고 번역문화의 의의를 고조'시키겠다는 취지로 을유문화사가 주관한 '을유번역문학상'이 유일하다. 을유문화사에서는 1957년 11일 강봉식의 『巨人』(이골 구젠코, 사상계사)을 제1회 수상작으로 선정하는데, 20만 환이라는 상금도 파격이려니와 후보작들의 높은 수준과 엄격한 심사과정을 거침으로써 번역문학의 진작에 획기적인 기여를 한다. 이는 일시 중단되었다가 1961년 제2회부터는 '한국번역문학상'으로 개칭하고 국제펜클럽 한국본부로 이관돼(을유문화사가 상금 후원) 1975년까지 시행되었다.[75] 비록 시행되

다. 실제 도서판매책의 상술이라는 비판이 있었다(『경향신문』, 1954.11.22.). 이 캠페인도 미 공보원의 후원과 원조가 있었다.

74_『조선일보』, 1953.12.10.

75_1958년에도 '을유번역문화상'으로 명칭을 개칭하고 심사위원진(양주동, 박술음, 김준섭)을 꾸려 3개월간 심사를 했으나, 11월 13일 최종심사에서 마땅한 대상이 없었는지 심사위원 전원의 요청으로 심사대상 기일을 1959년 3월로 연기한 바 있으나 끝내 중단된다. 『지성』, 1958.12, 275면.

지 못했지만 『사상계』의 '사상계번역상'[76]까지 포함해 출판자본의 번역(문학)상 제정은 당시 한국 사회의 (문화적) 후진성을 극복할 수 있는 유력한 대안으로 '번역'을 적극 호명했다는 점에서 번역의 사회문화적 의의를 제고하고 번역의 질을 한 단계 끌어올리는 데 출판자본이 주도적인 역할을 했다고 평가할 수 있다. 그것은 문화성과 번역 수요의 창출을 통한 상업성이 상용(相容)한 일 단면이다.

다른 한편 출판자본은 문화성과 상업성이 배치(背馳)될 경우에는 철저하게 상업성을 추구하는 것으로 자신의 이익을 도모한다. 저작권법의 제정 과정에 그 면모가 잘 나타난다. 1955년 국회 문교위의 초안 상정에서 1957년 1월 제정 공포(법률 제432호)되기까지 저작권법을 둘러싸고 법리 논쟁과 더불어 이해 관련단체의 권리 확장을 둘러싼 첨예한 대립이 야기된 바 있다.[77] 후자는 문총 중심의 저작권자 측과 대한출판문화협회 중심의 출판권사 측이 저작권 보호기간(제37조)을 비롯해 저작권(출판권)과 관련된 중요 쟁점들, 이를테면 출판권의 설정기간, 저작물 개작의 권리, 출판의무의 기간, 번역권의 소멸기간, 벌칙 조항 등에 대해 양측이 팽팽히 맞서고 문교부가 중재하는 형국을 보이는데, 출판권자 측은 일방적으로 저작권자

76_『사상계』는 초기에 원고모집 형식으로 '번역논문 及 문예물'을 모집하다가(1953년 7월호, 246면 '社告') 1955년 10월 "한국의 후진성을 극복"하기 위한 일 방편으로 '사상계번역상'을 독자적으로 제정하고 그 수상 규정을 공고한 바 있다(1955년 10월호 3면). 1년마다 국내 주요 잡지에 게재된 번역물을 대상으로 심사, 수상하기로 했으나(상금 10만 환) 시행되지 못했다. 다만 이 상은 '김동인문학상', '사상계논문상', '신인문학상' 등과 더불어 사상계사가 제정한 대표적인 상으로 사상계 주체들의 번역에 대한 높은 관심을 확인해 볼 수 있다는 점에서 나름의 의의가 있다.

77_이에 대해서는 이봉범, 「8·15해방 ~ 1950년대 문화기구와 문학」, 『현대문학의 연구』 44, 한국문학연구학회, 2011, 293~303면 참조.

만을 옹호하고 있다는 논리를 폈고[78] 저작권자 측은 저작권의 상대적 우위를 강조하면서 출판계의 입장을 영리상의 권리에 편중된 처사로 비판했다. 공포된 법안은 출판계의 식민지적 유산이 해소되는 긍정적인 결과를 유발했음에도 불구하고 출판권자 측에게는 대체로 불리했다. 저작권자에 비해 상대적 우위에서 이루어졌던 종래의 출판 관행이 더 이상 통용될 수 없게 되고 그것이 고스란히 출판업자들에게 과중한 부담으로 전가되면서 수익성의 악화로 나타난다. 그로 인해 영리 위주의 출판이 더욱 강제되었으며 출판자본들은 출판전략의 수정을 통해 새로운 기획을 추진하기에 이른다. 1950년대 후반 일어 번역물, 일어 중역 출판의 점증과 전(선)집 및 문고본의 대거 등장은 이 같은 위기를 돌파하기 위한 출판자본의 고육지책이었다. 저작권법이 번역에 미친 영향은 무엇보다 번역권(제25조)과 외국인 저작권 보호(제46조) 규정의 명문화에서 비롯된다. 즉 외국인 저작권도 내국인과 동일하게 보호해 주고 저작권에 관한 국제조약에 가입하는 것을 원칙으로 함으로써[79] 법 그 자체로는 무단 번역 등 번역과 관련한 그 동안의 각종 폐단을 해소할 수 있는 기반이 마련된 것이다. 그러나 한국 사회의 후진성을 감안해 번역권의 5년 단기소멸제도를 택하고(일본은 10년, 베른협약에서는 7년 규정), 경제적 손실의 우려에 대한 공감대 속에서 저작권 국제조약에의 가입을 무기한 유예하는 등 실제 법 운용이 파행을 겪으며 오히려 부정적 효과가 양산된다. 특히 국제저작권 조약에 가입되지 않아 번역과 관련된 위법 및 출판윤리에 저촉된 경우라도 사실상 제재가 불가능했기 때문

78_출판권자 측의 논리는 민장식, 「저작권법안 시비 - 출판인의 입장에서 제언」, 『경향신문』, 1956.1.4 참조.

79_이항녕, 「문화질서와 저작권」, 『지성』, 1958.9, 64면.

에 번역서의 무단 출판, 중복 출판이 더욱 심화되고 그에 비례해 오역이 증가한다. 출판권이 설정된 번역출판물에 대한 침해가 있을 경우에만 출판자본 상호간의 권익보호 차원에서 자율규제가 있었을 뿐이다.[80] 후진성에 대한 적극적인 참작이 (번역) 후진성을 더욱 조장하고 심화시키는 결과를 초래한 것이다. 그것은 베누티가 주목했던 부정성, 즉 저작권법에 의해 원작자(author)와 원본성(originality) 그리고 사적 소유권(property)이 중시되고 번역권에 대한 원저자의 배타적 독점권 및 번역가가 원저자에 종속됨에 따라 번역공간이 협소해지는 법적 제한성과는 정반대의 결과였다고 볼 수 있다.[81]

세계문학전집 및 문고본의 번역 실제와 성과

지금까지 살펴본 조건과 논리 속에서 출판자본이 일궈 낸 번역출판의 성과는 양과 질 모두에서 괄목할 만한 수준이었다. 특히 단행본보다는 전(신)집과 문고본 시리즈가 번역출판의 주류를 이루었다는 점에서 의의가 더욱 크다. 이들 시리즈는 번역에 대한 장기적 기획 하에서 비로소 가능한 산물이기 때문이다. 문학번역을 중심으로 개괄해 보면 우선 전(선)집류를 꼽을 수 있다. 1958년 11월 동아출판사의 『세계문학전집』을 필두로 정음사의 『세계문학전집』(1958.11.25.)과 을유문화사의 『세계문학전집』(1959.8.

80_대한출판문화협회, 『대한출판문화협회50년사』, 1998, 117면 참조. 출판자본들도 번역의 질을 높이기 위해서는 판권의 정당화가 긴요하다는 입장을 견지했으나 경제적 타격 때문에 선뜻 나서지 못했다고 봐야 한다. 「출판계의 당면문제를 말한다」(좌담회), 『경향신문』, 1962.5.1.

81_로렌스 베누티, 임호경 옮김, 『번역의 윤리』, 열린책들, 2006, 87~88면 참조.

25.)이 연이어 기획 출간되면서 세계문학전집 붐이 조성된다. 한국문학전집(전 36권, 민중서관)보다 세계문학전집에서부터 문학전집의 기획출판이 시작되는 특이한 면모였다. '세계문학의 본격적 이식(移植)'을 표방한 동아출판사의 전집은 사르트르·까뮈편을 제1회 배본으로 제1기 20세기편 18권, 제2기 19세기편 22권, 제3기 고전편 10권 등 총 50권을 계획했으나 제1기만 출간하고 중단된다.[82] 정음사의 전집은 셰익스피어의 『햄릿·리어왕·맥베스·오셀로·로오미오와 쥴리엘』(최재서·최정우·이종수·오화섭·김재남 역)을 제1회 배본으로 출발해 1965년 50회 배본을 했으며 나중에 100권으로 연장되었고, 을유문화사의 전집은 어윈 쇼오의 『젊은 사자들』(김성한 역)을 제1회 배본으로 시작해 1965년 제60회 배본을 했으며 이후 100권으로 완결된다. 한국번역(문학)사의 획기적 성과라는 당대 및 이후의 평가에 전혀 손색이 없는 규모와 체계를 갖추고 있다. 다만 출간의 도정을 고려할 때 이 전집들의 성과를 1950년대로 한정해 논의하는 것에는 신중할 필요가 있다. 실제 을유문화사의 1950년대 발간본은 『젊은 사자들』, 『광세』, 『쿼바디스』, 『엘리어트선집』 등 4편뿐이었고 1960년까지는 14편이었다. 정음사판은 1959년 9월 기준 15회 배본(『북구선집』, 김종빈 역)을, 동아출판사는 13회 배본(앙드레 말로의 『인간조건』, 김붕구 역)을 해 발간의 속도가 상

82_중단의 이유는 정확히 알려진 바 없다. 다만 동아출판사가 1959년 12월 국제문화연구소와 공동으로 월간종합지 『세계』를 창간한 사실을 감안할 때 수익성을 감안한 출판전략의 변화에 따른 결과로 중단 이유를 추정해 볼 수 있다. 『세계』는 '우리 문화의 후진성을 시급히 극복하고 세계문화의 대오에 참가'하기 위해 주로 영, 미, 불, 독의 저명한 학보와 잡지의 최신호에 게재된 지식을 번역해 소개하는 것을 편집의 중점으로 삼았다. 1960년 5월호까지는 내용이 거의 모두 번역이었다. 야스퍼스, 사르트르, 알베르스, 리차즈, 르네 웰렉 등의 논문이 눈에 띈다.

대적으로 빠른 편이었으나, 전체 기획의 일부분이기는 마찬가지였다.

그럼에도 불구하고 이 전집들이 돌발적인 산물이 아니라 1950년대 (문학)번역이 과정적으로 수렴된 결과물이라는 점에서 1950년대 번역의 성취를 충분히 가늠해 볼 수 있다. 그 성취로 꼽을 수 있는 것은 첫째, 번역(문학)의 질을 한 단계 끌어올렸다는 점이다. 즉 세계문학전집을 계기로 번역의 조류가 일어 중역기에서 원역기(原譯期)로 변환됨으로써[83] 번역의 질을 담보할 수 있는 토대가 마련된 것이다. 원역 자체가 질을 결정적으로 보장해 주는 것은 아니지만 적어도 원작에 충실하게 됨으로써 원역은 번역을 통한 문화적 근대화의 실질적 가능성을 한층 높이는 데 긍정적으로 작용한다. 덧붙여 을유출판사 같은 경우는 원전의 분량에 관계없이 '완역주의(完譯主義)'를 관철시킴으로써 원역과 완역이 겸비된 번역의 정도(正道)가 확립되는 밑거름이 된다. 아울러 번역비평의 지평이 본격적인 충실성/가독성의 규범 논의로 진전되면서 함량미달의 번역행위, 즉 오역은 물론이고 번안(飜案), 초역(抄譯), 축역(縮譯), 경개역(梗槪譯) 등을 걸러 내는 데도 기여한다. 당시 문화지식인들이 보편적으로 공유하고 있던 이중번역된 근대에 대한 콤플렉스에서 벗어나는 계기가 된 것도 무시하지 못할 성과이다. 원역기로의 전환은 기본적으로 전문성을 갖춘 번역가들이 세계문학전집에 참여했기에 가능했다. 세 전집의 1950년대 출간본의 역자들은 모두 해당 분야 외국어 전공자들이다. 최재서·강봉식·정병조·김재남·장왕록·유령·양병탁·김병철·여석기·오화섭·이기석 등(영문학), 안응렬·이휘영·손우성·김봉구·양병식·방곤·조홍식·이환·이진구·오현우 등(불문학), 박종서·강

83_한교석, 「번역문학의 昨今」, 『동아일보』, 1959.3.13.

두식·구기성·박찬기 등(독문학), 함일근·김학수·이동현·차영근(러시아문학) 등은 대부분 현직 대학교수로 재직하고 있는 상태에서 전집뿐만 아니라 문고본에서도 번역을 주도했다.[84] 주요섭·김광주·김성한·김종길 등 창작활동을 한 문인도 참여했는데, 이들도 외국어 전공의 전문성을 갖춘 역자로 충실성과 가독성을 겸비한 번역수행에 상대적으로 유리했다. 더욱이 이들 30대의 역자들은 외국어뿐만 아니라 일어에도 능통했기에, 일어판을 참조했는지는 확인하기 어렵지만, 번역의 질을 제고하는 데 유리한 조건을 지니고 있었다. 물론 이들이 번역의 최적임자인가에 대한 논란이 일기도 했다. 국어문장 구사 능력을 온전히 갖추지 못한 상태에서 그들의 번역활동이 외국어 능력에 전적으로 기댄 랑그 차원의 기계적 번역을 벗어날 수 없으므로 본격적 번역문학에 미달한다는 논리로, 주로 전집 번역에서 배제된 문단 측의 반발이었다.[85]

84_특정 학술단체가 기획하는 번역총서가 활성화되고 여기에 해당분야 번역전문가들이 참여함으로써 번역의 전문성이 고취되는 사례가 대두한 것도 주목된다. 가령 한불문화협회가 기획한 『불문학총서(전 12권)』(신태양사, 1958) 간행이 대표적인 경우로 『수상록』(몽테뉴/손우성), 『고전극전집』(몰리에르/이진구), 『파르므의 승원』(스탕달/오현우), 『외제니 그랑데』(발자크/조홍식), 『지상의 자양』(지드/이휘영), 『왕도』(말로/김붕구), 『구역』(사르트르/방곤), 『목로술집』(졸라/홍순민), 『파리새의 여인』(모리악/최완복), 『인간의 대지』(생텍쥐페리/안응렬), 『불시전집』(이선구, 이하윤), 『불단편선집』(정명환) 등에서 그 면모를 확인해 볼 수 있다. 이와 함께 특정 작가작품의 전문적 번역자의 등장, 예컨대 안응렬이 생텍쥐페리, 김재남이 셰익스피어를 각각 도맡아 줄곧 번역한 것도 번역의 질을 향상시키는 데 유리하게 작용한다.

85_정병조, 「번역문학의 과제」, 『사상계』, 1962 임시증간호, 468면. 외국어 전공자들의 번역에 대해 지적된 또 다른 문제점으로는 그들이 번역을 여기나 부업으로 인식하는 안이한 풍조와 의역의 부족, 특히 우리말 어휘와 문장의 잘못된 구사로 인해 국어교육을 직간접적으로 좀먹게 한다는 국어학계 및 국어교육계의 비판 등이 있었다. 후자에 대해서는 최창식, 「번역문학의 현황 - 우리말 어휘에 대한 제의」, 『동아일보』, 1959.8.25 참조.

둘째, 번역문학의 대상이 다양해진 가운데 세계문학전집의 새로운 체제를 주체적으로 확립하는 계기가 된다. 전자는 초기(1958~60)에 발간된 것만 보더라도 지역(국가), 시대, 장르의 차원 등에서 고루 나타난다. 지역은 프랑스, 영국, 미국, 러시아, 스페인 등으로, 시대는 고전에서 20세기 현대문학에까지, 장르는 소설, 시, 희곡, 평론은 물론이고 서간, 철학에세이까지 포함되었다.[86] 『일리어드 오딧세이』(정음①), 『팡세』(을유⑦), 『카라마조프가의 형제들』(정음⑩⑪), 『20세기의 지적 모험』(알베르스, 을유④), 『근대영국희곡선』(을유⑬), 『北歐선집』(정음⑫), 『20세기시집』(동아⑰), 『영미수필선』(을유⑰) 등을 통해 그 대강을 확인해 볼 수 있다. 완미한 형태는 아니나, 이념적 제약에 의해 러시아와 중국의 현대문학을 비롯해 특정 지역, 시대, 작가작품의 번역이 통제된 조건 속에서의 다변화라는 점을 눈여겨봐야 한다. 그것이 가능했던 것은 세 출판사 간의 사활을 건 경쟁구도 때문으로 보인다. 막대한 부채를 투입한 모험적 기획이었기에 치밀한 계획이 필요했고[87] 따라서 속도 경쟁과 더불어 최대한 중복 출판을 삼가게 된다. 동일 국가의 경우 작가의 안배를 그리고 동일 작가라고 하더라도 작품의 선정이 다르게 이루어진 것이다. 일례로 을유문화사가 ⑤번으로 예고한(『지성』, 1958.9, 237면) 모리악의 『테레즈 데크루』는 끝내 간행되지 않았는데,

---

86_을유문화사와 정음사의 두 전집 총 200권을 대상으로 한 지역별 분포에 대한 정기수의 분석에 따르면, 프랑스 52편, 영국 40편, 미국 34편, 러시아 25편, 독일 21편, 일본 6편, 중국 4편, 스페인 3편, 기타 등으로 되어 있다. 출판사별로 볼 때 정음사는 프랑스가 34편, 러시아가 20편으로 상대적으로 비중이 매우 크며, 반대로 을유문화사는 영국(26편), 독일(15편), 중국(4편)의 비중이 큰 편이었다. 정기수, 『한국과 서양 - 프랑스문학의 수용과 영향』, 을유문화사, 1988, 211면.

87_김창집, 「출판계의 현황과 그 과제 - 출혈을 강행하는 경쟁(상)」, 『동아일보』, 1959.9.5.

아마도 동아출판사가 ⑧번으로 모리악을 출간 예고했던 사정을 감안해 포기한 것으로 판단된다. 물론 중복 출판의 사례도 더러 있었다. 헉슬리의 『연애대위법』은 을유문화사⑥(주요섭 역)과 동아출판사⑪(김우탁 역)이 겹치고 이후로도 『고백록』(루소), 『여자의 일생』(모파상), 『배덕자』(지드), 『나나』(졸라), 『벽』(사르트르), 『파우스트』(괴테) 등이 이중 번역되었다. 하지만 가능한 한 타사와의 중복을 피하기 위한 노력이 상호간에 전개되고 그에 대응해 번역 대상의 지평이 넓어진 것만큼은 경쟁구도가 갖는 긍정적 산물이었다. 그 과정에서 문학번역이 소설 위주, 특히 노벨문학상 작품이나 외국 베스트셀러 중심으로 이루어진 기존의 번역 관행이 극복될 수 있었다. 1980년대 세계문학전집 발간 붐이 재차 일면서 1950~60년대 전집이 고전 위주이며 그것도 구미에 편중되어 있다고 호되게 비판된 바 있으나,[88] 당대적 수준에서나 번역문학사의 차원에서 1950년대 세계문학전집의 이 같은 성과는 마땅히 인정되어야 한다. 한편 이 세계문학전집들이 과연 이전의 틀과 다른 체제를 확립했는가에 대해서는 논란의 여지가 많다. 앞서 최재서의 발언을 언급했듯이 일본 출판사의 기획을 그대로 도입했고 상당수가 일어판을 중역했다는 것이 당대나 이후에도 누차 지적되었다. 서구 고전 중심의 세계문학에만 치우친 것도 일본판 세계문학전집의 기획을 안이하게 흉내 낸 산물로 평가된 바 있는데,[89] 필자가 츠쿠바서방(筑摩書房) 판 『세계문학전집』(전 70권, 1945)과 비교해 봤을 때 그 같은 면모가 없는 것은 아니나 단정적인 결론을 내리는 것은 지나친 평가라는 인상을 받았다. 더욱이 일어판 중역이라는 것은 확증하기 어렵다.[90] 설령 일본의 기

88_「고전, 구미 위주의 틀을 벗는다, 세계문학전집」, 『경향신문』, 1981.12.1.
89_「제3세계 현대문학 번역 활기」, 『경향신문』, 1987.4.6.

획을 모방했다 손 치더라도 당시의 사정을 고려했을 때 이를 흠결로만 간주하는 것은 문제가 있다. 일본의 영향 속에서도 작품 선정과 번역 태도에서 탈(脫)일본의 정신이 강하게 자리 잡고 있었기 때문이다. 을유문화사의 편집원칙은 오히려 철학·사상·여행기 등을 포함시켰던 미국의 '모던라이브러리'의 영향이 강했다고 볼 수 있다.[91] 일본의 영향과 탈일본의 길항 속에서 종래의 세계문학전집과 달리 지역·장르·시대를 아우르면서 나름의 일정한 체계(계통)를 세우려 한 의식적인 번역적 실천은 번역문학사의 새로운 단계로의 진입을 알리는 징후였다고 할 수 있다. 그것이 원역 및 완역주의 원칙을 동반했기에 더욱 의미가 크다. 아울러 출판자본에는 수익성을 약화시키는 요인으로 작용했지만 과도한 광고와 선전, 할인, 월부, 위탁판매 방식과 같은 다양하면서도 적극적인 판로 개척을 통해 세계문학에 대한 센세이션을 일으키면서 대중적인 보급을 확대시켰던 것[92] 또한 번역(문학)

90_동시기 경쟁적으로 출간된 아동문학 관련 전집(문고본 포함)은 중역의 혐의가 짙다. 『세계명작전집』(전 50권, 동국문화사), 『세계명작문고』(전 50권, 학원사), 『세계위인문고』(전 50권, 학원사), 『세계소년소녀문학전집』(전 50권, 계몽사), 『세계소년소녀문학선집』(전 12권, 신태양사) 중에 계몽사를 제외하고는 역자가 표기되어 있지 않다. 번역출판의 핵심인 역자를 밝히지 않은 점은 당대 출판 관행을 고려할 때 중역일 가능성이 매우 높다. 이원수, 「아동도서출판과 아동문학」, 『동아일보』, 1959.8.11.

91_『을유문화사50년사』, 을유문화사, 1997, 179~182면 참조.

92_세계문학전집의 대중적 보급과 관련해 특기할 사항은 1960~70년대 국민독서운동의 일환으로 시행된 마을문고운동의 '제1~2회 마을문고 선정도서'(선정위원회 위원장 마해송, 부위원장 최정희, 『마을문고』, 1966.6)에 을유문화사의 『세계문학전집』(1~60권)과 정음사의 『세계문학전집』(전·후기 총 50권), 기타 타 출판사 판이지만 『대지』, 『노인과 바다』, 『누구를 위하여 종을 울리나』, 『마지막 잎새』 등이 선정됨으로써 농촌의 (청년)독자들에게까지 광범하게 수용되었다는 점이다. 『마을문고』에 『부활』, 『테스』, 『안네의 일기』, 『레미제라블』 등에 대한 독서회원들의 독후감이 상당수 게재된 바 있다. 이에 대해서는 김경민, 「1960~70년대 독서국민운동과 마을문고 연구」, 성균관대 석사학위논문, 2012, 92~99면 참조.

의 위상과 의의를 높이는 과정이었다. 당시 번역사업의 애로가 역자의 능력보다는 경제력, 즉 판매부진에 있다는 주장[93]을 감안할 때 더욱 그러하다.

문고본 전성시대, '시민교양'과 번역서

전집류 이상으로 1950년대 번역의 성취와 의의를 잘 보여 주는 것이 문고본의 번역출판이다. 무엇보다 이전의 문고 붐과는 그 정도와 내용이 확연히 다르다. 문고 시대의 개막은 일제 말기(1930년대 말) 조선문고, 박문문고, 현대문고의 경쟁을 통해 시작된다. 학예사의 '조선문고'(1939.1.~1941.2., 40종 기획과 20종 간행)는 '학문과 예술의 만인화'를 위해 '조선에 있어서 진정한 서적 해방'을 표방하고 김태준 『원본 춘향전』을 비롯한 우리 고전의 해제와 『이기영단편집』 등 문학창작집을 간행했다. 애초에 기획한 서목을 보면 『아리스토텔레스시집』, 『일리아드』, 『하이네시집』 등 서구 고전도 포함시켰으나 『현대영시선』(임학수 역편) 외에는 출간되지 못했다. 박문서관의 '박문문고'(1939.1.~1943.)는 양서보국(良書保國)을 목적으로 '동서고금의 고전과 양서를 총망라'해 18종을 간행하다가 1943년 8월 일제의 출판활동 금지 조치로 인해 강제 중단된 뒤 해방 후 속간해 4종 6권을 발간했다. 우리 문학의 고전과 현대물을 아우르기는 조선문고와 마찬가지였다. 광한서점의 '현대문고'(2종 간행, 영창서관에서 속간해 5종 추가 발행)는 엄흥섭

93_홍효민, 「근대문화와 번역사업」, 『경향신문』, 1959.3.19. 3개 출판사의 경쟁적 세계문학전집 발간이 당시 출판 및 독서시장의 실정으로는 "相殘의 고배를 免키 어려울 것"이라는 비관적 예측(「無風地帶의 우리文壇」, 『서울신문』, 1959.8.26.)에도 불구하고 두 출판사가 애초의 계획을 완수해 가는 도정은 번역문학의 제도적 정착을 추동하는 과정이었다는 점에서 다시금 그 의의를 강조하지 않을 수 없다.

의 『세기의 연인』을 일착으로 한설야·방인근 등 모두 당대 작가의 창작집이었다. 이 시기 문고들은 일제의 극단적 사상문화 탄압에 맞선 문예 부흥과 학예 보급 의지의 표현[94]이었으며 국학을 통한 민족문화의 수호와 지식의 대중화에 크게 이바지했다고 볼 수 있다. 더욱이 그 상호 경쟁구도가 문화진영의 분화를 반영, 즉 조선문고는 대부분 경향파, 박문문고는 민족주의자 위주로 각각 편성함으로써[95] 발행권수에 비해 당대의 지적 산물을 포괄하는 다양성을 드러내 주는 특징이 있다. 해방 직후에는 박문문고의 속간과 더불어 '국민교양의 이상적 계몽'을 목표로 한 '정음문고'가 듀이의 『학교와 아동』(강정덕 역)을 시작으로 김성칠 역주 『열하일기』(1950.2.)까지 25종 30책을 발간해 문고의 전통을 이어간다. 조선의 고대문화에 관한 국학고전이 위주였으며 해외문학의 번역 소개가 더러 이루어진다. 1948년부터 참여한 을유문화사의 '을유문고'는 '문화와 사상의 범국민적 보편화'를 내걸고 박태원의 『성탄제』(1948.2.10.)를 처음 출간한 뒤 한국전쟁 전까지 26권을 출판했다. 35종을 기획했으나 사상 관련 서적, 이를테면 맑스·엥겔스의 『도이취 이데올로기』(김명구 역), 맑스의 『철학의 빈곤』(허동 역), 엥겔스의 『공상사회와 과학사회』(홍우 역) 등은 발간되지 못했다. 단정 수립 후 사상 통제(검열)의 산물로 보인다. 지드의 『전원교향곡』(안응렬 역)과 『좁은 문』(김병규 역), 하디의 『슬픈 기행』(임학수 역), 메리메의 『카르멘』(이휘영 역), 모파상의 『감람나무 밭』(최완복 역), 호든의 『하이데커박사의 실험』(주요섭 역) 등 외국 문학 번역이 상당수를 차지하는 특징이 있다.

이 같은 문고출판의 전사를 수렴해 내는 가운데 1950년대 말 문고본의

94_이중한 외, 『우리출판100년』, 현암사, 2001, 82면.
95_전영표, 『출판문화론』, 대광문화사, 1987, 77면.

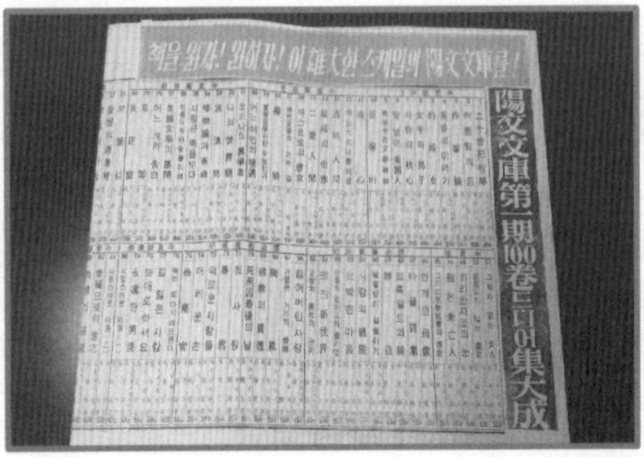

양문문고 제1기분 1백권 출간 광고. 1백권이 다 간행된 것은 1960년 5월로서 이 광고는 다수 신문과 잡지에 실렸다.

전성시대가 도래한다. 이전과 다른 이 시기 문고 붐의 특징적 양상으로는 첫째, 대부분의 출판자본이 자체 기획적 문고출판을 동시다발적으로 시도함으로써 문고가 출판물의 주류를 형성한다는 점이다. 1958년 신양사의 '교양신서'를 시작으로 1959년부터는 '양문문고'(양문사), '박영문고'(박영사), '위성문고'(법문사), '경지문고'(경지사), '강호문고'(강호사), '아카데미문고'(아카데미사), '현대신서'(대학기독교서회), '현대문고'와 '여성교양신서'(여원사), '세계명작문고'(동국문화사), '사상교양문고'(상구문화사), '생활총서'와 '위인문고'(학원사), '사상문고'(사상계사), '교양문고'(신구문화사), 기타 정음사, 일신사, 고구려문화사 등이 대체로 '시민교양의 이상적 계몽'을 목표로 연이어 문고출판에 참여함으로써 단행본 출판을 압도하는 전례 없는 문고 전성시대가 전개된 것이다. 규모도 만만치 않아 '교양신서'는 1958~59년에 64권, '사상교양문고'는 1959년에 24권이, '양문문고'는 1960년 5월 기준 100권(1959년까지는 65권)이 간행되었다. 그 발간이 1960년대로 이어지면서 그 양이 급증하는데, '박영문고'는 41권(1960.5. 기준), '위성문고'는 68권(1963), '사상문고'는 44권(1963)의 규모를 보인다. 을유문화사의 '구미신서'와 '번역선서'가 이 흐름에 자극받아 발간이 촉진되고 '탐구신서'(탐구당)

가 새로 등장해 더욱 치열한 경쟁구도를 형성한다. 문고본의 전성이 번역과 관계 맺는 지점은 문고본의 대부분이 번역서이며 동시에 그 분야가 매우 다양하다는 점과 가장 많은 대중적 수용이 이루어졌다는 데 있다. 이를 '양문문고'를 중심으로 살펴보도록 한다.

표 2 | 양문문고 1기 100권(1960.5. 기준)

번호	책명	저자	역자	가격	비고
1	二十世紀哲學	몰턴 화이트	申一澈	300圜	六版
2	여름밤의 꿈	세익스피어	金在枏	200	六版
3	作家論	싸르트르	林甲	350	六版
4	黃昏의 이야기	슈테판 쓰봐이크	朴贊機	350	六版
5	約婚女	채호프	金鶴秀	350	六版
6	女子와 男子	어스킨 콜드웰	金秉喆	400	六版
7	사랑의 核心	그레이엄 그린	朴肯洙	700	六版
8	말없는 美國人	그레이엄 그린	文一英	400	六版
9	戰後世界文學槪觀	런던타임스	李哲範·金明哲	350	六版
10	콜롱바	메리메	丁奇洙	350	六版
11	裸心	보들레르	李桓	350	五版
12	여섯개의나뽈레옹	코난 도일	趙容萬	300	五版
13	透明人間	H.G.웰즈	朴琦俊	350	五版
14	結婚의 生態	퍼얼벅	李浩成	600	五版
15	二重人間	루이스 스티븐슨	柳玲	300	五版
16	까스트로의 修女	스탕달	丁奇洙	400	五版
17	現代文學의 가는 길		柳玲(편역)	350	五版
18	椿姬	듀우마 후이스	孫宇聲	450	五版
19	實存哲學이란무엇인가	O.F.볼노브	崔東熙	350	五版
20	어느女人의境遇	어스킨 콜드웰	李基錫	500	五版
21	쏘아나의 異端者	하우프트만	姜斗植	350	四版
22	나의 世界觀	아인슈타인	申一澈	300	四版
23	放浪兒	아인헨돌프	李榮久	300	四版
24	唯物論과 革命	싸르트르	林甲	250	四版
25	사랑은 죽음보다	모파쌍	方坤	550	四版

26	아름다와라 靑春이여	헤르만·헷세	丘冀星	300	四版
27	美國文學의 展開	로버트.E.스필러	梁炳鐸	600	四版
28	어느 개의 告白	후란스 카프카	丘冀星	300	四版
29	草琴	트르만 캐포트	金秉喆	350	四版
30	貧民窟	고리끼	咸大勳	200	四版
31	보물섬	루이스 스티븐슨	崔鳳守	450	三版
32	愛憎의 避暑地	슬로온 윌슨	李基錫	550	三版
33	知性과 사랑	헷세	李炳璨	700	三版
34	靑春時節	헷세	尹順豪	300	三版
35	天才와 女神	학슬리	鄭炳祖	250	三版
36	가시돋친 白合	어스킨 콜드웰	李浩成	400	三版
37	사랑과 罪惡	W.S.모옴	李鍾求	550	三版
38	英文學史	에번즈	高錫龜	500	三版
39	戰爭日記	카롯사	李孝祥·陳英哲	350	三版
40	讀書術	에밀 파게	李彙榮	300	三版
41	사랑하는 사람들	A.모라뷔아	安東民	350	三版
42	日本帝國興亡史	라이샤워	康鳳植	300	三版
43	사랑의 風土	앙드레·모르와	元潤洙	500	三版
44	베니스의 商人	세익스피어	金在枏	250	三版
45	神은 죽었다	하이덱가	崔東熙	300	三版
46	大尉의 딸	푸쉬낀	李東鉉	350	再版
47	괴상한 사람들	셔어웃·앤더슨	張旺祿	450	再版
48	산타루치아	골즈워디	朴基盤	350	再版
49	感情의 混亂	슈테판·쓰봐이크	朴贊機	300	再版
50	몽빠르나스의 悲戀	필립	鄭秉熙	300	再版
51	그림자 없는 女人	호프민스탈	李孝祥	250	再版
52	征服되지 않는 處女	W.S.모옴	李基錫	300	再版
53	키리만자로의 눈	헤밍웨이	梁炳鐸	400	再版
54	젊은 未亡人	슈니쓸러	朴鍾緖	350	再版
55	그리스도敎社會의 理念	T·S·엘리오트	朴琪烈	250	再版
56	안개낀 母像	모빠상	吳鉉堣	350	初版
57	타골 詩集	타골	朴喜璡	350	初版
58	브릑필드의 鐘	제임스·힐튼	李基錫	250	初版
59	群盜	쉴러	朴贊機	400	初版
60	말괄량이 길들이기	세익스피어	金在枏	250	初版

61	사랑의 凱歌	뚜르게네프	金鶴秀	300	初版
62	순박한 마음	프로벨	閔憙植	300	初版
63	마을의 로미오와 줄리엣	G·켈러	李炳璨	250	初版
64	멋진 新世界	학슬리	權世浩	500	初版
65	正常과 異常의 分析	HA오버스트리트	白尙昌	450	初版
66	잃어버린 사랑	알렝·프로니예	金義貞	450	初版
67	가엾은 거리의 樂師	그릴팔써	池樫	300	初版
68	颱風	세익스피어	金在枏	200	初版
69	佛敎의 眞理	버어트	朴琦俊	300	初版
70	死刑囚最後의 날	빅또르·위고	金鵬九	250	初版
71	첫사랑	뚜르게네프	金鶴秀	250	初版
72	暴君	김동인		350	初版
73	외로운 사람들	하우프트만	尹順豪	300	初版
74	더러운 손	싸르트르	崔性珉	350	初版
75	檢察官	고골리	李東鉉	300	初版
76	해는 또다시 떠오른다	헤밍웨이	金秉喆	550	初版
77	길 잃은 사람	헤르만·헷세	姜斗植	500	初版
78	뜻대로 하셔요	세익스피어	金在枏	250	初版
79	永遠한 男便	도스또예프스끼이	車榮根	500	初版
80	자랑스러운 마음(一)	펄·벅	張旺祿	600	初版
81	자랑스러운 마음(二)	펄·벅	張旺祿	350	初版
82	幸福으로의 意志	토오마스·만	朴贊機	450	初版
83	肉體의 惡魔	레이몽·리디게	吳鉉堣	300	初版
84	하늘牧場	존·스타인벡	柳昤	500	初版
85	짝사랑	뚜르게네프	金鶴秀	300	初版
86	로렌스文學論	로렌스	金秉喆	600	初版
87	잃어버린 그림자	시밋소	丘冀星	250	初版
88	비계 덩어리	모빠쌍	方坤	300	初版
89	가난한 사람들	도스또예프스끼이	李東鉉	450	初版
90	테스(一)	토마스·하아디	金龍澈	600	初版
91	테스(二)	토마스·하아디	金龍澈	500	初版
92	새벽의 競走	윌리엄·포크너	李曰洙	300	初版
93	結婚의 幸福	똘스또이	李東鉉	300	初版
94	悲劇의 誕生	니이체	李章範	350	初版
95	크리스마스 캐럴	디킨즈	權明秀	300	初版

96	마농 레스꼬	아베·쁘레보	李桓	400	初版
97	來日의 原子戰	포울링	李吉相	400	初版
98	隊長 불리바	고골리	董玩	350	初版
99	結婚과 道德	러슬	金永喆	450	初版
100	大學時節	슈토름	尹順豪	300	初版

* 65번까지가 1950년대 발간본이며 번역어는 당시의 표기를 그대로 살림

위 양문문고 가운데 99책이 번역본이다. 아닌 것은 『폭군』(김동인)이 유일하다. 번역의 압도적 비중은 다른 문고에서도 마찬가지로 나타난다. '교양신서'는 60권 중 『켈젠의 법이론』(장경학), 『현대정치의 제문제』(신상초), 『독서의 지식』(안춘근) 등 3권만이 국내작이고, 박영문고는 41권 가운데 최재서 편 『교양론』과 『휴머니즘』 두 편 뿐이다. 위성문고는 3권/68권, 사상문고는 2권/44권의 비율이다. 과거 문고가 활성화되었던 시기에 비해 번역서의 비중이 매우 컸던 것은 좁은 시장, 구매력의 정체, 도서 공급의 포화 상태로 야기된 수익성 악화를 돌파하기 위한 일환으로 출판자본이 염가의 문고본을 전략적으로 채택한 상황에서 번역물이 판로 확보에 상대적으로 유리했기 때문으로 보인다. 국내창작물보다는 번역문학물의 수요가 많았던 당시 독서시장의 동향[96]을 십분 활용한 전략이었다. 특히 양문사,

96_「외서번역물이 우세」, 『서울신문』, 1959.3.28. 서울시내 남녀 대학생 690명의 독서 경향에 대한 조사보고를 보면 원서보다는 번역문을 읽는 비율이 4배(문과)~8배(이과) 높았으며, 현재 읽고 있거나 읽었던 것 중 가장 감명 깊었던 책은 대부분 서구의 고전, 특히 『적과 흑』, 『광세』, 『카라마조프의 형제』, 『테스』, 『부활』, 『죄와 벌』 등과 같은 외국 소설류였다. 남녀 문·이과를 통틀어 『테스』와 『죄와 벌』을 가장 감명 깊었던 책으로 꼽은 것이 눈에 띈다. 문학번역물의 대중적 매력을 여실히 확인할 수 있는 대목이다(「대학생들의 독서경향」, 『조선일보』, 1960.1.28). 그 면모는 당대 서적유통의 일익을 담당했던 露店의 경우에서도 마찬가지로 나타난다. 노점에서는 미국 잡지, 예컨대 『Home』, 『Vogue』와 같은 유행잡지, 『Readers Digest』, 『Pegeant』 등의 다이제스트물, 『Atlantic』, 『Harper』, 『Saturday

박영사, 동국문화사 등 교과서 출판을 위주로 했던 소형 출판자본들은 1956년 교과서 전면 개편으로 빚어진 과당경쟁으로 인해 안정적 수익성 창출이 더 이상 불가능해짐으로써 더욱 적극적으로 문고본 출판에 심혈을 기울이게 된다. 당시 문고본이 염가의 소형판임에도 불구하고 단행본보다 호화 양장으로 꾸몄던 것도 그 반영으로 볼 수 있다.

문고본에 있어 번역서의 압도적인 비중 이상으로 중요한 의미를 갖는 것은 그 번역의 폭이 매우 넓고 다양하다는 점이다. 위 양문문고의 경우 '민족문화의 계몽을 위해 문학, 철학, 자연과학, 사회과학 등'을 망라해 출판하겠다는 애초의 취지와 다소 다르게 문학의 비중이 매우 큰 편이다. 문학 중에서도 근대 문학작품이 압도적이며, 작가별로는 셰익스피어, 투르게네프, 도스토예프스키, 사르트르, 헤세, 펄 벅, 콜드웰 등이 3편 이상 번역되었다. 물론 번역의 분야와 대상은 각 출판사의 편집노선에 따라 다르게 나타난다. '교양신서'는 문학이 41권/총 60권이고, 41권 중 문학평론 및 이론에 해당하는 것이 『사르트르의 사상과 문학』(알베르스/정명환 역), 『실존주의는 휴매니즘이다』(사르트르/방곤), 『소설의 미학』(티보데/유억진), 『소설의 양상』(포스터/정병조), 『20세기문학의 결산』(알베르스/이진구·박이문) 등 총 13권으로 비중이 큰 편이며, 8편이 실존주의 관련서라는 점이 눈에 띈다. 까뮈 4편, 사르트르와 오스카 와일드가 3편, 괴테, 헤밍웨이, 스타인벡, 지드 등이 각각 2편 번역되었다. 러셀의 저서가 3편—『철학이란 무엇인가』

Review』 등의 종합잡지와 『북경에서 온 편지』(펄·벅), 『무기여 안녕』(헤밍웨이), 『안네의 일기』(안네 프랑크), 『人間羈絆』(모옴), 『에덴의 동쪽』(스타인벡), 『보봐리 부인』(플로베르), 『테스』(하디) 등과 같은 포켓북이 일반서점보다 매상이 높았는데, 특히 디킨즈, 하디, 셰익스피어, 헤밍웨이, 모옴 등의 번역본이 많이 팔렸다고 한다(『조선일보』, 1959.12.3).

(강봉식 역), 『교육론』(유석진), 『권위와 인간』(이극찬)—번역된 점이 눈에 띈다. '박영문고'는 아예 인문사회과학 분야(제1분류)와 문학 분야를(제2분류) 분리해 편성했는데, 아리스토텔레스(2권), 칸트(5권), 루소(4권), 괴테(5권), 베버(2권), 헤세(2권)의 저작이 여럿 번역되었다. 『시학』(손명현 역주), 『순수이성비판』(전 4권, 최재희 역주) 등 고전이론서는 가독성을 높이려 역주 방식을 택했다. 이와 별도로 김소월, 김영랑, 하이네 등 국내외 시인들의 시집을 '코스모스문고'로 명명해 출간한 점은 비록 소량이지만 박영문고만의 독특한 기획이었다. '위성문고'는 문학 관련이 23권/총 68권으로 비교적 적은 편인데, 톨스토이·투르게네프·도스토예프스키 등 혁명 전 러시아문학의 번역에 많은 할애를 한 것이 특징이다. 그리고 '사상문고'는 44권 가운데 문학 분야는 『巨神(거신)의 墮落(타락)』(I.구우젱코/김용철 역)이 유일하다. 정치, 경제, 사상, 역사 등의 번역서가 대부분인데, 공산주의·자유주의·민족주의 등 근대 정치사상 관련 번역이 많은 것이 특징적이다. 그중 공산주의 관련서가 14권으로 대종을 이루는데 대체로 비판서다. 『巨神의 墮落』도 소련 사회의 암흑면을 파헤친 소설작품이다. 사상계(사) 주체들의 이념적 지향 내지 그 편향을 능히 짐작케 하는 대목이다.[97] 이 같은 차이들은 당시 문고본의 번역 대상이 매우 넓었다는 사실을 입증해 준다.[98] 더욱이

97_그 면모는 사상계사의 초기 번역출판에서도 그대로 나타난다. 『교육과 두 개의 세계』(제임스 B. 코난트/임한영), 『공산주의의 이론과 실천』(마류우·M 스카트/정봉섭), 『정의와 사회질서』(에미일·브룬너/전택부), 『미국과 세계』(프레데리크·언거 편/신상초 외), 『완역 미국사』(헨리·스탈·컴마저 공저/조효원), 『현대쏘련정치의 모순과 고민』(무어/강봉식), 『민주교육의 기반』(러그/안병욱) 등에서 반공친미의 이념적 지향을 어렵지 않게 읽어 낼 수 있다.

98_기타 '지경문고'(지경사)는 『국가』(전 3권, 플라톤/김영두), 『유토피아』(토마스 모어/왕학수), 『죽음에 이르는 병』(키엘케골/김형석) 등 사상철학 중심이었고 문학은 『황금벌레』(포/조용만) 등 소수였다. '사상교양문고'(상구문화사)는 플라톤의 『국가론』과 아담 스미스의

문고본에서 동일한 작가를 번역 대상으로 한 경우는 꽤 있으나 작품상의 중복 출판은 거의 없다. 그리고 셰익스피어, 괴테, 헤밍웨이, 투르게네프, 하디 등 세계문학전집과 겹치는 작가작품은 더러 있지만 번역자가 같은 경우는 없다. 총량적으로 볼 때 작품과 이론(평론)을 포함해 문학번역이 가장 큰 비중을 차지하고 있는데, 이를 통해 1950년대 번역의 주류가 문학이었다는 점을 다시금 확인할 수 있다.

이렇게 양과 폭 양면에서 이전과 비교할 수 없을 정도의 볼륨을 갖춘 1950년대 문고 붐은 세계문학전집과 더불어 번역의 위상을 제고하는 데 중요한 역할을 한다. 물론 양에 비례해 질적 성취를 이루어냈다고 단정하기는 어렵다. 어떤 번역본이 원역/중역인지 또 그 비율이 어느 정도인지를 분별해 내기는 불가능하나 모두 원역이었다고 보기는 어렵다. 간행의 속도를 참작할 때 중역의 비율이 높았을 것으로 추정된다. 다만 번역진이 모두 해당 분야 외국어 전공자들이며 동시에 특정 작가작품의 전문적 번역가로 정평이 나 있는 역자가 배치되었다는 점에서 어느 정도의 질적 수준을 이루어냈다고는 볼 수 있다. 공역(共譯)·역주(譯註)의 방식이 폭넓게 활용된 점도 번역의 질을 높이는 데 긍정적으로 작용했을 것이다.

문고본과 번역의 관계에서 특별히 강조되어야 할 지점은 문고본의 대중적 파급력이 컸다는 사실이다. 세계문학전집을 능가한 수준이었다. 세계문학전집이 체재나 내용 면에서 세계적 수준에 육박하고 있다는 평가를 받

『국부론』을 제1회 배본으로 시작해 『공리주의』, 『파우스트』(2회 배본), 『순수이성비판』, 『법의 정신』(3회 배본), 『윤리학』, 『종의 기원』, 『동물철학』(4회 배본) 등이 순차적으로 역간되는데 제1기 고전편(전 26권) 모두 사상 관련서였다. '현대문고'(여원사)는 1959년 기준 10권의 번역문고가 『사랑과 돈』(콜드웰/이기석), 『조용한 미국인』(그레암 그린/오기방), 『폭풍의 언덕』(에밀리 브론테/안동민), 『수레바퀴 밑』(헤세/박환덕) 등 모두 문학서였다.

았음에도 불구하고 주로 지식층, 실업가층의 장서용으로 배본된[99] 것에 비해 문고본은 (대)학생층을 중심으로 한 실수요자들에게 널리 보급·수용되었다. 같은 문고본인 '구미신서'는 지식층과 학생층 모두에게 인기가 많았다고 한다. 당시 출판물의 주된 수요자인 학생층에게 사전류와 참고서류 외에는 매기(買氣)가 매우 저조한 상황에서 문고본의 대폭적인 수용 양상은 출판자본의 문고본 전략이 유효했다는 것을 말해 준다. 양문문고의 4권을 번역했던 관계로 출판사 측이 10일에 한 번씩 인지를 찍으러 왔다는 김병철의 회고를[100] 통해 문고본의 매기를 충분히 짐작해 볼 수 있다. 여기에는 문고본이 염가라는 장점이 일차적으로 작용했겠지만, 이에 못지않게 당시 문고본 기획의 방향이 교양과 실용에 그것도 서구의 최신 지식의 번역에 맞춰져 대중들의 취향·요구에 부합할 수 있었던 것도 크게 작용했을 것으로 보인다. 그것은, 아직 전모를 확인하지 못했지만, 아카데미문고의 출판위원제도(선우휘·양흥모) 운영[101]에서 보듯 전문성을 갖춘 기획력의 산물이기도 했다. 이렇듯 문고본은 대중들의 독서 취향에 부응하는 동시에 이를 통해 잠재적 독자를 개발하는 선순환 과정을 구축하며 지식의 대중화, 번역물의 사회적 저변 확대에 중요 통로로 구실했다. 1927년부터 발간되기 시작한 'これとナミ文庫'(岩波文庫)가 일본의 번역문화에 획기적인 공헌을 했던 것과 마찬가지로 1950년대 문고 붐 또한 한국의 번역문화 확산에 일익을 담당했다고 볼 수 있다. 게다가 양문문고의 셰익스피어번역 5편이 1964년 양문사의 셰익스피어전집으로 수렴되는 예와 같이[102] 번역 문고본

99_「전집간행물 붐」, 『동아일보』, 1959.3.31.
100_김병철, 앞의 책, 193면.
101_『경향신문』, 1959.2.5.

은 당대를 넘어 이후 각종 작가전(선)집 역간의 중요한 기초가 되었다는 점도 간과할 수 없는 의의라고 할 수 있다.

번역문학의 수용과 관련해 한 가지 특기할 것은 1950년대 후반 번역문학의 제도화의 징후가 나타난다는 점이다. 번역문학이 번역의 주류로 부상하고 대중적 수용이 활발해지면서 번역문학의 질적 향상을 위한 실질적 방안이 필요하다는 의견이 다수 제기된 바 있다. 가령 단순한 번역활동을 넘어 작가의 소개, 작품에 대한 해설, 현대문학사조의 변천상에 관한 연구 등이 수반됨으로써 민족문화의 신진성이 극복될 수 있어야 한다는 것이다.[103] 그 연구에의 요청과 밀접한 관련이 있는 것이 대학의 연구활동, 특히 학위논문이다. 1950년대(1960년 포함) 석·박사 학위논문의 목록[104]을 보면 박사논문은 10편에 불과하고 그나마 현대문학 관련은 없다. 석사논문은 국문학 76편(고전문학 56편, 현대문학 20편), 외국 문학 94편(미국 문학 18편, 영문학 61편, 중문학 10편, 불문학 4편, 독문학 1편) 등으로 근현대문학 분야는 20:84로

102_양문문고의 셰익스피어 번역을 전담했던 김재남(1922년생, 경성제대 영문과 졸업)은 셰익스피어 탄생 400주년인 1964년 양문사와 전집 발간을 계획하고 착수했으나 정음사가 전집 역간사업에 가세해 속도경쟁이 치열해지면서 도중에 양문사가 포기하고 대신 휘문출판사가 김재남을 지원해 우리나라 최초로 개인全譯『셰익스피어전집』(전 5권)이 출간된다. 정음사도 셰익스피어학회에 역자 선정을 의뢰해 19명의 학자로 편성된 집단全集譯 정음사판『셰익스피어전집』(전 4권)이 동시에 출간되기에 이른다. 세계에서 7번째 그것도 두 출판사에 의해 셰익스피어전집이 발간되는 놀라운 성과에도 불구하고 이 전집 간행을 둘러싼 양 출판사 간의 단독역/집단역, 원역/일본어중역, 오역 등을 둘러싼 번역논쟁 시비는 그간 한국번역문학사의 부정적 측면이 한꺼번에 드러나는 계기가 되었다. 셰익스피어 번역논쟁 시비에 대해서는 김병철, 앞의 책, 222~229면 참조.

103_손우성,「번역문학의 과정」,『경향신문』, 1959.4.27.

104_한국연구도서관,『한국 석·박사학위논문 목록; 1945~1960』,1960; 이종소,『한국 석사·박사학위논문 총목록; 1945~1968』, 은하출판사, 1980.

외국 문학의 비중이 압도적이다. 대상 외국 작가별로 보면 셰익스피어가 13편, 헤밍웨이 5편, 워즈워드 4편, 로렌스·포우·아놀드·키츠 등이 각각 3편, 헨리 제임스·디킨즈·헉슬리·아놀드 등이 2편이다. 지도교수는 최재서·이휘영·여석기·양병탁 등 외국 문학 전공자이자 명망 있는 번역가들이었다. 이 같은 사실은 1950년대 근대문학 연구의 주류가 외국 문학, 특히 영미문학이었다는 것을 일러 주며, 아울러 연구대상이 당대 번역의 주요 대상 작가작품이었다는 점에서 번역과 문학연구의 관계를 짐작케 해준다. 물론 학위논문의 성과와 번역의 직접적 연관성을 거론하는 것은 위험하다. 그렇지만 대학의 문학연구에서 외국 문학이 강세를 띰으로써 번역에 대한 관심이 높아지고 동시에 번역의 활성화가 외국 문학 연구를 촉진하게 하는 상보성은 충분히 상정할 수 있다고 본다.[105] 1950년대에 주로 번역된 작가작품에 대한 학문적 연구(학위논문)가 1960년대에 들어 기하급수적으로 확대되는 것도 그 한 방증일 수 있다. 이 같은 연구의 활성화와 다른 한편으로 잡지, 특히 『신태양』, 『사상계』와 같은 종합잡지의 서양 고전에 대한 대중용 리뷰(review) 시리즈도 번역에의 관심을 환기시키는 데 기여했다고 볼 수 있다.[106] '번역론 서설'이 1957년 『조선일보』 신춘문예 평론부문에

105_그것은 셰익스피어의 경우, 즉 1950년대 강단에서 최재서를 중심으로 한 학문적 연구 작업(최재서는 1961년 6월 동국대에서 「섹스피어」로 박사학위를 받았다)과 셰익스피어 번역에 전념한 김재남과 같은 번역가의 활동이 세계문학전집 및 문고출판을 계기로 더욱 촉진되는 가운데 셰익스피어학회가 창립되는(1963년 9월 미 공보원 회관) 일련의 도정을 통해서 그 면모를 확인해 볼 수 있다.

106_1950년대에 동서양 古典에 대한 리뷰를 처음으로 개설·고정시킨 것은 『신태양』이다. 제4호(1952년 11월)부터 '명작감상란'으로 시작해 이후 '명작해설란', '문학감상란'으로 명칭을 변경하면서 지속되는 가운데 『레미제라블』, 『춘희』, 『죄와 벌』, 『햄릿』, 『이방인』 등 30여 편의 서양 고전을 문인들의 해설을 곁들여 소개했다. 『사상계』는 '고전해설'란을 1955년 9

당선된 것(당선자 이상훈, 심사위원 이헌구), 「국문학에 있어서의 번역의 사적 고찰」과 같은 번역 관련 연구가 국문학 석사논문(1959년 서울대)으로 제출된 것 등도 번역의 제도화 과정을 잘 보여 주는 사례이다. 요약하건대 번역의 주도적 주체로서 출판자본에 의해 조성된 (문학)번역 붐이 번역의 제도화를 자극·촉진시키는 기제가 되었던 것이다.

4. 문화 주체의 세계주의와 번역 - 『문학예술』을 중심으로

미국 편중의 세계주의와 선통의 위치

국가권력 및 출판자본과 마찬가지로 1950년대 문화지식인들이 번역에 대해 적극적으로 인식하고 참여했던 동력은 한국 사회의 (문화적) 후진성에 대한 자의식이었다. 이념·세대·젠더 등을 초월한 그 자의식은 근대화 기획의 정당화 기제 및 그 강력한 추진의 심리적 조건으로 작용하는 가운데 '세

월(『일리아드와 오딧세이』-강봉식)~1959년 11월(『종의 기원』-강영선)까지 41회, '사상과 생애'란을 1956년 8월(소크라테스)부터 1959년 7월(레오나르도 다빈치)까지 31회를 각각 연재해 해당 전문가들이 동서양 인문고전 및 사상가들을 소개했다. 1959년 7월부터는 '21세기작가연구' 란을 개설해 저명작가들의 작가작품론을 연재한다. 세계문학전집 간행에 즈음해 신문에서도 서양 고전 리뷰가 연재되는데, 『경향신문』은 '작품과 작가'란을 통해(1959년 3월 14일 앙드레 말로의 『王道』를 시작으로), 『한국일보』는 '나의 古典'란을 통해(1959년 10월 21일 최재희의 『법철학개요』(헤겔)를 시작으로) 각각 연재된 바 있다. 신문잡지의 고전연재물들은 당대 (인)문학 중심의 교양 형성에 크게 기여했을 것으로 판단되는데, 이에 대해서는 별도로 고찰할 예정이다.

계주의(cosmopolitanism)'의 시대정신을 형성해 낸다. 물론 1950년대 세계주의는 여러 갈래를 지닌 것이었지만, 적어도 한국 사회가 후진성을 극복하고 발전하기 위해서는 세계의 보편적 가치를 수용·섭취해야 하고 이를 발판으로 우리도 세계적 일원으로 발돋움해야 한다는 논리만큼은 기본적으로 공유하고 있었다. 더욱이 한국전쟁을 통해 세계사적 동시성을 경험함으로써 그 기조는 사회전방위적으로 가속화되었으며, 심한 조급증으로 나타나기까지 한다. 서구 근대문화에 대한 '단기강습(短期講習)'이 후진성 극복의 유력한 대안으로 제시되기도 했다.[107] 주지하다시피 그 세계주의의 '세계'는 다름 아닌 미국 편중의 서구 중심주의였다. 아울러 그것은 과거 일본을 통한 근대성 도입에서 미국을 통한 근대성 도입을 강조하는 수입 경로의 변화를 의미하는 것이기에 탈일본적이며 따라서 민족주의적 색채도 부분적으로 가미되어 있었다. 일본(문학)은 후발주자로서 의존해야 할 역할 모델(개화기), 식민 지배를 추동하는 헤게모니 문화(일제강점기)에서 한국 문화의 근대적 의제 설정의 부정적 타자로 호출·배치되기에 이른 것이다.[108] 이 같은 세계주의의 지형과 내포는 일차적으로 문화지식인들의 냉전의식에 바탕을 둔 세계 인식의 산물이었으며, 그것이 당시 지배이데올로기와 공명관계를 이루었기 때문에 확고한 시대정신으로 자리 잡을 수 있었다. 자유민주주의와 반공주의 그리고 반일주의로 구성된 지배이데올로기의 배타적 규정력과 이에 따른 정치적·문화적 사유의 획일화 속에서 세계주의=미국화가 구조적으로 배태될 수밖에 없었던 것이다. 남한에 대한 미국(미 공보원)의 미국화 프로그램도 이의 제약에서 자유로울 수 없었다. 요

107_백철, 「외국작품과 번역」, 『문예』, 1953.12, 39면.
108_윤상인, 「한국인에게 일본문학은 무엇인가」, 윤상인 외, 앞의 책, 27~28면 참조.

컨대 세계주의=미국화의 구조적 맥락이 미국에 대해 상대적인 자율성 속에서 문화지식인들의 내재적·자발적 요청에 의한 것이었기 때문에, 객관화되고 상대화된 대미인식으로 변화하는 1960년대 이전까지,[109] 미국화는 유력한 발전모델로서의 위상을 지니는 가운데 이상화된 형태로 그리고 압도적이고 지배적인 방식으로 전개되는 특징을 보인다. 무비판적인 모방과 맹종에 대한 경계, 가령 이론적 훈련과 기초의 역사적 과정을 무시한 채 최고 수준화된 실용적 제도만을 수용하려는 경박함에 대한 위험성을 촉구하는 견해가 누차 제기되었으나[110] 그러한 신중론조차 제대로 된 미국화를 위한 차원의 논의였을 뿐이었나. 이로부터 폐쇄적인 번역적 상황이 초래되는 것은 필연적이었다. 지배권력의 이데올로기 규율과 출판자본의 시장논리 이상으로 문화지식인들의 내발적 세계주의도 번역지평을 기형적으로 조형해 내는 요소로 기능했던 것이다.

그런데 문화지식인들의 세계주의가 이데올로기적으로 규율된 것이었다고 할지라도 자발성을 기초로 했기 때문에 그 지향 안에는 주체들의 사회문화적 위치에 따른 다양한 입장과 생각이 교차하고 있었다고 봐야 한다. 외국 선신문화의 도입과 번역에 관한 입장을 예를 들어보더라도[111] 우

109_임희섭, 「해방 후의 대미인식」, 류영익 외, 『한국인의 대미인식 - 역사적으로 본 형성과정』, 민음사, 1994, 244면.

110_김두종, 「외국문화 수입의 첩경」, 『대학신문』, 1953.11.16. 이 같은 신중론은 소수의 저항담론을 수반한 채 1950년대 후반 미국화 담론의 중심을 형성하면서 선별적 수용과 善用의 문제를 중심으로 1960년대까지 지속된다. 김진만, 「한국문화 속의 아메리카니즘」, 『신동아』, 1966.9, 259~261면 참조.

111_「수입문화의 기본문제」, 『신천지』, 1954.1, 152~163면. 번역문화의 기본 문제에 대한 문화계 인사 30인의 설문조사이다. 최현배, 정인승, 김말봉, 오화섭, 이봉래, 권중휘, 김광주 등이 참여했다.

리 문화의 후진성 극복의 가장 유효한 수단이 번역문화의 진흥에 있다는 공통된 신념에도 불구하고 세계성과 전통의 관계 설정, 수입의 태도, 번역 대상의 선택, 번역의 방법, 번역의 관장 주체(관(官)/민(民)), 원역과 중역의 유효성, 동양서/서양서 번역의 중점, 양심적 번역을 위한 방도, 번역어 연구의 방법 등을 둘러싸고 서로 다른 의견이 제출된 바 있다. 특히 세계성과 전통의 관계 설정에 있어서는 양자의 유기적 관련을 강조하면서도 전통 중시(자주적 입장, 민족적 긍지의 필요 포함)의 입장과 전통·풍토·생리를 뛰어넘는 개방적 수용의 입장이 첨예하게 맞섰다. 또 번역사업의 실효성을 거두기 위한 사업의 적합한 주체로 국가주도/민간주도의 입장으로 크게 엇갈렸다. 반면에 일본서의 번역과 일어 중역에 대해서는 대체로 그 현실적 필요성을 인정하는 분위기였다. 문인, 학자, 문교 관료, 출판업자 등 번역과 관련해 이해관계가 다를 수밖에 없는 처지 때문에 빚어진 결과로 보인다.

그렇지만 범위를 좁혀 문인들 입장을 살펴보더라도 마찬가지의 양상이 나타난다. 그 면모가 잘 드러난 것이 문교부의 도서번역사업 추진 결정에 대한 문인들의 대응으로 기획된 '번역문학에 관한 제의'란 평론 릴레이다.[112] 번역문학의 의의, 주체, 방법, 대상 등이 주된 논점인데, 조연현은 제2의 창작행위로서 번역문학의 핵심이 문장력에 의한 가독성에 있다고 간주한 뒤 문장력과 비평의식을 갖춘 문인이 번역의 주도적 주체가 되어야 한다고 역설했다. 곽종원, 유동준, 오석천 등도 이러한 기조의 연장선상에서 과도기적인 조치로 문장이 능한 문인에 의한 중역과 일본어 중역을 원

112_「飜譯文學에 關한 提議」, 『경향신문』, 1953.3.19~4.2. 참여한 문인은 조연현(「第二의 創作行爲」), 이봉래(「世界文學의 影響」), 곽종원(「過渡期的 措置」), 유동준(「古典의 體得」), 오석천(「生理와 對象」) 등이다.

역과 병행할 필요성, 무조건적인 수입에 대한 경계, 국가권력이 번역을 주도하는 것에 대한 반대의사를 표명했다. 이에 비해 이봉래는 언어문제에 대한 과도한 집착, 문학번역의 가능성 시비, 새로운 외국 문학에 대한 배타적 태도 등으로 번역문학에 무관심한 문인(단)의 공통된 경향을 아시아적 후진성에 기인된 편견과 유아독존으로 비판하면서 민족문학을 고차원의 세계문학에까지 지양시키기 위해서는 번역문학에 대한 전폭적인 개방이 필요하다고 강조한다. 외국 문학의 도입에 대한 세대 간의 극명한 입장 대립을 엿볼 수 있다. 실제 구세대들은 신세대 문인들의 서구 문학(이론), 특히 모더니즘과 실존주의에 대한 극도의 경사를 자기비하의 흉내 내기에 불과한 것으로 일관되게 비판했다. '치졸, 엉뚱한 짓'으로 치부하는 인신공격까지도 서슴지 않았다.[113] 반면 이봉래뿐 아니라 대다수의 신세대들, 특히 외국 문학을 전공한 전위적인 문학청년들은 보편주의와 세계주의의 미로 속에서 신세대우위론에 입각한 전통단절론의 기치 아래 외국 문학(이론)에 대한 광신적 수용으로 치달았다.[114] 즉 한국문학사(전통)와 결별한 가운데 자기만의 우상, 이를테면 엘리엇(송욱, 민재식), 카뮈와 사르트르(장용학), 말로(오상원), 알베르스(이어령), 프루스트(박이문), 랭보(이일), 딜란 토마스(성찬경), 릴케(김춘수), 앙드레 브르통(조향), 발레리(황유혁) 등을 전폭적으로

113_최인욱, 「20세기 비판의 시야: 주체정신을 확립」, 『경향신문』, 1955.2.13.

114_김현, 「테러리즘의 문학 - 50년대 문학 소고」, 『김현문학전집②』, 문학과지성사, 1991, 243~245면 참조. 상당수의 기성 외국 문학 전공자들도 마찬가지의 입장을 견지하고 있었다. 일례로 불문학자 최완복은 "외국 문학을 섭취하는 태도에 있어서는 과감하여야 하며 어느 시기 동안은 우리 문학의 고유성이라든가 전통 같은 것을 잊어 버려도 좋"을 만큼 "자기방기, 자기희생"의 태도가 필요하다고 주문한 바 있다. 최완복, 「외국문학도입의 태도」, 『동아일보』, 1958.6.18.

수용하고 창작에 적용함으로써 새로운 문학 건설을 도모한다. 그것이 새것 콤플렉스의 문학적 반영으로서 모방에 그친 점이 크고 또 무차별적으로 수입, 전파, 소멸되는 무정형의 혼란으로 표출되었다고 할지라도 당대 문학에 새로운 활기를 불러일으키는 동시에 번역문학의 활성화를 야기했던 것만큼은 긍정적으로 평가할 필요가 있다. 이렇듯 1950년대는 직역/의역, 원역/중역의 번역태도를 둘러싼 외국어학자/문인의 대립과 함께 세계성과 전통을 둘러싼 문단 내부의 세대적 대립이 복합적으로 작동하면서 번역문학이 진작될 수 있는 기초가 마련될 수 있었다. 물론 번역문학을 둘러싼 논쟁의 구도가 외국 문화 수용의 개방 수준, 번역태도와 같은 초보적 사안에 갇힌 결과 번역 주체로서의 능동적 역할이 제한될 수밖에 없었다는 점도 놓쳐서는 안 된다. 그 결과 외국 문학과의 적극적인 교섭을 통해 한국 문학의 재건을 대망했으나 결국 중심부(구미) 문학이 주변부(한국)로 전이되는 불평등관계가 구조적으로 정착되는 부정적 효과를 유발하기에 이른다.

『문학예술』, 미국(문화)을 통한 현대화 기획

이와 관련해 1950년대 세계주의 문화기획의 가능성과 성취 그리고 한계를 집약적으로 보여 주는 것이 문예지 『문학예술』(1954.4.~1957.12., 통권 33호)이다. 『문학예술』은 그 전신(前身)인 『주간문학예술』(1952.7.~1953.3., 총 11호) 때부터 세계주의를 확고한 편집노선으로 천명하고 한국 문학의 현대화를 기획·실험한 대표적인 문화 주체이다. 그 세계주의 노선은 서구 문학의 적극적인 번역 소개와 수용한 서구 문예이론을 토대로 문학의 현대화 담론을 생산·전파하는 것으로 구체화된다. 그것은 원응서를 비롯해 외국어 전공자들이 잡지 안팎으로 포진해 있었기 때문에 가능했던 것으로, 실제 『문학예술』은 외국 문학 편집을 위해 다달이 영어·불어·독일어로 된 문학지 및 종합지를 구입·윤독 후 텍스트를 선별한 뒤 그것을 다시 외부의 관련 전공자들(박태진·김수영·곽소진·김용권 등)에게 위촉해 편집자문을 받는 시스템을 상시적으로 가동했다.[115] 더욱이 그 같은 세계주의 기획을 자체 운영한 추천제도(특히 번역 추천)와 월평제도를 통해 제도적으로 구현시킴으로써 권위와 정당성을 창출해 내는 데 성공한다. 즉 추천제를 통해 문학제도권 밖에서 활발하게 개진되고 있던 현대성을 갖춘 새로운 문학(모더니즘, 실존주의문학)이 제도권 안으로 진입할 수 있는 매체적 거점 역할을 했으며, 특히 한국문학사에서 유일무이한 번역 추천을 통해 전문번역가 발굴은 물론이고 번역 제도화의 토대를 마련했다. 이호철·최상규·송원희·선우휘·송병수 등(소설), 박희진·민재식·신경림·박성룡·성찬경·인태성·박이문·허만하 등(시), 이어령·이환·이교창 등(평론), 유종호·채동배·이기석(번역) 등 당선자 대부분이 외국 문학을 전공한 현대적 감수성의 소유자들이었다.[116] 월평제도를 활용해서는 서구 문학이론에 의거해 새롭게 창안해 낸 문학(비평)방법론의 정당성을 추인하는 동시에 구세대문학에 대한 비판과 부정의 인정투쟁을 전개한다. 특히 이어령·유종호 등 자사 추천을 통해

115_원응서, 「문학예술」, 한국문인협회 편, 앞의 책, 174면. 『문학예술』이 주로 참조했던 외국 잡지는 영어잡지로는 미국 발행의 『애틀랜틱(Atlantic)』과 영국 발행의 『파르티잔 리뷰(Partisan Review)』, 『런던 매거진(London magazine)』, 『인카운터(Encounter)』, 불어잡지는 『프뢰브(Preuves)』, 독일어잡지는 『데어 모나트(Der Monat)』였다. 『사상계』의 번역출처에 대한 권보드래의 조사결과(권보드래, 앞의 글, 258면)와 비교해 봤을 때, 『문학예술』의 번역출처가 『사상계』와 대체로 같다는 것을 확인할 수 있다. 1950년대는 『문학예술』이 『사상계』보다 이들 잡지에 대한 활용도(의존도)가 더 컸다.

116_『문학예술』 추천제의 의의와 당선자 목록은 이봉범, 「전후 문학 장의 재편과 잡지 『문학예술』」, 『상허학보』 20, 상허학회, 2007 참조.

등단한 신진비평가들이 월평을 주도하는데, 이들의 구세대문학에 대한 극단적인 혐오와 비판은 일종의 전통 부정을 내포하고 있다는 점에서『문학예술』의 세계주의가 당대 전통부정론(단절론)과 내접된 것임을 시사해 준다.[117] 이렇듯『문학예술』은 서구 문학이론의 수용을 통한 '현대'문학의 담론공동체로 기능했다. 이 점이 중요한 것은 (문학)번역이 단순히 서구 이론을 소개하는 차원을 넘어 당대 문학적 사유와 문학 장의 재편을 의도했고 또 일정한 성취를 이루어냈다는 데 있다. 식민지 시기 해외문학파, 해방 후 세계문학과의 굳건한 제휴를 통해 민족문학 건설을 주창했던 문학단체들의 번역활동이 산발적이거나 구호에 그친 것과는 차원이 다른 것이었다.[118] 그러면『문학예술』의 번역 실제를 놓고 번역의 정치학이 어떻게 작동했는지를 살펴보자.

117_이에 대해서는 손혜민,「잡지『문학예술』연구」, 연세대 석사학위논문, 2008, 47~55면 참조.

118_해방직후 좌우를 막론하고 세계문학과의 교류를 강조한 가운데 외국 문학의 번역 소개 및 비판적 연구를 중요 과제로 제기한 바 있다. 조선문학가동맹은 제1회 전국문학자대회에서 김영건의 보고연설(「세계문학의 과거와 장래의 동향」)을 통해 배타적인 국수주의의 준동을 경계하고 세계문학과의 교류를 통한 진보적 민족문학 건설을 천명한 뒤 '조선문학의 국제문학과의 제휴'를 강령으로 채택하고 중앙집행위원회 산하에 '외국문학위원회'를 설치했다. 우익의 조선청년문학가협회 또한 외국문학부(이한직, 여세기, 김광주, 한흑구, 이종우, 송욱)를 별도로 설치한 바 있다. 하지만 모두 구체적 활동으로 전개되지 못했고 따라서 실질적인 성과도 없었다. 1950년대에도 대표적 문학조직인 한국문학가협회, 한국자유문학자협회 공히 외국문학분과를 설치·운영했으나 독자적인 사업을 전개하지 못한 것은 마찬가지였다.

표 3 | 『문학예술』 수록 문학작품 번역

작품	작가	역자	호수	비고
「두 마리의 鶴」	리아든 코나	원응서	54.4	소설/애란 출생
「콘수엘로」	알베르토 모라비아	원응서	54.6	소설
「皇帝의 使者」「法道의 門」	F. 카프카	송석재	55.6	소설
「따뜻한 江」	어스킨 콜드웰	김성한	55.8	소설
「過失」	필맆 오크스(英)	곽소진	55.9	해외단편(소설)
「惡魔의 日記」	아이작크.B. 싱거(美)	원응서	55.9	해외단편(소설)
「葬禮式」	장 쥬네(프랑스)	노희엽	55.9	해외단편(소설)
「리비의 歸還」	유도라 웰티(美)	곽하신	55.9	해외단편(소설)
「로뮤류와 레뮤」	알벨또 모라비아(伊)	박태진	55.9	해외단편(소설)
「괴짜」	투루만 커포오트(美)	김성한	55.9	해외단편(소설)
「멋진 對話」「히스테리」「레스토오랑에서」	T.S. 엘리옽(美)	양주동	55.9	시
「쉬이잠들어가진말라」	딜란 토오마스(英)	신동집	55.9	시
「祝願」	시드니 킹 럇셀(美)	원응서	55.9	시
「義務」	루네 샤르(佛)	오차원	55.9	시
「어느 交響曲」	도마소 기그리오(伊)	최재형	55.9	시
「祈禱者」	탐비무투(인도)	홍성숙	55.9	시
「木蓮花」	앙드레 샹송(佛)	곽소진	55.10	소설
「딜란 토오마스 追憶」	도리언 쿡크(英)	김종길	55.10	시
「肖像畵」	만코빗츠(露)	김수영	55.11	소설
「나무·바위·구름」	카아슨 맥칼라즈(美)	이기석	56.1	번역 추천(소설)
「개구리 노름」	제스 스튜어드(美)	김성한	56.2	소설
「1942년의 希臘아데네	V. K. 그레고리	이기석	56.4	번역 추천(소설)
「土曜日날 밤」	M. I. 하우스피안	김수영	56.5	소설
「사냥꾼들」	해리쓰 다우니	최승묵	56.6	51년 오 헨리 문학상
「흰 동그라미」	존 벨 클레이튼	최승묵	56.6	47년 오 헨리 문학상
「韓國의 女戰士」	謝冰瑩(대만)	송지영	56.8	소설
「炎熱 新婚旅行」	알벨트 모라비아	곽소진	56.9-10	소설
「秋夜微吟」 三題	루이스 보오간 外	양주동	56.11	譯詩
「菊花꽃」	죤 스타인벡	남용우	56.12	소설
「듸렌마의 가정」	카아슨 매칼라스	이기석	57.2	소설
「'루이스'의 女子」	서머셑 모오엄	남용우	57.5	소설
「歸鄕」	그레암 그린(英)	유종호	57.6	해외단편집

「그들은 大理石을 보지 못한다」	에른스트 슈나벨(獨)	노희찬	57.6	해외단편집
「가륵한 「안티고네」」	엘리자베스 랑겟사(獨)	최과	57.6	해외단편집
「不眠의 밤」	어네스트 헤밍웨이	채동배	57.7	해외단편
「바람과 겨울 눈」	월터 V. T. 크라아크	김수영	57.7	해외단편
「나는 끊임없이 생각한다」	스티븐 스텐더(英)	박희진	57.8	해외단편
「畵家」	죤 어쉬버리(美)	신경림	57.8	해외단편선(시)
「再顯」	로베에르 간조(佛)	이일	57.8	해외단편선(시)
「音樂先生」	내타니엘 라마	남용우	57.8	해외단편선(소설)
「어머니의 손」	리버어트 폰테인	이기석	57.9	해외단편선(소설)
「아침해」	메리 띠지	조두영	57.9	해외단편선(소설)
「茶 한 잔」	캐터린 맨스필드	최승묵	57.11	소설
「太陽과 그늘」	레이 부랫드베리	채동배	57.11	소설
「오, 머나먼 나라여」	스탠리 리쳐즈	김형순	57.12	희곡

표 4 | 『문학예술』 수록 평론 번역

비평문	비평가	역자	호수	비고
「藝術·人生·生活에 對하여 - 릴케, 짓드, 봐레리의 미발표서한을 중심으로」	르네 랑	박태진	54.4	
「파제예브 저 『青年近衛隊』의 改作問題」	보리스 슈브	곽소진	54.4	슈브(반공주의자)
「來日에國 指向하는 美演劇」	로이드 모리스	박태진	54.6	譯出
「美國小說의 感性」	도날드 릿취	곽소진	54.6	
「내가 사귄 愛蘭作家들」	단세이니	송욱	54.6	현대세계문학(2)
「野獸의 주검」	대비드 실베스터	원응서	55.6	
「詩와 機械」	W. H. 오덴	이수석	55.6	
「獄中의 藝術家」	A. 까뮈	김광제	55.6	
「現代佛蘭西小說論」	C. E. 마뉘	박태진	55.6	현대세계문학(3)
「漂流하는 現代詩」	하아버트 리이드	박태진	55.6	
「劇作家로서의 詩人」	아키벌드 맥레이슈	곽소진	55.7	
「제로 포인트-전후서독의 문학과 문화적 입장」	H. E. 홀투젠	한교석	55.7	현대세계문학(4)
「젊은 作家에게 주는 글」	스티븐 스텐더	이현원	55.8	
「繪畫에 對한 몇 가지 意見」	루시안 프로이드	이대원	55.8	
「浪漫的 革命」	하아버트 리이드	박태진	55.10	
「니이체와 릴케」	월터 코프만	노희엽	55.10-11	
「作家와 現代」	알벨 까뮤	박태진	55.11	
「모더니스트運動에의 弔辭」	스티븐 스펜서	유종호	55.11	번역 추천

「文學과 批評」	G. M. 또뜨비	이환	55.11	
「포올 클로오델의 位置」	티에리 몰니에	박태진	55.11	
「美國詩의 傳統」	해이든 캐루스	권응호	56.1	
「小說家의 機能」	죠이스 캐리	유종호	56.1	번역 추천
「文化의 定義를 위한 노오트」	T. S. 엘리오트	김용권	56.2	
「T. S. 엘리오트 文化論 批判」	R. P. 블렉크머 C. 그린버어그 W. 필립스 I. A. 리챠즈	김용권	56.2	「Partisan Review」誌 (44년 하계호)에 수록된 글 번역
「佛蘭西的 沈默과 美國詩」	해롤드 로오젠벅	허박년	56.2	
「最近 美國小說의 動向」	윌리암 밀러	채동배	56.2	번역 추천
「文學生活의 回顧」	스티븐 스펜더	곽소진	56.3	
「現代批評論」	스티븐 스펜서	유종호	56.4	
「彫刻考」	소올. 바이저맨	문우상	56.4	
「美國演劇과 人間精神」	엘머 라이쓰	최승묵	56.4	
「20세기 音樂에 있어서의 進化觀」	윌리엄 오오스틴	최승묵	56.5	
「最後 歐羅巴藝術의 現況」	허어바트 리이드	김용권	56.5	
「作家가 본 批評家」	존. 스타인베크	곽소진	56.5	
「文學的傷害罪에의 抗辯」	리아차드 헨서	채동배	56.5	번역 추천
「文藝批評의 性格과 系譜」	S. E. 하이만	유종호	56.6	
「파스칼의 '팡세'論」	T. S. 엘리오트	정하은	56.6	
「反抗의 文學」	알베레스	박이문	56.7	
「싸르뜨르의 言語觀-병든 언어」	이리스 마도크	유종호	56.8	
「現代文學演劇은 얼마나 現代的인가」	죠셉 웃드 클릇취	곽소진	56.8	
「批評의 境界」	T. S. 엘리오트	최승묵	56.9-11	
「어느 獨逸벗에게 주는 書翰」	엘베에르 까뮤	박이문	56.9-10	
「딜란 토마스와 美國」	E. 하아드위크	채동배	56.10	
「 詩郎讀 序言」(遺稿)	딜란 토마스	박태진	57.2	
「뉴 크리티시즘」	R. W. 스톨먼	김용권	57.4-5	
「'지이드'의 調和를 위한 無限한 探究」	토마스 만	김수영	57.6	
「詩에 關한 書翰」	후랑시쓰 스카아프	고석규	57.9	영국
「토마스 만의 人間主義」	M. 유우쓰나	이한구	57.10	
「青年과 成人의 比喩」	죠오지 바아커	김수영	57.10	
「獨逸戰歿大學生의 手記」		조성	57.10	
「非人間的인 속의 人間性」 (그레암 그리인 회견기)	(런던 체류 중인 박태진의 인터뷰)	원응서	57.11	'문학과 생활' I
「作家와 時代와의 關係」 (장 콕토와의 회견기)		편집실	57.12	'문학과 생활' II

작품 및 평론의 서구 문학에 대한 문호 개방과 적극적인 수용을 확인할 수 있다. 실제 『문학예술』의 번역비중은 창작의 경우 전체의 약 25%, 평론은 약 50%를 차지할 만큼 매우 컸다. 동시기 경쟁관계에 있던 『현대문학』과 『자유문학』, 특히 '고전의 정당한 계승과 현대적인 지양'을 편집노선으로 채택했음에도 한국 문학의 전통을 중시하고 서구 문학의 수용에 소극적이었던 『현대문학』과 뚜렷한 대비를 보인다. 『문학예술』의 서구 문학 중시는 창간호부터 '현대세계문학' 란을 개설하고 이후 '해외단편', '해외단편집', '해외단편선' 란 등을 개설한 것에서, 또 외국 문학론의 번역을 매호 목차 앞자리에 배치하는 지면 배치상의 특수성에서도 확인할 수 있다. 서구 문학 수용의 분포를 보면 무엇보다 대상 지역과 문학가의 다양성을 보인다. 미국·영국·프랑스·독일·러시아·이탈리아 등을 아울렀으며 엘리엇·스펜더·헤밍웨이·존 스타인벡·토마스 만·사르트르·카뮈·지드 등의 작가작품론과 모더니즘·신비평·실존주의·신고전주의·신낭만주의 등 20세기 서구 문학의 신조류(운동)의 주류적 경향을 대부분 포괄하고 있다.[119] 참조했던 외국 잡지의 출처와 상응한 결과였다.

주목할 것은 그 다양성 속에서도 미국 문학의 비중이 크다는 사실이다. 번역된 작품 중 '오 헨리(O. Henry) 상' 수상작을 포함해 미국 문학이 절반

119_그 면모는 『주간문학예술』 때부터 나타난다. 『주간문학예술』은 '자유세계와의 지식의 교환, 심리적 교류로 상호이해와 공감'을 깊게 한다는 취지 아래 외국 작가 작품을 번역 게재하는데, 노만·카즌즈의 「내부인간과 외부인간」(1호), 존·메이스필의 「시의 완성」(2호), 알베르스의 「新퓨리탄이즘」(8호), 스티븐 스펜더의 「국한된 리얼리즘」(9호/방곤 역), 허버트 리드의 「문학상에 있어서의 主義」(9호), 카로르·안토니의 「사회주의와 문화의 자유」(10호/방곤 역) 등 약 25편의 평론과 데이빗 모튼의 「幻想」(시) 등 5편의 작품, 그리고 '국외 현대작가 푸로필' 란을 개설해 윌리엄 포크너(1호), 아르터 쾨슬러(2호), 보봐르(4호), 조지 오웰(5호), 알베르트 모라비아(6호), 모리악(9호), W·H 오덴(11호) 등을 소개한 바 있다.

을 넘고 신비평 관련 문학론이 압도적이었다. 특히 신비평은 백철의 「뉴 크리티시즘에 대하여」(1956.11.)를 비롯해 스톨만의 「뉴크리티시즘」(1957.4.~5.)의 번역과 이철범의 「네오크리티시즘」(1957.5.)과 「네오크리티시즘 시이론의 양상」(1957.6.) 등 신비평 소개, 유종호의 번역추천작인 스펜더의 「모더니스트운동의 이해」(1955.11.), 신비평을 적용한 실제 비평인 송욱의 「시와 지성」(1956.1.) 등을 잇달아 집중적으로 게재함으로써 신비평이 새로운 문학방법론으로 정착할 수 있는 이론적 기반을 선구적으로 구축하는 성과를 거둔다. 기타 연극을 중심으로 한 미국 문예의 동향과 미국 여행기(오영진·유치진·최완복)도 꾸준히 연재되었다. 이 같은 미국 편중의 서구 문학 수용은 『문학예술』이 미 공보원과 아시아재단의 재정 보조를 받았고 잡지 주체들이 대부분 영문학 전공자였다는 점 등 『문학예술』의 물적 토대와 깊은 연관을 지닌 것이지만, 이보다는 『문학예술』의 세계주의 지향이 미국(문화)을 매개로 한 현대화 기획이었다는 것을 일러 준다. 손혜민은 『문학예술』의 미국 담론이 미국은 구라파와 차별화된 선진문화권인 동시에 문명·풍요·자유민주주의의 상징, 즉 근대화·세계화의 표상으로서 의미가 부여되고 있으며 그것은 곧 1950년대 아메리카니즘의 초기적 징후를 드러내 주는 동시에 문학담론의 헤게모니가 유럽에서 미국으로 이동하는 양상을 보여 주는 것으로 평가한 바 있다.[120] 후자의 평가는 다소 비약된 면이 없지 않으나 적어도 『문학예술』이 1950년대 지식인 담론의 주류를 형성했던 세계주의=미국화의 문학적 반영이자 그 추동의 거점으로 기능했다는 것만큼은 충분히 인정될 수 있다.

120_손혜민, 앞의 논문, 62~74면 참조.

『문학예술』의 외국 문학 번역도 미국 문학을 중심으로 한 현대화 기획과 대응한 지평을 보인다. (문학)번역을 매개로 새로운 문학담론을 창출해 문학 장을 재편하고자 기도한 이상 주체의 의지가 강하게 개입되는 것은 필지의 사실이다. 번역자가 중립적이고 초월적인 매개자가 아니라는 것은 상식이다. 그 주체의 의지는 번역 대상의 선택/배제의 원칙으로 관철되는 바, 그 결과는 〈표 3, 4〉에 잘 나타나 있듯 미국을 위시한 서구 문학, 특히 20세기 최신문학이었다. 비(非)서구는 대만 여류작가 셰빙잉[謝冰瑩]의 소설 한 편뿐이다. 셰빙잉이 반공문학 작가이기에 가능했던 예외적 현상이었다.[121] 그것은 번역추천제의 운용에도 적용되었다. 번역심사는 원응서가 도맡아 봤는데, 그의 추천기준은 '역(譯)의 충실성과 시효성이 있는 최신의 작품'이었다(1955.2., 1956.5. 「飜譯薦記」). 후자를 우선시해 역의 충실성을 갖췄다 하더라도 시효성이 없다면 절대 추천하지 않았다. 심사위원의 입장이 일방적·지배적으로 작동하는 추천제의 특징을 감안할 때, 『문학예술』에서는 응모작의 번역 대상이 최신 서구 문학으로 주어진 것이나 다름없었고 따라서 스티븐 스펜더를 비롯해 최신의 경향을 번역한 것만이 선정된 것은 필연적인 결과였다. 추천제가 세계주의의 (재)생산의 제도적 장치로 활용된 것이다. 다른 부문의 추천도 예외는 아니었다. 그렇다고 역(譯)의 충실성을 경시한 것은 아니다. 그것은 가장 기본적인 요건이었다. 『문학예술』에서는 번역문학도 문학이어야 한다는 전제 아래 원어뿐만 아니라 도

121_그녀의 『女兵自傳』이 1964년 을유문화사版 세계문학전집 19번으로 번역출간(김광주 역)될 수 있었던 것도 대만 그리고 반공문학 작가였기에 가능했다.

착어(우리말)에 능숙해야 함을 강조한 가운데 고유명사의 역어, 문장의 전후관계 등 번역에 필요한 기술적 요건을 가이드라인으로 여러 차례 제시한 바 있다. 응모자에 비해 추천자가 세 명에 불과했던 것도 이 같은 엄격성 때문이었다. 당시 번역문학 비평의 지평이 직역(충실성)/의역(가독성)의 우열 시비에 갇혀 있던 것과 비교해 보면 상당한 수준이다. 이렇듯 『문학예술』이 번역추천제를 통해 번역문학의 제도화를 도모하는 한편으로 문학적 완성도를 중요 기준으로 설정해 번역문학의 질적 수준을 높이는 데 기여한 공적은 한국번역문학사에서 획기적 의의를 지닌 것으로 평가받아야 한다.

한 가지 유념할 것은 『문학예술』의 번역을 잡지로만 국한해 판단해서는 안 된다는 점이다. '중앙문화사'의 번역출판까지를 포함시켜야 한다. 중앙문화사는 오영진이 창립한 출판사로 『문학예술』과는 자매관계였다. 『문학예술』의 발행처가 문학예술사로 되어 있지만, 오영진 및 잡지 주체들의 인적 네트워크로 양자 간에는 공고한 유대관계가 지속적으로 유지되었다. 중앙문화사는 서구의 사회과학 이론서와 문학서를 주로 번역 출판했는데, 전자는 공산주의 비판서가 주종을 이뤘다. 『레닌에서 흐루시쵸프까지』(H·와트슨/양호민·박준규), 『현실과 공산주의』(프레드·슈바르즈/강봉식)를 비롯해 D·S·메어즈의 『공산주의비판의 기초』, 뻬떼르·데리아빈의 『비밀의 세계』 등 공산주의의 역사와 이론을 비판적으로 검토한 서적들이다. 『현대위기의 철학』(애드린·코크/박갑성·김용권), 『지식인의 阿片(아편)』(레이몽·아롱/안병욱), 『민주정치의 철학』(한스·켈렌/한용희), 『프라그마티즘의 철학』(윌리암·제임스/이남표) 등도 번역되었다. 문학서로는 『돌아온 사람들』(오·헨리/황동규)을 비롯해 헨리 제임스, 포 등 주로 영미문학 작품과 『20세기문학평론』(프란시스·브라운/김수영 외), 『문화·정치·예술』(에머슨/김수영), 『현대문학의 영역』(엘린·테이트/김수영 외) 등 신비평을 포함한 최신 문학이론서를 번역했다. 『문학예술』에서뿐만 아니라 중앙문화사의 번역에 김수영이 깊게 개입되어 있다는 흥미로운 사실을 발견할 수 있다. 요컨대 중앙문화사의 번역출판도 『문학예술』의 기조와 유사했다. 이는 잡지 주체들의 현대화 기획이 구체성과 실행력을 갖추고 상당히 조직적·전략적으로 수행되었다는 것을 의미한다.

이 지점에서 중요한 것은 『문학예술』과 중앙문화사 통틀어 번역의 주류가 세계주의 및 반공주의와 밀접한 관련 속에서 이루어졌다는 사실이다. 물론 그 같은 선택적 번역은 전후 시대정신의 흐름을 반영한 것이지만, 이에 앞서 잡지 주체들의 권력 의지가 깊숙이 개입된 산물로 봐야 한다. 『문학예술』의 주체들(오영진·원응서·박남수 등)은 해방 직후 조만식의 '조선민주당'과 이념적으로 연결된 좌우합작의 예술단체인 '평양예술문화협회'의 결성을 주도했다가 강제 해산당한 뒤 월남했거나 아니면 한국전쟁 중에 월남한 이력을 공유하고 있다.[122] 일종의 지역적·이념적·종교적(기독교) 결사체로서의 성격을 지니는데, 월남문인들이 '국민'으로 인정받기 위해서는 혹독한 사상검증을 거쳐야 했던 것처럼 이들도 전시 및 전후 사상검증에서 자유로울 수 없었고 문단제도권에 정식 편입되기 위해서는 반공주의자임을 스스로 증명해 내야 했다. 특히 한국전쟁 기간에 월남했던 박남수·김동진(작곡가)·김병기(서양화가) 등은 더욱 그러했다. 박남수가 1·4후퇴 때 월남하자마자 '북한문단狂態'를 신문에 연재하고(『경향신문』, 1951.11.) 곧바로 『赤治六年의 북한문단』(국민사상지도원, 1952)을 발간해 북한 정권을 비판했던 것도 이런 맥락에서다. 당연히 그들에게 선험적이었던 반공주의는 극

122_이봉범, 「전후 문학 장의 재편과 잡지 『문학예술』」, 『상허학보』 20, 상허학회, 2007, 287~288면.

단화된 형태로 표현될 수밖에 없었으며, 그것이 세계주의 지향의 폭을 '자유세계'로 한정시키는 결과를 야기하게 된다. 그 자유세계 가운데 미국이 중심이 되는 맥락에는, 아직 확증할 수 없지만, 기독교라는 잡지 주체들의 종교적 기반과도 일정한 관련이 있을 것으로 추측된다. 따라서 공산주의 비판과 미국(문학) 편향의 번역출판은 잡지 주체들의 문화권력을 (재)생산하고 확산하기 위한 장치로 활용된 것이었다고 볼 수 있다. 물론 여기에는 동종(同種) 문학지 간의 경쟁구도에 따른 매체노선의 차별화 전략의 필요성과 미 공보원의 재정적 후원에 따른 제약 등이 아울러 작용했다고 볼 수 있으나 보다 근본적인 것은 잡지 주체들이 처했던 사회문화적 소여(所與)가 지배적으로 관철된 것이었다. 번역연구에 있어 번역적 상황 내지 번역 행위의 정치성에 대한 인식이 중요하다는 것을 다시금 환기해 준다. 비단 『문학예술』만은 아닐 것이다. 자신을 문화적 후진성을 극복할 주체로 호명하고 번역문학의 적임자로 자처한 1950년대 문화지식인들의 행보에 가로놓인 정치적·이데올로기적 조건과 주체들의 상호작용에 대한 분석적 고찰이 다각적으로 수행되어야만 당대 번역의 정치학의 문제가 온전히 규명될 수 있을 것이다.

5. 번역 장의 구조 - 구미중심주의, 그리고 일역(日譯)과 탈일본

한 전문번역가의 발언처럼 온전한 번역문화가 꽃피기 위해서는 외국의 양서(良書)가 많이 들어오고, 그것이 잘 번역되고, 일반에게 널리 애독되는, 적어도 이 세 가지 조건이 제대로 충족되어야 가능하다.[123] 1950년대 현실에 적용해 봤을 때 이 조건들은 대체로 불비(不備)한 상태였다. 외국의 양서 도입과 번역은 관급적(官給的)인 경우조차도 일일이 관의 허가를 받아야 했고, 무역 및 환율 정책의 영향까지 받는 등 정치적(이데올로기적)·경제적 제약으로 인해 원활할 수 없었다. 김영건·채정근·김동석·김병규·임학수 등 해방기 문학번역에 큰 족적을 남겼던 전문번역가가 대거 월북한 가운데 외국어와 국어 능력을 두루 갖춘 번역가는 극소수였으며, 그들도 번역에 대한 사회문화적 인식이 저조한 상태에서 번역료로는 생계유지가 불가능했다. 여기에다 출판자본 간의 속도경쟁에 따른 시간의 제약과 번역과정에의 과도한 간섭을 받는 이중적 구속 상태에 놓여 있었다. 이런 악조건 속에서도 문인들은 생계를 위해 번역에 대거 참여하지만 원역(原譯)이 곤란한 조건에서 민족적·윤리적 죄책감을 감수하며 일어 중역을 하게 된다.[124] 펜클럽 한국본부가 번역문화의 권위와 정상화를 위해 일어 중역을 배격할 것을 결의한 바 있으나(『조선일보』, 1955.11.14.) 문인들의 생활상의 처지와 출판자본의 영리성 앞에 공염불이 될 수밖에 없었다. 'She=그녀'의 논란에서 보듯 기본적인 번역어조차 통일되어 있지 못했다. 사회문화적 차원에서 번역문화의 중추기관으로 소임을 부여받은 출판자본들은 문화성/기업성의 이율배반적 논리 속에 균형을 유지하려 했으나 경영기반이 허약한 관계로 영리추구 위주의 번역출판을 지향할 수밖에 없었다. 판로를 개척하고 독자층을 개발해 새로운 번역 수요를 창출해야 하는 부담까지 떠안아야만 했다. 상대적으로 적은 제작비에 높은 수익률을 기대할 수 있는 일본 작품 번역 또는 일어 중역에 적극적으로 나섰던 것은 어쩌면 지극히 자

123_강봉식, 「위기에 선 언론출판의 자유」, 『동아일보』, 1955.2.6.
124_김광주, 「當路者의 關心의 尺度」, 『신천지』, 1954.1, 157면.

연스러운 현상이었을는지 모른다. 독자들의 번역 수요 또한 저조했다. 경제적 여건에 따른 구매력의 약화는 물론이고 독자에게 긴절한 번역물이 제때 공급되지 못한 결과이기도 하다. 특히 당시 일어와 외국어(영어) 모두에 어학능력이 미약했던 과도기적인 언어 환경에서 번역의 주독자일 수밖에 없는 대학생층에게는 수요를 감당하지 못하는 공급의 문제가 심각했다. 중요한 것은 이 같은 열악한 조건이 번역의 진작을 방해하는 요인으로 작용하는 한편으로 번역의 필요성과 가치를 사회문화적으로 더욱 고조시키는 요인으로 작용했다는 점이다. 그것은 1950년대 후반 관련 지표들의 향상을 바탕으로 한 번역문화의 본격적 개화로 수렴되기에 이른다.

본고는 이러한 조건에 주목해 1950년대 번역의 장이 어떻게 구조적으로 형성되어 나갔는지를 중요 번역 주체, 즉 국가권력, 출판자본, 문화지식들의 동향에 초점을 맞춰 고찰해 보았다. 이들 번역 주체는 전후 한국 사회의 문화적 후진성에 대한 자의식과 그 극복의 긴급성을 공유한 가운데 각기 독자의 의도와 논리를 갖추고 번역을 매개로 한 근대화에 주력한다. 그 과정은 이해관계의 마찰에 따른 상호제약의 혼란을 야기했음에도 불구하고 특유의 번역 지형을 조형해 내는 가운데 번역의 제도화를 촉진시킨다. 그 특유의 번역 지형은 크게 보아 탈(반)일본과 일본(어) 의존의 모순적 병존, 미국 중심의 서구 편향이 양립하는 구조이다. 통상 후자의 지점이 강조되어 왔지만 공식적 차원에서 극단의 배제와 차별이 강제되었음에도 불구하고 일본의 영향은 비공식적인 차원에서 여전히 무시할 없는 수준으로 존재했다는 것은 특기할 만하다.[125] 아울러 그 번역 지형은 문화적 사유와 질

125_일본적인 것의 영향은 '과거의 오랜 시간과 현실의 지리적인 언어적인 조건으로 인해 일본적인 것이 현재 음성적이긴 하나 뿌리 깊이 박힌 것임에 반하여 미국적인 것이 비록 양성

서의 재편을 조건지우며 문화(학), 지식의 영역에 자유민주주의, 반공주의적 기제를 확대재생산하는 데 다대한 영향력을 발휘한다. 그것이 지배이데올로기의 일방적인 관철 혹은 미국의 대한문화정책에 의해 주어진 것이라기보다는 당대 번역의 지형에 따른 구조적 산물이라는 점에 유의할 필요가 있다. 물론 문화 주체들의 미국 편향의 내발적(內發的) 세계주의도 이를 더욱 조장했다.

번역 장의 형성과 밀접한 관련을 지닌 번역의 지형과 상황 그리고 번역주체의 동향을 실증적으로 재구성하는 데 주력하다보니 이들 요소의 구조적 관계를 세밀하게 분석하는 데는 다소 미흡했다. 게다가 번역과 관련한 또 다른 쟁점을 제기한 면이 없지 않다. 번역이라는 주제가 권력과 사상 및 문화에 관련한 복잡한 관계사를 집약하고 있다는 점을 감안할 때, 실증적·분석적 차원에서 여전히 밝혀야 할 과제가 많다. 1950년대 번역의 특징적 양상이 후행적으로 어떻게 변형·재편되는지를 고찰하는 글에서 본고의 미진했던 부분을 보완하고자 한다.

적이고 외형적으로 우세한 것 같이 보이나 비록 생활면에 침투하기 시작했더라도 문화면에서 그다지 뿌리박지 못하고 있다.'는 진단(이승녕, 「'日本的'과 '美國的' - 해방 20년의 문화주체의식의 반성」, 『사상계』, 1964.8, 91면)을 통해서 짐작할 수 있듯이 1960년대에는 더욱 확대되어 나타난다.

제2부

미국 표상과 젠더

2장

1950~60년대 펄 벅 수용과 미국

김윤경

1. 전후 한국에서의 펄 벅

『대지』의 작가 펄 벅은 미국과 아시아, 그리고 여성 젠더의 중첩된 지점에 위치해 있다는 점에서 독특한 인물이라 할 수 있다. 이러한 펄 벅의 독특한 좌표는 1950~60년대 한국 사회에서 특별한 의미로 재발견되었다. 그러나 펄 벅의 소설은 정작 미국과 중국에서 그다지 호의적인 평가를 받지 못했는데,[1] 미국 내 평단에서는 "항상 널리 읽히며 한때 비평의 대상"이었지만 "오늘날 진지한 문학적 노력과 베스트셀러 사이의 중간에서 뚜렷한

1_심상욱은 펄 벅의 작품들이 미국 내 '북 클럽'의 추천도서 목록에 올라 고등학생들에게 많이 읽히고 있음에도 불구하고 20세기가 지날 때까지 미국과 중국의 대학 강단에서는 외면 받아왔음을 지적하고 있다(심상욱, 「동서양쪽에서 재조명되는 펄벅」, 『신영어영문학』, 제37집, 2007.8.).

형체가 없는 어중간한 상태로 밀려나 있다."[2]는 작가로 평가되고 있었다. 『대지』의 배경인 중국 내의 반응 역시 "중국인 생활의 보다 어두운 측면의 특수한 양상을 선택적으로 드러냄으로써 초상화라기보다는 희화적 만화가로 떨어졌다."고 비판한 장캉후의 초기 평에서 크게 벗어나지 않은 것이었다.[3]

그러나 한국에서 펄 벅은 노벨상 수상에 빛나는 세계적 명사이면서 아시아의 전통적 가치를 서구 사회에 알리는 대변자이자 아메라시안(Amerasian)의 혼혈 문제를 미국 사회에 본격적으로 제기한 인도주의적 실천가로 고평되었다. 펄 벅에 대한 이러한 평가는 1960년 그녀의 한국 방문을 계기로 더욱 강화되는 동시에 대중화됐다. 예를 들어 대중적인 여성교양지로 독보적 위치를 차지하고 있었던 『여원』은 『조선일보』와 함께 펄 벅 초청 및 각종 강연회를 주관하며 한국의 엘리트 여성을 대상으로 현대적 교양여성 모델을 구축하는 데 펄 벅을 적극적으로 참조하였다. 이는 한국전쟁 이후 풍기문란과 성적 방종의 문제로 매체에 자주 거론되었던 엘리트 여성들의 각성을 촉구하며 현대적 현모양처 모델을 (재)구축하고 있었던 당시의 상황과 관련되어 있다.

한국전쟁 이후 국가재건 과정에서 『여원』 『주부생활』 『여성계』 등의 여성교양지와 각종 신문매체는 가부장적 이데올로기를 강화하는 한편, 이를 반영한 현대적 현모양처 담론을 형성·유포하는 데 주도적인 역할을 하

2_엘리자베스 제인웨이는 『뉴욕타임즈 북 리뷰』에 펄 벅의 신작 『숨은 꽃』의 서평을 발표하였는데, 이 지면에서 펄 벅 문학의 전반적인 평가를 이와 같이 내린 바 있다(피터 콘, 『펄벅 평전』, 이한음 역, 은행나무, 2006.).

3_최원식, 「전경 뒤에 숨은 신」, 『문학의 귀환』, 창작과비평사, 2001.

였다.[4] 이들 미디어는 문화계 인사들의 미국 방문 및 미국 유학생의 경험담, 한국에 체류한 미국 여성들의 경험담 등을 기사화하여 미국 문화에 대한 여성들의 오해를 바로잡고자 했다. 이러한 기획은 미국 여성의 실상이 '아프레걸'이나 'UN(유엔)마담', '자유부인' 류의 여성과 어떻게 달랐는가를 보여 주면서 그들의 교양과 문화의 우수성을 소개하는 것에 집중되어 있다.[5] 이렇듯 미국 여성의 면모를 재조형하면서 '현모양처' 담론과의 연결 또한 이루어졌다. 남성 중심의 편집진과 필자들이 엘리트 여성을 상대로 '현대적 현모양처' 모델을 제시할 필요를 느끼고 있던 당시, 백인 여성의 목소리로 발화되는 '아시아적 가치'의 옹호는 전근대적 여성사회로의 회귀라는 심리적 거부감을 완화시키면서 가부장적 이데올로기를 내면화시키는 효과가 있었다. 이러한 배경에서 펄 벅의 방한은 엘리트 여성 집단을 대상으로 '모성'과 '가정여성'의 가치를 통해 가부장적 이데올로기를 강화하기에 썩 훌륭한 이벤트였고, 펄 벅은 '위대한 어머니'라는 가부장적 여성 모델로 적극적으로 참조되었다.

이 글은 바로 이런 정황을 초점으로 펄 벅을 통해 미국과 아시아 사이 심상지리가 어떻게 작동했는지를 고찰한다. 구체적으로는 1950년대 말부터 1960년대까지 한국의 대중적 관심을 받은 펄 벅이 해방 전과 비교하여 어떻게 다르게 수용되고 있었는지 살펴보는 한편, 한국전쟁 이후 강화되어

4_1950년대에 창간된 이들 여성지는 '여성이라는 영역'을 구성함으로써 새로운 국가체제의 시민으로서의 여성을 기획하고 있지만, 남성 중심의 편집진이 '계몽적 발화 주체'로 기능하고 있는 여성담론은 필연적으로 현모양처론에 집중될 수밖에 없었다. 그러나 여성지의 편집체재가 보여 주는 다성적 담론의 공존은 1950년대 여성담론의 다양한 가능성을 보여 준다(이선미, 「『여원』의 비균질성과 독신여성 담론 연구」, 『한국문학연구』, 2008.6.).

5_김윤경, 「1950년대 미국 문명의 인식과 교양여성 담론」, 『여성문학연구』, 2012.6.

가던 가부장질서의 자장 안에서 펄 벅의 '모성'이 현대적 현모양처 이데올로기 구성에 어떻게 참조되고 있었는지를 살펴보고자 한다. 아울러 '어머니 펄 벅'이라는 표상을 통해 1950~60년대 한국의 대미인식이 어떻게 구성되고 있었는지도 함께 확인해 보고자 한다.

2. 『대지』의 수용과 펄 벅 – '백인' 펄 벅에서 '어머니' 펄 벅으로

『대지』의 중국 재현, 아시아 전문가로서의 펄 벅

1936년 심훈이 『사해공론』에 최초의 번역본을 연재한 이래 펄 벅의 『대지』는 1930년대 말, 독서계의 관심을 받으며 베스트셀러로 자리 잡게 되었다.[6] 이듬해 할리우드에서는 소설을 원작으로 한 동명의 영화가 개봉되었는데 소설 『대지』에 대한 국내의 관심을 반영하듯 이 역시 발 빠르게 수입되어 조선 각처에서 상영되었다. 거대한 메뚜기 떼의 습격 장면으로도 유명한 시드니 프랭클린(Sidney Franklin) 감독의 영화 『대지』(1937)에서 특이한 것은 오란과 왕룽을 연기한 배우들이 모두 백인이었다는 점이다. 이러한 캐스팅은 당시의 할리우드 영화 제작환경에서 일반적인 것이었는데, 오란역의 '루이즈 라이너(Luise Rainer)'는 연기력을 인정받아 제10회 아카

6_"펄 벅 여사의 소설 대지는 무고한 지나 농민이 군벌에게 짓밟히고 있는 비참한 정황을 여실히 그린 걸작이라 하여 방금 일본 내지와 조선에 있어서 '베스트셀러'의 최고봉에 올랐고 (…)" (「「大地」(펄벅女史의 小說) 朝鮮에선 演劇上演禁止」, 『동아일보』, 1938.4.7.)

데미 여우주연상을 수상하기도 하였다. 그러나 조선 관객의 입장에서 '백인' 오란은 "동양 여성의 성격의 구상화"에 "완전히 실패"[7]한 것으로 비칠 뿐이었다. 그 때문인지, 영화 『대지』의 개봉 이후 조선의 신극단체인 낭만좌(浪漫座)와 동양극장(東洋劇場)은 "지리적으로 지나에 가깝고 또 지나 동편의 생활에 대하여 좀 더 자세히 알고 있는 만큼 미국이나 일본 내지의 배우들보다도 좀 더 자연스럽고 예술적으로 연출할 수 있다."는[8] 이유에서 『대지』의 연극 상연을 기획하기도 하였다. 안타깝게도 이 기획은 경기도 보안과의 각본 검열을 통과하지 못하여 좌절되고 말았지만, 이를 통해 펄 벅의 『대지』에 대한 조선 문화예술계의 관심이 지대하였음을 충분히 확인할 수 있다.

『대지』에 대한 세간의 관심은 펄 벅의 노벨문학상 수상으로 더욱 증폭되었는데, 특히 중일전쟁 이후 새로운 중국관의 형성이 요청되던 조선의 현실에서 이 소설은 시사하는 바가 적지 않았다. 이 시기 『대지』에 대한 본격적인 작품론이 많이 발표되지는 않았지만, 우선 눈에 띄는 것은 임화와 김성칠의 글이다. 임화는 노벨문학상 수상이라는 이벤트에 열광하는 세간의 떠들썩한 관심보다 중요한 것은, 근대적 전환을 맞고 있는 당대 중국의 혼란이 세계문학계의 관심 대상이 되었다는 사실임을 강조한다. 또한 가깝게 위치해 있는 조선의 눈에 보이지 않았던 중국 사회의 현실이 중국 내부에 있던 백인의 시선으로 포착될 수 있었던 이유를 해명하는 것이 소설 『대지』를 이해하는 핵심이라고 말한다. 한편 김성칠은 역사학자의 시각에서 펄 벅이 중국 사회의 현실을 적확하게 이해하고 소설화하고 있다고 평

7_김성칠, 「펄벅과 동양적 성격」, 『인문평론』, 1940.6.

8_「「大地」(펄벅女史의 小說) 朝鮮에선 演劇上演禁止」, 『동아일보』, 1938.4.7.

가하면서, 『대지』가 단순히 소설에 그치지 않고 중국에 대한 사회문화서의 의미까지 담고 있는 점에 그 가치가 있음을 역설한다.

> 어떠한 동양인도 서양인과 같이 지나를 인식할 수 없는 것이다. (…) 좌우간 동양인이 지나를 볼 때엔 지나 가운데서 언제나 자기 자신의 일부를 발견하는 대신, 서양인은 온전히 타인을 보는 데 불과하다. (…) 분명히 서양인은 지나에 대하여 보는 눈의 이(利)를 가졌다고 할 수가 있다. 소설 『대지』에 나타난 소위 지나적 특성이란 것이 대부분은 우리 동양인으로선 쉽사리 발견하기 어려운 제점이 아닌가 한다. (…) 같은 동양인으로서 서양인이 쓴 소설을 통하여 지나에 뒤떨어진 부분을 비로소 안다는 것은 기이한 일이나, 누구나 『대지』를 읽고 최초로 받는 강한 인상도 이것일 것이요, 또 가장 뒤에까지 남는 인상도 이것이 아닌가 한다. 그뿐 아니라 유감이지만 이 소설의 그런 부분에서 우리가 일상생활에 급급히 서양적 문화를 추급하는 나머지 채 돌보지 못하고, 또한 아직 소청(掃淸)되지 않은 자기 자신의 자태의 일부분을 재발견한다는 것도 우리에게선 은폐할 수 없는 소감이 아닌가 한다.[9]

> 누구나 다 하는 말이지마는 작품의 배경을 이룬 지나의 농촌과 사회문제에 대해서도 여사는 그 방면의 전문가를 놀래일 만큼 정확한 식견을 엿보이었다. 그러므로 여사의 제 작품은 비단 소설로서만 읽히울 뿐 아니라 지나 사정을 알고 지나인의 성격을 이해할 수 있는 가장 첩경으로써 전세계에 선전되어 있다. (…) 그가 그의 붓끝에 펼쳐지는 암담한 세상에 들어가서도 여성으로서의 감상(感傷)은 조금도 보이지 않음은 지나의 생활에 침잠하는 한편 그의 마음의 한구석에 늘 백인으로서의 푸라이드를 간직한 까닭이 아닐까.[10]

9_임화, 「『대지』의 세계성」, 『조선일보』, 1938.11.17.~20.
10_김성칠, 앞의 글.

동아시아의 일원으로서 조선이 소설 『대지』를 통해 비로소 실감하게 된 것은, 동아시아의 패권국가에서 낡은 질서의 표상으로 쇠락해 버린 중국의 현실이었다. 물론 중국, 나아가 아시아를 낡은 전통으로 묘사하고 있는 이 소설이 아시아 내의 반성에서 비롯되는 대신 서구인의 시선에서 나온 데 대한 불편함이 제기되기도 하였으나,[11] 대체로 『대지』에 대한 평가는 지금까지 어떤 서양인도 이룩하지 못한 동양에 대한 정확한 이해를 보여 준다는 긍정적인 것이었다. 중국인들이 『대지』를 '표면적 이해'로 불평한 데 비해 조선 내 반응이 이렇듯 우호적이었던 까닭은 '중국'을 '동양'으로 추상화했던 경향과 연결돼 있으리라 짐작된다.

주목해야 할 것은, 조선 내 『대지』에 관한 일련의 담론을 통해 펄 벅이 '여성' 작가보다는 '백인' 작가로 이해되고 있었다는 사실이다. 김성칠과 임화는 모두 『대지』의 여주인공 오란에 주목하면서 작가가 동양 여성의 고달픈 인고의 삶을 성공적으로 전형화하였다고 평가하고 있지만, 그보다 중국과 중국인 일반을 재현한 문학으로서의 가치를 강조한다. 두 사람 모두 『대지』의 진가는 서구인의 시선으로 중국의 진면목을 묘사했다는 사실에 있다는 데 동의하고 있다. 즉, 소설 『대지』는 '여성 작가'보다는 '백인 작가'의 소설로 읽을 때 그 의미와 가치가 발견된다는 것이다. 마찬가지로 펄 벅은 국내 언론에서 『대지』의 작가로 소개되기도 했지만 미국 내 아시아 전문가로서 소개되기도 하였다. 이때 역시 아시아 전문가로서의 펄 벅은 젠

11_재미한인 소설가 강용흘은 1931년에 발표한 『대지』의 서평에서 저자가 서구적 시선에서 유교사회를 낙후한 공간으로 묘사하고 있는 것을 강하게 비판한 바 있는데, 소설 『대지』가 서구의 오리엔탈리즘에 영합했다는 부정적 판단은 여전히 유효한 비평적 근거가 되고 있다(최원식, 앞의 글).

더적 규정보다는 인종적 규정이 우선하여 이해되었다. 사실 펄 벅은 미국 내의 아시아 전문잡지『AISIA』를 통해서 아시아 각국의 정세뿐만 아니라 아시아 여성의 낙후된 현실을 서구 사회에 널리 알리는 등 자신의 여성적 정체성과 관련한 글쓰기를 실천하고 있었지만,[12] 국내 언론은 그녀의 이러한 활동에는 별다른 관심을 보이지 않았다.

같은 맥락에서 국내에 소개된 그녀의 공식적 발언은 중일전쟁이나 국공합작 등 동아시아 정세와 관련된 논평이 주를 이룬다.[13] 미국 쪽에서도 펄 벅은 아시아 전문가로서 중요했는데, 식민지 조선의 정치적 상황과 관련하여 펄 벅이 인용되는 경우도 있었다. 그녀의 발언이 조선의 현실과 관련하여 적극적으로 소개된 대표적 사례는 한미협회의 회장 크롬웰(James H. R. Cromwell)이 헐(Cordell Hull) 미 국무장관에게 임시정부 승인을 요청하면서 보낸 공식문서에서다.[14] 이 무렵 펄 벅은 제국주의 시대가 끝나가는 역사적 상황 속에서 미국이 아시아 각국의 자유와 독립을 보장하는 것이 태평양전쟁에서의 승리보다 우선하는 가치임을 역설한 바 있는데, 바로 이

12_피터 콘, 앞의 책.

13_「마당전쟁의 한 큰 장관」, 국민보, 1938.7.6.; 「무장한 지나농민, 「펄벅」여사의 기고[上]」(아세아지에서) [중계방송], 『동아일보』, 1938.11.18.

14_한미협회는 중경 임시정부로부터 주미외교위원부 위원장으로 공식임명을 받은 이승만이 중심이 되어 설립되었다. 1941년 9월 '한미협상회(Korean American Council)'라는 이름으로 공식적 활동을 시작한 한미협회는 한국의 독립과 대한민국 임시정부의 승인을 얻기 위해 미국인들의 동정을 확보하는 것을 설립목적으로 하였다. 한미협회 이사회의 회장은 캐나다 대사 출신의 크롬웰(James H. R. Cromwell)이었는데, 그는 1942년 5월 5일부터 6월 23일까지 미국 국무부장관 헐(Cordell Hull)을 상대로 한국독립운동에 대한 지원과 한국 임정에 대한 승인을 강력히 촉구하는 서신을 보냈다. 크롬웰과 헐 간에 주고받은 서한은 한미협회가 *Why Isn't Korea Recognized?*라는 제목으로 편집해 출간하였다(홍선표, 「한국독립운동을 도운 미국인」, 『한국독립운동사연구 43』, 2012.12.).

발언이 미국 내에서 대한민국 임시정부의 승인을 촉구하는 근거로 참조되고 언급된 것이다.[15] 이때도 역시 펄 벅은 미국(및 서구) 사회와 아시아를 중계하는 젠더 중립적 존재로 표상되고 있다.

'여성-백인 어머니'로서의 새로운 수용

펄 벅이 한국의 문화 장(場)에 다시 등장한 것은 한국전쟁 이후다. 흥미로운 것은 젠더 중립적인 백인 아시아 전문가로 표상되던 펄 벅이 1950년대 말에 이르면 여성성이 강조되면서 그 표상 방식이 급격히 변화하고 있다는 점이다.[16] 이는 펄 벅의 소설이 해방 전에는 『대지』 3부작 등 아시아

15_"東洋에서 또 다른 우리의 뛰어난 권위자인 「펄벅」(Pearl Buck) 女史는 다음과 같이 말하고 있읍니다. 『帝王이나 帝國的인 행위와 같은 지나간 전시대의 원리에 기초를 둔 세계는 이제는 불가능하게 되었다는 것을 美國의 시민인 우리는 깨달아야 합니다. 그리고 英國人들도 이것을 實感하든지 實感하지 않든간에 역시 이것을 깨달아야 합니다. 그러한 원리는 존재할 수가 없읍니다. 우리는 모든 사람들이 참된 자유를 누릴 수 있어야 한다는 마음의 결정을 명백히 하여야 합니다. 이것은 모든 사람이 참된 자유라는 조건을 충분히 누리기 위하여서는 상호 책임이 요구됩니다. 우리는 「우선 이 전쟁에 이깁시다」라고 말하면서 자유에 대해 그와 같은 결정을 뒤로 미룰 수는 없읍니다. 우리는 우리의 有色同盟國을 다음과 같이 납득시키지 않고는 이 전쟁에서 이길 수 없읍니다.-우리의 同盟國의 대부분이 有色同盟國家들임-즉 우리는 항상 有色人種들보다 우위를 계속 지키려는 우리들 자신을 위해 싸우는 것이 아니라는 것입니다. 有色人種의 인내는 이제 막바지에 다달았읍니다.』"(『신한민보』, 1942.6.25.; 「임시정부 승인을 재촉」, 『국민보』, 1942.7.29.)

16_류진희는 해방기 펄 벅이 남한에서 '아메리카적 인도주의'를 전제로 한 새로운 세계부인의 모델로 참조되고 있음을 지적한 바 있는데(류진희, 「해방기 '남한여성'의 '세계부인'론」, 『2012년 한국여성문학학회 가을학술대회 - 젠더와 번역, 여성 지(知)의 형성과 변전』, 2012년 10월 20일), 이는 해방 전 젠더중립적 존재로 인식되고 있던 펄 벅이 해방 후부터 점차 젠더적 정체성이 강화되는 방식으로 수용의 변화가 일어나고 있었음을 확인하는 데에 좋은 참고가 된다. 이러한 펄 벅 수용의 변화는 새로운 국가체제에 적합한 여성 모델을 구상하려

를 배경으로 한 소설에 국한되어 소개되었던 것에 반하여, 1950년대 말에 이르면 『숨은 꽃』, 『어머니』, 『북경서신』, 『영원한 사랑』 등의 애정소설이 여성 독자층을 중심으로 인기를 얻고 있었던 정황과 무관하지 않다.[17] 일본의 패전, 중국의 공산화 등 급격한 정치변동 속에서 펄 벅보다 일층 전문적 배경을 가진 '아시아 전문가'들이 양산되던 때였던 만큼 그에 비례해 펄 벅의 위치가 특수화되고 젠더화돼 갔다고도 볼 수 있다. 소설 외에도 여성 독자를 대상으로 사랑과 결혼을 주제로 한 에세이가 다수 국내에 소개되면서 펄 벅은 대중적인 '여성' 작가로 새롭게 수용된다. 펄 벅이 한국을 방문한 1960년 무렵에 이르면 그녀는 '여류 소설가', '주부', '어머니', '여성 사회운동가' 등 여성으로서의 젠더 정체성을 근간으로 하는 존재로 표상되었다.[18]

는 시도에서 비롯되었다.

17_"많은 학생들이 여사의 작품인 〈대지〉, 〈어머니〉, 〈북경에서 온 편지〉, 〈숨은 꽃〉, 〈결혼의 생태〉 등을 읽었다는 대답을 보고 우리나라 여대생이 여사의 소설을 탐독한다는 사실을 발견하였다. 이것은 여사가 노벨상 수상 작가라는 점도 있겠지만 여사의 작품이 대개 동양을 배경으로 하였을 뿐만 아니라 동양 사람들의 심리를 누구보다도 잘 이해하고 있으며 탁월한 통찰력과 어떤 여자의 한 분이 표현했듯이 여사의 작품을 읽을 때 우리 마음은 그리운 님의 품에 안겨서 달콤한 노래라도 듣고 있는 듯한 심정에 사로잡히기 때문일 것이다."(김헌규(이대 교수), 「동서문화의 타협점 - 동창생이 환영하는 펄벅 여사의 내한」, 『조선일보』, 1960.10.14.)

18_"최근 미국 시찰을 마치고 귀국한 김말봉여사가 펄벅여사를 만난 글에 의하면 다섯 자녀의 양육에 빈틈없는 가정생활을 하면서도 매일 5시간의 집필을 게을리 하지 않는 펄벅여사의 놀라운 정력에 새삼스럽게 감탄하고 있는데…" - 『동아일보』, 1956.12.4.; "우리의 귀한 손님 펄벅여사는 여류작가로서 특히 여성에게 할 말이 있는 것으로 보입니다. 여성이 남성에 의지하고 그 명령에 따라 움직이는데 만족해서는 안 된다고 강력히 주장하고 있는 것입니다. 모름지기 여성도 사회의 모든 부문에 있어서 남성과 어깨를 나란히 하여 책임 있는 일을 해야 한다는 것입니다."(장왕록, 「펄벅과 휴매니즘 - 펄벅여사 내한 환영사」, 『사상계』, 1960.12.)

그 중에서도 특히 눈에 띄는 것은 펄 벅을 보편적인 '어머니'로 호명하고 있는 점인데, 푸른 눈의 미국인 소설가를 맞이한 한국인 여성 작가가 자기도 모르게 펄 벅을 어머니로 느꼈다고 발언한 다음의 장면은 흥미롭다.

> "한마디로 말해서 여사는 「어머니」였다. 어머니도 따뜻하고 참을성 많고 아주 가정적인 어머니이다. 이 여성이 작가이며 더구나 노오벨 문학상을 타고 더욱이 또 미국의 여성이라고 누가 감히 생각할 수 있을가 싶다. 여사를 내 집으로 초청하여 저녁을 함께 하면서 나는 얼떨김에 이렇게 말했다.
> 「참, 저 자신도 왜 그렇게 느끼는지 모르겠어요. 당신은 꼭 저의 어머니 같아요.」
> 여사는 미소하였다. 여사를 모시고 온 분이,
> 「그래요, 누구나 다 그렇게 말합디다.」 했다."[19]

세계적으로 유명한 소설가를 자신의 집에 초대한 감격에서 나온 말로도 볼 수 있겠지만, 펄 벅에게서 보편적인 어머니의 이미지를 읽은 이가 비단 한말숙 한 사람만이 아님은 통역자의 말에서도 확인된다. 무엇이 국경과 인종을 초월하여 펄 벅에게서 어머니의 자애를 느끼게 한 것일까. 펄 벅의 소설이 그렇게 소개되고 독해되기 시작한 것일까, 혹은 펄 벅의 다른 행보 때문이었을까. 한말숙이 펄 벅에게서 모성애를 읽어 낸 것은 어쩌면 1950년대 한국 사회의 혼혈아 문제에 깊이 관여해 왔던 펄 벅의 행보와 관계가 있는지도 모른다.

펄 벅이 한국 문제에 본격적인 관심을 갖고 언론에 등장하기 시작한 것은 한국전쟁이 끝난 후 혼혈 고아 문제가 부각되면서부터였다. 엄밀히 말

19_한말숙, 「펄벅과의 一夜」, 『대지의 신화』, 1960.

펄 벅이 경기도 소사의 희망원을 방문했을 때 사진.
희망원은 펄 벅의 지원을 받아 설립된 혼혈고아 중심 입양기관이었다.

하자면 아메라시안 문제에 관심을 갖고 있던 펄 벅에게 한국 사회가 새로운 아메라시안의 지역으로 발견되었던 것이다. 펄 벅은 1949년 미국 필라델피아에 혼혈아 입양기관인 '웰컴하우스'를 설치하고 아시아계 혼혈아 문제를 해결하기 위한 활동을 해오고 있었다.[20] 1958년에는 한국 정부에 혼혈아 문제에 관심을 가져 주기를 공식적으로 요청하는 한편, 그녀 자신이 한국의 혼혈아 일곱 명을 입양하기도 했다.[21] 한국의 혼혈아 입양 및 시설 위탁과 관련하여 한국 정부와 사소한 마찰이 없진 않았으나, 그녀가 한국의 혼혈아 문제를 해결하기 위해 설립한 '한국펄벅재단'은 현재까지도 활동을 이어오고 있다. 위 한말숙의 발언은, 한국 혼혈아들의 어머니로 자처하며 한국 사회에 각별한 관심과 애정을 갖고 있는 세계적인 유명 인사에 대

20_피터 콘, 앞의 책.

21_「한국인도 혐오」, 『동아일보』, 1958.1.8.; 「혼혈아 입양요청 『대지』의 저자 펄벅 여사」, 『경향신문』, 1958.1.14.; 「혼혈아 7명 양자로. 미국의 펄벅 여사」, 『경향신문』, 1958.3.25.

한 감동과 감격의 표현이었던 것이다.

펄 벅이 한국 사회의 백인 어머니로 표상되었던 만큼 『대지』의 수용도 이전과는 다른 양상을 보이게 된다. 1930년대에 소설과 영화 『대지』가 소개됐던 양상에 비하면 동일한 텍스트가 1960년대에 소비되는 방식은 상당한 차이가 있었다. 일례로 1961년에 재개봉한 시드니 프랭클린의 영화 『대지』의 광고가 전면에 내세운 메시지는 '오란'과 '왕룽'의 "참사랑"이었다.[22] 즉, 기근·기아·천재·혁명도 이겨 내는 힘은 왕룽의 아내 오란이 보여준 "참사랑"에 있었다는 것이다. 1960년대에 『대지』가 소비되는 방식은 전통적인 가부장제도의 가치를 재발견하는 방식이었다. 1930년대 당시 동양(중국) 사회의 현실을 냉철하게 보여 주었다는 평가와 함께, 근대화라는 세계사적 사건과 관련한 동양 사회의 대응을 반성케 했던 『대지』는 이제 전통 가치를 옹호하는 고전적 텍스트로 선택되고 있었다. 이때 『대지』에서 읽어 낼 수 있는 전통적 가치로 선택된 것이 다름 아닌 '가부장적 가족주의'였다는 사실은 의미심장하다.

1930년대에도 『대지』의 오란은 유교사회의 전형적인 여성상으로 논의된 바 있다. 그러나 이때 오란은 전근대적 삶을 살아가는 구여성으로서

22_"소위 현대파 '태양족'에 고함! 허영-사치-향락에 자신을 못 찾고 허덕이는 하루살이계 「비-트」족이여! **펄벅 여사가 말하는 참사랑의 진수를 알아두시라!** 참사랑은 온갖 처참·기근·기아·천재·혁명도 휘어나간다. **부인, 애인 필견명화(必見名畵)! 문교부장관 추천**"(강조 -인용자) (영화 〈대지〉 광고, 『경향신문』, 1961.4.12.) "화제초점! 성황 상영중! "오란"이 "왕룽"을 위하듯이 부인은 남편을 위해서 남편은 부인을 위해서 자식은 부모를 위해서 서민, 농민, 학생 신사, 숙녀, 연인, 태양족 할 것 없이 그대 가슴속 깊숙이 대지 같은 사랑을 받으리라! 찾으리라! 이 대작의 진경여화 엑스투라 오만 명 메뚜기대군실사대기 4년 주연들의 중국인가 실생활 1년. 안창호선생영식 필립 안 등장하였음"(강조 -인용자) (영화 〈대지〉 광고, 『경향신문』, 1961.4.13.)

일종의 연민과 동정의 대상이자 전근대적 모순의 피해자로 일컬어지는 것이 일반적이었다. 그러나 30여 년의 간극을 두고 '오란'은 숭고하고 거룩한, 참사랑의 가치를 보여 주는 동양 여성의 귀감으로 재해석되고 있는 것이다. 자식과 남편을 위해, 가족을 지켜 내기 위해 그 어떤 수난도 감내하는 가부장 사회의 전형적인 구여성 '오란'은, 1960년대 "비트제너레이션"과 "현대판 태양족"에게 자성과 각성을 촉구하는 거룩한 어머니로 재탄생했다. "문교부 장관의 추천을 받은 영화"라는 영화 〈대지〉의 광고 문구는 이러한 '오란'의 의미가 공적 담론에서 적극적으로 선택·주조된 것임을 암시한다. 동시에, 펄 벅은 방황하는 한국의 젊은이들에게 참사랑의 숭고한 가치를 역설하는 가부장적 백인 어머니로 표상되기에 이른다.

3. '아시아적 가치'의 (재)발견과 가부장적 여성 모델의 (재)구축

펄 벅의 한국 방문, '교양 여성'과 '현모양처'

1960년 11월, 조선일보와 여원사의 초청으로 펄 벅은 처음 한국을 방문하게 된다. 약 열흘간의 펄 벅 방한은 민간단체에서 최초로 해외 유명 인사를 초청한 이벤트이면서 『대지』로 세계적 명성을 얻은 노벨상 수상 작가의 국내 방문이라는 점에서 전국적인 관심을 받았다. 서울·대구·부산 등의 대도시에서 진행된 펄 벅의 강연회에는 수천 명의 청중이 모여들었고, 각종 일간지와 월간지는 한국을 방문한 펄 벅의 일거수일투족을 보도하기에 바빴다. 펄 벅이 한국을 방문한지 한 달 만에 '노오벨수상작가평전 - 펄 벅

의 인간과 예술'이라는 부제를 달고 『대지의 신화』라는 이례적인 단행본이 출간되기도 하였다.[23]

1960년 펄 벅의 한국 방문은 한국의 여성, 그 중에서도 엘리트 여성에게 직접 발화가 이루어졌다는 점에서 의의를 찾을 수 있다. 실제로 펄 벅의 한국 방문 당시 대중강연의 대부분은 여고와 여대, 여성 문인을 대상으로 진행되었다. 펄 벅의 강연과 각종 인터뷰 기사를 통해 그녀가 한국의 엘리트 여성에게 전한 메시지를 종합해 보면, 펄 벅을 계기로 각종 언론은 한국 사회의 현대적 엘리트 여성 모델을 구상하기 위한 작업을 분주히 진행했던 것으로 보인다.

펄 벅은 여고생과 여대생들이 "대개 중류 이상의 가정에서 대우를 받는" "특권계급에 속하는 사람들"로서 이들이 누리는 행복은 엄연히 사회적 책임이 따른다고 말한다. 그러면서 이들 엘리트 여성이 수행하야 할 사회적 책임의 내용은 "어머니로서 아내로서의 생활"과 "인간으로서의 생활"로 나뉜다고 지적한다.[24] 이때 '인간으로서의 생활'이라는 것은 여성이 '교육을 받고, 직업을 가짐으로써 스스로를 사회적 존재로 자각하여, 자신의 성장과 계발에 힘쓰는 것'으로 설명할 수 있다. 펄 벅의 강연은 대체로 이 두 가지 여성의 역할 즉, '주부로서의 여성'과 '시민으로서의 여성'에 대한 내용으

23_장왕록이 서문을 쓴 이 책은 펄 벅과 그녀의 문학을 소개하는 한편, 1960년 11월 열흘간의 방한 당시 강연내용과 이에 대한 각종 언론의 보도기사 등이 망라되어 있다. 사실상 책의 편집과 집필을 주도했던 장왕록은 미국 유학 시절 펄 벅과의 짧은 만남을 계기로 1960년 펄 벅 방한 시 이와 관련하여 가장 많은 글을 쓰기도 하였다. 이후 장왕록은 펄 벅 문학번역에도 적극적으로 관여함으로써 펄 벅과 한국의 중계자로서의 역할을 수행하였다.

24_「펄벅 여사의 대한강연록 - 우리는 세계의 시민이다 - 숙명여자중고등학교에서」, 『여원』, 1960.12.

로 구성되었는데, 이를 종합하면 이 당시 엘리트 여성의 규범이 어떻게 제시되고 있었는가를 확인할 수 있다.

> 그 외에 그것을 넘어서 또 하나의 자격을 가져야 되는데 그것은 가정 밖에 (…) 이 사회 온 세계의 한 시민으로서의 자격입니다. 지금 여러분이 받고 있는 교육은 대단히 귀하고 다른 데서 받을 수 없는 특권인 것을 알고 이것이 학교를 떠나서도 그냥 계속되도록 자기 자신을 교육시켜야지 학교를 떠난 후 이것이 정지되어서는 안 될 것입니다.
>
> 지금 우리의 세계는 가장 우리들의 지성을 요구하고 지배하여 나갈 수 있는 자제력을 요구합니다. 우리는 한 나라의 국민이면서 또 그 나라의 시민일 뿐만 아니라 그것을 넘어서 전 세계의 한 인간인 것을 알고 또한 우리는 전 세계에 책임을 가지는 사람인 것을 알아야 합니다.
>
> 다시 말하면 한 나라의 애국자로서 자기 나라 자기 땅에만 충성을 할 것이 아니라 우리는 전 세계에 관련되어 있다고 하는 것을 잊어서는 안 됩니다. 지금 이 세대에서 우리 세계가 가지고 있는 가장 중요한 문제 중의 하나는 여기에 관련된 문제입니다.[25]

국제적 인사답게 펄 벅은 오늘날 한국 여성이 전 세계의 일원이라는 사실을 자각해야 한다고 말한다. 얼핏 보기에는 코즈모폴리턴 세계의 시민의식을 뜻하는 것 같지만 실제 그 내용은 소박한 것이었다. 즉, 여성이 자신의 맡은 바 역할을 충실히 수행함으로써 사회공동체의 질서와 안녕에 기여할 뿐만 아니라 나아가서 한 국가, 전 세계의 발전에 기여한다는 것이다.

25_위의 글.

이는 국제적인 시대에 새롭게 요청되는 여성의 시대적 역할을 발견하고 제시하는 것이라기보다는, 기존에 여성에게 요구되었던, 가부장적 여성상의 가치를 세계화라는 외피를 씌워 해석한 것이었다. 즉, 펄 벅이 여성 엘리트에게 강조하였던 세계 시민의식은 사실상 가부장적 여성의 가치를 세계적인 의미로 격상시키고 있는 것에 불과한 것이었다.[26]

미국 유학 시절 펄 벅과의 짧은 만남을 인연으로 펄 벅의 방한 당시 실질적인 의장 역할을 했던 장왕록 교수는 "여성이 교양을 소홀히 한다면 좋은 아내도 될 수 없고 훌륭한 세계시민을 기를 수 있는 어진 어머니도 될 수 없다."는 펄 벅의 발언이 "우리나라에서도 새 시대에 알맞은 좋은 충고"라고 말한다. 나아가 그는 "펄 벅은 노벨문학상을 받은 유일한 미국 여성이며 그 사실 하나만으로도 모든 여성의 귀감이요 희망의 상징이 아닐 수 없다. 그런 여사가 한국에 와서 공개강연을 여러 번 하여 한국의 여성을 고무한 사실은 의의가 있다."[27]고 하며 펄 벅의 메시지가 한국의 엘리트 여성들에게 현대적 가치와 모랄(moral)을 제시하고 있다고 총평한다. 그렇다면 펄 벅이 제시한 가부장적 여성상이 어떻게 한국 사회에서 현대적 여성 모델의 의미로 (재)인식될 수 있었던 것일까. 이 점에 대해서는 펄 벅이 늘 강조하던 '동양적(또는 아시아적) 가치'의 의미를 검토함으로써 해명의 실마리를 찾

26_"여자가 어떻게 가정을 잘 지켜나갈 것인가, 자녀들을 어떻게 잘 가르친 것인가, 그 가족들이 다 건강하게 또 안전하게 평화스럽게 살 수 있는가 하는 문제를 우리가 해결하기 전에는 다른 문제를 해결할 수 없습니다. (…) 그래서 우리의 가정이 우리들을 살게 하여주고 안전하게 하여주는 그런 피난처인 거와 같이 아울러 온 세계를 안전하게 살 수 있는 그런 안식처로 만들어야 하겠습니다. 그래서 여러분은 이다음에 자라서 어머니가 되면 어머니는 한 나라의 시민을 기르는 것이 아니라 온 세계의 시민을 기르고 있는 것이라고 하는 것을 기억해야 되겠읍니다."(위의 글)

27_장왕록, 「문학인의 여가선용 - 작가 펄벅이 남기고 간 것」, 『조선일보』, 1960.11.14.

을 수 있을 것이다.

펄 벅은 자신의 문학이 동양적 사상을 바탕으로 하고 있음을 공공연하게 강조하였다.[28] 펄 벅은 오늘날 미국 사회는 이미 물질주의적 한계에 직면해 있으며 이를 극복하기 위해서는 (혁명 이전의) 중국이나 한국에서 전통적 가치를 배워야 한다고 말한다. 특히 유교적 전통의 가족관계와 인간관에는 서구 사회가 경험하지 못한 참된 가치가 있다고 말한다.[29] 어떤 점에서 대동아공영 담론의 근대초극론을 연상케 하는 펄 벅의 이러한 동양론은 정교한 논리를 가진 사상체계라기보다는 중국이라는 동양 사회를 경험한 서구인의 소박한 노스탤지어(nostalgia)에서 비롯된 것으로 보는 것이 타당하다. 따라서 이때 펄 벅이 강조하는 동양적 가치, 동양적 전통이라는 것은 미국식/현대식 외피를 씌운 채 전근대적 동양 사회의 가부장적 질서로 회귀하는 절차를 의미하는 것이었다. 이러한 메시지가 한국의 여성 엘리트들 사이에서 동의를 얻을 수 있었던 것은, 당시의 미디어가 펄 벅을 이상적인 어머니이자 현대적 교양여성의 모델로 표상함으로써 가능했던 것이다.[30]

28_"내(펄 벅 -인용자)가 동양을 소재로 하건 서양을 소재로 하건 그 바탕에 흐르는 사상은 동양적인 것이다. 그러기 때문에 미국서 중국 작가로서 취급당하는 일이 있다."(이규태, 「펄벅 여사 수행기」, 『조선일보』, 1960.11.10.)

29_"미국인은 중국인－전날의 중국말입니다－이나 한국인한테서 배울 점이 많습니다. 특히 가족관계, 대인관계에 있어서 그러합니다. (…) 한국인은 한국인의 전통을 잘 지켜 나가야 할 것입니다. 너무 빨리 변하려고 하지 마시오. 한국인이 우리에게 줄 수 있는 최선의 것은 참다운 한국의 전통을 지키는 한국인 자신입니다."(장왕록, 「내가 만난 펄벅 여사」, 『조선일보』, 1960.10.7.)

30_1950년대는 방종과 방탕을 일삼는 여성(아프레 걸, 자유부인, UN마담 등)을 통제하고 규율화하기 위한 가부장적 담론이 강화되던 시기였다. 미군정 시기와 한국전쟁을 거치면서 미국 문화에 오염된 문제적 여성들이 민족과 국가의 이름으로 가정이라는 울타리 안에 머물도

4. '어머니 펄 벅'이라는 젠더화된 미국 표상

펄 벅의 가족주의와 '아메라시안(Amerasian)'

1960년 한국 방문을 계기로 펄 벅은 한국 사회와 각별한 관계를 형성하게 된다. 그녀의 방한은 민간 차원의 한미 문화교류의 성격을 띠고 있었으나, 펄 벅을 맞는 한국의 입장에서 그녀는 한 사람의 개인이기보다는 미국 사회와 문화를 대표하는 인물로 이해되었다. 펄 벅 역시 이러한 기대를 의식한 듯한 정치적 발언을 하기도 했는데 "한일합방 당시 루즈벨트 대통령이 일본에 동의를 한 것, 윌슨 대통령이 민족자결주의를 부르짖어 일으킨 한국의 독립운동에 구체적 도움을 주지 못했던 것, 2차 세계대전 후 한국을 남북으로 분단시키고 6·25동란을 일어나게 했던" 것을 미국이 한국에 대해 지고 있는 "정치적 부채"로 인정한 것이 그 사례에 해당한다. 펄 벅에 의하면 따라서 "앞으로의 미국의 정치는 이 같은 부채를 갚는 방향으로 나아가야" 할 필요가 있다는 것이다.[31] 방한 이후에도 펄 벅의 정치적 발언은 계속된다. 5·16 이후 1963년 대선을 앞두고 있는 시점에서는 "한국 국민이 올봄에 선거를 하는 데 대해서 많은 미국 사람들이 커다란 관심을 가지고 있다는 사실"을 강조하며, 한국인 모두가 "진정한 민주주의 원칙에 헌신"하여 "압력에 못 이겨 선출한다든가 또는 난관에 못 이겨 부득이 선출을 하는 일을 용납하지" 말아야 한다는 등 한국 정치에 더욱 적극적으로 개입

록 하는 가부장적 이데올로기가 신문미디어를 중심으로 현대적 세련화가 진행되고 있었던 저간의 상황과 관련된다.

31_이규태, 「펄벅 여사 수행기」, 『조선일보』, 1960.11.8.

하고 있는 발언도 눈에 띈다.[32] 이와 같은 일련의 발언을 통해 펄 벅이 미국 사회의 대표로서 한국을 대상으로 발언하고 있으며, 한국 역시 그녀를 멀고도 가까운 우방국인 미국의 표상으로 받아들이고 있었음을 알 수 있다.

그렇다면 한국 사회가 펄 벅을 통해 구체화하고 있던 미국은 어떤 존재였을까. 이를 확인하기 위해서는 펄 벅과 한국 사이 또 다른 채널인 웰컴하우스와 펄벅재단이 한국과 관계 맺고 있었던 방식을 살펴볼 필요가 있다. 주지하다시피 펄 벅은 2차 세계대전 이후 전 세계에 퍼져 있는 아시아계 혼혈아 문제에 관심을 갖고 이들의 해외입양 지원을 위한 노력을 아끼지 않았다. 미국과 아시아인 사이의 혼혈을 뜻하는 '아메라시안(Amerasian)'이라는 용어는 그녀가 만들어 낸 조어다. 그녀는 아시아 각국에 존재하는 미군의 혼혈아들이 그 사회의 동등한 구성원으로 받아들여지지 못하고 있는 현실을 미국 사회에 널리 알리고 이들의 미국 내 입양을 주선하였는데, 그녀 자신도 한국, 일본, 인도계 혼혈아동을 입양하여 다인종의 가족을 이루기도 하였다. 펄 벅은 혼혈의 인종적 우수성을 역설하는 한편,[33] 세계의 모든 인종의 기원을 찾아가다 보면 결국 한 핏줄이자 한 가족이 된다는 이른바 '다인종 가족주의'를 주장하였다.[34]

32_펄벅, 「정부는 자치하는 국민의 도구라야」, 『조선일보』, 1963.2.3.; 펄 벅은 한미외교와 관련하여 미국 정부를 상대로 공식적 발언을 하기도 하였는데, 케네디의 대한(對韓) 외교정책을 비판한 것은 유명하다. 그녀는 케네디가 아시아의 정치와 역사에 무지하여 한국과 일본 간의 뿌리 깊은 반목을 이해하지 못 한다고 비판한 바 있다(피터 콘, 앞의 책).

33_""이 혼혈 아이들은 어느 모로 보나 양쪽 조상보다 더 나은 우월한 아이들이다." 그녀는 자신의 주장을 뒷받침하기 위해 쉬운 예를 들었다. "잡종 장미, 잡종 옥수수, 잡종 과일은 우리가 알기를 꺼리는 교훈을 가르쳐줄 것이다."" 혼혈에 대한 펄 벅의 이러한 발언은 1960년 한국 방문 당시의 강연에서도 자주 언급하였다(P.Buck, "American Children: Alien by Birth", *Ladies' Home Journal*, 1964.11. 『펄벅 평전』에서 재인용).

펄 벅은 1950년대 말부터 한국의 혼혈아를 미국으로 입양하기 위한 공식적 활동을 시작하였고, 미군과 한국 여성 사이의 혼혈아를 주인공으로 한 소설도 여러 차례 발표했는데,[35] 앞서 잠깐 언급했듯 그 과정에서 '한국 혼혈아의 어머니'로 인식되기에 이른다. 그녀의 웰컴하우스에서 다국적 다인종의 혼혈아들이 자애로운 보살핌을 받으며 가족구성원으로 성장하는 것은 펄 벅을 통해 실천된 미국적 휴머니즘의 표상이기도 하였다. 즉 웰컴하우스는 이민자들의 나라이며 다민족·다인종의 국민으로 구성된 미국 그 자체를 상징했다. 제1, 2차 세계대전 이후 냉전으로 인한 정치적 망명자들을 끌어안고 이민자들을 받아들여 가장 강력하고 통합적인 강대국으로 존재하고 있던 미국은 그 자체로 펄 벅의 웰컴하우스로써 유비될 법한 국가 공동체였던 것이다. 이에 따라 펄 벅은 미국의 어머니, 즉 자애롭고 현명하며 합리적이면서도 권위 있는 어머니로서 젠더화된 미국의 표상이 된다. 이것은 맥아더로 표상되고 있던 강력한 후견인, 즉 남성 젠더화된 미국 표상과 다른 축에 위치하면서 그것을 보충하는 여성적 표상이었다. 이로써 한미관계는 식민-피식민의 관계가 아닌, 어머니와 그 입양자라는 휴머니즘을 전제로 형성된 인도주의적 관계로 이해될 수 있었다. 펄 벅은 상징적 가부장인 미국을 '보살핌을 제공하는 자애와 희생의 어머니'로 표상하게 함으

34_"작가란 국적과 언어로써 한계 지어지는 것이 아니고 보장된 자유 아래 넓은 인간의 본성을 소재로 하여야 한다하면서 '세계는 한 가족'이라는 여사의 지론을 다시 한 번 주장하였다."(「어릴 때의 향수는 영원한 것 - 펜클럽 주최 펄벅 여사 초청간담회에서」, 『조선일보』, 1960.11.4.)

35_펄 벅이 한국의 혼혈아를 다룬 소설에는 『매튜, 마크, 루크, 존』(1966), 『새해』(1968) 등이 있다. 이 소설들은 한국전쟁 당시 한국에 파병되었던 미군의 혼혈아들이 한국 사회에서 어렵게 살아가다가 아버지의 나라 미국으로 건너가 입양되어 가족을 이루는 내용으로, 미국에서 발표되는 동시에 곧바로 한국에 번역되었다.

로써 새로운 미국 표상을 형성하는 데에 중요한 참조점으로 기능한다.

펄 벅이 그려낸 한국, 『살아있는 갈대』

펄 벅의 방한 당시 한국인들은 그녀에게 한국을 배경으로 한 소설을 써 달라고 끈질기게 요청한다. 펄 벅은 한국의 소설을 번역하여 외국에 알리는 일을 열심히 하겠다고 펜클럽 초청강연에서 응답했지만, 한국인들이 더 절박하게 요청했던 것은 한국의 소설을 외국에 알리는 것보다 한국을 알리는 소설을 써달라는 것이었다.[36] 펄 벅은 이 요청에 부응하여 『살아있는 갈대』를 집필하는데, 1963년 가을에 출간된 이 소설은 한국이 미국과 최초로 조약을 맺은 1883년부터 1945년 해방까지 60여 년 간 역사적 수난을 겪은 양반가문 4세대의 이야기를 다루고 있다. 펄 벅은 "미국 독자들에게 그들이 모르는 나라와 문화를 알리고자" 이 소설을 집필했노라고 말한다. 인물의 작위적 설정과 한국 풍속에 대한 부정확한 진술들이 치명적인 한계로 지적되었음에도[37] 한국에서의 반응은 가히 폭발적이었다.[38] 소설은 발

36_"여사가 대지에서 그린 남녀 주인공들의 시대적 고뇌는 아직도 한국의 어느 곳에서나 발견될 수 있다고 할 것이다. 동양적인 정체성은 역사의 차륜이 속도를 방해하기 때문이다. "역사가 순환 되는대로 진실하게 살라"고 하는 여사의 말은 동양적인 냄새가 짙은 숙명론 같기도 하지만 동양의 심장부에서 동양을 호흡하면서 길러진 생각일터이므로 수긍할 수도 있는 것이다. 판문점의 일각에 서서 북녘 하늘 속에 대륙의 영상을 찾으려고도 애를 쓸는지 모를 여사의 내한은 역시 하나의 '센티멘털·쟈니'라 하겠거니와, 여사의 가슴 속에 가득 찬 대륙에의 노스탈지아를 풀 길을 가로막는 휴전선에서 여사는 다시 한 번 『대지』의 제4부를 시작해 주기를 바라고 싶다."(「여적」, 『경향신문』, 1960.11.2.)

37_소설 『살아있는 갈대』에 대한 평가는 극명하게 나뉘었는데, 장왕록 교수와 리차드 러트 신부의 논쟁이 대표적이었다. 장왕록은 한국의 역사와 문화를 세계에 알린 소설로 그 가치를 높게 평가한 반면, 리차드 러트 신부는 서구인이 묘사한 소설 속 한국의 풍속이 상당부분 현

표 즉시 번역 출간되는 동시에 신문에 연재되고, 영화로 제작되는 한편 라디오 소설로 방송되는 등 거의 모든 미디어를 통해 화제가 되었다.[39]

『갈대는 바람에 시달려도』 또는 『살아있는 갈대』로 번역된 이 소설에

실과 다르다는 점을 지적하며 대중이 열광할 만큼의 완성도 있는 소설은 아니라고 주장하였다. 즉, 이 논쟁은 소설의 문학적 완성도에 대한 평가보다 한국의 역사를 서술하고 있는 백인 저자의 시선이 얼마나 정확하고 공정한가에 대한 평가에 집중되었다(리챠드 러트, 「알 수 없는 펄벅의 인기」, 『동아일보』, 1963.11.12.; 장왕록, 「하나의 편견 '러트'신부에게 답한다, 『동아일보』, 1963.11.26.; 리챠드 러트, 「다시 펄벅에 대하여 장왕록씨의 글을 읽고」, 『동아일보』, 1963.12.2.; 리차드 러트, 「한국인의 감수성」, 『동아일보』, 1963.11.21.; 「펄벅작 『살아있는 갈대』 서평논쟁」, 『동아일보』, 1964.2.1.).

38_"미국의 여류작가 펄벅 여사는 최근 한국을 소재로 한 소설 살아있는 갈대(The Living Reed)라는 장편을 내놓았다. 한국인, 한국의 풍토, 한국의 역사적 배경을 주제로 삼은 이 장편은 펄벅 여사가 4년이나 걸려 한국의 인정과 풍정을 터득한 끝에 하나의 작품으로 빚어낸 것이다. 펄 여사는 이미 중국에서 오랫동안 생활해 온 경험이 있었고 그곳의 농민생활을 그린 대지라는 작품을 발표해서 1938년엔 노벨상을 받은 세계적인 작가이다. 따라서 우리나라를 테마로 한 장편이 세계적인 작가의 손으로 집필되어 세계문단에 소개되긴 이번이 처음이다. (…) 『살아있는 갈대』의 커버엔 아리랑의 가사를 한글로(김성복 씨가 씀) 줄줄이 엮어 놓았다. 그리고 원명을 가로로 새겨 넣었다. 이 책이 나오자 우리나라의 몇 군데 출판사에선 속달주문을 서둘렀다. 번역판이 우루루 쏟아져 나올 모양이다." - 「세계문단에 소개된 한국 - 펄벅 여사의 최근작 『살아있는 갈대』」, 『경향신문』, 1963.9.9.; "이런 회색의 경기 속에서 그런대로 잘 나가는 책을 찾아보면 원서가 미국 내에서 발간된 지 20일 만에 전격적으로 번역돼 나온 펄벅의 『갈대는 바람에 시달려도』가 가장 경기가 좋다. 펄벅의 문학성보다 한국을 소재로 한 소설이라는 흥미로 찾는 이가 많아 번역판이 나온 지 얼마 안 되는데 톱의 하나로 올라섰다."(「독서주간 서점가 산책」, 『동아일보』, 1963.9.27.; 「한국현실에 소상, 『대지』의 수법과 흡사 - 『갈대는 바람에 시달려도』」, 『동아일보』, 1963.10.8.)

39_"한국을 소재로 한 펄벅 여사의 소설 『갈대는 바람에 시달려도』가 지난 30일부터 기독교 방송국 마이크를 통해 연속 낭독되고 있다. 매일 7시 50분부터 10분간 방송되는 이 소설의 낭독은 신원균. KA성우 1기생으로 경력 10년의 베테랑이다. 번역물은 한국작품에 비해 낭독에 어려움이 있으나 신원균은 이를 극복하여 청취자들에게 감흥을 일으키게 한다."(「주역(主役) 『갈대는 바람에 시달려도』의 신원균」, 『동아일보』, 1963.10.2.; 「『살아있는 갈대』 영화화」, 『경향신문』, 1963.9.19.)

한국을 배경으로 한 『갈대는 바람에 시달려도』가 번역 출판됐을 때 신문광고. 『경향신문』 1963. 10. 11.

대한 한국 사회의 열광과 감격에는 어떤 욕망이 내재되어 있었던 것일까. 주목할 것은 『살아있는 갈대』가 『대지』의 제4부 또는 적어도 유사 『대지』로 명명되어 소비되었다는 사실이다. 이러한 열광은, 『대지』에 대한 임화의 오래된 평을 상기할 때, 한반도 내부에서는 보이지 않던 한국의 실체가 펄 벅이라는 백인 이방인의 시선을 통해 발견될 수 있으리라는 기대가 반영된 것임을 짐작할 수 있다.

실제로 이 소설은 한반도의 휴전선 이남의 공간을 한국 근대사의 중심 공간으로 (재)역사화하고 있다. 구한말의 한양, 식민지 시기의 상해, 북경, 광동 및 만주, 러시아에 이르기까지 광대한 공간을 배경으로 한 이 소설을 통해서는 중국 공산당 혁명이 진행되는 상황에서도 북조선의 존재는 전혀 언급되지 않는다. 주인공 부자가 흑룡강 성에서 육로로 한양(경성)까지 이동하는 중에도 그들이 거쳐 가는 이북지역은 그저 추상적인 '조국의 산하'로 묘사되고 있을 뿐이다. 이들이 걸어 내려가는 한반도 이북지역은 "푸른 하늘과 바다, 잿빛 바위와 초록색 들판, 그리고 큰 키에 잘생기고 기품 있는 동포들의 모습이 어우러져 빚어내는 변함없는 아름다움의 마술"[40] 속에서 통합되고 만다. 즉, 북한지역의 정치적 상황, 토착민의 삶이 만들어 내는 구체적 사건은 완전히 소거된 채, 역사 이전의 공간으로 신화화되어 등장하는 것이다.

이렇게 한반도 역사의 중심 공간으로 (재)맥락화된 남한은 냉전체제의 중심 국가인 미국의 시선과 발화를 통해 국제사회에서 그 정통성과 고유성을 공인받을 수 있었다. 적어도 한국인들은 그럴 수 있다고 기대했다. 펄 벅은 이 소설을 통해서 냉전기 국제사회의 변방에 있던 신생국가 한국을 세계사의 중심으로 옮겨 놓으면서 역사적 정통성까지 부여하려 했다. 이것이야말로 한국 사회가 인도주의적 우방국이라고 믿었던 미국에게 기대하고 있던 역할이었다. 펄 벅은 이로써 미국인들에 대해 아시아와 한국을 중개하는 동시 한국인들에게 미국을 표상하는 이중적 역할을 수행했다. 해방기와 한국전쟁기, 그리고 이후 원조경제 시절을 거쳐 한반도에 군림한 절대적 권력으로서 미국이라는 존재는 이런 경로를 통해 온건화되고 정당화될 수 있었다. '백인 어머니'이자 '인도주의적 우방의 사절'로서 펄 벅은 미국에 대한 거부감을 완화시키고 친화적 감정을 조성하는 역할을 했다. 펄 벅과 소설 『살아 있는 갈대』는 이러한 의미에서 한미관계의 문화적 통로로 기능했던 것이다.

5. 펄 벅과 '모성으로서의 미국'

1950~60년대 한국 사회에서 소설 『대지』는 '오란'이라는 전통적 여성

40_펄벅, 『살아있는 갈대』, 장왕록·장영희 역, 동문사, 1999.

을 통해 아시아적 가족주의를 긍정하며 가부장적 여성상을 정당화하는 방식으로 소비된다. 펄 벅은 "대지의 큰 어머니"이자 모성 그 자체로 호명되기도 하였는데, 이러한 펄 벅 수용 방식은 한국전쟁 이후 빠르게 보수화된 한국 사회의 여성관과 관련돼 있다. 한국전쟁 이후 한국 사회는 박인수 사건과 자유부인 논쟁으로 대표되듯 여성의 성적 방종과 일탈에 대한 사회적 비판이 거세게 일면서 여성에 대한 통제 담론이 강화되고 있었다. 동시에 미국식 자유주의의 홍수 속에서 성적 방종이나 사치와 향락에 빠지지 않는 건전한 엘리트여성 모델의 구상이 본격적으로 이루어진 시기이기도 하였다.

1960년 펄 벅의 방한을 소개하는 매체들은 그녀가 '위대한 어머니'로서 한국의 엘리트 여성들에게 올바른 길을 제시해 주었다고 평가한다. 또한 펄 벅이 서구 자본주의의 한계를 극복할 수 있는 대안으로 아시아의 전통적 가족주의를 제시한 것에 주목하며, 현대적 가정여성의 역할을 강조하기도 하였다. 또한 펄 벅의 입을 통해서, 가정은 모든 여성이 궁극적으로 돌아가야 할 공간이자, 사회와 세계의 축소판으로 모성을 통해 유지될 수 있는 공간으로 재확인되었다. 미국식 자유주의에 빠져 방종과 사치를 일삼는 부정적 여성의 표상인 아프레걸과 UN마담을 소거한 자리에 대지와 모성의 표상이자 교양 있는 미국 여성 펄 벅이 등장한 것이다. 백치인 딸을 키우는 어머니이자, 노벨문학상 수상에 빛나는 세계적인 명사이며, 웰컴하우스 혼혈아들의 어머니인 펄 벅은 '모성'을 통해 국제사회의 영향력 있는 인물이 된 이상적 여성으로 간주되었다. "20세기 가장 위대한 여성"[41] 으로 호명된 펄 벅은, 한국의 엘리트 여성들에게 동양적 가족주의와 휴머니즘의

41_장왕록, 「특집: 20세기 세계의 여인상(펄벅 편) - 대지의 크신 어머니」, 『여원』, 1963.10.

외피를 쓴 가부장적 이데올로기의 전파자로 수용되었다.

한편, 펄 벅의 모성은 한국과 미국을 긴밀하게 매개하는 근거이기도 하였는데, 펄벅재단과 웰컴하우스가 그것이었다. 펄 벅은 전 세계에 퍼져 있는 미군 혼혈아 문제에 미국은 책임을 느껴야 하며, 그들을 가족으로 끌어안는 것이 혼혈아 문제를 해결하는 근본적인 방법이라고 주장하였다. 그녀가 입양한 필리핀계, 일본계, 중국계, 한국계 혼혈아들은 국내 언론에도 종종 소개되었는데, 자상한 백인 어머니의 보살핌을 받는 '아메라시안'이라는 인종적 정체성보다 '여성'이라는 젠더적 정체성을 전면에 내세웠던 것은, 펄 벅이 가부장적 이데올로기를 강화하는 표상으로 선택되었던 저간의 상황을 반영한 것이었다.

해방 후 한국에게 있어서 미국은 자본주의의 풍요로움이라는 달콤함과 시장질서의 냉혹함을 함께 지닌, 매혹과 공포의 대상이자 강력한 군사력을 토대로 냉전체제의 선봉에 있는 상징적 가부장이기도 하였다. 이에 따라 미국은 민족적 굴욕과 인정 욕구를 느끼게 하는 이중적 존재이자, 남성적 권력의 상징으로 여겨졌다. 그러나 펄 벅은 모성과 휴머니즘을 전면에 내세운 상징적 어머니로 젠더화된 미국 표상으로 수용되면서, '강력한 가부장'에 대응되는 '보살피는 모성'이라는 새로운 미국 표상을 구성하는 데에 적극적으로 참조되었다.

3장

명랑소설의 장르 인식, '오락'과 '(미국) 문명'의 접점

1950년대 중·후반 『아리랑』의 명랑소설을 중심으로

이선미

1. 명랑의 계보와 1950년대 명랑소설의 출발점

전성(全盛) 중의 사멸, 명랑소설 미스테리

'명랑소설'이라는 장르 명칭을 생각할 때 떠올릴 수 있는 대표작은 무엇일까? 아마 추억 속의 한 장면처럼 『얄개전』을 떠올리는 경우가 가장 많을 것이다. 얄개는 온갖 개구진 일을 도맡아 벌이면서 사건사고를 연발하는 악동 캐릭터여서 더 강한 인상을 남긴다. 명랑소설이라는 한국적 상상 속에서 가장 먼저 떠올리게 되는 인물이며, 그 전에도 그 후에도 계보를 형성하지 못한 독보적 존재이다. 1954년 『학원』이 인기몰이를 할 때, 재미있고 웃긴 이야기를 써달라는 『학원사』 사장 김익달의 요청으로 연재를 시작하게 된 『얄개전』[1]은 당시의 인기는 물론이고, 이후 한국문학/화사에서 지속적으로 패러디되면서 여러 분야에 걸쳐 아류를 생산한 문화콘텐츠였다. 조흔파는 1954년의 인기를 회복하기 위해 『학원』 1962년 1월호부터 1964년 6월까지 초등학생 버전으로 『고명아들』을 연재한 바 있으며,[2] 1970년대 중반 하이틴 영화의 붐을 맞아 상영된 『고교얄개』 역시 『얄개전』을 고등학생 버전으로 리메이크한 작품이다.[3] 이 작품들을 통해 '명랑소설'의 장르 정체성이 구성된다고 할 정도로 『얄개전』은 명랑소설의 대표 작품이다.

1950년대에는 『학원』의 명랑소설만 있었던 것은 아니다. 이후 문학/화사에서 기억되는 명랑소설은 『얄개전』에 그치고 있지만, 1950년대 명랑소설은 가장 대중적으로 읽혔으며, 일군의 작가군을 형성할 정도로 유행했던 장르이다. 『아리랑』이 가장 대표적인 잡지이다. 『아리랑』에서 1950년대 내내 명랑소설은 소설의 많은 비중을 차지했다. 조흔파를 비롯해서 최요안·박홍민·천세욱·유호 등은 명랑, 혹은 유머와 같은 수사를 동반하면서 웃기고 재미있는 이야기라는 영역을 구축한 작가들이다. '명랑소설'은 1950년대 문학의 새로움, 혹은 이야기의 한 양식으로서 논의될 만큼 1950년대적인 특성을 띤 서사 형식이다. 이 시기 명랑소설만을 놓고 본다면, 명

1_1952년 피난지 대구에서 중학생 교양잡지로 창간된 『학원』은 1954년 5월 조흔파의 『얄개전』이 연재되면서 엄청난 호응을 얻고, 이후 명랑소설은 『학원』지의 대표적인 소설로 분류되어, 최요안·유호 등이 잇달아 악동 캐릭터를 중심으로 한 소설을 연재한다. 『학원』의 성격과 명랑소설의 의미와 관련해서는 정미영, 「『학원』과 명랑소설」, 『창비어린이』, 2004년 가을호, 186~187면 참조.

2_『얄개전』은 중학생 대상 잡지인 『학원』의 성격에 맞추어 중학생을 주인공으로 한 소설이다. 이후 다시 만들어진 『고명아들』과 『고교얄개』는 독자층을 대상으로 주인공의 나이를 변주하면서 리얼리티를 조정한 것이다. 그렇지만 성장기에 들어서 아동의 티를 벗으면서 가장 장난이 심해진 연령인 중학생이 얄개의 캐릭터를 구성하기에 가장 적당한 나이로 보인다. 때문에 캐릭터와 리얼리티의 조응도 『얄개전』에서 가장 자연스럽게, 우습게 구성되는 듯하다.

3_이효인, 『영화로 읽는 한국 사회문화사』, 개마고원, 2003 참조.

랑소설은 한국의 근대적인 희극 서사의 기원이 될 정도로 새로우면서도 전면적인 영향력을 행사한 장르였다.

그러나 명랑소설은 자기 계보를 형성하지 못하고 사멸한 장르이다. 독자들의 기억에도 조흔파의 『얄개전』만 남아 있듯이, 명랑소설은 1950년대적 현상으로 그치고 만 장르이다. 『아리랑』을 비롯하여 『학원』이라는 가장 인기있는 잡지의 오락성을 주도하던 '명랑소설'은 극점에 다다른 듯한 절정기만 지닌 채 없어진 장르인 것이다. 이 글은 명랑소설이 1950년대에 최고 정점의 절정기를 가진 채로 이후에는 한 작품으로만 기억되는 사멸한 장르로 퇴화해 간 이유가 무엇인가를 질문하면서 시작되었다.

사실, 1950년대 명랑소설은 희극 서사의 계보에 자리 잡을 만한 코미디적 면모를 보여 준다. 조흔파를 비롯한 명랑소설의 작가들은 1950년대 만화가들과 더불어 반전을 통해 웃음을 유발하고 현실을 객관화하는 반전의 미학을 실험한 희극 작가로 평가할 수 있다. 이 소설들은 희극 서사의 문학사적 전통이 거의 없는 한국문학사에서 김지하의 『오적』과 같은 장편 서사시에서 뿜어져 나오는 해학과 풍자의 상상력이 판소리 소설의 풍자에서 이어져 1950년대 명랑성을 통과하는 게 아닌가 생각하게도 한다.[4] 즉 희극적 서사의 근대적 계보를 상상하게 하는 단계로서 기능할 수 있었던 것은 아닌가 생각하게도 한다. 1950년대 명랑소설을 희극성의 문학사적 계보화라는 의미에서 접근해 보고자 하는 이유이다.

희극 서사의 근대적 계보와 관련해서 명랑소설을 해명하고자 할 때, 가

4_1970년대 김지하의 「오적」과 최인호의 『바보들의 행진』은 상이한 방식으로 희극적 서사의 계보를 형성한 대표적 작품으로 볼 수 있다. 이런 희극 서사의 전개는 이전 명랑소설의 형성과 여러 가지 면에서 비교 고찰할 필요가 있을 것이다.

장 문제가 되는 것은 '명랑'이라는 말의 사회문화사적 의미이다. 일상적으로 사용하는 '명랑'은 날씨나 성격을 나타내는 경우가 대부분이다. '명랑하고 쾌활한 성격이라든지, 명랑한 아침' 등을 표현할 때 주로 사용한다. 그러나 명랑은 단순히 날씨나 사람의 성품과 관련된 상태를 지칭하는 말이기보다는 정책적인 용어로 만들어지면서 널리 사용되었다. 정책적인 용어나 사회적인 정서, 혹은 집단적 생활방식과 관련된 사회적 용어로 사용된 것은 식민지 시기인 1930년대부터라 할 수 있다.[5]

1930년대 '명랑'은 조선총독부의 정책 용어로 사용되었다. 식민화를 효율적으로 수행하기 위해 근대적 질서를 구축하는 방안으로 채택된 정치적 용어였지만, 근대적인 문명담론의 한 맥락을 형성하고 있었던 까닭에 정책 용어로만 한정되지 않는 복잡한 맥락으로 퍼져 나가는 용어였다. 즉 명랑이라는 말은 1930년대에 정책적으로 사용된 말이지만, 이 시기의 여러 사회적 문맥 속에서 써야 할 의도가 여럿 생겨나 복합적이고 미묘한 의미가 구성되었다. "명랑은 1930년대라는 시대를 지배했던 몇 가지 의도를 관철시키지 위해 '만들어지거나 발견된' 말이었다."[6]고도 할 정도다.

일본의 전시체제가 강화되면서 조선에 대한 통제와 관리 시스템이 전 사회적인 문제로 대두될 때 정책 용어로 제시된 명랑은 분명 규율적인 용어였다. 우울한 사회를 가장하는 가면적 표상으로서 명랑은 하나의 체제 이데올로기였던 것이다.[7] 그러나 명랑은 과학/기술문명과 결합된 사회적

5_소래섭, 『불온한 경성은 명랑하라』, 웅진지식하우스, 2011, 6면.

6_위의 책, 7면. 이 외에도 식민지 시기 사회적 감정으로서 '명랑'에 대한 연구는 대부분 체제 이데올로기로서 명랑을 분석한다. 박진숙, 「박태원 통속소설과 시대의 '명랑성'」, 『한국현대문학연구』 27, 2009.4.; 박숙자, 「'통쾌'에서 '명랑'까지: 식민지 문화와 감성의 정치학」, 『한민족문화연구』 30집, 2009.8. 참조.

맥락도 함축하고 있는 용어이다. "애상, 비탄, 제읍, 절망, 단념" 등의 병적인 감정이 넘쳐나는 1920년대의 시를 "센티멘털 로맨티시즘"으로 부정하는 김기림의 지성적 태도로서의 '명랑'은 근대화된 감정으로서, 감정 과잉을 경계하는 주지주의의 시적 방법론에서 나온 말이다. 슬픔이나 한과 같은 감정 과잉이 아닌, 과학과 문명의 사회변화와 맞물린 지성적 태도로서, 감정적 과잉이 아니라 절제하고 조율하는 근대적 감정으로서 명랑을 인식하기도 한다.[8]

전후의 '명랑'과 유머 소설

이렇듯 명랑의 의미는 처음부터 간단치 않았다. 그리고 절망과 우울의 감상이 넘쳐나는 1950년대 전후 서울의 도시적 감성 역시 이 복합적 의미의 '명랑'과 무관할 수 없었다. 1955년 피난지에서 이주가 거의 마무리되고 재건의 분위기가 팽배해지던 서울에서 '명랑'은 대중매체를 중심으로 자발적으로 담론화되었던 듯하다. 1955년 3월 창간된 『아리랑』은 대중오락지를 주창하며, 명랑소설을 전면에 부각시킨다. 1955년 4월에 창간된 대중지 『명랑』 역시 잡지 제호를 '명랑'으로 채택하면서 도시문화의 중심 정서

7_총독부의 '감정 정치'라고 할 수 있을 텐데, 이 감정 정치는 비단 총독부의 식민화 정책만이라고 할 수 없다. 자본주의 사회구조에서 시장구조에 놓여져 자신의 서비스를 자원화해야 하는 모든 사람들에게 감정 정치는 필수적이다. 결국 자본주의 구조, 근대적인 구조와 연관된 문제이다. 우울하지만 명랑으로 가장하고 자신의 사회적 임무를 수행해야 하는 모든 사람들에게 감정 정치는 사회화의 첫 걸음인 셈이다.

8_김기림의 '명랑'이 1930년대 여러 가지 명랑의 의미와 공존/길항하는 양상은 소래섭, 앞의 책 10장 「명랑을 부정한 명랑주의자」 참조.

를 '명랑'으로 수렴해 내려는 의도를 노골적으로 드러내기도 한다. 도시로의 인구 집중이 과도해지면서 도시 대중문화가 급속히 성장하던 전후 서울에서 대중지는 가장 큰 돈이 집중되는 출판시장에 놓인 소비품이기도 했다. '명랑'을 중심 정서로 명멸하는 대중지는 그야말로 대중의 욕망과 판타지를 재현하고 생성시키는 담론장이며, 문화콘텐츠였다. 이런 대중담론 장의 중심에 명랑소설이 존재했다.

1950년대 중반 새로이 창간된 대중지의 콘텐츠로서 명랑소설은 하나로 정의 내릴 만한 규범을 갖고 있지 않았다. 국책으로서 권장된 '명랑'의 구호도 없이 자발적으로 형성된 명랑의 코드에는 1930년대보다 더 다양한 의미들이 명랑을 중심으로 서사를 구성해 낸다. 1950년대 명랑소설의 정체는 1955년 3월에 창신문화사에서 발행한 『명랑소설 7인집』에서 가장 먼저 제안하는 듯하다.

> 흔히들 우리 민족성을 애수적(哀愁的)이라고 자평(自評)한다. 또 그것이 사실이기도 하다. 허지만 옛날부터 그런 것은 아니었다. / 이조(李朝)에 접어들면서부터 중국놈 억지, 아라사(쏘련)놈 성화, 왜놈 등쌀에 수미(愁眉)를 펼 날이 없었으니 아무리 명랑한 민족이기로서니 어찌 애수적이 되지 않고 배겼겠는가. 하물며 6·25동란을 치러 넘긴 오늘에 있어서랴. / 오늘날 우리 민족에게 절대적으로 필요한 것은 웃음이다. 명랑성이다. 괴로운 살림에서도 웃음을 찾으려는 노력, 내지 수련이 급히 요청된다. / 이 소책자(小冊子)는 웃음을 배우는 좋은 「텍스트 뿍」이 될 것이다. 작고(作故), 납치(拉致), 현역(現役)의 중진 대가의 걸작들을 뽑아 모았기 때문이다. 재독(再讀), 삼독(三讀)있기를 바라마지 않는다.[9]

9_「후기」, 『명랑소설 7인집』, 창신문화사, 241면.

책을 엮은 출판사 편집부에서 붙인 후기의 전문을 인용하였다. 『아리랑』이나 『명랑』이 창간되고, 피난지에서 발간하던 잡지들도 대부분 새롭게 체제를 정비하던 1955년의 명랑소설에 대한 출판계의 인식이 잘 드러나 있다. 이 출판사의 후기만으로 볼 때, 명랑이 국책 용어이거나 지배체제의 이데올로기로 역할한다고 볼 여지는 별로 없다. 오히려 '명랑성'을 통해 잃어버린 민족성을 복원하고자 하는 의지를 읽어 낼 수 있으며, 명랑을 전후 한국 사회에서 되살려 낼 전통으로 인식한다고 할 것이다. 복원해 낸 명랑의 전통으로 전후의 상처와 절망을 수습하려는 의지 또한 파악할 수 있다. 1955년 대중문화를 구성하는 명랑소설은 괴로움을 털어 내고 활력을 찾을 수 있는 웃음으로 이해되고 있었던 것이다. 작가들 역시 출판사와 마찬가지로 명랑소설의 핵심을 '애수'의 반대편의 정서인 '웃음'으로 파악한다.

> 그러나 인구는 다시 생각했다. 결국 우스운 것이 「유-모어」가 아니라 우스운 것을 생각하는 것이 「유-모어」라고 생각하였던 것이다.
> 생각할수록 우스운 것—가만히 앉았다가도 생각하면 할수록 우스운 것—그것이 참말로 「유-모어」라고 생각했다. 그러자 인구는 언젠가 책에서 본 얘기가 생각났다.
> 영국사람은 어찌나 점잖은지 남의 앞에서 킥킥거리고 웃는 일이 없다. 그래서 어떤 신사가 극장에 가서 희극을 보고도 그는 조곰도 웃지를 않았다. 그는 그대로 집으로 돌아와서 그대로 잤다. 이튿날 아침, 자리에서 일어나서 세수를 하고 조반을 자시고 그리고 외출을 하려고 와이셔츠를 입고 거울 앞에 가서 넥타이를 맬 때 불현듯 어제 극장에서 본 희극 생각이 나서 그제야 혼자 박장대소를 하며 웃더라는 얘기였다.
> 허기야 이 이야기는 국민성을 말하기 위한 얘기임에 틀림없을 것이다. 그러나 지금 인구에게는 (하하- 그것이 유-모어로구나)-하고 생각할 수밖에는 없었다.[10]

제목에서도 드러나듯이 이 소설은 유모어 소설을 쓰는 소설가가 도대체 유모어 소설이 무엇인가를 놓고 성찰한다. 성찰의 방식은 일반 독자라고 할 수 있는 아내가 유모어 소설을 어떻게 받아들이는가를 놓고 이루어진다. 유모어 소설은 웃기는 게 가장 중요하지만, 우스운 것 그 차제가 유모어가 아니라 우스운 것을 생각하는 것이 유모어라는 식으로 유모어를 객관화시켜 정의하고자 한다. 유모어 소설은 첨단의 기계문명인 라디오를 통해 들을 수 있는 문명적 미디어를 통해 향유하는 이야기이며, 현대인이면 알아야 하는 것으로 정의한다. 즉 이 소설에서 명랑(유모어)은 애수의 정서와 대립하는 의미의 웃음이라는 것에서 한 단계 진전된 방식으로 정의된다.

모든 희극은 인간적인 테두리를 벗어나지 않는다는 점, 희극성은 순수한 지성에 호소해야 한다는 점, 고립되어 있다고 느낄 때 희극적인 것을 향유하지 못하듯이, 웃음은 반향을 필요로 한다는 점 등은 희극성의 가장 기본적인 성격이다.[11] "금방 들어서 우스운 것은 재담이나 만담일 거다. 들을 때보다도 두고두고 생각함으로써 우스운 것… 이것이 유-모어 소설의 본질이 아니면 무어일까! 그것은 사람의 감정이란 현실과 부합되는 데서 가장 신용할 수 있는 웃음을 웃는 것이니까!"라는 소설가의 유모어 소설에 대한 생각은 같은 현실을 상상하고 향유할 수 있는 사람들이 웃도록 반향을 일으키는 것이 희극성이라는 베르그송의 희극론과 다르지 않다. '유모어'를 '有毛魚(유모어)'로 말하는 그 순간, 털 있는 물고기라는 상상이 현실의 상식과 만나서 빚어내는 그 반전이 한결같이 공감되면서 모두 웃게 만들 때, 그것을 희극성으로 정의한다. 이때 유모어는 재담이나 만담, 농담과 다른 의

10_최영수, 「유-모아 코리아」, 『명랑소설 7인집』, 창신문화사, 166~176면.
11_앙리 베르그송, 『웃음』, 세계사, 1992, 14~15면.

미에서 희극성을 실현한다고 말한다.

1955년 김내성·김말봉·유호·조흔파·최영수·최요안·현진건 등 7인의 소설가의 명랑소설 인식은 최영수의 소설에서 드러난 '유모어 소설'로서 정의된다. 그리고 이는 출판사의 명랑소설 인식이기도 하다. 1950년대 중반 전후의 도시에서 애수를 부정하는 활기의 논리인 명랑은 같은 공간에서 살아가는 사람들이 공감하는 현실의 맥락을 배경으로 웃기는 상상을 이끌어내고 현실을 성찰하게 하는 근대적 감정으로 인식되었다. 이 근대적인 감정으로서 웃음의 맥락에서 근대적 희극 서사를 구성할 수 있을지도 모르겠다. 『아리랑』의 1950년대 중반 명랑소설은 이 희극적 서사의 성격과 어떤 식으로든 만나고 헤어진다는 점에서 근대적인 희극 서사의 계보를 생각하게 한다.[12]

그러나 '명랑'은 유모어 소설의 희극성을 논의하기에는 매우 불안정한 용어이다. 명랑은 건전한 사회를 상상하는 보수적 담론에서부터 발랄하고 쿨한 자유주의자의 이미지까지 모두 포괄할 수 있는 수사적 언어이기 때문이다. 조선총독부의 국책 용어처럼 국가적인 지배이데올로기로 활용될 가

12_『아리랑』의 명랑소설을 분석한 최애순은 명랑소설은 "장르로서의 응집력이 없"으며, "어떤 특정 장르를 지칭하는 것이 아니라" "독자가 읽고 나서 칙칙하고 어두운 감정에 지나치게 휘말리지 않고 가볍게 털고 덮을 수 있거나, 캐릭터가 자신의 상황에 별다른 거부감 없이 받아들이거나 인정하는 태도에서 기인하는 것이라"고 정의한 바 있다. 이런 명랑한 태도는 명랑소설의 일반적인 특징이지만, 『아리랑』의 핵심 장르인 명랑소설의 의미를 설명할 수 있는 말은 아니라고 본다. 『아리랑』의 오락성은 명랑소설이 담당하고 있었고, 오락성을 담보하기 위해 웃음을 유발하는 장치는 도시/문명적 생활문화와 남녀의 역할이 전도된 상황에서 나오는 반전이라고 할 수 있다. 명랑소설을 장르 인식으로 해명하는 것은 위 논문의 관점과는 상반된다 할 것이다. 최애순, 「50년대 『아리랑』 잡지의 '명랑'과 '탐정' 코드」, 『현대소설연구』 47집, 2011.7., 374면 참조.

능성도 큰 용어이다. 1950년대에도 명랑은 여러 가지 사회적 변화 속에서 부침을 거듭하고, 그에 따라 명랑소설의 의미와 내용도 변한다. 1955년의 명랑소설의 장르 인식은 그다지 오래 가지 못한다. 1955년에 창간되어 1960년대까지 장수한 잡지인 『아리랑』 내에서만도 이런 변화는 확연하다. 이 과정은 사회적 상상의 구조가 변하는 과정이기도 하다는 점에서 이 시기 대중문화의 변화를 가늠할 수 있는 매개체이다.

2. 『아리랑』과 명랑소설의 오락성 – (미국) 문명적 생활문화와 웃음

『아리랑』의 이야기 전략과 명랑소설의 배치

1955년 3월 창간된 잡지 『아리랑』은 만화와 짧은 소설류의 이야기로만 구성된, 이야기 잡지이다. 잡지의 서두에 실린 당시 대중가요의 악보나 화보 몇 페이지를 제외하고는 온통 이야기로 채워져 있다. 이야기들은 실화스토리, 탐정소설, 야담, 역사소설, 농촌소설 등의 장르 명칭을 달고 있으며, 이와 함께 명랑(유모어)소설이 장르적으로 구분되어 있다. 여기에 만화가 한 부분을 차지하면서 전체 지면을 구성한다. 대중가요 악보와 화보, 만화, 그리고 각종 장르를 망라한 짧은 이야기들로 구성된 잡지이다.

탐정이나 실화로 분류된 이야기들은 '사실성'을 바탕으로 한다. 새롭게 조성되기 시작한 도시의 환경과 생활문화에서 마주하게 되는 위협적인 삶의 양상을 경계하고 공포심을 갖게 함으로써, 도시적 삶의 이질성을 부각시킨다. 반면, 야담이나 역사라는 명칭이 붙은 이야기들은 전래되는 익숙한 이야기 구조를 통해 도시생활의 외로움과 향수를 위무하는 역할을 한다. 동네 사랑방에서 낭독으로 즐기던 옛날이야기식의 이야기들로, 익숙한 정서를 확인하고 정서적 안정감을 주는 구실을 한다. 탐정, 실화의 이야기와 역사이야기는 서로 대쌍의 관계를 이루면서, 도시생활에서 필요한 요소를 보완하고 채워 준 이야기들이다.[13]

이에 비해 만화와 명랑(유모어)소설은[14] 재미있는 이야기로 인식되면서, 대중적 오락지를 지향하는 『아리랑』 잡지의 핵심 서사로 역할한다.[15] "3천만의 희노애락을 같이하려"고 창간된 잡지라고 하면서, 특히 "『아리랑』을 펴들고 마음껏 웃어 주시면 우리 동인들은 무한한 영광"[16]이라고 말할 정도로 『아리랑』은 팍팍한 도시생활 속에서 웃고 즐길 수 있는 잡지를 지향하기 때문이다. 웃음이 가장 중요한 코드인 만화와 명랑소설은 『아리랑』의 목적을 가장 충실히 수행한 장르로 인식된다. 그 중에서도 성인물에 해당

13_최애순은 『아리랑』의 짧은 이야기들을 관통하는 두 개의 코드로 '탐정'과 '명랑'을 설정하고, 전후의 도시문화 형성과 일상성의 회복이라는 『아리랑』의 대중지적 성격을 이 두 개의 코드로서 분석한 바 있다. 최애순 위의 글 참조.

14_명랑소설은 『아리랑』 창간 시 거의 대부분 명랑유모어소설로 명명된다. 그러나 명랑하고 건전한 사회를 향한 미담으로 내용이 채워지면서 명랑소설로 명칭이 한정된다.

15_『아리랑』 명랑소설의 명랑성을 가족 로망스를 향한 판타지를 자극하여 전후 사회의 가부장제 이데올로기를 재구축하는 기획으로 해명한 김현주는 『아리랑』에서 명랑소설이 중심적인 역할을 했다는 점을 통계표를 이용하여 논증한 바 있다. 그러나 명랑소설의 명랑성을 희극성과 국가 재건의 슬로건을 계몽하는 수사라는 양면으로 설명함으로써, 서로 배리되는 특성을 하나의 틀로 해명하는 논리적 비약을 보여 준다. 이로 인해 논문의 앞부분과 뒷부분의 명랑성이 서로 이율배반적으로 읽힌다(김현주, 「1950년대 잡지 『아리랑』과 명랑소설의 '명랑성'」, 『인문학연구』 43집, 2012. 참조). 사실, 명랑소설은 여러 가지를 포괄하는 희극적 개념이기 어려운 용어이다. '명랑'은 명랑이라는 말 자체의 한계로 인해 명랑소설을 경계적인 장르로 만들 수밖에 없다. 필자는 바로 이 경계성에 주목하고자 한다.

16_「편집을 끝내고」, 『아리랑』, 1955.4. 참조.

하는 명랑소설은 『아리랑』의 창간 의도와 잡지의 성격과 관련하여 가장 중심적인 장르라 할 수 있다. 만우절이 있는 1955년 4월호를 비롯하여 여름특대호 8월호에 이르기까지 명랑소설은 가장 비중있게 『아리랑』의 지면을 채우면서, 즐겁고 재미나게 읽는 잡지라는 『아리랑』의 성격을 만드는 일등공신이 된다.

'명랑'은 1950년대 흔하게 사용하는 용어였지만, 다양한 맥락으로 의미를 구성하는 용어였다.[17] 명랑한 사회를 이룩하자는 슬로건을 중심으로 라디오방송이 개국하여 미디어 지형을 변화시킨 '명랑성'이 『아리랑』의 명랑소설과 공존했다. 공영방송에 해당하는 라디오방송에서 명랑은 가장 중요하면서도 자주 사용하는 용어였는데, 1955년 『아리랑』의 오락성을 채우는 명랑소설과는 다른 의미이다.[18] 재미있고 웃겨야 하는 명랑소설은 웃기는 상황이 필요하지만, 공영방송의 목표로서 명랑한 사회를 지향하는 의미의 명랑은 아름답고 건전한 풍속과 관련된다. 『아리랑』 창간 초기의 명랑소설은 공익성을 주장하는 사회담론의 명랑과 별 상관없이 오락성을 추구하는 이야기 형식으로서 존재했다. 순수한 '재미'를 목표로 했던 것이다.

> 사월이라 양춘가절 오는 봄과 함께 희 노 애 락이 제각기 착잡하실 것이지요. 그러나 우리는 이왕이면 웃고 지내고자 폭소특집을 하였습니다. 「아리랑」을 펴들고 마음껏 웃어주시면 우리 동인들은 무한한 영광으로 알겠습니다.[19]

17_1950년대 명랑이 다양한 문맥 속에서 서로 다른 의미로 사용된 사례는 권두현의 「전후 희곡의 명랑과 우울」, 동국대학교 석사논문, 2007에 상세히 설명되어 있다.

18_고선희, 「전후 방송의 명랑성에 대하여」, 대중예술세미나 발표문, 2010.1. 참조.

19_「편집을 끝내고」, 『아리랑』, 55.4. 참조.

쌀값은 오르고 너무나도 고달프고 우울한 소식만이 가득차있는 우리 환경 속에서 『아리랑』 한 권을 읽는 동안이나마 모든 것을 잊고 즐거워 하실 줄 믿습니다.[20]

편집후기에 실린 두 개의 글이다. 일 년 반 정도의 차이를 두고 쓰여진 후기지만, 잡지를 만드는 사람들이 『아리랑』 잡지에서 가장 중요한 내용을 무엇으로 생각하는가는 별반 다를 바 없다. 우울한 현실 속에서 잡지를 읽는 동안이라도 즐겁고 유쾌할 수 있게 잡지를 구성하는 게 편집자들의 목적이다.[21] 『아리랑』 잡지의 가장 중요한 내용은 '재미'있는 것이며, 재미를 통해 우울한 현실을 잊고 명랑한 태도를 갖기를 기대한다.

현실과의 낙차, 젠더 질서의 전복 – '웃음'의 원천으로서의 미국

1955년 7월호에는 "記者奇笑譚手帖"이라는 제목 하에 몇 개의 에피소드가 이어져 소개된다. 전체 제목은 "데파-트 異聞"이다. 백화점에서 일어나는 일을 기이하고 재미있는 이야기라고 생각하면서 기자수첩의 형식, 즉 메모의 형식으로 소개한다. 기자들이 재미있다고 자기 수첩에 기록하는 이야기인 셈이다. 백화점은 이 시기에 가장 현대적인 상점이다. 그리고 소비를 담당하는 여자들이 드나드는 소비의 공간이면서, 점원들 역시 여성들이라는 점에서 주로 여성문화, 소비문화와 관련된 공간이다. 그 공간에서 벌

20_「편집후기」, 1956.9., 258면.

21_대중오락지라고 하는 잡지의 성격은 『아리랑』 스스로 자기를 호명하는 지속적인 정체성이다. 가치있고 교훈적인 이야기를 가미한다든가, 건전오락을 강화하는 방식으로 보완되기도 하지만, '대중오락'이라는 성격은 지속적으로 고수한다. 필자는 『아리랑』이 고집하는 '오락'이 『아리랑』의 핵심 코드라고 생각하여, 이를 중심으로 명랑소설의 성격을 논의하고자 한다.

어지는 기이하고 재미있는 일은 주로 기존의 관념과 새로이 형성되는 신풍속, 문화가 서로 마찰을 일으키고 충돌하여 기이하게 보이다보니, 웃기는 상황이다. 백화점에 입점한 상점의 주인이 자기 남편이 발행한 수표를 들고 온 기생에게 정중히 물건을 팔고나서, 화가 치밀어 오른다는 이야기. 시골에서 상경한 협수룩한 할아버지가 엘리베이터를 타고 내릴 때, 엘리베이터 걸에게 요금이 얼마냐고 물어보는 이야기. 이런 이야기들은 짤막한 한 장면으로 제시되고 있지만, 여성이 사회활동을 하게 되어 물건을 팔고 고객을 상대하게 되는 새로운 상황, 또 엘리베이터라는 새로운 문명기구를 모두 다 이용할 수 있다는 생활의 변화를 따라잡지 못하는 기존 관념의 한계를 웃음으로써 해소한다. 변화는 너무 크고 새로운 것이어서, 기존의 관념을 갖고 경험할 때, 전혀 이해할 수 없는 기이한 광경이 된다. 『아리랑』은 이런 방식으로 너무 이질적이고 낯설어서 기존의 관념체계에 맞추어 이해하다가 벌어지는 오해와 어긋남을 웃기는 이야기로 인식한다. 미국 문명은 그 자체로 볼거리이기도 하지만 현실과의 낙차 때문에 '반전'의 미적 효과를 만드는 소재를 제공한다. 1950년대 명랑소설에서 (미국) 문명은 가장 기본적인 오락적 요소였다.

웃기는 것은 즐거움을 주는 동시에 감각적 만족을 주어야 '오락'의 기능을 할 수 있다.[22] 이 감각의 문제 때문에 이야기가 오락물이 되기 위해서는

22_오락은 여러 관점에서 정의될 수 있다. 오락은 스펙터클, 즉 볼거리에 해당되는 즐거움을 토대로 한다. 따라서 방송, 영화와 같은 문명적 미디어가 주로 '오락'으로 논의된다. 성과 관련된 이야기는 서사, 그 자체로 볼거리에 해당된다. 성적 자극, 성적 유희가 오락의 기본 요소로 자리 잡는다는 의미가 될 것이다. 시각, 청각, 촉각 등의 감각적 자극을 동반하는 재미, 구경거리가 오락으로 정의될 수 있다는 말이다. 그런 점에서 1950년대 성과 관련된 이야기는 성담론이 사회와 맺는 관계 때문에 구경거리, 오락물로서 기능한다고 할 수 있다. 이는

'성적인 농담'식의 뒷담화가 필요하다. 재미있는 많은 이야기에 성이 소재로 활용되는 이유이다. 그런데 마침, 1950년대에는 미군부대를 중심으로 한 미국 문화의 유입으로 성문화가 기형적으로 발달되고 있었다. 갑작스럽게 이질적이고 문명적인 문화로서 성이 폭발적으로 밀려들어오는 상황이었으며, 전쟁으로 인한 노동력 부족과 남녀평등의 민주주의적 사회제도로 인해 사회활동을 시작한 여성들의 성문화가 변하기 시작한다. 성의 주체는 여성과 남성이지만, 성담론의 주체는 남성이었던 불균형적 사회에서 과도하게 발달하기 시작한 여성의 성은 남성을 웃길 수 있으며 감각적으로도 자극을 줄 수 있는 '재미있는' 이야기의 단골 소재였다.

이 오락적 이야기에서 여성의 성은 그 자체로 다루어진다. 이전까지 여성이 성의 주체로 등장한 적은 거의 없다.[23] 이야기의 작자나 독자가 여성

어느 시대에나 유효한 것이지만, 미디어가 발달할수록 성적인 것이 오락이 되는 것은 주로 시각적 감각을 통해서 이루어진다. 비쥬얼 이미지가 주로 오락적 기능을 한다. 포르노비디오를 예로 들 수 있을 것이다. 1950년대는 성과 관련된 이야기, 성적 관념을 전도시키는 이야기는 모두 스펙터클로서 소통되는 문화적 배경을 지닌다. 담론이나 서사 자체가 중요한 것이 아니라, 그것이 소통되는 소통의 맥락이 담론의 사회적 의미를 규정한다. 1950년대 명랑소설은 대표적 사례이다. 1930년대 신여성의 존재가 그 자체로 스펙터클로 받아들여진 사례도 이와 같은 소통의 맥락에서 표상의 사회적 의미를 구성한 것이다. 켈리 정, 「신여성, 구경거리(a spectacles)로서의 여성성: 가시성과 접근성」, 『한국문학연구』 29, 2005.12.

23_이 점에서 1950년대 성담론이 중요하다. 특히 여성을 성의 주체로 자각하는 서사는 공적 담론 상에서 유일한 것이었다. 신문이나 잡지의 성담론의 경우도 여성을 주체로서 성을 다루지는 않았기 때문이다. 여성지도 마찬가지였다. 단지 정비석 소설을 비롯한 몇몇 신문소설에서 성을 다루다보니, 여성의 주체적인 면모도 다루게 되어, 의도와 상관없이 다뤄진 경우가 있다. 정비석은 대표적인 작가이다. 그런데 명랑소설은 웃기려면 웃음의 배경이 되는 사회적 공감의 영역을 다루어야 하기에 여성을 성적 주체로서 세밀하게 묘사한다. 이런 부분들이 남성들에게 웃기고 재미있는 상황으로 받아들여질 가능성이 있었으며, 여성들은 공감했을 가능성이 크다.

인 경우가 많지 않기 때문이다. 성의 주체로서의 여성, 혹은 그 전 단계에 해당하는 연애의 주체로서 여성은 기존의 관념으로는 이해할 수 없을 정도로 새롭고 '미국적인' 것이기에 스펙터클(spectacle)로 받아들여졌다.[24] 그리고 기이해서 이성적 판단을 넘어서는 것이기에 웃기고 자극적인 것으로 받아들여졌다. 또한 남성들이 여성과 연애하고 결혼하고, 혹은 성적인 관계에 이르기 위해서는 이해하고 포용해야 하는 세계였기에 감각적으로 호기심을 가지며 웃고 재미있어 할 대상이었다.[25] 성담론의 주체로 부상하는 도시의 여성들은 그 자체로 스펙터클이 되며, 자극적이고 재미있는 이야기가 되었던 것이다.

여성이 연애와 결혼과 성생활에서 남성과 똑같이 관계의 주체로서 역할한다면, 남녀가 꾸리는 관계는 어떻게 될까? 『아리랑』의 명랑소설은 주로 남성과 똑같이 이 관계의 주체성을 자각하고 행동하는 여성들을 등장시켜 구성되는 새로운 남녀관계를 신풍속도이며, 웃기고 재미있는 이야기로 재현한다. 결혼을 하지 않은 여성인 경우에는 주로 남성과 같이 사무실에서 근무하며 일상생활을 공유하는 여성들이다. 여성이 사회에 진출해서 직장생활을 하는 경우가 거의 없었기에, 여성이 남성과 공적 공간에서 활동하는 것, 그 자체로 신기한 이야깃거리가 된다. 당연히 남성과 직장동료로서 생활

24_미국 영화적 이미지의 영향을 말한다. 미국 영화적 이미지가 스펙터클로서 1950년대 도시문화를 매개하는 역할에 대한 연구는 이선미, 「'미국'을 소비하는 대도시와 미국 영화」, 『상허학보』 18, 2005.10. 참조.

25_1950년대 만화는 연애와 연애결혼으로 이루는 부부의 일상을 남녀평등적 생활문화와 에피소드로서 웃음의 소재로 활용한다. 이때, 웃음의 소재로 활용하는 시각 자체는 남성의 것이지만, 이 여성을 파트너로 인식하는 따뜻한 시선이 작용한다. 1950년대 중반 『여원』의 만화가 대표적이다.

하는 여성들은 명랑소설의 웃기는 이야기의 주인공일 수밖에 없는 것이다.

결혼한 여성인 경우도 남성과의 관계가 그다지 다르지 않다. 남편인 남성과 똑같은 주체로서 결혼생활을 꾸려간다. 가정생활의 모든 면을 아내가 관리하고 살림을 꾸려 나간다는 점에서 남편이 공적인 영역의 주인이듯이 아내는 가정의 주인이다. 오히려 아내는 가정 내에서 남편 위에 군림하는 지배자로까지 역할한다. 아내는 집안의 살림을 전담하면서 경제권을 갖고 있기에 남편을 지배하는 듯이 보이기 때문이다. 남편은 귀가시간 때문에 전전긍긍하고, 용돈을 타 쓰기 위해 아부하는 등, 위계관계로 지배당하는 듯이 재현된다. 즉 가정 내에서 여성들은 강하고 카리스마 넘치는 모습으로 가정의 주인으로 형상화되지만, 남성들은 여성의 사랑을 얻기 위해 갖은 고생을 마다하지 않고 봉변을 당하거나, 결혼해서 부부만의 결혼생활을 꾸리기 위해 애를 쓰는 중년의 왜소한 형상으로 등장한다. '공처가' '엄처시하' 등, 남성과 여성의 가정 내 서열이 전도된 상황으로 그려지는데, 이런 전도성이 바로 웃기고 재미있는 이야기로 소통된다.[26]

웃음을 통한 석응 효과, 여성의 주체성과 그 한계

남녀의 역할이 전도된 이 젠더 관계는 일반적인 현상이라고 할 수는 없지만, 여성이 남성과 똑같이 가정의 주체로 등장하기 때문에 생겨난 것이다. 그리고 여성이 가정의 주체가 되도록 남성이 인정하고 그 관계의 질서를 받아들이고자 하는 사회의 변화와 욕망을 반영한다. 나아가 남녀가 가

26_명랑소설과 만화가 이런 소재를 가장 많이 활용한다. 1950년대 중반 명랑소설과 만화는 '명랑'이라는 코드를 공유하면서 희극 서사의 영역을 구축하는 듯하다.

장 이상적으로 행복하게 살아가는 일상으로 이상화된 '판타지'이기도 하다. 주로 박봉의 샐러리맨과 살림하는 아내의 일상으로 재현되는 서사는 1950년대 중/후반 도시민들이 꿈꾸는 도시생활의 판타지였던 것이다. 1950년대 전후의 가난과 좌절의 분위기 속에서 '도시'의 판타지는 일상의 회복과 안정적인 가정생활로 상상되는데, 그 모델은 미국 문명적 생활세계를 구현하는 부부/연인의 일상적 문화, 민주주의적 생활방식이다. 그렇지만 이 생활은 전혀 현실적이지도 않고 익숙하지도 않은 것이기에 전도된 관계로 받아들여지면서 웃음과 볼거리를 제공하는 '오락'으로 소통된다.[27]

아내가 경제적인 권력을 독점하고 있기에 아내를 속이면서 동생을 돌봐 주는 이야기(최요안, 「삼만원짜리 콩나물국」), 만우절에 직장동료 남녀끼리 각자 애인과 아내를 이용하면서까지 속이는 이야기(박홍민, 「승패없는 공방전」), 가난한 소설가가 피임을 하기 위해 일 년 간 방을 얻어 아내를 만나지 않고 혼자 살며 금욕하는 이야기(최인욱, 「명구부처」) 등이 1955년 4월 초기 『아리랑』의 명랑소설을 채운 웃긴 이야기들이다. 이 소설들은 남녀의 역할이 전도된 도시의 생활문화와 가족관계 등을 파격적이며 전복적인 상상력으로 전환시켜 반전의 효과를 만들어 낸다. 소설 속 생활의 면면은 기존의 전통적 가치관이나 도덕관을 전복시키는 것임에도, 웃음으로 수용하게 하는 미적 형식이 작용하기 때문에, 기이하지만 새로운 삶의 형식으로 자리 잡게 된다. 즉 웃음이라는 화해적 서사는 이 새로운 삶이 가족윤리를

27_현실적이지 않지만 웃게 만드는 것은 현실을 상상하는 인식적 공감대가 작용하기 때문이다. 코미디의 유머와 페이소스는 "재현의 차원을 넘어 시대가 낳은 정신적 속성의 문제"라는 점에서 이 공감대는 웃음의 가장 중요한 인식적 배경인 셈이다. 재현보다는 시대가 낳은 정신적 속성이 더 중요하다는 희극론의 관점은 70년대 꽁트의 사회적 의미를 해명한 이정숙, 「1970년대 꽁트붐의 문화적 지형도」, 『상허학보』 32, 2011.6., 66면 참조.

재편하는 것임에도 점차 현실적인 것으로 수용되게 하는 미적 효과를 자아낸다. 비웃는 대상이면서도 거역할 수 없는 현실의 변화로 받아들임으로써, 사랑하는 남녀들이 만드는 부부의 관계도 가족윤리도 점차 변할 수 있는 현실의 여지를 만들어 내는 셈이다. 1955년 3월 창간 시기부터 1955년에 걸쳐 『아리랑』의 명랑소설은 남녀가 모두 주체가 되는 도시적인 생활문화의 변화를 발랄하고 유쾌하게 그려 보여 준다.

그러나 재미가 자극을 추구하듯이, 『아리랑』이 호수를 더해 갈수록 젠더 규범이 전도된 상황에서 남성들이 느끼는 양가적인 감정과 여성을 비하하는 풍자의 양상은 점차로 고조된다. 그리고 풍자성이 강해질수록 웃고 넘어가는 양상보다는 경계와 비난의 독서효과가 더 기대되는 서사로 변한다. 초기 명랑소설에서 여성은 지배자인 듯 보이지만, 가정살림을 도맡아 하는 알뜰하고 사랑스러운 아내여서 모든 오해와 반전은 재미있고 유쾌하게 끝난다. 그렇지만 횟수를 더해가면서 명랑소설의 여성 인물들은 점차 '팜므 파탈'의 모습으로 진화해 간다.

1955년 4월호의 「삼만원짜리 콩나물국」에서 가정의 경제권을 행사하는 엄처는 가정살림을 알뜰히 하기 위해서 남편을 통제하고 제압한다. 그러나 1955년 8월호의 『공사장』(박홍민)은 부잣집 딸이라는 배경을 믿고 남편을 제압하는 아내를 악녀, 혹은 속물의 이미지로 그려 냄으로써 새로운 도시문화의 주인공으로 등장한 여성들을 거세고 반사회적인 여성으로 풍자한다. 도시에서 볼 수 있는 맞벌이 신혼부부의 생활에서 지쳐 가는 남성들, 가사과라는 학문을 통해서 서구의 의식주 생활만을 모방하고자 하는 아내를 주인공으로 내세움으로써 남성들에게는 동정을, 여성들에게는 비웃음을 보내게 만든다. 이런 풍자의 성격은 1956년 1월호와 2월호에 연작으로 실린 「노처녀의 변」에서 절정을 이룬다.

“여자로서 최고 학부까지 나온 현대 지식층?인 딸” 난숙이는 도시 상류층 집안의 외동딸인데 서른두 살이 되도록 시집을 못 간 노처녀 신세다. 소설은 어머니가 딸이 왜 시집을 못 갔는지 묻고 딸이 답하는 식의 대화체로 시작된다. 웃기는, 재미있는 상황은 사건으로 제시되기보다는 어머니와 딸의 대화가 서로 같으면서도 다른 의미를 구성하는 말의 효과, 즉 펀(pun)의 효과를 통해 구성된다.

> 「아니 아니 내가 늙었세요? 네? 내가 늙었단 말예요? 하느님 예수님, 부처님, 이를 어째요? 할머니, 아니 할머니의 딸 어머니가 나를 늙었대요. 맙소사 맙소사, 일원 성신이여, 쏘쿠라테쓰여, 쏙빨이여,(쇼빵을 이름이다.) 번나간 쏘 드여(빠나드 쏘웅을 이름) 마리린 몬로여, 쎄바트 텔러여(로버트 테일러를 지정함), 지지루루 보리타작이여(지-나로로부리지이다를 말하는 것) 아 글쎄, 우리 어머니요, 내 아이의 할머니가 될 할망구가 날더러 늙었대요, 내가 글쎄 늙었세요? 정말 늙었느냐 말예요. 말씀 좀 해 보세요. 얼굴은 검어도 속은 희듯한 흑인이란 늙은이, 아니 젊은이, 아니 그 중간치기여… 네네」
>
> 어쩌다 잘못되어 아이들 손에 붙잡힌 참새 마냥, 할닥할닥 숨을 할닥이며 발악인지, 푸닥거린지, 푸념인지, 넋두린지, 도무지 분간 못할 소리를 끊임없이 지껄이는 바람에 난숙의 어머니는 어안이 벙벙, 정신이 얼떨떨, 한동안 눈이 떡국점이 되어 바라보다가, 알아들을 수 없는 포악이 끝나자,
>
> 「애 난숙아!」
>
> 「몰라요, 몰라요, 몰라요.」
>
> 「모르는 건 나다. 네가 학교에 다녀서 미국말인지 양국말인지를 배웠기로, 우리나라 말밖에 모르는 이 늙은 에미게 쑤알라쑤알라 코 큰 말만 하니, 무슨 말인지 어대 알아먹겠니?
>
> (… 중략…)
>
> 「그럼 고담에 뽑아낸 돈 많은 사람은 어째서 싫댔니?」

「건방져서요」

「건방져?

「네」

「어떻게?」

「여자를 귀여운 물건으로만 여겨요.」

「여자란 남자에게 귀염을 받는게 제일인데 그게 싫어?」

「여자도 물건이 아닌 사람이예요.」

「그야 반쪽 사람이지만 사람이지.」

「반쪽이건 온통이건 남자는 여자를 위해서 살아야 되는 건데.」

「뭐? 뭐? 남자가 여자를 위해서?」

「그렇죠. 남자는 여자의 비위를 맞추고 여자의 뜻을 받들어줘야 하는 존재예요.」

「아서라, 아서. 네가 어느 나라 사람인줄 아느냐?」

「대한의 여성예요. 여남 동등권이 실시된, 대한민국의 여성이란 말씀예요. 그것도 모르셨나요?」

「대한 여성은 그런 법이 없느니라.」

「무슨 법예요? 형법, 민법, 상법?」

「동양 예의지국의 도의법이다」

「그런 고리탑탑한 말씀은 십세기 전에나 하세요.」

「집세기에다 하라니 집세기가 귀가 있니? 입이 있니? 영혼이 있니?」

「이구구 답답해. 집세기가 뭐에요? 십세기에요.」[28]

같은 말이지만 전혀 다른 의미로 사용함으로써 의도하지 않은 방향으로 대화가 구성되고, 소통이 불가능하다는 것이 드러나 있다. 이 대화는 각

28_이 소설은 앞부분에 장황하게 어머니와 딸의 대화 장면을 통해 말이 말의 주체에 따라 다르게 사용됨으로써 소통을 방해하기도 한다는 점을 편의 효과로 보여 준다. 박홍민, 「노처녀의 변」, 『아리랑』, 1956.1., 260~263면.

'노처녀의 변의 속편' 「실연의 연속선」 속 삽화. 맞선을 보러 나온 남성에 대해 주인공이 "제가 양복점 직공인가요? 세탁소 직공인가요? 옷을 만들고 다림질을 하게?"라고 말하는 장면이다. 급변하는 사회 속 남녀의 역할 구분을 둘러싼 갈등을 웃음의 소재로 삼고 있다.

자 상상하는 삶이 얼마나 다른 것인가를 드러내고 있으며, 노처녀가 되어버린 여성이 추구하는 삶의 가치가 평범하지만 판타지처럼 전혀 현실적이지 않다는 것을 확인하게 한다. 게다가 1956년 2월에 실린 속편에서는 이 여성이 결코 결혼생활에 적합하지 않으며, 심지어 남성을 파멸에 이르게 할 수도 있는 '팜므 파탈'로 형상화된다.

아직 결혼을 하지 못한 노처녀 경애는 "남자면 다 남편이라고 정할 수는 없다. 위선 남자가 맘에 들어야 한다. 얼굴, 체격, 학벌, 취미, 기호, 재산, 열에 열까지 자기 맘에 들을 남자라야 사랑을 할 수가 있고, 결혼을 할 수가 있는 일인데 그런 남자가 없"기 때문에 결혼을 못했다고 항변한다. 담론적으로는 연애결혼이 세간의 화제가 되었던 1950년대 후반의 도시문화 속에서 있을 수 있는 결혼관이다.[29] 그런데 자기 맘에 든다는 원칙은 당시 상식 수준에 전혀 맞지 않는 것이라는 게 서서히 드러나면서 경애는 이질적이고 위험한 여성으로 그려진다. 그리고 이 과정에서 미묘하게 양비론적

29_1950년대에 연애결혼은 일부분의 젊은 도시 남녀에게만 해당되는 예외적인 현상이다. 그러나 각종 미디어를 통해 대중적으로 가장 널리 퍼진 문화이며, 연애풍속이다. 이 시기 담론을 곧바로 현실로서 인식하는 것은 담론 연구에서 가장 경계해야 할 점이다. 특히 1950년대는 담론과 현실과의 격차가 가장 심한 시기로 평가할 수 있다.

관점이 제시되기도 한다. 경애가 만난 남자들은 경애에게 남편을 위해 옷을 만들고 다림질을 하고 음식을 만들기를 원하면서 남자와 여자의 역할을 아름다운 사랑의 결실로 포장하며 구애한다. 그러나 경애는 이런 남편과 아내의 역할 나누기를 사랑으로 생각하지 않는다.

> "제가 양복점 직공인가요? 세탁소 직공인가요? 옷을 만들고 대림질을 하게요"
> 어머나 저를 식모로 아세요? 아니 식사 하는 건 식모나 하나요? 그렇잖구요. 가정 부인이 누가 밥까지 지어 먹습니까? 그렇다간 책도 못 읽구 영화도 못 보고, 음악도 못 듣고, 소풍도 못하구, 춤은 어느 한가에 추러 다니며 당신과 사랑은 언제 하구요?
> 어머나 사랑하는 부부가 엔조이하는데 쓰는 돈을 다 계산하십니까?[30]

여성이 남편을 위해 의식주를 보살펴 줄 때 사랑하는 것이라고 생각하는 남자들에 대해서 경애는 아내가 식모나 침모가 되는 게 아니라, 사랑하는 여성으로서 살아가는 것이라는 자신의 생각을 말한다. 이렇게 말할 때 그 여성을 사랑할 수 있는 남자는 아무도 없다. 경애가 결혼을 하지 못한 이유이다. 이런 여성과 결혼을 했다가는 아무리 열심히 일을 해도 빈털터리가 될 수밖에 없다는 것이 보는 남성들의 결론이었다. 소설은 이렇게 철없이 소비적이고 향락적인 욕망을 앞세우며 살아가는 경애를 희화화시키고 비판하고 있지만, 동시에 여성을 향한 사랑과 그에 기반한 결혼의 실체가 여성이 남편을 보살피는 식모나 침모가 되는 것과 다를 바 없음을 풍자하는 것이기도 하다. 그러나 이 양비론적 논리는 순간적인 서사적 효과일 뿐이다. 전체 이야기를 통과하는 순간, 이 여성의 억울한 심사는 소비향락

30_박홍민, 「실연의 연속선(속 노처녀의 변)」, 『아리랑』 1956.2., 115면.

적인 아프레걸의 악녀적 이미지로 경계의 대상이 될 뿐이다.

재미있고 웃긴 이야기를 추구하는 『아리랑』의 '오락'은 (미국) 문명적 생활문화를 실현하고자 하는 여성들의 연애와 성 관념을 희화적으로 재현함으로써 새로운 남녀관계를 유쾌하게 보여 주었다. 그리고 이 유쾌하고 발랄한 정서는 전도된 남녀 역할을 현실적 변화로 인정하도록 유도한 측면이 있었다.[31] 명랑소설이 젊은 세대의 새로운 삶의 방식을 현실에 뿌리 내리게 하는 데 기여한 측면이다. 명랑소설이 '오락성'을 중심으로 논의될 때, 명랑소설은 웃음을 중심으로 인식되고, 웃음은 (미국) 문명적 남녀생활에서 벌어지는 사소한 에피소드로 충분히 웃음을 유발하고 볼거리를 제공했던 것이다. 이 유쾌한 정서는 여성들의 그악스러운 간섭과 통제를 예쁘고 사랑스럽게 마무리하며, 가정 내 여성의 주체성을 인정하는 미적 장치로 기

31_희극성이나 농담의 미적 원리로서 정치적 효과는 이런 현실연관성을 말하는 것일 수 있다. 김종엽은 농담이 사회에 관여하는 방식을 금욕의 정치가 아니라 행복의 정치학이라고 하여, 희극성과 농담의 원리를 사회학적으로 해명한 바 있다. "농담이 자신의 자원으로 삼는 것은 욕망과 유토피아를 사회의 평면으로 끌어올리는 현실정치학이며, 바로 사회의 평면으로 끌어올리는 행위 자체인 것이다. 그러나 이러한 농담의 정치학은 통상적인 현실정치학이 그렇듯이 변화된 현실을 지향하기 위해서 우리의 현재를 유보하는 금욕적 실천과 동일시될 수 없다. 왜냐하면 그것은 해방적 실천에 수단적인 것 이상의 역할을 부여하기 때문이다. 농담이 야기하는 웃음의 의미는 이제 분명하다. 그것은 기존의 언어 게임에 대한 성공적 투쟁의 징후이자, 성취된 동맹의 표지이며, 해방적 실천의 계기 자체의 해방성의 증거이다. 그러므로 우리는 이렇게 말할 수 있다. 농담의 정치학은 금욕적 정치학이 아니라 즐거운 정치, 행복의 정치학이라고. 웃음을 주는 행복한 체험이 없다면, 해방적 실천이 그 자체로 해방적이지 않다면 우리는 무엇 때문에 자신을 부정적으로만 현존하는 해방을 향한 실천에 자신을 던지겠는가?" 농담의 경험이 곧 그 자체로 그 행위의 이념적 근거가 될 수 있다는 논지는 1950년대 중반 명랑소설의 희극적 의미를 해명하는 데에도 유효하다고 판단되며, 근대적 희극 서사의 계보화를 논하는 이유이다. 김종엽, 「웃음의 해석학, 화용론적 수사학, 행복의 정치학: 프로이트의 〈농담과 그것의 무의식의 관계〉에 대한 고찰」, 『웃음의 해석학, 행복의 정치학』, 한나래, 1994, 240면.

능한다. 1950년대 여성과 관련된 관념이나 문화가 어떤 식으로든 여성의 주체화를 진작시킨 측면이 있다면, 이런 미적 형상과 어우러진 문화적 변화일 것이다. 명랑이 서사적으로 코드화되어 현실에 개입했다면, 아마도 성적 주체, 가정의 주체로 등장한 여성을 중심으로 새로운 가족문화, 도시적 일상문화를 주조한 것을 꼽을 수 있을 것이다.

그러나 아내의 역할을 근본적으로 질문하자, 명랑소설은 더 이상 유쾌하게 웃고 발랄한 여성을 현실로서 인정하는 미적 형식으로 역할하지 못한다. 아내의 역할이 식모나 침모의 역할일 뿐이라고 근본적으로 질문하는 여성은 발랄한 도시여성이 아니라, 파트너가 되면 치명적인 파멸을 가져다 줄 악녀나 속물일 뿐이다. 웃고 즐기는 유쾌한 정서는 더 이상 가능하지 않다. 불쾌한 혐오와 불인의 정시가 알 수 없는 모호함으로 엄습한다.[32] 이미 명랑과는 전혀 다른 감성적 효과에 이른 것이다.

기존의 성 관념을 뒤집어 새로운 젠더 관계를 만들어내는 여성을 통해 웃게 만드는 오락물로서의 명랑소설은 근본적인 질문은 허락하지 않는다. 근본적인 질문을 던지는 여성은 아프레걸 뿐이나. 우울한 현실을 웃음으로 해소할 오락으로서 명랑소설은 여기서 경계를 짓는다. 결혼을 해야 완전한 사람이 된다는 논리는 여자 혼자 남는 것을 인정하지 않듯이, 결혼의 논리로 수렴되지 않는 여성의 존재론적 질문은 더 이상 '명랑'하지 못한 이야기이기 때문이다. 명랑과 오락이 만나는 지점은 그 자체로 한계를 안고 있었고, 박홍민은 더 이상 이런 방식의 근본적인 질문을 던지지 않는다. 이 질문은 명랑이 아니라 우울로 갈 수밖에 없기 때문이다. 이런 질문이 더 본질

32_이진경, 『불온한 것들의 존재론』, 휴머니스트, 2011 참조.

적으로 제기되고 일반화될 때 명랑소설은 가능하지 않게 된다.

명랑소설은 풍자나 비판을 담아낼 내부적 장치를 갖고 있지 않았던 것이다. 실제로 명랑소설을 웃기는 이야기로 생각하는 한국의 장르 관습은 여기서 더 이상 나아가지 못한다. 예컨대, 명랑소설을 채만식의 「치숙」처럼 근본적인 것을 뒤집어 사유하게 하는 풍자의 문학이라고 보는 사람은 없는 것이다. '명랑' 때문이다. 희극이란 거리화를 통해 웃지만 객관적 세계인식을 도모하는 장르라서, 현실과 화해하기보다는 오히려 교정을 의도한다.[33] 따라서 명랑이 밝고 따뜻한 웃음을 생산하지 않고 웃으면서 사회를 비판하고 교정하고자 할 때, 기이한 볼거리조차 명랑하게 웃으면서 수용하지 못하게 된다. 명랑이 불온한 상상력을 환기할 때, 기이하면서 볼거리를 제공한다 하더라도, 명랑하게 웃을 수는 없는 것이다. 따라서 기이한 볼거리는 없더라도 아름답고 착한 이야기로 웃을 수 있는 소재를 찾기 시작한다. 자극은 없지만 웃을 수 있는 이야기, 즉 미담과 순정이 오락을 대신하면서 '명랑'으로 유입되는 이유이다.

3. 오락성의 구조변화, 순정소설과 에로티시즘

순정소설의 유행, 명랑의 순정화

1956년 2월호 『아리랑』의 면수는 다른 호에 비해 늘어난다. 주로

33_베르그송, 앞의 책, 78면 참조.

230~250면인데, 1956년 1월호에 290면이 되더니, 2월호에는 300면에 이른다. 이야기의 형식도 훨씬 다채로워지고 각 장르의 콘텐츠도 다채롭게 채워진다. 이 시기에 명랑소설도 그 의미의 폭이 확장된다. 「노처녀의 변」에서처럼 여성의 결혼을 근본적으로 질문하다가 노처녀 신세에 이른 여성을 통해 웃기고 재미있는 이야기를 구성하기도 하지만, 따뜻한 덕담과 같은 이야기도 명랑소설을 채운다.

도시 샐러리맨과 가정을 꾸린 아내는 사랑이 없는 결혼은 유지할 수 없다고 날마다 남편에게 잔소리를 한다. 그러나 남편은 일찍 들어온다고 약속만 하고 매일 술을 먹고 늦는다. 전형적인 도시 중류층 신혼부부의 부부 중심 가족생활을 웃음의 소재로 활용한 명랑소설이다. 그런데 이렇게 날마다 갈등을 겪는 부부는 이웃집 과부 아주머니를 통해 서로의 존재를 깨우치며 부덕(婦德)의 논리를 새삼 삶의 지침으로 삼게 되면서 따뜻한 결말을 맞는나. 명랑소설의 구성을 취하는 듯하면서도, 구세대적 인물이 등장하여 구세대의 가치관으로 화목한 가정을 회복한다는 방식으로 '명랑'을 구성한다. 1956년 2월호에 실린 권달순의 「달밤 이야기」이다.

1955년에 길쳐 『아리랑』의 중심 장르였던 명랑소설은 엎치락뒤치락 도시 남녀의 연애/결혼 풍속을 재미있게 에피소드 식으로 재현함으로써 웃음을 만들었다. 감동이나 교훈보다는 상황적 웃음으로 주제를 구성한다. 한순간의 유쾌한 웃음을 추구할 뿐이지, 지속적인 감응과는 거리가 멀다. 그래서 슬랩스틱과 같은 희극적 상황이나 말장난(pun)이 주된 기법이기도 했다. 그러나 권달순의 「달밤 이야기」는 오해와 반전을 통해 상황 속에서 유쾌한 웃음을 만들어 내기보다는 매개적 인물을 활용하여 '교훈'적 의미구조를 만들어 낸다. 명랑소설에서 웃음을 매개하는 오해와 갈등을 이런 방식의 매개적 인물이 나서서 개입한 적이 없기 때문에 새로운 변화이다. 남녀 중심의 연애와 도시문화를 희화화하는 것만이 아니라, 미담 식으로 도덕적인 가치를 제시하는 점은 명랑소설의 성격이 변해 가는 징후로 볼 수 있다. 명랑소설은 미담 식 이야기 구성을 취하면서 희화화나 풍자를 통한 조롱이나 비판적 웃음의 성격을 벗어나, 흐뭇하고 감동적인 웃음의 성격으로 순화된다.

그런데 명랑소설의 성격이 변했음에도 불구하고, 이후 『아리랑』에는 대대적인 장르 변동이 생겨나는데, 순정소설이 명랑소설만큼 비중 있는 장르로 부상한 것이다. 그런 변화 가운데서도 명랑소설은 여전히 자기 자리를 고수하며, 심지어는 순정소설과 경합하는 관계를 형성하기도 한다. 그렇다고 명랑소설이 순정소설과 구별되도록 장르 규범을 강화시켜 가는 것은 아니다. 순정소설의 부상은 명칭 면에서 명랑소설과 경쟁관계를 형성하는 것으로 드러나지만, 실제 『아리랑』의 이야기는 명랑이 순정화되면서 명랑의 성격이 변하는 과정이다. 순정이나 미담이 명랑소설의 서사 관습에 끼어드는 순간, 명랑소설은 이전의 풍자성을 희석시키고 감동과 교훈을 주는 이야기로 변화하며, 이는 명랑소설의 콘텐츠를 바꾸는 결과에 이른다. 1957년에서 1958년 후반기 『아리랑』의 판형이 바뀌는 시기까지 명랑소설과 순정소설의 관계 속에서 명랑소설은 순정화된다.

『아리랑』 잡지에서 '순정'은 처음에는 장르 명칭으로 등장하지 않았다. 순정이나 미담은 농촌순정, 농가미담 식으로 시작되었다.[34] 농촌적 정서를

34_1956년 2월에는 다양한 장르 명칭이 생겨나기 시작한다. 다양한 이야기를 구성하려는 잡지의 의욕을 엿볼 수 있으며, 잡지의 독자층이 다양해지고 독자들의 욕구를 만족시키기 위해 잡지가 다채로운 시도를 한다는 점을 알 수 있다. 가장 풍자적인 방식으로 도시여성의 삶을 명랑소설이라는 장르 속에서 보여 주기도 하지만, 농가순정이라는 방식으로 기존의 정조관념과 가족 윤리를 구현하는 인물을 제시하여 사회변동으로 인한 불안을 조장하고, 재질서

연애의 문제로 함축할 때는 순정이나 미담이 된다는 잠정적인 합의가 내재된 장르 명칭이다. 즉 농촌에 사는 남녀들의 사랑, 적어도 농촌의 정서를 내면화한 여성들의 사랑은 순정이나 미담 식으로 순결하고 지속적이며 변하지 않는 사랑으로 치장된다. 농촌 출신 여성들로서, 도시적, 문명적, 미국적 문화의 영향을 받지 않은 순수한 전통적인 여성들은 순결하고 한결같은 사랑의 주체로 호명되는 이야기이다.

명랑소설을 (미국) 문명을 내면화하고 도시적 일상생활을 영위하는 연인, 부부의 생활을 소재로 성을 다룸으로써 웃긴 이야기를 만들어 내는 장르로 정의한 바 있다. 반면, 순정과 미담이라고 불리는 이야기들은 명랑소설과 정반대의 생활문화와 의식을 다루는 이야기로 보아야 할 것이다. 당연히 순정소설의 여성 인물은 도시적 일상문화를 영위하면서 가정의 주체로 등장하여 남편을 쩔쩔매게 하거나 호통을 치는 여성 인물과 전혀 다르다. 명랑소설의 여성 인물이 도시적인 문명생활을 추구하고 내면화한 사회활동을 하는 여성들이라면, 순정소설의 여성 인물은 농촌의 생활을 압도하는 전통적인 생활방식이나 가치관에 따라서 남성적 삶의 방식을 절대적으로 따르는 순종적이고 희생적이며 정조 관념에 투철한 여성들이다. 배경이 되는 공간, 일상적인 문화, 의식 등이 모두 정반대라 할 수 있지만, 결국 여성이 사랑하는 방식을 놓고 정반대라고 구별할 수 있는 장르이다.

순정소설은 1956년 후반기에 번성하기 시작한다. 1955년 7월호에서 염상섭의 소설 「청첩장」을 현대소설·순정소설이라고 분류함으로써 처음 순정소설이라는 말이 등장하지만, 『아리랑』이 명랑소설을 통해 기이하고

화하기 한다. 명랑소설과 순정소설은 정반대의 서사적 주제를 제안하면서도, 동전의 양면처럼 같은 현상을 재현하는 두 가지 방식으로 사회적 의미를 구성한다.

웃긴 이야기들을 통해 '낄낄거리는 웃음'을 추구하던 시기에 순정소설은 사실상 등장하지 않는다. 그러나 1956년 후반기를 넘기면서 1957~58년에 걸쳐서 순정소설은 명랑소설과 거의 같은 비중으로 『아리랑』을 채운다. 방인근·곽학송·정비석이 순정소설을 가장 많이 쓴 작가이다.

1956년 순정소설이 막 생겨났을 때는 명랑소설과 순정소설이 서로 영향을 주면서도 구별되는 방식으로 각자의 영역을 구축한다. 명랑소설이 순화되어 미담 식의 훈훈한 감동을 추구하지만, 도시생활을 내면화하고서 남녀의 삶의 방식과 의식, 가족윤리를 바꾸어가는 도시적·문명적 생활과 젠더 역할은 여전히 명랑소설의 중심 서사이다. 적어도 명랑소설의 여성 인물은 자기중심적 사랑과 가족윤리를 통해 남성과 동등한 주체로서 가정을 구성한다. 이런 여성의 주체성은 기가 센 여성의 태도로 표상되고, 그것이 오해와 반전의 소재가 되어 웃기는 이야기가 되는 구조는 변하지 않는다.

그러나 1956년 12월에 순정소설만 쓰던 방인근이 「사랑의 첫걸음」이라는 명랑소설을 쓰고, 1957년 4월 명랑소설만 쓰던 조흔파가 순정소설 「개나리꽃 필 때」를 쓰면서 명랑소설과 순정소설은 구별하기 어려울 정도로 비슷해진다. 「사랑의 첫걸음」은 여학생들과 연애하고 싶어 하는 남학생들의 무례한 행동을 처벌하고, 그 남성을 사회적으로 불량한 것으로 재현한다. 그러나 이런 남성들도 자신의 과오를 뉘우치고 대학에 들어가서 다시 만날 만한 남성으로 성장하고, 결국 연애하게 되어 아름다운 젊음을 보여 준다는 따뜻한 이야기이다. 청춘 남녀의 연애감정을 둘러싼 에피소드라는 면에서는 명랑소설의 서사를 잇고 있지만, 별다른 풍자의 대상도 없고 상식적 관습을 거스르는 기이한 문명적 상황도 존재하지 않는다는 점에서 미담 식 웃음에 해당한다. 이 웃음의 변화는 명랑소설과 『아리랑』 전체의 변화를 야기한다는 점에서 문제적이다.

명랑소설은 오락적 효과를 위한 웃음을 가장 중요한 미적 원리로 삼았던 장르이다. 그래서 대중오락지이면서 완독 잡지를 표방했던 『아리랑』의 중심 장르는 명랑소설이었다.[35] 명랑소설은 『아리랑』의 잡지 지형에서 가장 오락성을 추구하는 장르로 인식되었던 것이다. 그런 만큼 명랑소설은 가장 높은 수위의 웃음을 통해 오락적 효과를 추구하고자 하였으며, 당대 대중문화 중에서도 볼거리에 해당하는 미국 문명적 생활문화와 그 속에서 살아가는 남녀들의 연애방식, 성문화 등을 소재로 활용할 때 가장 재미있으면서도 웃길 수 있다는 인식이 형성되었던 것이다. 1955년에 명랑소설은 이런 장르 인식 속에서 구성된 장르였으며, 완독 잡지로서 대중오락지를 표방한 『아리랑』의 담론장에서 명랑소설의 성격은 더 구체화되었다.

명랑소설의 에로화, 남성 중심적 성(性)의 소환

그러나 명랑소설의 '명랑'이 계층적 화해, 젠더적 화해, 가부장적 가족 윤리를 확인하는 웃음으로 순화될 때, 명랑소설의 웃음은 더 이상 오락적 효과를 기대하기 어렵게 된다. 완독 잡지의 이야기로서 웃길 수 있다는 것

35_『아리랑』은 처음부터 완독 잡지를 가장 중요한 잡지의 성격으로 내세웠다. 온통 이야기로만 구성된 듯한 느낌은 창간 시 잡지가 내세운 정체성에서 기인한다. 반면에, 비슷한 시기에 창간되어 잡지시장에서 『아리랑』과 경쟁관계를 형성했던 『명랑』은 "보는 잡지", "딱딱하고 잘디잔 지금까지의 잡지의 상식을 벗어나 시각적으로 시원한 잡지"(「꾸미고 나서」, 『명랑』, 1956.10.)를 표방하면서 차별화를 시도했다. 이야기를 통해 완독 잡지로서 오락성을 구현하기 위해서 가장 중요한 것은 무엇으로 서사와 오락을 연결하는가의 문제이다. 창간 초기에 『아리랑』은 웃기는 이야기, 즉 명랑소설을 중심으로 오락성을 생각했던 듯하다. 그러나 명랑이 순정화되면서, 웃기는 이야기로 오락성을 채우기가 어려워진다. 성적인 소재를 활용하면서도 이야기성이 아닌 시각성으로 오락의 관점이 바뀔 수밖에 없게 된다.

은 반전을 이루어 내는 서사가 없이는 불가능하다. 그러나 미담으로 인한 웃음은 반전과는 상관없는 웃음이다. 명랑소설의 외연이 넓어지면서 따뜻한 이야기를 담아낼 수 있는 장치는 마련되었지만, 명랑소설의 경계는 모호해지고 명랑소설의 오락적 위상도 유명무실해질 수밖에 없게 된다. 1956년에서 1957년 사이의 『아리랑』은 명랑소설과 순정소설이 이런 식으로 서로의 경계를 넘나들면서 불안정한 방식으로 장르를 구성하고 있었다. 이 시기 명랑소설과 순정소설은 분량 면에서도 거의 비슷하게 지면을 차지함으로써 가히 공존의 시대를 형성한다.[36] 그러나 이 시기 『아리랑』 이야기의 오락성은 가장 수위가 낮았던 듯하다. 결국 잡지의 '오락성'은 잡지 전체의 성격과 관련해서 평가할 것이지만, 완독 잡지를 표방한 『아리랑』의 입장에서 새로운 활로를 찾지 않으면 안 되는 상황임을 알 수 있다. 1950년대 중·후반 대중매체의 가장 인기 있는 소설가로 활약했던 정비석은 혜성같이 나타나 『아리랑』의 오락성을 재편한다. 순정소설의 '에로'화이다.

정비석은 『아리랑』의 창간 초기부터 관여했던 작가이지만, 주도적이지는 않았다. 1956년 11월 순정소설로서 「지옥의 천사」를 쓰고, 1957년 1월 「순정일로」를 쓰면서 1957년에 열 편의 순정소설을 쓴다. 1957년 순정소설의 장르를 정립한 작가로도 보인다. 정비석의 순정소설은 남성의 성을 전면화시킨다는 점에서 오락성과 만난다. 순정소설에서 순정의 주인공은 여성이다. 여성의 순정이 항상 남성의 순정으로 보상되는 연애는 미담 식 순정소설의 기본 서사였다. 아름답고 흐뭇한 이야기일 수는 있지만, 극적

36_1956년 9월부터 『아리랑』의 명랑소설과 순정소설은 거의 같은 분량으로 지면을 차지한다. 예컨대, 1956.10. - 명랑소설(4), 순정소설(4), 1956.11. - 명랑소설(4), 순정소설(5), 1957.1. - 명랑소설(4), 순정소설(4 - 이중 2개는 현대소설).

성격이 없기 때문에 오락적 효과를 기대하기는 어렵다. 정비석의 순정소설은 여성의 순정이 남성의 성적 욕망에 의해 짓밟히거나 배반당하는 수난의 서사이거나, 남성의 배신을 응징하는 복수의 서사인 경우가 많다. 이런 서사를 구성하기 위해서는 남성 중심의 에로티시즘과 여성 중심의 신파성이 필수적이다. 에로티시즘과 신파는 동전의 양면처럼 하나로 결합하여 정비석 순정소설을 통해 오락적 효과를 기대하는 장치로 부상한다.

1958년에 접어들면서 순정소설의 여성들은 더욱 순정화되고 남성들은 성적인 탐닉에 새로이 눈뜬다. 불륜과 성매매로 인한 갈등과 파국은 순정소설의 중심 서사이다. 결국 에로티시즘의 수위는 점점 더 높아지지만 여성들은 순정과 정조 관념에 더 강하게 결박되는 전형적인 아시아적 가부장주의 서사가 『아리랑』의 오락성을 채운 셈이다.

미국 문명의 한국적 수용과 1950년대 도시문화의 형성이라는 시대적 새로움은 도시를 중심으로 생활문화를 바꾸고 이상적인 삶의 상상을 바꾸어 낸다. 그러나 익숙하지 않고 현실성이 없기에 그저 웃어넘기면서 새로운 삶의 변화를 상상하는 수준이었다. 1950년대 명랑소설이 사회와 맺고 있던 관계이다. 웃고 즐길 수 있음으로써 오락적일 수 있는 유쾌함이 명랑소설을 부흥시킨 이유로 보인다. 그러나 상상적 세계가 현실로서 실체화되려는 사회적 흐름이 감지될 때, 그것은 이제 더 이상 웃음의 문제가 아니라 권력의 문제로 전환된다. 사회와 가정에서 여성과 남성이 동등한 주체가 될 때, 기존의 가족윤리와 전면적으로 마찰을 일으키는 새로운 관계이기 때문에 남성적 권력구조가 작동하는 생활방식은 전면적으로 재편될 수밖에 없다. 명랑소설의 도시문명적 생활방식과 젠더 구조로 인한 가족윤리를 반(反)사회적인 것으로 평가하게 되는 사회적 논리이다. 도시문명에 해당하는 생활문화는 더 이상 연애/가족의 젠더 구조와 결합하지 못한다. 그러나 사회적 변화에 걸맞은 급진성과 그로 인한 웃음은 계속 요구되는 것이었고, 남성적 성의식의 급진성을 반영하는 에로티시즘이 번성하게 된다. 그리고 여성은 더욱 약자가 되어 조선 여인의 형식으로 퇴행함으로써 아름다운 미담을 구성한다. 오락과 미담을 모두 만족시키는 서사가 '순정' 속에서 발견된 것이다. 농가순정·순정소설의 에로티시즘이 문명적인 오락성으로 자리 잡는 이유이다. 미국 문명적 생활문화와 도시성은 여성의 사회적 위상을 바꿔 놓음으로써 전 사회적으로 젠더 구조와 가족윤리를 재편하지만, 순정소설의 가학적 남성과 피학적 여성의 젠더 구조를 기반으로 형성된 에로티시즘과 남성적 권력구조는 아시아적 가부장주의를 재구축한다. 명랑소설의 부흥과 쇠퇴, 그리고 이에 결부되어 명멸하는 순정소설의 문제는 그저 장르 변천의 문제가 아닌, 민주주의적 사회구조와 제도화 과정에서 '젠더'의 범주가 어떤 식으로 고민되고 구성되었는가를 반영하는 사회문화적 사건이다.

4. 1950년대 명랑소설의 성과와 한계

지성적 희극성의 쇠퇴

미국 문명이 한국 사회의 성과 연애와 같은 일상문화에서 반전의 효과로 읽힐 때, 그것 자체로서 웃기고 자극적인 이야기가 될 수 있었다. 오피스 걸, 빌리어드 걸, 하이킹 걸 등 여성의 사회적 활동을 상상하게 하는 말들은 사회활동을 하는 여성, 거리를 활보하는 여성이 구경거리였던 1950년대 한국 사회에서 볼거리였으며, 그녀들이 남성들과 사회적 담론 공간에서 벌이는 에피소드는 그 자체로 재미있는 이야기였다. 문명담론은 미국의 것으로 대중화되었지만, 한국 사회라는 배경 속에서 웃음의 공감대를 마련하였다. 1950년대 명랑소설이 문명적 생활문화 속에서 벌어지는 성과 연애의 서사만으로 무수한 웃음의 에피소드를 찾아낼 수 있었던 이유이다. 명랑소설은 완독 잡지의 중심이야기로서 웃음을 만들고, 그것으로 오락적 효과를 최고조로 달성할 수 있었다.

그러나 '명랑'한 이야기라는 명랑소설의 정체성은 그 자체로서 명랑소설의 희극적 전개를 가로막는다. 그리고 오락성을 희석시킨다. 한순간의 통쾌한 현실비판의 인식으로 웃음을 유발시켜야 하는 희극성은 '진리'를 의심하는 그 자체를 미적 인식의 토대로 삼는다. 진리라고 믿는 것을 의심하게 하고 비웃게 함으로써 진리를 성찰하게 하고, 집착이나 아집에서 해방시키는 일이 희극성의 중심 논리라는 말을 상기해 보면,[37] 명랑소설의 한계는 자명하다 할 것이다. '명랑'이라는 말을 중심으로 구성되는 명랑소설은 풍자성을 내장한 희극성을 어느 선 이상으로 구축할 수 없기 때문이다. 『아리랑』이라는 잡지를 그릇으로 장르를 구축하고 확장하면서 절정기를 구가하던 명랑소설은 『아리랑』 잡지의 오락성에서 밀려나자 존재기반을 상실한다. 반전의 이야기 구조로서 명랑소설을 원하는 대중오락지가 없어진 셈이다. 『아리랑』의 정체성과 오락의 문제는 명랑소설의 퇴화에 직접적 원인일 수도 있다. 그렇다면 명랑소설이 구성했던 희극성의 현실은 어디에

37_언어학자이자 철학자인 움베르토 에코의 소설 『장미의 이름』은 중세 기독교의 이념을 수호하기 위해 진리를 비웃고 그 진리성을 성찰하고자 한 '희극성'을 경계하고 비판한 기독교의 논리를 문제시 한 소설이다. 이 작품에서 희극성의 핵심적 원리는 바로 권위적인 실체로서의 '진리'를 의심하는 정신이며, 이를 그리스도의 정신으로 보고 있다. 움메르토 에코, 『장미의 이름』(하), 열린책들, 2011 4판, 871면 참조.

서든 다시 활로를 찾아야 했을 것이다. 그러나 상업성을 좇으며 명멸하는 잡지의 세계에서 반전의 상황인식이라는 지적인 태도를 통해 '재미(오락)'를 추구하는 서사에는 눈길을 주지 않았던 듯하다. 이런 상업성의 논리를 반영하듯이, 이후 오락성은 시각적 자극을 중심으로 한 선정주의와 에로티시즘 속에서 구현된다. 게다가 1959년을 중심으로 급증한 컬러 화보의 기술혁명은 시각적 이미지를 중심으로 오락성을 재편하여, 이야기를 통해 재미를 구현하고자 하는 희극 서사의 존재기반이 미디어 지형에서 점차 협소해진다. 오락성의 중심으로 명랑소설이 희극 서사의 계보를 이어가기에는 '명랑'을 통해 희극성을 담을 수 있다고 생각했던 문화계 종사자들의 희극성에 대한 인식적 한계가 작용했으며, 진실을 의심할 수 있는 지성적 태도에 대한 이야기 수요도 많지 않았다. 또 그런 문화를 지속적으로 생산할 수 있는 제도를 유지할만한 자본도 부족했던 사회였다고 평가할 수밖에 없다. 명랑소설이 희극 서사로서 자기 이름을 버리고 새롭게 탄생할 만큼 희극적 '오락성'의 토대는 마련되지 않았다.[38]

38_1959년으로 가면 『아리랑』마저 화보 중심의 잡지로 전환하면서, 시각성은 오락의 핵심영역으로 자리 잡는다. 시각적 경험의 자극성은 어떤 자극적 효과보다도 오락적 재미를 충족시킨다. 이후 오락성의 문제는 서사와 만나기 더 어려운 상황이 되었던 듯하다. 이 문제는 『아리랑』 잡지의 존재방식과 관련하여 중요하지만, 만화와 같은 이야기와 이미지가 결합된 서사의 문제를 포괄하는 것이어서 이후의 과제로 남겨 둔다.

4장

최재서의 '맥아더'

맥아더 표상을 통해 본 한 친일 엘리트의 해방 전후

정종현

1. 최재서의 '해방 전후'와 공백기의 저술

최재서 만년의 수필을 모은 『인상과 사색』[1]은 해방 이후 최재서의 사유의 편린을 엿볼 수 있는 흥미로운 자료이다. 이 산문에는 그의 유년기, 문학관, 세계 인식, 생활감각 등 최재서 문학을 이해할 수 있는 다채로운 측면이 담겨 있다. 특히, 이 에세이집에서는 '민주주의자' 최재서의 격렬한 격정과 마주하게 된다. 최재서가 4·19와 그 주체인 학생들에 대해 감격을 토로하는 장면은 인상적이다. 가령, 1960년 4월 21일 썼다고 부기된 「분노의 세대」라는 자작시에서 최재서는 "쓰레기통에도 장미는 핀다고 / 名句를 남기고 간 이방의 기자여 / 돌아와 다시 보라 / 젊은 학도들의 피에서

1_최재서, 『인상과 사색』, 연세대학교출판부, 1977. 이 책은 1959년 5월 9일부터 1960년 9월 5일까지 48회에 걸쳐 『연세춘추』에 연재된 것을 최재서 사후에 전재 출판한 것이다.

피어난 / 저 신기한 꽃을! / 그 꽃의 이름이 무엇이뇨? / 분노의 꽃이라 우리는 부른다."고 읊고 있거니와, "60년대 한국에 분노의 세대가 살고 있었다."[2]라며 서구의 '로스트 제너레이션'을 대체하는 세계사적 세대로 4·19의 학생 주체들을 찬미한다. 최재서는 4·19를 통해서 곰팡이 쓴 사상이 '모든 부정과 사악의 쓰레기들과 함께 깨끗이 날라가 버렸다.'고 적고 있으며, 학생들이 민주학원에서 '고귀한 인간성'[3]을 획득하게 될 희망찬 미래를 상상하기도 한다. 흥미로운 것은 최재서가 이들 4·19 학생 주체들의 '고귀한 인간성'을 앵글로 색슨적인 전통과 연결된 자유민주진영이라는 지정학적 범주 속에서 계보화하고 있다는 사실이다. 「누가 영웅이냐」에서 최재서는 UN군 총사령관 밴 프리트 장군의 아들이 "밤에 안심하고 잘 수 있는 세계를 만들기 위해서 나는 한국 전선으로 간다."는 담화와 함께 미 공군 장교로 한국전쟁에 참전하는 장면을 제시한다. 밴 프리트 2세에게서 발견한 이러한 영웅적 면모를 최재서는 앵그로 색슨의 고대 영웅 베어울프(Beowulf)와 연결시킨다. 덴마크 왕궁을 괴롭히는 괴물을 처치한 베어울프는 "왕께서 이제는 귀족들과 더불어 이 헤오롯 궁에서 안심하고 주무실 수 있을 것을 약속해 드립니다."고 선언한다. 최재서는 '자유동포'의 안전(잠)을 위협하는 불의한 적을 응징하는 고대와 현대의 앵글로 색슨의 영웅 베어울프와 밴 프리트 2세를 연결시키고 이들을 다시 독재자가 하야를 성명하는 순간에 '비를 들고 길을 쓸'며, '다 도망간 파출소에서 보초를' 서는 질서의 수호자이자, '동포가 마음 놓고 살 수 있는 사회를 건설하는 데' 일신을 바친 4·19혁명의 학생들과 연결시키고 있다.[4]

2_최재서, 「분노의 세대」, 위의 책, 128~129면.
3_최재서, 「옛날이야기」, 위의 책, 140~141면.

최재서에게 4·19는 명백하게 앵글로 색슨적인 세계사적 보편의 원리와 연결된 사건으로 이해된다. 이 시기 최재서가 이해한 민주주의가 무엇이었는가를 보여 주는 사례로 「치통과 비극」의 일절을 보자. '過剩齒'를 제거하는 치과 구강 수술을 받으며 떠올린 인상을 사색하는 이 글에서 최재서는 "유기체를 위협하는 병의 근원만을 제거할 수는 없다. 그와 동시에 그 주변의 건강한 조직의 일부를 희생하지 않고서는 병의 근원을 제거할 수 없다."며 "전체의 생명을 위협하는 악을 제거하려면 그 주변에 연결되어 있는 선도 동시에 희생된다."고 쓰고 있다. 이어서 "국체를 위협하는 악당의 무리를 몰아내기 위해서 백여 명의 아까운 젊은 학도들이 생명을 던질 수밖에 없었[5]"던 4·19의 현실은 이러한 유기체론과 결부된 불가피한 희생이자 비극으로 인식된다. '악(과잉치)'을 제거하는 그 '거창하고도 복잡한 수술 준비의 절차'는 "미국식[6]"으로 묘사되거니와, 이 에세이의 주제의식에 비추어보자면 과잉치 발치 수술은 앵글로 색슨의 전통과 결부된 미국식 민주주의의 은유인 셈이다.

이러한 최재서의 사색에서 식민지 시기 전체주의적 유기체론의 흔적을 떠올리지 않기란 어려운 일이지만, 여하튼 1950년대 후반 최재서는 서구식 민주주의자로 변신하는 데 성공한다. 최재서에 대한 기존 연구는 식민지 시기 '국민문학'의 사도 최재서(石田耕造)와 해방 이후의 민주주의자 최재서(Jaisou Choe)의 내적 연속과 단절에 대해서 충분히 해명하지 못했다. 최재서에 대한 초기의 논의는 주지주의 문학론, 지성론, 풍자문학론 등 식

4_최재서, 「누가 영웅이냐」, 위의 책, 171~172면.
5_최재서, 「치통과 비극」, 위의 책, 132면.
6_최재서, 위의 책, 같은 글, 130면.

민지 시기인 1930년대의 비평적 궤적에 집중해 왔다. 임종국이 『친일문학론』[7]에서 '친일 행적'을 논죄하면서 그의 친일 이력을 (1)원칙론 (2)시국론 (3)작품론 (4)좌담회 사회 (5)문예지 편집 (6)대동아문학자대회, 전만예문회의(全滿藝文會議) 참석 및 단행본 발간 등 여섯 가지 범주로 정리한 이래, 최근에는 윤리적인 단죄를 넘어서 1940년대 전반기 최재서의 이력과 문필 활동을 새롭게 이해하려는 연구들이 진행되어 왔다. 제국 이데올로기를 전유한 신지방주의론이 지니는 나름의 의미와 한계를 짚어 보는 논의,[8] (재조)일본인들과 적대적인 공생관계를 형성하며 비균질적인 매체로 존재했던 잡지 『국민문학』에 대한 연구,[9] 최재서가 영향 받은 영문학 지식의 계보, 제국대학 영문과의 프로그램이 비평과 삶의 행보에 끼친 영향에 대한 분석,[10] 사토 기요시를 축으로 하는 경성제대(영문학과)라는 사회자본을 배경으로 한 『국민문학』과 최재서에 대한 검토[11] 등 최재서 문학에 대한 다변

7_임종국, 『친일문학론』, 평화출판사, 1966, 408~422면.

8_이러한 연구로는 정종현, 『동양론과 식민지 조선문학』, 창비, 2011의 제4부를 참조할 것.

9_문경연외, 『좌담회로 읽는 국민문학』, 소명출판, 2010은 『국민문학』의 좌담회를 번역한 것이지만, 그러한 좌담을 들여다보기만 해도 일본인과 식민지 조선인들 사이에 적대적 긴장관계가 공존하는 양상과 조선인의 협력의 언설들 사이에서 미묘하게 제국의 문화통합에 저항하는 반문화적(counter-cultural) 시도들을 감지할 수 있다.

10_가령 최재서의 영문학연구와 『인문평론』에서 『국민문학』으로의 전환을 연결 지으며 식민지 시기 최재서 '이론'의 운명을 문제 삼은 미하라 요시아키(三原芳秋)의 「崔載瑞のOrder」, 『사이間SAI』 4호, 2008.5는 최재서 연구의 지평을 확장한 논문이다. 三原芳秋는 이외에도 다음과 같은 최재서 관련 연구를 진행해 왔다. 「Metoikosたちの帝國 - T.S.エリオット, 西田幾多郎, 崔載瑞」, 『社會科學』 제40권 제4호, 同志社大學人文科學研究所, 2011; 「『國民文學』の問題」, 名古屋大學大學院文學研究科附屬日本近現代文化研究センター, 『JunCture超域的日本文化研究』 2, 2011; 「'보편주의'와 '보편성'의 사이」, 『한국학연구』 27, 2012.6 등.

11_김윤식의 『최재서의 국민문학과 사토 기요시 교수: 경성제대 문과의 문화자본』, 역락,

화된 논의들이 집적되고 있다.

식민지 시기의 최재서에 대한 관심에 비해 해방 이후의 최재서에 대한 연구는 영성하다. 셰익스피어 수용사에서 최재서의 역할을 평가하거나 『국민문학』의 과오에 대해 침묵하며 문학원론 등 사회적 발언과 무관한 비정치의 영역에 집중했다는 단편적인 언급들을 찾을 수 있을 뿐이다. 최근 정영진[12]은 최재서의 문학원론에 관한 발언이 주로 『사상계』지를 통해 이루어진 점에 주목하며, 문학을 사회와 관련된 '지식과 사상'으로 배치했던 『사상계』지의 매체전략 위에서 최재서의 발화를 분석한 바 있다. 정영진은 최재서의 문학원론이 휴머니즘에 기반을 두고 행해진 대사회적 발언으로 학생들에게 받아들여졌지만, 그 자신은 비평정신으로서의 휴머니즘, 즉 반행동주의적 휴머니즘에 입각한 정치적 발화로 인식했다고 해석하고 있다. 최재서의 문학원론의 발화들을 『사상계』의 맥락 위에 배치함으로써 비정치의 아카데미즘으로만 이해되어 온 해방 이후 최재서 연구에 새로운 논점을 제공한 성과에도 불구하고, 정영진의 논의에서도 『국민문학』의 사도 최재서가 '민주주의'의 원론을 문학으로 구현하게 된 그 전환의 사정과 논리는 충분히 해명되지 못한 아쉬움이 남는다.

나는 여기서 최재서가 직접 쓴 『매카-더 선풍』[13]과 번역한 『영웅 매카-더 장군전』[14]에 주목하고자 한다. 한국전쟁이 한창인 1951~52년에 집필

2009. 윤대석, 「경성제대의 지식 생산과 문예지 '국민문학'」, 한국문학연구학회 학술대회 '문학의 토폴로지: 문학의 문화, 문학의 정치', 2012.6.9.

12_정영진, 「'사회'의 문학·반행동주의·아카데미즘: 1950년대 사상계의 문학성 인식과 최재서의 전략」, 『민족문학사연구』 48호, 2012.4.

13_최재서, 『매카-더 선풍』, 향학사, 1951.

14_후랑크 케리, 코-니리이스 리이안, 『영웅 매카-더 장군전』, 최재서 옮김, 일성당서점, 1952.

되고 번역된 이 두 편의 전기는 1930년대 비평계의 기린아, 1940년대 전반기 『국민문학』의 대명사인 최재서의 해방 이전 이력은 물론이거니와, 1950~60년대 학구의 세계에 침잠한 『문학원론』[15]과 『셰익스피어 예술론』[16]의 저자 최재서의 면모와도 부합하지 않는 돌출한 물건처럼 보인다. 최재서 문장의 목록에서 돌출한 이 저술들은 『국민문학』의 최재서가 민주주의의 한 맥락으로서 문학(원론)을 사유하는 『사상계』 지식인 최재서로, 달리 말하자면 일본제국에서 미국제국으로 자신의 패러다임을 변화시키게 된 계기를 보여 주는 자료이다. 맥아더에 관해 기록한 두 편의 저술과 번역은 해방 이후 최재서가 자신이 속한 사회와 세계에 대해 본격적으로 발언한 최초의 사례임에도 그 동안 주목받지 못했다. 최재서는 일본제국을 새로운 민주주의 국가로 재구성하고 공산주의의 위협에 직면한 한국을 구원한 맥아더에 관해 글을 쓰면서 『국민문학』 이전의 근대주의자로서의 면모를 회복하며 냉전시대의 '자유진영'에서 새로운 주체로 신생했다. '질서' 속에서 세계를 이해하는 최재서에게 이러한 변신이 가능하기 위해서는 가치의 '질서'를 재구성하는 과정이 필요했으며 그 과정이 바로 맥아더를 매개로 한 글쓰기를 통해서 이루어지고 있다는 것이 이 글의 전제이다.

이 글은 최재서가 그린 맥아더를 통해서 식민지 엘리트의 정체성의 변화를 추적하는 것을 그 목적으로 한다. 그렇지만 최재서의 맥아더 관련 저술들은 한국 사회의 '맥아더' 표상을 주조하는 데 중요한 역할을 한 가장 이른 시기의 전기라는 점에서도 의미를 지닌다. 최재서가 왜 자신의 정체성

15_최재서, 『문학원론』, 춘조사, 1957.

16_최재서, 『셰익스피어 예술론』, 을유문화사, 1963; Jaisou Choe, *Shakespeare's Art as Order of Life*, Vantage Press, 1965.

을 맥아더에 투사했는가를 이해하기 위해서, 또한 최재서의 맥아더 형상화가 한국 사회의 맥아더 표상화와 어떤 관계를 맺고 있는가를 이해하기 위해서 한국 사회에서의 맥아더 표상의 역사적 전개를 먼저 검토하고자 한다. 해방 직후부터 최근까지의 맥아더 표상에 대한 이해 위에서 특히 최재서의 맥아더 전기가 집필되기 직전인 해방 직후 맥아더의 역할과 표상에 대해 집중적으로 논의할 것이다. 이러한 검토 이후 최재서가 그린 맥아더를 통해서 냉전 아시아를 자신의 심상지리로 재구성하고 반공을 매개로 자유아시아의 시민으로 재형성되어 가는 과정을 분석하고자 한다. 따라서 군인 맥아더에 대한 전기적 사실을 포폄하는 것은 이 글의 목적이 아님을 미리 밝혀 둔다.[17] 맥아더에 대한 기존 연구와 평전을 참조하면서 이 글에서는 일본제국의 해체 이후 한반도의 분단과 한국전쟁을 거치며 일본(적인 것)이 비가시화하면서 미국화되어 가는 과정, 그 과정에서 아시아와 세계의 심상지리가 재편된 사정을 맥아더의 표상을 통해 설명하고자 한다. 일본 '내지'와 조선, 타이완으로 구성되었던 일본제국이 반공을 매개로 하여 '자유아시아'의 새로운 심상지리로 재구성되는 과정에서 '대동아'가 자유와 민주주의 담론과 결합하여 변형되는 양상을 최재서의 '맥아더'론과 이어지는 1950년대의 문장을 통해서 확인하게 될 것이다.

17_맥아더 전기로는 마이클 샬러 저, 유강은 역, 『더글러스 맥아더』, 이매진, 2004, 윌리엄 맨체스터, 『아메리칸 시저』 1,2, 박광호 옮김, 미래사, 2007을 비롯하여 여러 편이 번역되어 있다. 구미에서도 맥아더에 대한 평가는 엇갈리거니와 이 글에서는 가능한 그의 연대기적 사실만을 취하며 논의를 진행했다. 한국전쟁과 관련한 맥아더 최근의 맥아더 기록을 토대로 하여 제작된 MBC 프로덕션의 '이제는 말할 수 있다' 72회 〈맥아더와 한국전쟁 - 태평양의 시저〉, 73회 〈맥아더와 한국전쟁 - 또 하나의 전쟁〉(2012)도 중요하게 참조한 자료임을 밝혀 둔다.

2. '태평양의 시저' 혹은 한국 사회 이념의 프리즘

자유의 수호자, 좌절된 영웅

더글라스 맥아더(Douglas MacArthur)는 2차 세계대전의 전쟁 영웅으로 미주리 함 선상에서 일본의 항복을 받은 연합군 대표이자 'SCAP'(연합국 사령부)의 사령관으로 일본을 공식 점령 통치함으로써 한국을 일본의 식민지에서 해방시킨 장본인으로 한국현대사에 각인된다. 이후 부산/대구만을 남겨 둔 공산화의 위기에서 인천상륙작전을 통해 일거에 전세를 역전시켜 한국의 존속을 가능케 한 한국전쟁의 영웅으로 불멸의 명성을 획득한다. 1957년 건립된 인천 자유공원 맥아더 동상의 제작 취지문에서 제작자인 김경승은 "우리 대한민국의 자유의 은인이며 자유 인류의 수호자로서 추앙하는 사조가 팽배한 지 오랜 이때에 거족적인 행사로서 영세불망할 동상을 건립"[18]한다고 밝히며 동상에 "공산주의의 격퇴자 맥아더"라고 헌사했다.[19] 4·19혁명의 성공에 감사하며 시민들이 맥아더 동상에 헌화하는 장면에서는 혁명의 수호자로 등극했는가 하면, 1964년 맥아더 사망 시 박정희의 추도사를 통해서 '독재와 착취의 검은 먹구름 속에서 인류를 구출'하는 데 일생을 바친 투사로 호명되며 "구라파의 전선에서 태평양의 전역에 이르기까

18_김경승, 「맥 장군동상건립여화」, 『신태양』, 1957. 12., 197면. 맥아더 동상 조성 경위와 그 정치적 의미에 대해서는 김미정, 「1950, 60년대 한국전쟁 기념물」, 『전쟁의 기억, 역사와 문학』(상), 월인, 2005 중에서 〈4. 맥아더: '자유'의 사도, 구국의 은인〉을 참조할 것.

19_인천에 살았던 이광환의 일기에 따르면, 1957년 9월 15일 인천상륙작전 기념일에 맥아더 장군 동상을 건립하여 제막식을 거행했는데 이 제막식 실황은 라디오로 중계되었다(이현식, 『인천담론 인천정담』, 리토피아, 2012, 173면).

지 장군은 군국주의와 '파시즘'의 침공을 격파하여 민주주의의 승리를 가져왔고, 동북아세아 대륙으로부터 뻗어 내린 붉은 공산 마수로부터는 우리 조국의 자유와 독립을 수호함으로써 극동의 평화와 인류의 자유를 위한 불굴의 무훈을 남겼던 것"[20]이라고 칭송되고 있다.[21] 이처럼 한국 정부는 맥아더를 파시즘에 대항하여 민주주의를 지키고, 공산주의에 대항하여 자유를 수호한 '자유민주주의'의 화신으로 공식화했다. 이후 그를 만신으로 하는 무속의 등장을 통해서 급기야 맥아더는 한국 사회에서 신으로 현신했다.[22] 여기서 흥미로운 것은 맥아더에게 약자의 이미지, 억울한 희생자의 이미지가 부여되었다는 사실이다. 무속신으로 최영, 남이, 관우 등이 모셔지는 이유는 그들이 큰 뜻을 펴지 못하고 (권력에 의해) 부당하게 죽어 크나큰 한을 품고 그것이 신적 능력의 원천이 되었다는 믿음이 작용하고 있거니와, 한국의 기층 민중들의 무속에서 맥아더가 만신이 될 수 있었던 것은 그가 강한 힘을 지닌 장군이라는 점과 함께 트루먼 행정부라는 부당한 권력에 의해 해임(정치적 죽음)을 당한 맥아더가 만주 공략과 한반도 통일이라는 큰 뜻을 이루지 못한 채 군문을 떠나며 품은 한의 크기와 관련되어 있다고도 할 수 있다. 가령, 언론인 김을한이 『사건과 기자』에서 "트루먼 행정

20_박정희, 『추념사: 맥아더장군추도식』, 대통령비서실, 1964.

21_박정희는 케네디와의 정상회담을 위해 미국을 방문했을 때 맥아더를 면회하고 환담하였다. 國家再建最高會議 刊, 『朴議長 訪美隨行記錄』, 서울: 國家再建最高會議, 1962. 한국 정부는 맥아더의 죽음을 추도하며 그의 미망인과 가족들에게도 공식적인 서한을 보내어 국난을 구원해 준 은인에 대한 예우에 최선을 다하는 모습을 보이고 있다. 박정희가 군인 출신인 것도 한 이유일 것이다.

22_서정범, 『허허별곡』, 범조사, 1990. 인천에 사는 무당 현명분은 기존 중국이나 한국의 장군보다는 맥아더 장군이 더 힘이 쎌 것으로 믿고 자기 만신으로 모셨다. 제단에는 말보로 담배를 공양했는데, 양담배를 금지하던 시절 단속반에 취체된 일화가 남아 있다.

부를 채쭉질 해가며 이끌어 오다가 필경 자신이 물러나게 되었으니 말하자면 그는 한국전쟁의 최대의 공로자인 동시에 또한 최대의 희생자이었던 것"[23]이라고 적은 것은 이런 정서를 대변한다고 할 수 있다. 한국 통일의 절호의 기회가 맥아더 해임으로 유실되었음을 애달프게 회고하고 있는 조선일보의 맥아더 추도 사설은 그를 해임한 트루먼(행정부)에 대한 한국인의 원망이 재현된 것이기도 하다.[24] 뒤에서 보다 자세히 살피겠지만, 이러한 좌절한 영웅으로서의 맥아더 형상은 최재서의 맥아더 표상에서 그 기원을 찾을 수 있다.

이처럼 한국 사회에서 민족의 은인, 자유의 수호자로서의 맥아더 이미지는 오랜 동안 의심 없이 통용되었다. "남의 나라 군대 끌어다 제 나라 형제 쳤는데 / 뭣이 신난다고 외국 장수 이름을 절에까지 붙이겠소 / 하기야 인천 가니까 맥아더 동상이 서 있더라만 / 남의 나라 장수 동상이 서 있는 나라는 우리나라밖에 없다더만"[25]이라고 당군 장수 소정방의 이름을 붙인 '내소사'에 빗대어 맥아더를 외세의 상징으로 비판한 김남주의 시편이 존재하지만, 이러한 인식은 여전히 전면화되진 못했다.[26] 오히려 맥아더의 위상

23_김을한, 『사건과 기자』, 신태양사, 1960, 218면.

24_「사설 - 맥아더원수의 서거를 애도한다」, 『조선일보』, 1964.4.7. 맥아더 서거 이후 한국에서는 그의 죽음을 애도하는 행사 등이 마련되는가 하면, 저널리즘에 그를 기억하고 추모하는 특집들이 반복되고 최두선 총리를 대표로 하는 추도사절이 방미하는 등의 일련의 추모붐이 이어졌다.

25_김남주, 「남의 나라 장수 동상이 있는 나라는」, 『조국은 하나다』, 실천문학사, 1987, 213~214면.

26_한홍구에 따르면 반미구호가 외쳐지기 훨씬 전에 채록된 구비설화에 일본군이 아닌 미군이 산천에 지맥을 끊어 놓았다는 내용이 채록되어 있으며, 그를 통해 민중들의 기저에 흐르고 있었던 반미의 감정과 맥아더 표상의 균열의 양상을 읽고 있다. 하지만 그 전거가 밝혀져 있지는 않다(한홍구, 『대한민국사』 1, 한겨레신문사, 2003, 211면). 남정현의 「분지」나 50

은 1970~80년대의 민주화운동 과정에서 반미의식이 대두했을 때에도 여전히 확고했다. 가령, 민족해방과 자주를 강조하는 정치운동세력이 자신의 정치이념의 문화적 형식을 구현한 것으로 고평하는 시인 고은이 『1950년대』에서 묘사하고 있는 맥아더의 이미지는 시사적이다. 고은은 한국전쟁에서 생일을 맞은 맥아더가 동창생의 축하 카드에 대해 '동양의 전신주에 매어 있는 로프 끝에 매달리게 되어 최후의 숨을 거뒀다고 듣더라도 놀라거나 쇼크를 받지 말라'고 답장한 것을 소개하며 잔학한 한국전쟁의 상황 속에 놓인 '처절한 병사의 고투'로 한국 전장의 맥아더의 형상을 묘사하고 있다.[27] 병사들이 '참호 속의 더그'[28]라고 비아냥댄 맥아더가 이 편지를 '동양의 전신주에 매어 있는 로프 끝'인 한국의 전장이 아니라 동경 GHQ(General Headquarters, 연합군 총사령부)의 인락의자에서 썼다고 해도 그리 놀랄 일은 아닐 것이다. 이른바 '문민정부' 시절인 1995년에 중앙일보사가 학계, 언론계의 지식인을 대상으로 지난 '광복' 후 50년 간 한국을 바꾼 100인의 중요 인물을 설문한 결과도 흥미롭다. 맥아더는 10위의 전두

년대의 양공주 소재의 소설들을 통해 알 수 있듯이, 미군에 대한 반감은 사회의 저류에 흐르고 있었다고 볼 수 있다. 가령, 월남한 반공주의 작가인 이범선의 작품 「청대문집 개」는 넝마주의에서 채식장 주인으로 치부한 주인공이 사고로 죽은 인부들에게는 냉혹하면서 경찰과 권력에 기생하는 양상을 그리고 있는 소설인데, 그 부정적 주인공이 자신의 신체적 결함인 불구의 눈을 가리기 위해 쓴 선글라스를 맥아더의 그것으로 비유하고 있다. 이 선글라스의 이미지는 소설에서 빈복적으로 등장하며 부정적 주인공의 인물과 결합되어 미묘한 효과를 창출하고 있다.

27_고은, 「나에게 술을 부어라」, 『1950년대』, 청하, 1989, 227면.

28_많은 전기작가들이 맥아더가 철모가 아닌 그 유명한 구겨진 모자를 전장에서 착용했고, 폭격이 이루어지는 전장에서도 대담함을 보인 개인적인 용기에 대해 적고 있다. 그렇지만 "참호 속의 더그"(2차 대전의 필리핀 전장에서 사령부에만 있는 맥아더를 비꼬는 닉네임)라는 병사들에게 비친 맥아더의 이미지도 그의 평생을 따라 다닌 별명이다.

환과 12위인 노태우의 사이에 11위의 인물로 선정되었다.[29] 또한, 1998년 인하대 정치외교학과의 서규환 교수가 인천지역 청소년 1,170명을 대상으로 인천을 대표하는 역사인물을 조사했는데 여기서 맥아더는 20.3%를 얻어 비류백제의 시조 비류의 4.3%를 멀찌감치 따돌리고 1위를 차지하기도 했다.[30]

이처럼 확고부동했던 맥아더 표상은 2000년대 들어 미군 장갑차에 의한 어린 중학교 학생들의 죽음 이후 결정적인 균열의 조짐을 보이며 논쟁의 중심으로 떠오른 바 있다. "위대한 미국인, 인천의 영웅"이라는 경배와 찬탄의 대상인 맥아더에게 노근리 민간인 학살의 책임을 묻고 핵의 사용과 만주로의 확전을 주장했던 "전쟁광"의 이미지가 덧붙게 된 것이다.[31] 현재

29_중앙일보사, 『학계 언론계가 뽑은 광복 50년 한국을 바꾼 100인』, 월간중앙 신년호 별책부록, 1995. 이 책에서 맥아더에 대한 항목은 역사학자 이기동이 집필하고 있는데, 맥아더의 일대기를 서술하며 특히 한국과의 관련, 이승만 단독정부의 수립에서의 그의 역할, 인천상륙작전 등이 주로 기술되었으며 맥아더 건의가 받아들여졌을 경우 통일이 이루어졌으리라는 한국인의 일반적인 맥아더 인식으로 결론 맺고 있다. 위대한 아시아인을 추려 소개하고 있는 윤상인 외 편저, 『(위대한) 아시아』, 황금가지, 2003에서도 미국인으로는 유일하게 위대한 아시아인으로 맥아더가 거론되고 있는 것도 흥미롭다.

30_한홍구, 앞의 책, 207면 재인용. 인천시에서 발간된 현대의 지리지에서 만국공원과 맥아더 동상이 지방의 경승지로 반복해서 수록되고 있는 것도 이러한 현상과 관련이 있을 것이다. 가령, 유희강, 『仁川의 案內: 古蹟, 名勝, 天然記念物』, 인천직할시, 1959에는 자유공원과 맥아더 장군 동상이 명승과 고적으로 소개되어 있다. 인천상륙작전과 맥아더는 인천이라는 지역적 정체성과 분리불가하게 결합되어 있다고 할 수 있다. 최근에는 맥아더 동상의 철거 문제와 이후 동상을 문화재로 등재하는 문제를 두고 보수/진보 단체 간의 첨예한 대립이 반복 재연된 바 있다.

31_최근의 문서들은 맥아더가 만주뿐만이 아니라 북한의 여러 지역에 핵 사용을 주장했음을 증거하고 있다. 맥아더는 만주 지역을 중심으로 26곳에 핵을 1차로(!) 사용할 것을 주장했다. 실향민들의 회고 중에는 개성 지역에 핵무기가 투하된다는 풍문 때문에 많은 이들이 남하하였다는 회고가 있고, 박완서의 『미망』에도 이러한 장면이 있거니와 맥아더의 핵무기

한국 사회에서는 해방기 정국에서의 맥아더의 역할을 근거로 하여 분단의 책임과 한국전쟁의 발발 가능성을 무시하여 300만 한국인의 사상자를 낸 전쟁 책임을 묻는 논점이 대두하고 있다. 이제부터는 해방 이후의 맥아더 표상에 대한 전반적인 이해를 기반으로 최재서가 쓴 전기가 나오기 직전까지 한국 사회에서 맥아더가 수행한 실제적인 역할과 그 표상화의 양상에 대해 구체적으로 들여다보기로 하자.

해방과 점령 사이

많은 한국인들은 맥아더를 인천상륙작전을 통해 한국사에 극적으로 등장한 영웅으로 인식하지만, 사실 그는 해방 직후부터 한국인의 운명에 가장 큰 영향을 끼친 인물이었다. 맥아더는 연합군 사령관으로 일본을 점령하여 이후 5년여 동안 통치했으며,[32] 미 육군 태평양지구 사령관으로서 38선 이남의 미군 진주와 점령을 자신의 명의로 포고했다. 다른 무엇보다도 그는 38선 이남의 미군정 책임자인 하지에게 강한 영향력을 행사하는 미군 상관이었다. '태평양의 시저'라는 별칭이 말해 주듯이, 그는 2차 대전 시기부터 태평양에서 미국을 상징하는 인물이었다. 로마제국의 속주 총독으로서 군사적 천재를 발휘했던 시저가 로마의 집정관이 되었듯이, 맥아더는 미국제국의 아시아 속주(필리핀, 일본 등)의 총독으로 태평양전쟁과 한국전쟁

사용 주장은 당대 민중들에게도 널리 알려져 있던 소문이었던 것으로 보인다.

32_맥아더가 자신의 영지 일본에서 누린 권력은 본국의 대통령의 권한을 능가했다. 맥아더는 1951년 상원 청문회에서 자신이 일본에서 행사한 권력을 "미국에서 대통령이 갖고 있는 것과 같은 행정권뿐만 아니라 입법권도 포함된 것이었다. 내 명령은 곧 지령이 되어 하달되었다."라고 설명했다(존 다우어, 『패배를 껴안고』, 최은석 옮김, 민음사, 2009, 88면).

에서 군사적 천재를 발휘하고 제국의 수도 워싱턴의 집정관이 되고자 했다.

해방자와 점령자의 형상은 맥아더의 아시아에서의 경력 전체에 덧붙어 있는 이미지이기도 하다. 웨스트포인트를 졸업한 청년장교 맥아더가 군인으로서 사회적 경력을 시작한 곳이 필리핀이었는데, 알다시피 그의 아버지는 필리핀 총독을 역임했다. 맥아더 역시 필리핀군 원수로서 2차 대전 중 일본군과의 전투에서 패해 바탄 반도에 고립되어 있다가 호주로 탈출한 후 다시 필리핀을 수복하였다. 미국의 식민지였던 필리핀에서 맥아더는 필리핀 독립운동자들을 소탕한 점령자이면서, 동시에 일본 치하의 필리핀을 수복한 해방자이기도 했다. 전후 일본에서는 GHQ의 사령관으로 주권을 행사한 점령자였으면서도, 그 주권을 기반으로 이른바 점령 개혁을 추진하여, 일본의 신헌법 제정, 재벌 해체, 농지 해방, 부인 참정권 부여, 국가 신도 해체 등의 민주개혁을 시행하여 현대 일본의 정치, 경제, 문화의 골격을 민주화한 해방자로 자리 잡았다.

해방 이후 한국의 경우는 어떠한가. 1950년 9월 15일 상륙작전이 수행된 인천은 1945년 9월 8일 미군정이 상륙한 곳이기도 하다. 해방 직후 귀환 학병들이 발간한 『학병』 제1집의 표지와 그 내용들은 해방자이자 점령자로서의 미군의 이미지와 관련하여 한 참조가 된다. 미군의 전함 버니시아(Bernicia) 호로 장식된 표지는 해방군으로서의 미군과 함께 그들의 전함을 타고 승리자로 돌아온 학병들의 심리상태를 보여 준다. 그들은 미군을 해방자로 맞이하였다. 학병들은 조선의 식민지화 과정에서 저 유명한 가쓰라-태프트 조약을 통한 미국의 묵인이 결정적 역할을 했다는 사실을 배울 틈이 없었던 듯하며, 자신들이 타고 온 버니시아호가 조선이 망국으로 향해 가는 역사의 시발점에 있었던 미국의 조선 공격인 '신미양요'에서 콜로라도(Colorado) 호, 알라스카(Alaska) 호, 모노카시(Monocacy) 호, 팔로스

해방기 잡지 『학병』 창간호 표지. 필리핀 전선에 동원됐던 학병들이 돌아올 때 탑승한 미국 선박 버시니아 호의 위용이 당당하다.

(Palos) 호와 함께 아시아 함대를 구성한 5척의 전함 중 하나였다는 사실을 미처 알지 못했다. 그렇지만, 그들이 그렇게 열렬히 환영했던 미군이 해방군으로서만이 아니라 실질적인 점령과 통치를 위해 왔다는 사실을 깨닫는 데에는 오랜 시간이 필요치 않았다.

조선인에게 미군이 해방자인가 점령자인가 하는 의문이 생기기 시작한 것은 '북위 38도 이남의 조선 영토와 조선인에 대한 통치의 모든 권한은 당분간 본인의 권한 하에서 시행한다.'는 제1조로 시작하는 9월 7일의 맥아더의 포고문에서부터일 것이다. 이후 조선은 '태평양 전장에서 진정한 군정이 수립된 유일한 곳'이 되어 버리고 실질적으로 미군정의 통치를 받게 된다. 탈식민지 조선사회에서 가장 강한 규정력을 발휘한 포고가 과거 식민지 시절과 마찬가지로 도쿄에서, 그렇지만 황거와 천황을 대체한 GHQ의 맥아더 명의로 발신된 것은 아시아질서의 변동을 상징한다. 미국 헤게모니 하의 구 일본제국의 재편 과정에서 GHQ와 남한 군정청의 관계는 일본 정부와 조선총독부 사이의 관계를 재현하고 있었다.

흥미로운 것은 미군정 기간 동안 남한사회에서 맥아더는 현해탄 너머에 존재했으며 점령자로서의 맥아더의 신체는 한국인들에게 지각되지 않았다는 점이다. 미군정과 하지에 대해서는 비판적이었던 저널리즘에서도 간간히 등장하는 맥아더에 대한 기사는 유독 호의적인 논조 일색이었다. 가령, 김남천의 「8·15」가 연재되었던 진보적 신문인 『자유신문』에서 기사화되는 맥아더의 형상은 한 참조가 된다. 1945년 12월 24일자에서는 「평화의 완전 실현」이라는 제목으로 성탄절 메시지를 보내는 자애로운 사령관의 육성이 전달되는가 하면, 1946년 1월 12일자 기사에서는 "조선의 군정에 관하야 나는 조선을 미소 양 점령지대로 분할하는 데에 반대다. 조선을 북한 삼십팔도로써 미소 양군 점령지대로 인위적으로 구분한 것은 물자와 사람과 정보의 자유교환에 대하야 장벽을 제공하고 있다. 그리고 모든 당파가 일치하야 신탁통치정책과 조선을 양 점령지대로 구분하는 데 대하야 반대하고 있다."라고 맥아더의 보고를 전하고 있다. 1946년 2월 22일자 기사 「南北鮮에 별개정부 성립될 리는 만무하다」에서는 북조선에 성립된 인민위원회 수립에 대하여 "미국과 소련은 상호 협력하여 가급적 속히 단일 임시정부를 수립하고저 노력하고 있다. 따라 조선에 두 개의 정부가 수립된다는 것은 있지 못할 것이다."라는 맥아더 사령부의 동경 발 성명이 소개되었다. 1946년 2월 25일자 「赤軍의 전쟁공적찬양-맥아더대장, 미소 우호관계를 역설」이라는 기사에서는 2차 대전에서의 소련군의 위용을 찬양하며 연합국의 우의를 강조하는 맥아더의 연설을 전한다. 이처럼 해방기의 맥아더 기사는 남한 군정의 직접적인 지배와는 무관한 곳에서 한국의 완전 독립을 지지하는 맥아더 상을 구축하고 있다.

그러나 이러한 맥아더의 형상은 당대 실상과는 어긋난 것이다. 기존 연구가 밝히고 있듯이, 재조선 미군사령관이었던 하지는 미군의 위계질서 하에서 맥아더의 의중에 부합하는 점령 정책을 수행하려 했다. 정병준의 역저 『우남 이승만 연구』[33]의 충실한 고증에 따르면, 맥아더는 해방 이후 이승만의 귀국을 돕고 그를 특별한 정치지도자로 신화화하여 남한 단정을 수립하는 데 크게 기여했다. 그들이 연대할 수 있었던 이유는 루즈벨트 이후 미국 국무성 주도의 국제주의 노선인 신탁통치안을 반대하고 남한을 반공의 보루로 만들려는 이해관계의 일치 때문이었다. 국제연합 구성을 위해 개최되었던 1945년의 샌프란시스코 회담에서 철저한 반소, 반공 노선을 표방한 이승만의 입장에 맥아더가 호의를 갖게 되고 맥아더의 고문이었던 필리핀 실력자 로물로와 이승만의 사적 친분이 계기가 되어 이승만은 아시아의 강력한 반공 지도자로 맥아더 등 군부 내 강경파의 주목과 후원을 받게 되었다. 해방 이후 이승만은 맥아더의 결정적 도움을 제공받아 귀국할 수 있었는데,[34] 귀국 중 동경에서 맥아더와 두 차례 회담을 했다. 이때 맥아더는 남한 군정책임자 하지를 동경으로 불러들여 이승만을 영접하게 하는 등 특별히 환대했다. 커밍스도 이 회동에서 맥아더, 하지, 이승만이 이미 확립된 국제주의적 정책(신탁통치안)에 반하는 계획을 작성했을 가능성을 제기한 바 있다.[35] 맥아더는 2차 대전의 필리핀과 태평양 전장을, 2차 대전 이후에는 일본 동경을 누볐던 자신의 유명한 전용기 '빠탄'호를 이승만에게 내주었다. 일본인은 물론 여타의 다른 한국인에게는 한 번도 허락되지 않았던 이러한 여러 환대는 이승만이 남한 정치계의 신화로 자리 잡는 데 큰 도움이 되었다.[36] 맥아더, 하지, 이승만의 이러한 연대는 남한의 단독정부

33_정병준, 『우남 이승만 연구』, 역사비평사, 2005, 268~271면, 427~467면 참조.

34_이승만의 동지회는 이승만의 귀국 직후인 10월 26일 하지가 아닌 맥아더에게 감사 전문을 보낸다. 정병준, 위의 책, 438면 재인용.

35_브루스 커밍스, 『한국전쟁의 기원』1, 김자동 옮김, 일월서각, 1986/2008, 179면.

36_맥아더가 바탄호를 국외로 보내 외국인을 태운 것은 두 차례였는데 탑승자는 모두 이승만이었다고 한다.

수립에 결정적인 기반이 되었다. 국립 서울대학교의 명예박사 수여의 기록은 이러한 사실을 우회적으로 보여 주는 증거이다. 서울대 대학신문은 1964년에 맥아더의 죽음을 전하며 그와 서울대와의 인연을 다음과 같이 환기시킨다.

> "〈고'맥아더'장군〉 서울대 명예박사 제1호 '노병은 죽지않고 사라질뿐'이라던 세기의 명장 '다글러스 맥아더' 원수가 지난 6일 새벽 순명하자 한국의 조야는 해방과 6·25 당시의 그의 위업을 회상하면서 깊은 조의를 표하였다. 서울대로서는 '맥아더' 장군이 명예박사학위의 제1호 수령자였다는 연고관계로 더욱 큰 조의를 표하였는데 장군은 대한민국 정부가 수립되던 1948년 8월 10일 서울대 맨 처음의 명예법학박사를 받았던 것이다. 명예박사는 맥아더장군 다음에 존. R.하지 중장(48년도) 세 번째로 이승만전대통령(49년도)에게 명예법박을 수여하였다."[37]

국가 성립 이전, 미군정이 주권을 행사하는 가운데 설립된 '국립' 서울대학교가 수여한 명예박사학위 1호 수령자가 맥아더라는 사실은 그가 한국 국가 형성에 가장 지대한 영향을 끼친 인물이라는 점을 웅변하고 있다. 맥아더, 하지, 이승만의 이러한 '명박' 수여 순서는 그대로 태평양지역의 정치적 위계와 유비관계를 형성한다. 대한민국 정부가 수립되었을 때 맥아더는 정부 수립을 축하하기 위해 식에 참석하여 "나는 캘리포니아 주를 지키는 것과 꼭 같은 정신으로 한국을 지키겠다."고 축사했다.[38] 맥아더는 이러한 축사의 약속을 2년여 만에 인천상륙작전의 성공을 통해 지키게 된다.

37_『서울대 대학신문』(0535호) 1964.4.9., 1면.

38_임옥인, 『文章講話』, 新元社, 1959, 77면. 50년대에 맥아더의 「대한민국 정부 수립을 축하함」은 좋은 축사 문장의 견본으로 제시되었다.

이번에도 동경에서 날아온 맥아더는 중앙청에 이승만과 나란히 서서 한국의 주권을 회수하여 이승만에게 건네주는 퍼포먼스를 연출하게 된다.[39] 이러한 맥아더의 역할은 사실 익숙한 것인데, 필리핀의 케손, 일본의 천황, 그리고 남한의 이승만과 나란히 서 있는 거인의 이미지야말로 맥아더가 아시아의 수호자로서 자신을 구성해 간 과정이기도 했다.[40]

39_맥아더와 이승만은 적을 가볍게 보고 자신을 실제 이상으로 과대평가하는 데에서도 공통점을 가지고 있다. 맥아더는 북한군의 38선 침범의 소식을 듣고 "미군 몇 명과 제1기갑사단만 보내면 북한인들은 만주까지 허겁지겁 도망치고 말 것"이라고 큰소리치면서 "크리스마스는 고향에서 보낼 수 있을 것"이라고 장담했지만, 대구와 부산까지 허겁지겁 도망간 것은 미군이었고, 미국 병사들은 세 번의 크리스마스를 전장에서 보내야 했다. 이러한 맥아더의 장담은 이승만의 '점심은 평양에서 저녁은 신의주에서'에 비하면 비교적 현실적인 발언일 터이지만 말이다.

40_한국 사회와 비교되는 북한에서의 맥아더 표상도 흥미롭다. 인천상륙작전의 방어전을 그리고 있는 황건의 「불타는 섬」(1953)은 맥아더가 직접 등장하지는 않지만, 북한 소설이 미군을 표상하는 방식과 그 대척점에 있는 북한군을 비극적 영웅의 형상으로 구축하는 전형적인 양상을 보여 주는 작품이다. 인천상륙작전에 대한 공식적인 전사에서는 대략 25분 정도의 포격 후 함락된 것으로 서술되는 월미도 전투를 1개 중대가 포 4문으로 5만 상륙군을 막아서서 며칠을 버티고 최후의 중대원과 무전수까지 영웅적 죽음을 맞이하는 것으로 묘사한다. 이 소설은 영화 〈월미도〉로 확대 제작되었다. 이 소설의 미군의 묘사는 어떤 의미에서 식민지의 문학이 묘사했던 '鬼畜米英'의 정신을 그대로 계승하고 있다고 할 수 있다. '조국의 작은 섬은 이 악독한 짐승들의 발악 앞에 맞고 할퀴우고 불에 지지웠다.'(「불타는 섬」, 신형기·오성호·이신미 엮음, 『문학과지성사 한국문학선집: 북한문학』, 2007, 288면)라고 묘사되며, 미군 전함들은 "지금도 히뜩히뜩 눈에 띄는 마스트며 굴뚝이며 포 아가리며 선체가 피묻은 이빨로, 발톱, 손톱으로 살기 서린 눈깔들로 보"(295면)인다. 이 '鬼畜米英'의 연합군은 "미국놈 검둥이에 일본놈까지 또 까맣게 따라 올라오고 있다."고 묘사하는 데에서 새로운 진영논리로 전환한다. 재미 일본인 일부가 미군에 지원해 파견되었다는 역사적 사실을 근거로, 일본인 등장인물을 통해 일본의 식민지 지배 역사의 기억과 미국에 의한 현재의 지배라는 현실이 통합되고 있다. 일본과 미국이라는 자유아시아가 이 소설에서는 전도된 형태로 타자화되고 있는 셈이다. 석윤기의 『시대의 탄생』(1966)은 맥아더를 직접 중요한 형상화 대상으로 삼고 있다는 점에서 주목할 만하다. 또한 『시대의 탄생』에는 인천상륙작전에 일

3. 친일과 반공의 블루스
– 최재서의 '맥아더' 표상

제국의 신민과 자유아시아의 '쇼군'

해방 이후 한국인의 세계 심상지리 재편의 핵심은 일본제국에서 미국제국으로의 이동으로 요약할 수 있다. '대동아전쟁'은 '태평양전쟁'으로 명칭이 바뀌었으며, 대동아는 자유아시아로 전환하였다. 일본적인 것에서 미국적인 것으로의 이동은 한국의 현대성을 결정지은 핵심적인 변화이지만, 그러한 변화가 늘 단절적인 것만은 아니었다는 것을 인식하는 것이 중요하다.[41] 한국전쟁을 전후하여 '미국-일본-한국'을 잇는 반공 블록과 자유아시아라는 지정학적 심상지리가 작동하면서 과거 '대동아'[42] 혹은 일본적인 것

본 군속이 참여하고, 그 반대편에 다시 식민지 조선에서 태어난 병원장의 아들이지만 인민군을 돕다가 UN군 상륙 후 처형당하는 이시까와 신조라는 인물이 등장하고 있는 점도 흥미롭다. 자유아시아를 성립시키는 중요한 대쌍이 '공산지나'와 반공(자유) 타이완이었다면, 석윤기의 소설에서는 그것을 식민지의 기억과 결부된 제국일본과 이시가와 신조로 대표되는 신생 일본으로 대체하고 있다.

41_다음과 같은 1950년의 신문의 대담은 한 사례가 될 것이다. 해방 이후의 변화상을 두고 나누는 대담을 주재하며 사회자는 "이것은 칠 년 전 일입니다마는 '맥아더' 장군이 동경에서 일본 천황과 같이 사진을 찍었는데 그때 '맥아더' 장군은 '노타이'로 버티고 서있고 조그마한 천황은 새까만 '모닝'을 입었거든요. 그래서 이것은 너무나 불경이라고 그런 말이 많았다는 얘기가 있었에요. 그런데서 느끼기를 우리나라에서도 여름에는 좀 간단한 옷을 입었으면 좋겠다는 것이었는데 금년에는 그것이 더 많아진 것 같아요."(「明暗십년을 말한다」, 『동아일보』, 1958.8.15., 5면)라고 발언한다. 여름철 노타이의 맥아더와 모닝의 천황을 현대성과 실용성이라는 측면에서 비교하는 일상의 감각이 일본적인 가치(예의)와 미국적인 실용성의 교체를 상징하는 것으로 환기되고 있다.

42_사실상 자유아시아로 변형된 것은 '대동아'가 아니라 일본제국의 만주사변 이전의 판도인

은 미국적인 것과 교섭하면서 새로운 가치로 변형되었다.[43] 맥아더는 이러한 제국 일본과 미국의 동거를 상징하고 또한 그것이 가능하게 한 전후 일본의 주권자였다. 국제연합의 이상을 물리적으로 지지하는 연합군 사령관 맥아더는 임명권자인 미국의 정치권력 트루먼을 능가하는 권위를 추구했고 한국전쟁의 과정에서는 문민 우위의 전통에 도전하였다. 일본을 중심으로 하는 구제국의 영역에서 맥아더는 워싱턴의 정치가들을 능가하는 위상을 확보하고 있었다. 그는 냉전과 열전이 교차한 1950년대 초반까지 과거의 대동아를 자유아시아로 개조한 개혁가였으며 자신이 만든 그 자유아시아를 실질적으로 통치하는 '쇼군(將軍)'이었다.

이러한 맥아더의 형상을 통해 제국의 후예인 식민지 지식인이 자신의 정체성을 재구성하고 있는 흥미로운 자료가 바로 서두에서 언급한 『매카-더 선풍』과 『영웅 매카-더 장군전』이다. 『매카-더 선풍』(1951)은 『성조기』지의 영어 기사를 바탕으로 하여 맥아더가 트루먼에 의해 해임된 뒤 미국으로 귀환하여 미국 대중들의 열렬한 환영을 받고, 웨스트포인드 사관학교 시절 유행했던 군가인 '노병은 죽지 않고 사라질 뿐이다.'로 마무리한 유명한 상하원 합동연설과 미국 상원 조사위원회에서 한국전쟁과 관련하여 보고한 내용들을 최재서가 논평하면서 재구성한 저술이다.[44] 트루먼 정부의

일본 열도, 타이완, 조선을 아우르는 '소동아'였다.

43_존 다우어, 앞의 책은 구일본제국의 가치와 새로운 미국적인 것이 결합하여 전후 일본 사회를 구성해 간 과정을 보여 주는 가장 충실한 안내서의 하나이다. 이러한 과정은 완전히 동일하지는 않지만 남한사회에서도 유사하게 발생한 현상이었다고 할 수 있을 것이다.

44_한국전쟁 이후 맥아더와 관련된 출판물들의 중요한 한 흐름은 맥아더의 축사(가령 앞서 언급한 임옥인의 『文章講話』의 축사의 예문 등) 및 연설문 등과 아들 아더 맥아더를 독자로 상정한 '아들에게 주는 기도문' 등이다. 맥아더가 '시저'로 별칭되는 데에는 그의 군사적, 정치적 재능과 함께 이러한 문장에 대한 탁월한 감각도 작용한 것일 터인데, 신언서판을 중시

최재서가 번역한 『영웅 매카-더 장군전』 표지.

대아시아 및 한국전쟁 정책과 맥아더의 아시아 제일주의 정책을 비교하면서 맥아더 정책의 정당성을 강조하는 최재서의 논의를 통해서 『국민문학』을 주창했던 제국적 주체 최재서가 반공을 매개로 하여 새롭게 구성된 냉전아시아의 주체로 재구성되는 과정을 확인할 수 있다.[45]

『매카-더 선풍』은 인상적인 서문으로부터 시작한다. 최재서는 "지하실에서 이불을 뒤집어쓰고 동경방송에 나오는 '매카-더 콤뮤니케'를 듣던 작년 칠 월 이래 매카-더 장군은 나의 생활의 일부였다."[46]고 고백한다. 지하실에서 이불을 뒤집어썼다는 표현에서 알 수 있듯이, 최재서는 미처 피난하지 못한 인민군 점령하의 지하실에서 도피생활을 하고 있었던 것으로 추

하는 한국 사회에서 맥아더가 긍정적인 표상을 획득하는 데에도 일조했으리라 추정된다.

45_최재서는 해방 직후 사회적 생명이 소멸된 대표적인 친일인사라고 할 수 있다. 반민특위에 검거되어 마포형무소에서 투옥되기도 했던 그에게 한국전쟁의 발발과 곧 이어지는 서울의 함락 그리고 인민군 치하 3개월간의 도피생활은 생명의 위협으로 다가왔을 것이다. 인천상륙작전과 이후 남한이 냉전의 방파제로서 설정되고 반공국가화한 것은 최재서에게는 새로운 사회적 생명을 부여하는 계기가 되었을 것이다. 새로운 생명의 기반은 바로 반공주의이다.

46_최재서, 『매카-더 선풍』, 향학사, 1951, 1면.

정되는데, 이른바 '친일 반동분자'인 그에게 인민군 점령의 지속은 죽음을 의미했다. 동경 발 맥아더 코뮤니케는 그가 붙잡을 수 있는 유일한 삶의 희망이었을 것이다. 최재서의 이 내밀한 고백에서 유일한 희망인 맥아더의 '옥음'이 '동경'에서 들려온다는 것은 얄궂지만 시사적이다. 『국민문학』의 편집자이자, 황국신민이 되고자 했던 제국의 후예 최재서에게 과거의 천황을 대신한 전후 일본의 새로운 '백인 천황'이자 자유아시아의 벽안의 쇼군 맥아더가 한국을 방어하고 수복하겠다는 '성지'를 발신하고 있으며, 미국 헤게모니 하에서 반공을 매개로 구성된 새로운 '자유아시아'의 신민이 되고자 한 최재서가 이를 수신하고 있는 형국이다.

이 글은 "매일 매일 『성조기』가 미국 시민들의 귀한 장군 환영의 모양, 국회에서의 극적인 대연설, 상원 조사위원회에서의 아슬아슬한 증언 등을 전"해 주는 것을 기초로 작성된다.[47] 『매카-더 선풍』은 신문기사의 단순한 번역이 아니라 그것에 서사적 육체를 입혀서 맥아더를 영웅으로 표상하고 있는 일종의 창작물이라고 할 수 있다.[48] 해임된 이후 미국에 귀국한 맥아

47_『성조기』지는 주한미군 및 관계자와 한국의 영어 해독자를 대상으로 한 저널이었던 것으로 추정된다. 제국의 완전한 국민이 되기 위해서 "고민의 종자 조선어"를 버리고 일본어 전용의 『국민문학』으로 전환했던 최재서가 반공을 매개로 하여 자유세계의 시민권을 획득하는 글쓰기가 『성조기』라는 영어 미디어의 발췌, 즉 보편언어인 영어 해독 능력과 관련되어 있다는 점이 흥미롭다. 태평양전쟁과 한국전쟁이라는 외적 요건이 초래한 심상지리의 변화 속에서 최재서는 두 가지 제국의 언어를 자신의 지식과 교양의 원천으로 삼은 자의 조건을 십분 발휘하고 있다.

48_각각의 절의 배치도 하나의 서사적 장의 배치이며 장면의 묘사도 그러하다. 가령, "처음에는 깊은 한숨소리가 바닷물결처럼 지나가더니 그다음에는 만세소리－겁을 두려워해서가 않이라 진정에서 우러나오는 만세소리－가 맑은 일본의 하늘을 진동하였다. 그것은 피정복자가 정복자에게 보내 주는 최대의 환영으로서 영원히 청사에 빛날 것이다."라는 『성조기』지의 기사를 인용하고, 이어서 "자동차행렬이 커-브를 돌고 매카-더 장군의 모습이 그들 앞

더가 본국의 시민들에게 환영을 받으며[49] 그를 해임한 트루먼 대통령 등을 상대로 벌인 일종의 정치투쟁의 기간을 서사 시간과 내용으로 하고 있으며, 여기에 맥아더의 한국전쟁관 및 아시아관과 트루먼의 관점 사이의 대립점이 무엇인지 분석하고 한국전쟁의 귀결점을 예측하는 방식으로 구성되었다.

최재서에게 맥아더는 일개 군인이 아니라, 그가 사라짐으로써 "한국전쟁은 어떻게 되며, 또 이 강토와 이 민족의 운명은 어떻게 되나?"[50]라는 걱정 때문에 밤잠을 이룰 수 없을 만큼 절대적인 존재로 부각된다. "떠나가는 장군을 위하여 목을 놓아 우는 이 군중은 육 년 전 공포와 불안 시기와 질시의 눈으로써 매카-더 장군을 맞이하던 동일한 군중이 않이었던가? 이렇게까지 되기에는 여러 가지 요건이 서로 인과관계를 맺어 가며 육 년 동안에 축적되였겠지만 그 중에서도 최대한 원인은 말할 것도 없이" "심오한 점령 행정"[51]이라고 최재서는 적고 있다. 이 "6년 동안의 축적"과 "심오한 점령 행정"이 단지 열도의 '일본 국민들'에게만이 아니라 구제국의 유민인 최재서에게도 영향을 끼쳤다는 것을 알 수 있다. 식민지 말기의 전쟁영화에

에서 사라지자 군중은 일제히 경계선을 뚫고 나와 미국기와 일본국기를 흔들고 만세를 불으며 뒤를 따라갔다. 따라가지 못하는 부인네들은 목을 놓아 울고 어룬들도 부끄러운줄 몰으게 길위에서서 눈물을 흘리고 있었다."(15면)고 장면을 보충한다. 신문기사의 번역과 함께 그것을 서사로 재구성하는 이러한 방식은 과거 식민지 시기 최재서의 출판사에서 발행한 이태준, 이무영의 『대동아전기』(인문사, 1943.1.20.)를 연상시킨다.

49_맥아더를 영웅으로 환영하는 본국의 분위기와 달리 정작 한국전쟁의 전장에 있었던 병사들은 "호전적이라고 맥아더를 욕하면서 해임을 환영하는 기색"(유종호, 『그 겨울 그리고 가을 - 나의 1951년』, 현대문학, 2009, 128면)이었다는 기억도 존재한다.

50_최재서, 『매카-더 선풍』, 2면.

51_최재서, 위의 책, 16면.

서 '카이젤 수염을 기르고 마닐라 시내를 끌려 다니던' '鬼畜米英'의 적장이었던 맥아더가 민족의 운명을 손에 쥔 절대자로 전신하는 데에는 불과 6년 여의 시간이 걸렸을 뿐이다.

맥아더 대 트루먼

최재서는 중공 참전 이후 열세에 몰린 트루먼 행정부의 철수론을 맥아더가 막았으며, '과거 6년 동안의 나의 극동점령정책 중 유일한 과오가 있었다면 그것은 미군을 한국에서 철퇴시킨다는 워싱턴의 결정에 찬동한 일뿐'이며, '만약 한국에서 UN군이 철퇴하게 된다면 그것은 UN의 종언을 의미하는 것'이라는 그의 미 의회 상원 조사회에서의 증언을 제시하며 '한국에 대한 맥아더의 애정과 신의'[52]를 독자에게 확인시킨다. 최재서가 말하는 것처럼 맥아더가 한국에 대한 특별한 애정과 신의 때문에 한국전쟁에 임했는가는 논란의 여지가 있다. 그가 평화가 아니라 전쟁을 통해서 자신의 군사적, 정치적 능력을 입증함으로써 존재의의를 추구한 군인이라는 점에서, 또한 이 전쟁의 승리를 위해 북한과 만주에 1차(!)로만 26발의 원폭을 주장했다는 측면에서 보면 그에게 한국인의 터전과 생명은 크게 문제되지 않았다고 보는 것이 합당하다. 귀국을 환영하는 샌프란시스코 시의 환영 인파에 대한 연설에서 맥아더는 캘리포니아 주 출신 자제들로 구성된 제40사단을 보내 준 것에 감사하며 그들이 중요성에 있어서 한국전쟁에 결코 못지않은 "일본 수비 – 아메리카와 동일한 민주주의를 건설하기 위한 외곽 보루

52_최재서, 위의 책, 112면.

를 방위한다는 중대 임무[53]"를 띠고 있다고 설명한다. 이러한 발언은 맥아더의 이른바 아시아 중시의 사고가 미일동맹을 중심에 둔 자유민주주의진영과 공산진영이라는 심상지리의 대립 속에서 작동하고 있음을 보여 준다고 할 것이다. 이 저술의 세계 인식에는 이처럼 공산진영 대 자유진영의 이분법이 철저하게 작동한다. 그것은 맥아더의 세계 인식이면서 동시에 최재서의 인식이기도 하다. 최재서는 "하나님이 나에게 싸울 힘을 주시는 한 나는 인류의 적 공산주의와 싸우기를 계속할 것"[54]이라는 맥아더의 언명을 전하는가 하면, '동경에서 시작된 맥아더 선풍의 크라이막스'인 뉴욕 시민의 환영회에서 신교/구교와 모든 인종을 아우르는 행진 대열을 묘사하며 그 중에서도 코사크 복색의 "반공러시아인"의 행진을 강조하면서 두 진영의 대립을 재현하고 있다.[55]

친일파들이 과거의 행적에서 벗어나 자신의 정체성을 재구성할 수 있었던 계기가 단정 수립과 한국전쟁을 거치면서 강화된 '반공'노선과 관련되었듯이, 최재서도 자신의 정체성을 맥아더의 반공주의에 기반을 둔 세계전략에 대한 공감을 통해서 재구성하고 있다. '반공'은 친일 부역의 과거를 씻어 내는 표백제였다. 맥아더라는 신체를 통해 과거의 일본제국과 새로운 자유아시아의 가치는 결합되었다.[56] 반공을 통한 이러한 친일에서 친미로

53_최재서, 위의 책, 20면.

54_최재서, 위의 책, 9면.

55_최재서, 위의 책, 42~43면.

56_천황제를 존속시키며 미국적 패러다임으로 일본 사회를 재구성한 맥아더의 점령정책 자체가 전후 동아시아 질서의 재편에서 구제국과 새로운 제국의 가치의 계승과 절합을 상징한다고도 말할 수 있다. 『영웅 매카-더 장군전』에는 러일전쟁의 참관인으로 자신의 부친과 극동에 왔었던 청년 맥아더의 이력을 그리면서 려순의 공방전에서 맥아더가 일본군을 직접 지휘하여 러시아군 진지를 점령하는 장면을 묘사하기도 한다. 이러한 서술에는 일본을 리드하는

의 절합의 과정에서 중요하게 작용한 것이 과거 일본제국 시절의 아시아론의 변용이었다. 가령, 북한군의 남침의 증거로 제시된 소련 장교의 '아세아 해방-세계해방론(공산주의)'은 한 사례이다. 최재서는 소련군 장교가 "미 제국주의가 우리의 전도에 있는 유일한 장해이니까 우리는 아세아 제 민족을 규합하여 이 장해물을 두드려 부셔야 한다."[57]라고 역설했다고 소개한다. 소련군 장교의 담론은 일본과 일본 군부의 성전 이데올로기의 익숙한 논법을 연상시킨다. 부정해야 할 과거의 '대동아'는 적성국가 소련에게 덧씌워진다. 미국을 타자로 한 아세아 해방론 즉 '대동아전쟁'의 담론이 미 제국주의를 타자로 한 아세아 해방을 주창하는 공산주의 담론으로 전도되고 있는 것이다. 이 저술의 대부분의 분량은 이러한 공산주의의 전략에 맞서서 (자유)아시아를 수호하는 것이 세계를 방어하는 것이라는 맥아더의 아시아 우선주의가 어떻게 트루먼 행정부와 충돌하게 되고 해임으로 이어졌는가를 분석하고 맥아더 주장의 근거를 소개하는 데 할애되어 있다. 트루먼의 제3차 대전 저지론과 맥아더의 아시아 우선주의 및 만주 폭격, 대만 중시론 등이 대립된 것은 역사적 사실이다. 그럼에도 여기서 중요한 것은 그러한 대립을 재현하고 해석하는 최재서의 관점이고 맥아더의 입을 통해서 발화되는 최재서의 복화술적 언설이다.

> 매카더 장군은 그 연설벽두에서 '아세아는 구라파의 관문이라고 흔히덜 말하지만 구라파가 아세아의 관문이라는 것도 뫁(sic)지않게 진리이다.'라고 갈파하였다.

지도자, 그 일본을 거점으로 공산주의 소련과 대항하는 전후의 맥아더의 길을 예형하고자 하는 심리가 작동하고 있다고 할 수 있다.

57_최재서, 앞의 책, 48~49면.

> 이것은 매카-더전략론의 기초가 되는 사회철학의 제1원리이다. 서구라파 사람들, 특히 영국사람들이 매카-더 장군을 싫어하는 가장 근본적인 이유도 여기에 있다.[58]

> 영국을 비롯한 서구라파 나라들이 한국전쟁확대에 반대하고 될수만 있으면 중공을 유화하려드는 것은 순연히 그들의 이기적 입장에서 나오는 타산이다. 미국이 한국전쟁에 너무 주력하면 서구라파방위에 대한 미국의 노력이 감살되지 않을까? —이것이 서구라파외교관들의 두뇌를 점유하고 있는 지배적인 생각이다.[59]

맥아더 해임이 '2차 대전 이래 영국 외교 최대의 승리'라는 평을 전언하고 있는 최재서의 진술에서는 식민지 시기 반서구주의의 잔상이 감지된다. 특히, 중국을 '적색지나'와 타이완('자유지나')으로 구분하며 이것을 세계의 심상지리와 대응시키는 대목은 흥미롭다. 최재서는 '중공은 새로운 제국주의적 세력이다.'라는 맥아더의 해석을 독창적 중국관으로 규정한다. "오래 동안의 식민지적 질곡에서 벗어난 아세아 제 민족이 급속히 실력을 결속하면서 '그 생활수준을 높이고 자기의 문화 환경에 맞도록 현대적 진보의 全설계를 적응'시키랴는 그 필사적인 노력을 더 진실한 아세아의 일면"으로 보고 이러한 중국 민중과 아세아 제민족의 염원에 대해 "중공 지배자들은 그러나 과거 어느 자칭 정복자에도 진배없이 침략적이며 강탈적이며 무자비하다. 이리해서 우리는 아세아대륙에 나타난 새로운 제국주의적 세력과 대면하게 되는 것"[60]이라는 맥아더의 진단을 소개한다. 서구의 제국주의와

58_최재서, 위의 책, 24~25면.
59_최재서, 위의 책, 58면.

결합된 장개석 정권 및 공산주의의 '항일지나'와 아시아 제민족의 해방과 중국 민족의 진보를 위한 성전 이데올로기를 이해하는 왕조명의 남경 정부로 대표되는 '친일지나'의 구분은 최재서에게는 익숙한 세계 이해이다. 맥아더의 중공 제국주의론은 과거 제국일본에서 유행했던 제국주의와 결합된 항일지나와 일본과 결부된 친일지나라는 인식을 전후의 세계에서 재현하고 있다.[61]

아시아 중시와 만주 폭격을 주장한 한국전쟁 전략이 트루먼 행정부의 정책과 갈등을 빚게 된 것이 맥아더 해임의 핵심적인 이유이다. 최재서는 맥아더의 정당성을 옹호한다. 맥아더는 대만을 태평양 방어의 진지로 삼고, 장개석 군을 활용해야 한다는 전략을 취했다.[62] 최재서는 맥아더의 적극적인 전략이 중공의 유엔 가입, 대만 포기 쪽으로 기운 국무성의 견해를 압박하여 이들 국무성의 관리들조차 대만을 포기하지 않겠다고 표명하지 않을 수 없게 했다고 평가한다. 최재서에 따르면, 소련 참전에 대한 두려움

60_최재서, 위의 책, 62~63면.

61_과거 일본이 대소련 방공국가로 실립한 만주국 건국의 방식을 활용하여 미국이 이승만 단독정부를 세워 대소(對蘇) 방공국가화한 것으로 대한민국 설립을 이해하는 관점이 존재하거니와, 최재서가 강조하는 맥아더의 대중공관은 해방 이전 제국일본의 중국, 소련 등과 결부된 아시아와 세계에 대한 지정학적 인식을 전후 아시아에 변용 적용시키고 있는 것이기도 하다.

62_최재서의 대만에 대한 견해가 삽입되어 있는 점이 흥미롭다. "여기서 한 가지 필자 자신의 의견을 첨부해서 말한다면, 대만은 현재에 장개석 망명정부가 팔십만의 군대를 거느리고 있다는 그 단순한 사실로 말미아마 그 면적과는 전연 비례가 않되리만큼 커다란 전략적 가치를 갖는다. 설혹 현재 대만에 주둔해 있는 국부군이 무력하다할지라도 그것을 잘 키우면 자라서 앞으로 본토에 제이전선을 펼 수도 있는 군대이다. 만약 대만을 공산당 손에 내매낀다면 그러한 모든 희망은 전연 살아지고 중국은 그야말로 완전히 청산되고 말 것이다."(최재서, 위의 책, 68면).

이 맥아더에 대한 반대론자들의 논리의 핵심이었다. 그 두려움 때문에 트루먼 정부가 전쟁을 한반도에 국한시키며 만주 폭격을 불허했던 데 반해, 맥아더는 소련은 참전하지 못하며 지금 중공을 격멸하지 않으면 오히려 소련이 참전할 것이라고 주장했다. 이러한 맥아더의 주장에 공명하며 최재서는 한국전쟁에서 공산군이 우세를 보이게 되면 전쟁 막바지 7일간의 참전을 통해 만주와 북한을 전리품으로 획득했던 2차 세계대전의 경험을 떠올리며 소련이 참전하여 궁극적으로는 일본을 침공할 것이고, 중공은 타이완과 남지나를 침공하여서 진정한 의미의 3차 대전이 일어날 것이라고 우려하고 있다.

마지막으로 최재서는 맥아더의 해임으로 한국전쟁이 직면하게 될 결말을 예측하고 있다. 트루먼 행정부의 선택지는 1)철퇴냐 2)3차 대전이냐 3)정전협정이냐의 세 가지의 종결론으로 요약된다. 최재서는 맥아더의 해임으로 현재의 전선을 고착하고 우월한 군사기술력으로 중공군의 인명을 소진시키면 공산진영에서 정전 요구가 대두하리라는 트루먼의 정전론을 설명하며 사태가 결국은 이러한 방향으로 귀결될 것이라고 예측한다.[63] 그렇지만 최재서는 트루먼의 정전론은 모든 한국민이 반대하고 있다고 단언하며, 한국인의 전쟁 목적으로 맥아더가 행한 미 의회의 연설의 일절을 인용하며 저술을 끝맺는다.

> 우리의 전쟁목적은 우리가 설명하지 않아도 매카더 장군이 미국회에서 웅변으로

63_최재서는 이러한 트루먼의 정전론이, 맥아더의 만주 폭격론에 대해 만주를 폭격해도 중국에는 인명이 많기 때문에 별 효과가 없다고 반대했으면서 한국전쟁에서 중공군의 인명을 소진시켜서 굴복시키겠다는 전략은 모순이라고 지적하고 있다.

써 말하여 주었다. "한국 사람들의 용기와 담력의 장렬함은 형언을 초월한다. 그들은 이미 노예되기보다는 차라리 죽엄의 길을 선택하였다. 그들이 나에게 보내온 최후의 말은 '태평양을 침몰시키지 마소서'하는 부탁이었다. 태평양을 침몰시키지말라하는 말은 원문에는 "Don't scuttle Pacific"로 되어 있다. scuttle이란 배를 침몰시키기 위하여 비밀히 배미창에다 구멍을 뚫어놋는 배반행위를 의미한다. 만약 UN이 태평양미창에다 구멍을 뚫는다는 배반적 행위를 하면 자유의 나라 한국은 침몰할지도 몰은다. 아메리카의 국책결정자들은 구구한 전력가치론에 拘泥되지 말고 또 서구라파 나라들의 이기적인 반대에 끄을니지 말고 한국의 실태를 정시해주기를 바란다." [64]

미국 '남부'와 귀족적 교양 – 왜소한 자아의 확장술

맥아더의 입을 통해 한국전쟁은 '태평양'을 지탱하는 반공주의의 성전으로 승격되었으며, 자유아시아의 지정학은 완성되었다고 할 수 있다. 이 '자유아시아의 쇼군' 혹은 '태평양의 시저' 맥아더에게 최재서가 경도된 이유는 무엇일까? 식민지 지식인의 힘에 대한 맹목 때문일까. '맥아더 장군에 관한 글을 읽거나 쓰는 일은 나에게는 언제나 기쁨'[65]이라는 고백을 서문으로 삼아 번역한 『영웅 매카-더 장군전』에서 이러한 질문에 대한 얼마간의 해답의 실마리를 얻을 수 있다.

2년 간 동경 사령부에서 맥아더를 가까이 관찰할 수 있었던 특파원 케리와 라이안이 집필한 이 전기는 해임 직전까지의 맥아더의 일대기를 다루고 있다. 이 저술은 최재서의 창작이 아니라 번역이기 때문에 이를 통해서

64_최재서, 위의 책, 120면.
65_최재서, 『영웅 매카-더 장군전』, 서문 2면.

최재서 내면의 생각을 모두 읽기는 어렵다. 그렇지만, 이 저술에 간간이 달려 있는 주석들은 최재서의 내면의 한 자락을 재구할 수 있는 단서이다. 보통명사에 짧게 주석하다가 맥아더의 가계를 설명하는 장면에서 그의 어머니가 남부 태생이라는 간단한 원문의 내용에 최재서는 다음과 같은 역주를 달고 있다. "남북전쟁 결과로 남북부가 정치적으로 완전히 통일되었지만, 심리적으로는 아직도 딴나라이었다. 따라서 남부 여자가 북부 남자와 결혼하는 것은 국경을 넘는 셈이다 -譯者(역자)"[66] 또한, 맥아더의 모친을 스카렛트 오하라에 비유한 원문에 "스카렛트 오하라는 아메리카의 소설가 마카렛트 미첼의 소설 『바람과 더부러 사라지다』의 여주인공, 의지력이 강하고, 열렬하고, 진취적이고, 좀 고집이 세다. 남부의 소녀로서 남북전쟁의 쓸아린 맛을 본다는 것도 메아리 매카-더여사를 연상시키는 점이다 -역자"[67]라고 설명한다. 또한 맥아더의 부인도 남부 출신이며, 어린 아들 아서 맥아더가 최초로 읽은 책이 『로버트 리 사적』이라는 본문에 대해 "로버트 리는 남북전쟁에 활약한 남부군의 명장 -역자"[68]라는 주석을 달고 있다. 심상하게 보고 넘어갈 수도 있는 이들 주석을 식민지 시기 최재서의 문필 및 경력과 겹쳐 읽어보면 각별한 의미로 다가온다. 식민지기 막바지에 쓴 소설 「民族の結婚」[69]에서 최재서는 현실의 지배-피지배 관계인 일본과 조선의 문제를 고대로 투사했다. 이 소설은 피정복국인 가야계(조선) 김유신과 정복국인 신라(일본) 김춘추의 가계가 혼인을 통해 한 집안(내선일체)을 이

66_최재서, 위의 책, 47면.
67_최재서, 위의 책, 51면.
68_최재서, 위의 책, 75면.
69_石田耕人, 「民族の結婚」, 『國民文學』, 1945.1-2.

루어 삼국통일(대동아공영권 실현)로 나아간다는 내용을 담고 있다. 민간에 널리 알려진 김춘추와 김유신의 누이 문희(아지)의 결혼에 얽힌 역사담을 소재로 신라 왕족과 가야라는 외지 출신 사이의 종족을 뛰어넘는 결혼을 통해 민족의 결합을 서사화한다. 가야계에 식민지 조선을 투사하고, 식민지의 표지를 벗을 수 있는 가능성으로 징병제에 열광하면서 국민이 되고자 했던 최재서에게는 전쟁에 패한 남부(식민지) 출신의 어머니를 두었고, 그 자신도 '외지'(남부)의 여자를 아내로 두었음에도 미군 최고사령관이자 만국공법의 이상을 실현하는 유엔의 물리력을 대표하며 권위로 자리 잡은 맥아더가 자기 이상의 구현체이자 보편화의 가상을 완성시키는 대상으로 인식된 것은 아닐까. 식민지의 왜소한 자아에서 벗어나 제국의 국민이 되고자 했던 식민지 시기 최재서의 욕망과 좌절이 맥아더를 매개로 반공 자유진영에서는 실현가능한 이상으로 상상되고 있는 흔적을 발견하게 된다. 최재서의 맥아더에 대한 경도의 이유로 한 가지 더 추론해 볼 수 있는 것은 맥아더의 귀족적 이미지이다. 최재서에게 미국은 힘과 민주주의(교양)가 결합되어 있는 구원자였다. 맥아더는 남성 젠더화된 미국의 표상이었다. 흔히 맥아더를 '19세기의 인간'이라고 언급하거니와, 그가 받은 육사 교육과 배우와 같은 화술, 미려한 문장의 구사 등은 맥아더에 덧붙어 있는 귀족 취향을 대변한다. 최재서에게는 맥아더의 군사적 천재(힘)에 대한 찬사와 더불어, 맥아더의 교양과 지성에 대한 경탄의 태도가 함께 존재한다. 최재서에게 '교양'이란 무엇이었던가? 마지막으로 이 문제를 검토해 보자.

4. '질서'의 강박과 냉전 시민의 탄생

「崔載瑞のOrder」[70]에서 미하라 요시아키는 경성제국대학 시절의 영문학 연구가 이후 최재서의 이론적, 사상적 편력에서 어떻게 관통, 혹은 굴절하는지를 해명하고 있다. 미하라의 연구에 따르면 『京城帝國大學英文學會報』를 중심으로 하는 최재서의 영문학 연구는 주로 어빙 배빗(Irving Babbitt, 1865~1933)의 강한 영향 하에서 '반-낭만주의'를 그 사상적 핵심으로 한다. 최재서는 낭만주의적 '상상력'의 이론을 계보학적으로 해체함으로써 그 기원에 '주지적(主知的)' 요소를 인정하면서 다른 한편으로는 모더니즘/반-낭만주의적 문학의 최고봉을 윈덤 루이스(Wyndham Lewis, 1882~1957)의 '풍자'에서 찾아내고자 하였다. 미하라는 최재서의 '풍자문학론'이 배빗의 비평성과 루이스의 파괴성을 기묘하게 접목시킴으로써 프롤레타리아 문학과 민족주의 문학의 '정치주의'를 비판하는 동시에 현대인들이 "스스로의 주인"이 되기 위한 문학이론을 제시한 것이라고 평가하고 있다. 잘 알려져 있듯이, 1930년대의 주지주의 이론에 입각한 근대적 주체에 대한 최재서의 모색은 식민지 말기 제국주의적 보편주의의 주체를 꿈꾸며 '정치주의'로 나아갔다가, 해방 이후에는 다시 정치를 거부하고 '문학원론' 속에 숨는 '비정치주의'로 귀착된다. 미하라는 최재서에게 일관되었던 원리를 'Order'를 최종 심급으로 하는 '주체화'의 이론으로 파악하며, 'Order'가 외부로부터 내려지는 식민지 상황 속에서 '이론으로의 의지'가 파탄 나게 된 것을 최재서의 비극으로 설명하고 있다.

70_미하라 요시아키, 「최재서의 Order」, 와타나베 나오키 외, 『전쟁하는 신민, 식민지의 국민문화』, 소명출판, 2010.

미하라의 논의를 길게 요약한 이유는 바로 이 '질서(Order)'의 감각을 환기시키기 위해서이다. 1957년의 『문학원론』 서문에서 최재서는 "해방 후에 자유의 단맛을 알았지만, 또 질서의 귀중함을 깨달았다."[71]며 질서를 그리워하는 마음이 간절할수록 문학 속에 침잠할 수밖에 없었던 심정을 밝히고 있다. 최재서는 '문학(원론)'에 침잠하는 것이 '현실로부터의 도피가 아니'라 '적극적으로 진실하게 또 풍부하게 사는 유일한 길'[72]이라고 주장한다. 그에게 문학원론에 대한 탐색은 그의 오랜 문학 체험을 결산하는 것이자 현실의 혼돈에 질서를 부여하는 행위였다. 해방 이후 최재서의 변신에서 핵심적인 두 매개는 '반공'과 비정치의 '문학원론'이었다. 일견 모순적인 것처럼 보이는 이 두 영역이 병존할 수 있는 이유는 무엇인가. 애초 그의 비평의 출발점이 영문학 연구를 통한 주지주의 문학론이었으며, 1930년대의 주지주의 문학론은 프롤레타리아 문학의 정치주의를 비판하는 맥락을 지닌 것이었다는 점을 환기할 필요가 있다. '세익스피어 예술론'과 '문학원론'에 대한 열정은 정치주의에 비판적이었던 1930년대의 주지주의 문학론의 탈정치의 맥락이 강화된 변형태라고도 할 수 있다. 1950년대의 최재서는 이 비정치의 '문학의 Order' 속에서 주체화의 계기를 발견한다. 최재서에게 이 '문학의 Order'는 서구적 휴머니즘(교양)의 전통 속에서만 존재 가능한 것이었다.

서구적 교양과 '문학의 Order'의 관계를 보여 주는 보다 직접적인 자료로 『문학원론』이 출간될 즈음에 이루어진 좌담회를 주목할 필요가 있다. 「문학자 철학자가 오늘과 내일을 말하는 좌담회」[73]는 최재서의 『문학원론』

71_최재서, 『문학원론』, 춘조사, 1957, 1면.

72_최재서, 위의 책, 같은 면.

에 관철된 질서 관념과 비평관이 무엇이었는가를 명료하게 보여 주는 자료이다. 『사상계』 편집인 장준하가 동석하고 안병욱 사회로 박종홍, 손우성, 이종우, 최재서가 참여한 이 좌담회의 내용은 묘한 데자뷰를 불러일으킨다. 가령, 사회자 안병욱은 슈펭글러의 『서양의 몰락』을 거론하며 근대적 세계와 세계관이 무너지고 새로 현대가 시작을 했지만 그 방향은 아직 뚜렷이 잡혀진 것이 아니라고 서두를 시작한다. 그는 이른바 역사적 '전환기'에 처해서 근대 혹은 근대적 인간에 대한 이야기를 통해 변화할 현대를 떠올리자는 좌담의 주제를 제안하고 있다. 이러한 주제가 1930년대 중반 이래의 '전환기' 및 '근대초극'의 논의와 그 발상과 담론구조를 공유하고 있다는 점은 쉽게 지적할 수 있다. 이 좌담회 전체의 성격에 대해서는 별개의 논의가 필요할 터이지만, 여기서는 최재서의 발화를 중심으로 그가 취하고 있는 입장에 대해서만 언급하고자 한다. 최재서는 완전한 인간성, 통일적 인간성을 찾는 휴매니즘을 '허위를 타파하고 오직 진리만을 존중하는 비타협적 비평정신'[74]으로 제시한다.[75] 문제는 이러한 휴매니즘의 정신이 '우리' 내부에서는 찾을 수 없는 서구적 전범을 통해서만 확인된다는 점이다.

73_「문학자 철학자가 오늘과 내일을 말하는 좌담회」, 『사상계』, 1957.6.

74_위의 글 251면.

75_최재서는 "그러한 비평정신이 정치와 결부해서 종교와 투쟁한 경우가 있었고 종교와 결부해서 정치와 투쟁하는 경우도 있었습니다. 불란서혁명은 비평정신이 정치와 결합한 예라 봅니다. 불란서혁명 이후 데모크라씨는 전 세계에 보급되어 그 조직력은 나날이 강대해져가고 있지만 그 반면에 인간성을 부당하게 억압하는 힘이 나타났습니다. 현재 지구상의 허다한 지역에 독재정치가 남아있지만 그렇지 않은 소위 자유진영나라들에서도 민주정치에 수반되는 소위 '다수의 독재'가 있습니다. 이것은 당연히 휴매니스트의 관심사가 아닐 수 없습니다."(위의 좌담, 251면)라고 자신의 정치적인 견해를 휴머니즘에 기반하여 밝히고 있다.

崔 그점은 우리들 외국문학을 도입하는 사람이 항상 고려해야 할 문제입니다. 오래전에 지이드가 한참 유행할 때에 이런말을 한 일이 있습니다. 지이드는 아시다싶이 낭만적인 개성을 고전적인 형식으로 통일하는 것이 자기의 예술적인 이상이라고 생각하고 있었습니다. 어디까지나 개성의 자유를 내포하면서 그것을 완전한 형식 속에 통일하자는 점이 그 사람의 예술가로서 위대한 점이며 또 그 사람의 작품들이 가지는 바 현대적 의식입니다. 그런데 그의 개성은 항상 그 무엇에 반발하고 있는 것을 볼 수 있습니다. 그것은 즉 불란서 사회를 지배하고 있는 종교질서 속에 육성될 기성도덕이지오. 그것을 파괴하고 새로운 질서를 세우려는데서 나타나는 그의 성실한 인간성! 그것이 지이드의 매력입니다. 그러나 동양에서 지이드를 찬미할 때에 사실은 깨쳐야 할 우리 종교적인 전통이 없습니다. 그러면 지이드의 싸움은 현실적인 투쟁이고 우리의 싸움은 '허깨비'와의 투쟁입니다. 말하자면 어둠 속에서 '박'을 도깨비로 알고 전신 힘으로 치는 거나 매한가지입니다. 그러나 또한편 우리들이 지이드적인 감정에 공명을 느끼게되는 바탕은 있습니다. 그러니까 동양의 청년들이 지이드를 숭배한 것은 결코 전연 허무한 일은 아닙니다. 인간이 인간의 존엄성을 자각할 때에 투쟁해야 할 대상은 항상 현실 속에 존재하니까요. 우리는 구라파에서 과학기술만 배워오는 것이 아니라 동시에 그 기술을 낳게 한 인간정신을 배워옵니다. 가령 우리가 영문학을 연구할 때에 영국사람이나 미국 사람들을 위해서 공부하는 것이 아닙니다. 그들의 작품을 자극 겸 모델로 삼아 우리 자신의 인간성을 배양하고 발전시키자는 것입니다. 과거 우리 사회에 '휴매니즘'이라는 사상은 없었지만 이렇게 외국문학을 연구해서 이, 삼대 경과하면 휴매니즘의 전통이 설줄 압니다. 이것은 인위적인 방법같습니다만 전통이라는 것은 역사적 사회에서 역사적으로 세워지는 것이니까 그러한 방법으로써 우리가 휴매니즘을 십년 이십년 부르짖게 되면 그것이 하나의 전통이 될 수 있습니다.[76]

(…중략…)

76_위의 좌담, 255면.

編輯部 아까 말씀 가운데 동양, 좁게는 한국에는 휴매니즘의 전통이 없는데 남의 것을 빌려다가 도취 한다는 의미로 해석되는 구절이 있었는데요. 최선생께서는 '지드'를 인용하시는 대목에서 박을 치면서 도깨비를 치는 심정으로 도취한다고 말씀하셨는데 여기 조금 이견이 있습니다. 휴매니즘의 전통이 없다는 것은 뒤집어 보면 반휴매니즘 세력이 너무나 압도적으로 강해서 휴매니즘이 자라날 바탕이 없었다는 증명이 되지 않을까요? 만약 그렇다면 서양의 휴매니즘이 들어오자 이에 심취한 것은 대상도 없이 놀아나는 허깨비 장난이 아니라 이때까지 구체적으로 의식하지 못했던 반휴매니즘 세력을 절실하게 의식한 탓이 아닐까요? 이를테면 서양 사람이 종교세력을 적으로 돌린 그 자리에다 이런 세력을 대치했다고 볼 수 없을가요?

崔 그것은 동양 사람들이 인간의 존엄성을 체험하지 못했다는 것은 아닙니다. 다만 그러한 체험이 사상적으로 체계화되지 못했달 뿐입니다. 과거 우리 사회에서도 인간성의 자각이 산발적으로 나타났지만 그것을 의식화하고 운동화하고 그것을 교육적인 수단으로서 전담함으로써 마침내 휴매니즘의 전통을 세우지는 못했습니다.[77]

(…중략…)

崔 …나는 동양 사람들이 오히려 더 기계를 숭배하고 물질을 더 숭배한다고 생각되는데요. 서양 사람들은 기계문명도 더 발달했지만 인간의 존엄성을 부르짖는 정열도 우리들보다 큰 줄 생각합니다. 고도로 발달한 과학문명을 고도로 치열한 생명으로 포섭하자는 것이 사람들의 노력인줄 생각 하는데요. 그렇게되면 둘다 발전할 것입니다. 그러니까 우리는 물질문명은 낮을망정 정신문명은 고도하다는

77_위의 좌담, 263면.

생각은 나는 아닌줄로 압니다.[78]

일본 문학의 '질서'를 '국민문학'론을 통해서 재구성하면서 그 내부에서 생활전통과 결합된 '조선(문학)'이라는 주체를 형성하고자 했던 『국민문학』 시절의 신지방주의론에서 실험했던 보편/특수의 관계를 기억한다면, 체계화되고 질서화된 휴매니즘의 사상적 전통이 부재한 한국 사회와 역사를 전제하는 『사상계』지 좌담에서 최재서가 하고 있는 발화들은 일종의 퇴행에 가깝다. '편집부'로 명기된 논자는 편집인 장준하로 추정되는데, 그는 휴머니즘을 통해 반휴매니즘적 세력에 대한 저항과 투쟁을 수행하는 주체의 가능성을 제기하고 있다고 할 수 있다. 문화적 민족주의의 계보로 설명되는 『사상계』 장준하의 입장에서는 최재서의 몰주체적인 주장에 개입할 필요가 있었을 것이다. 장준하와 최재서를 비교하여 포폄하는 것은 이 글의 주제에서 벗어난 것이기에 더 이상 논하지는 않겠다. 다만, 여기서 확인할 수 있는 것은 최재서가 서구적 휴머니즘과 교양 위에서 한국 사회의 전망과 민주주의를 사유하고 있다는 것이다. 최재서는 서구 근대를 중심으로 하는 세계사적 보편 안에서 조선(문학)을 비평하고 위치 지으려 했던 1938년도의 평론집 『문학과 지성』이 지향했던 서구적 전범의 세계로 보다 경직된 형태로 복귀하는 것처럼 보인다. 근대 너머의 새로운 가치를 상징하는 '동양'적 전통 위에 성립된 일본 문학의 '질서' 안에서 수립되었던 '국민문학'의 체계와 가치를 자기 문학의 근거로 제시했던 최재서가 자신이 부정했던 구

78_위의 좌담, 264~265면.

라파의 고전에 기반을 둔 교양과 질서의 세계로 다시 복귀하기 위해서는 그 전환을 가능하게 하는 심상지리가 재구성될 필요가 있었다. 최재서의 맥아더 전기는 이러한 심상지리의 재편과 새로운 질서의 수립을 위한 일종의 제의로서의 글쓰기였다고 할 수 있다. 이러한 제의를 통해서 '자유진영'이라는 재구성된 냉전의 세계 심상지리 안에서 서구적 휴머니즘(교양)을 전범으로 하는 '냉전 시민' 최재서가 재구성될 수 있었다.

제3부

식민과 냉전의 심상지리

5장

오영진과 반공·아시아·미국

이승만 전기극 〈청년〉과 〈풍운〉을 중심으로

김옥란

1. 오영진의 연극사적 위치와 이승만 전기극

자발적 반공주의자로서의 오영진과 1950년대 반공국가와의 비균질적 관계

오영진(吳泳鎭, 1916~1974)은 일제 말기부터 해방 이후 제3공화국에 이르기까지 극작가이자 평론가, 잡지 발행인, 영화 제작자(기록영화, 반공영화, 기독교 영화), 정당 정치인의 삶을 살았다. 오영진은 경성제국대학 조선어문학과 출신으로,[1] 일본의 문화(기록)영화를 주로 제작하던 동경의 영화사 '동

1_경성제국대학(1926년 설립)은 일제가 식민지에 세운 최초의 제국대학이자, 식민지 조선 유일의 대학으로 최고의 엘리트 교육기관이었다. 경성제국대학은 법문학부와 의학부 2개 학부 체제로 구성되어 있으며, 이중 법문학부에 23개 강좌가 개설되어 있었고, 그중 문학과 내

경발성'에서 영화 수업을 거쳤으며, 1942년 8월 『국민문학』에 시나리오 〈배뱅이굿〉을, 1943년 4월 『국민문학』에 시나리오 〈맹진사댁 경사〉(일문)를 발표하면서부터 공식적인 작품 활동을 시작했다. 〈맹진사댁 경사〉는 1944년 4월 태양극단 공연, 1946년 〈시집가는 날〉이라는 제목의 악극 공연, 1947년 북한 인민예술극단 공연, 1956년 이병일 감독에 의해 〈시집가는 날〉로 영화화되어 1957년 아시아영화제에서 최우수 희극상을 수상하는가 하면 2009년 명동예술극장 개관 기념공연으로 무대화되는 등 최근까지도 꾸준히 공연되고 있는 한국 연극의 '고전'이자 오영진의 대표작이다. 이외에도 〈살아있는 이중생 각하〉(이진순 연출, 극예술협회, 1949; 〈인생차압〉으로 개작, 이해랑 연출, 국립극단, 1957), 〈풍운〉(김규대 연출, 극단 신협, 1957; 시나리오 〈청년〉),[2] 〈한네의 승천〉(손진책 연출, 극단 민예극장, 1976; 하길종 감독 영화화, 1977) 등 풍자희극, 역사극, 전통 수용의 연극들로 한국연극사에서 중요한 위치를 차지한다.

에 '조선어학조선문학' 제1강좌, 제2강좌가 운영되었다. 곧 '조선어학조선문학' 강좌가 오늘날 학과제처럼 운영되었다. 실제로 당시 논자들도 '조선어학조선문학 강좌'를 '조선어학과', '조선문학과'의 학과 명칭으로 병행해서 불렀다. 『오영진 전집』의 연보에도 '조선어문학과'로 표기되어 있다. '조선문학' 전공 출신자들로는 1회 조윤제, 3회 김재철, 이재욱 등이 있다. 박광현, 「다카하시 도오루와 경성제대 '조선문학 강좌'」, 『한국문학』 40집, 2007.12., 27-28면, 41-42면.

2_동일한 이승만 전기를 다루고 있는 오영진 시나리오 〈청년〉과 희곡 〈풍운〉의 창작 선후관계에 대해서는 여러 이견이 있다. 또한 1959년 영화화된 신상옥 감독의 〈독립협회와 청년 이승만〉의 원작이 오영진의 시나리오 〈청년〉인가 아닌가의 논란도 있다. 본고는 시나리오 〈청년〉이 먼저 집필됐고, 이를 희곡 〈풍운〉으로 개작하여 극단 신협이 공연했으며, 오영진의 시나리오를 원안으로 임희재·유치진이 개작한 시나리오로 이해랑 등 극단 신협 출신 반공예술인단 배우들이 출연하여 영화 〈독립협회와 청년 이승만〉이 제작되었다고 본다. 자세한 사항은 3장 참고.

그러나 이러한 연극사적 위상에도 불구하고 그 동안 오영진에 대한 연구는 활성화되지 않았다.[3] 오영진은 희곡만을 창작한 극작가가 아니라 시나리오 창작을 병행했으며, 공식적인 첫 발표 작품이 시나리오 〈배뱅이굿〉, 〈맹진사댁 경사〉이었던 것처럼 작가 자신의 창작 태도도 희곡보다는 시나리오 창작을 우선시하고 있다. 실제로 〈풍운〉, 〈살아있는 이중생 각하〉, 〈한네의 승천〉의 경우처럼 연극 공연과 함께 영화화된 작품들도 많다. 오영진은 "한국 근대영화사에 있어서 기록될만한 본격적인 전문 시나리오 작가의 한 사람"[4]으로 평가받고 있으며, 반면 생전에 그 스스로 연극계와 일정한 거리를 유지했다는 점은[5] 오영진을 연극인의 한 사람으로 적극적으로 인정하고 평가하는 데 인색하게끔 만든다.

여기에 또 한 가지, 정치인 오영진의 경력 또한 그의 극작 세계를 평가하는 데 난점으로 작용한다. 오영진은 평양 민족지도자 오윤선 장로의 아들로, 해방 이후 조만식의 평안남도 건국준비위원회, 조선민주당 창당 과

3_오영진에 대한 연구사 목록은 한국극예술학회 편, 『오영진』(연극과인간, 2010) 부록 참고. 대략 (1)풍자와 희극성(김재석), (2)민족 담론(백현미), (3)1970년대 이후 전통 담론(권오만, 김승옥), (4)매체 전환 양상 연구(김만수, 김남석, 최승연) 등으로 나뉠 수 있다. 그 외 최근 연구 경향으로는 해방 이후 이승만 서사와 관련된 논의들이 새롭게 나오고 있다. 이화진, 「'극장국가'로서 제1공화국 기념의 균열」, 『한국근대문학연구』 15집, 2007.4.; 권두현, 「해방 이후 오영진 작품에 나타난 정치적 무의식」, 『상허학보』 27집, 2009.10.

4_유민영, 「정치에 희생된 인텔리 극작가」, 『한국인물연극사』, 태학사, 2006; 한국극예술학회 편, 『오영진』, 연극과인간, 2010, 25면에서 재인용.

5_오영진은 〈살아있는 이중생 각하〉의 극협, 〈풍운〉의 신협, 〈인생차압〉의 국립극단 공연 등 해방 이후 유치진, 이해랑 등으로 대변되는 신협 계열 주류 연극인들과 지속적인 관계를 맺으며 활동해 왔으면서도 이들과 일정한 거리를 두고 있음이 여러 수기 및 증언에서 감지된다. 여기에는 우선 서항석으로 대변되는 국립극단과 유치진으로 대변되는 신협 계열 연극인들의 계파 갈등과, 반공예술인단 활동 등 정치적 프로파간다에 앞장섰던 신협과는 또 다른 정치적 맥락에서 일정한 거리를 두었던 오영진 개인의 성향 등이 작용했던 것으로 보인다.

정에 참여했고, 1947년 공산당의 탄압을 피해 월남한 이후 1952년 전시 부산에서 월남 문인들을 중심으로 조직된 문총 북한지부 기관지 『주간 문학예술』을 발간하는 한편, 반공서적 전문출판사 중앙문화사를 설립하는 등 반공 활동에 앞장섰다. 그리고 1962년엔 해방 직후 평양의 조선민주당을 재건한 한국민주당을 창당하여 1967년까지 박정희의 민주공화당에 맞서는 야당 당수로 활동했다.[6] 오영진은 해방 이전부터 전후에 이르기까지 정당 정치인의 입장에서 문학·예술·출판·문화외교 등 다양한 조직 활동에 관여해 왔다. 오영진은 해방 이전과 이후, 전쟁과 전후, 소군정 하의 북한과 미군정 하의 남한을 모두 경험한 이채로운 경험의 소유자이며, 북한 출신 정치 엘리트이자 남한의 '반공 전사(戰士)'로 모든 이분법의 경계 밖에 위치해 있는 독특한 지점을 보여 준다.[7] 적극적인 반공 전사[8]·반공 이데올

6_이상 오영진의 전기 및 연보는 이근삼·서연호 편, 『오영진 전집 5』, 범한서적주식회사, 1989; 한국극예술학회 편, 『오영진』, 연극과인간, 2010. 참고.

7_여기서 '전사(戰士)'의 개념은 들뢰즈에 따른다. 전사(戰士)는 국가의 통제 아래 있는 경찰이나 군대와 달리 국가 장치 외부에 존재하며, 국가의 법과 제도로 통제되지 않는 광기, 비합법성, 우둔함, 기형, 강탈, 죄악 등 부정적인 형태로 나타난다. 이들은 번개처럼, 섬광처럼 나타나 모든 것을 휩쓸고 지나가는 괴물이거나 비밀과 음모로 휩싸인 존재로 묘사된다. 칭기즈 칸이나 셰익스피어극의 리처드 3세와 같은 인물들이 그 예이다(질 들뢰즈·펠릭스 가타리, 김재인 역, 『천개의 고원』, 새물결, 2001, 671-682면). 오영진에게 '반공 전사'의 모습을 투영시켜 보는 것은 오영진이 해방 이전과 이후, 전쟁과 전후, 소군정 하의 북한 · 미군정 하의 남한 등 모든 이분법의 경계 밖에 존재하며 '반공'이라는 자기 내면의 '자발성'의 원칙을 가지고, 강렬한 힘과 속도를 가지고 움직이고 있기 때문이다. 이 '전사'의 개념은 오영진이 '반공'을 매개로 1950년대 국가와 맺는 비균질적 관계를 살펴보는 데 유용하다. 들뢰즈는 더 나아가 2차 세계대전 이후 "파시즘 이후"의 세계를 "평화를 직접적으로 목표로 삼는 전쟁 기계", "총력전 자체를 초월해 훨씬 더 무시무시한 형태의 평화가 출현"(질 들뢰즈·펠릭스 가타리, 위의 책, 808면)한 시기로 바라보고 있다. 이러한 관점 또한 전후 '냉전'의 역사를 바라보는 데 유용한 시사점을 던져 준다.

로그로서 그의 면모는 〈맹진사댁 경사〉 작가의 면모와는 생경한 것으로, 오영진의 연극사적·문화사적 평가의 층위가 단일한 한 겹으로는 설명될 수 없는 복잡한 지형을 지닌 것임을 짐작하게 한다.

이에 따라 이 글에서는 오영진의 극작 행위를 "정치적인 행위"[9]의 연장 선상에서 파악하고 있는 기존 논의에 공감을 표하며 오영진의 반공 이데올로기를 전쟁 이후부터 1960년 4·19까지 문화·정치사적 맥락에서, 즉 1950년대 지식인들이 보여 준 세계 인식의 하나로 적극적으로 다시 읽기를 시도해 보고자 한다. 반공 이데올로기는 1950년대에 전 세계적으로 구축되어 가고 있었던 냉전체제의 결과물이다. 반공 이데올로기는, 2차 세계대전 이후 미소 간 원자폭탄 개발 경쟁, 기습공격에 대한 공포심, 스탈린 독재정치, 중국 공산화, 미국의 매카시즘, 미영 간 간첩사건 등 전후 국제 질서에 팽배해 있는 '공포심'을 기반으로 형성되었다. 이 '공포심'은 단순히 전쟁의 위험에 대한 공포가 아니라 원자폭탄과 수소폭탄으로 상징되는 '공멸', '지구 멸망'에 대한 절대적인 공포심에 의해 작동되는 것, 절체절명의 것이었다. 이는 반공주의자들의 내면이 왜 그렇게 불안과 공포와 극단적인 증오로 가득 차 있었는지, 그리고 소련의 전체주의 못지않게 민주주의 진영 또한 "전체주의적"[10] 성격을 띠게 되었는지의 이유를 설명해 준다.

8_오영진의 반공 연설가로서의 면모는 자전적 시나리오 〈종이 울리는 새벽〉(집필 연대 미상)에서 구체적으로 확인할 수 있다. 이 작품에서 주인공 이태승은 3·1절 기념대회 강연회장에서 '북한 실정 보고'의 열광적인 연설을 한 직후 북파 공산당원에게 저격당하는 위험에 처한다. 월남 지식인 이태승의 저격 장면은, 1948년 오영진 자신의 권총 피습 사건의 실화를 다룬 것이다.

9_김윤미, 「오영진 극문학에 나타난 '민족' 표상 연구」, 연세대 박사논문, 2010.12., 1면.

10_존 루이스 개디스, 정철·강규형 역, 『냉전의 역사』, 에코리브르, 2010, 71~73면.

이러한 배경에서, 남한은 한국전쟁과 UN군 참전을 계기로 스스로 반공국가로서 "정신적 이니셔티브"를 가졌음을 자처하며 냉전 세계질서 속으로 편입되어 들어갔다. 1950년대 반공 이데올로기는, 1960년대의 '동원된 국가 이데올로기'와 달리, 분단과 전쟁 체험을 계기로 '자발적 개인들의 이데올로기'로 내면화된 것이자 냉전의 세계질서와 직접적으로 연계되어 있었다. 그리고 이는 전쟁의 혈맹이자 우방인 미국과의 관계에서, 그리고 반공 블록 '자유아시아'의 주체로서 1950년대 지식인들이 자기 위치를 재규정하는 데에 절대적인 매개항이 되었다.

실제로 오영진은 경성제국대학 출신 식민지 최고의 엘리트였으며 해방 이후 반공 이데올로기를 매개로 새로운 건국 주체로 자신의 위치를 교정하고 있나.[11] 이는 서북 출신 월남 지식인들이 중심을 이루었던 『사상계』의 입장과 동일한 것이기도 하다.[12] 그리고 이러한 '자발적' 반공주의자의 면

11_오영진은 자신의 반공 증언집에서 소군정 하 북한의 경험을 기술하고 있다. 여기서 오영진이 소련 군정 담당자와의 면담에서 불쾌하게 회고하고 있는 부분은 일제하 일본어 창작에 대한 부분이다. "다음으로 나는 고려인 작가가 왜 나중에는 일어로밖에는 작품을 쓰지 못하게 되었는가 그 경위 즉 일어 작품 이외에는 작가의 창작활동이 봉쇄되다 싶이 된 전쟁 말기의 사실을 나 자신에 대한 일본 경찰의 압박 등을 회고하면서 우리들의 과거의 입장을 설명하였나. 이야기를 맞주고 나서 전쟁과 일본정신에 부합한 작품은 절대로 아니었으나 하여튼 일본어로 2, 3편의 씨나리오를 발표한 경험이 있는 나 자신의 자기변명이나 늘어놓은 것처럼 스스로 불쾌함을 느꼈다."(오영진, 『소군정 하의 북한 - 하나의 증언』, 중앙문화사, 1952, 123면.) 이는 오영진의 월남의 직접적인 원인은 아니지만 일제 말기 작품 활동과 관련하여 오영진 내면에 남아있는 얼룩과 같은 불안의 균열지점 하나를 보여 준다.

12_오영진은 서북 출신 지식인으로서의 자부심이 강했다. "구한국 시대에 가장 먼저 해외 특히 미국을 인식한 것도 관서지방이며, 기독교가 널리 유포하여 깊은 뿌리를 내리운 곳도 여기이다. (…중략…) 이조 5백년을 통하여 관서지방(관동 관북도 그렇지만)은 정치적으로는 불우했으나 그 대신 봉건적인 모든 인습과 전통에서 탈각하고 유교적인 번문욕례를 일직이 청산하고 민족 내부의 여러 모순을 스스로 해방하고 있었다."(오영진, 위의 책, 74면.)

모는 자유당 이승만 정권에 전적으로 통합되거나 동원되지 않는 1950년대의 또 다른 균열지점으로 존재한다. 자발적 반공주의자로서 오영진은 〈풍운〉(1957)에서는 이승만과, 〈아빠빠를 입었어요〉(1970)에서는 박정희와 일정한 정치적 거리를 보인다.

1957년의 오영진과 이승만 전기극 〈청년〉·〈풍운〉

특히 이러한 맥락에서 주목되는 것은 1957년의 오영진이다. 1957년은 오영진의 대표작 〈맹진사댁 경사〉(1943)가 〈시집가는 날〉(1956)로 영화화되어 제4회 아시아영화제에서 최우수 희극상을 수상한 해이다. 〈시집가는 날〉의 아시아영화제 수상은, 전후 일본을 비롯하여 홍콩, 대만 등 새롭게 재편되고 있었던 아시아 영화시장에서[13] 대동아공영권의 '대동아'로서의 아시아의 연장선상에서 여전히 아시아적 민족지, '로컬'의 영화 문법이 유효함을 확인시켜 준 사건이다. 반면에 당시 영화시장에서 일종의 반공 블록의 성격을 가지고 있었던 아시아영화제의 성격상, '대동아'의 심상지리가

13_한국 영화의 아시아영화제 참가 경위는 당시 공보처 공보국 영화과 과장 이성철의 구술을 참고할 수 있다. "1955년 한국 영화인들은 아시아재단의 후원을 받아 싱가포르에서 열린 제3회 아시아영화제에 옵서버로 참가했고 이듬해 정식 회원국으로 가입했다. 아시아영화제는 일본의 6대 메이저 영화사와 홍콩의 쇼브라더스가 주축이 되어 만든 영화제로 외형적으로는 '영화산업의 진흥, 영화예술의 향상, 영화문화의 보급 교류' 등을 목적으로 하고 있었지만 근본적으로는 일본과 홍콩 영화의 해외 수출, 배급 판로의 확대를 위해 출범한 영화제였다. 영화 한 편 없이 제작자 김관수와 감독 윤봉춘이 유일하게 영화인 대표로 참석한 이 영화제에서 구술자(이성철-필자)는 정부 대표로서 참가했다. 일본과 홍콩의 경우 상업영화 제작사가 주도적으로 참가한 반면 우리나라의 경우 정부와 아시아재단이 주도해서 참가했다는 사실은 당시 한국 영화의 상황이 얼마나 어려웠는지를 가늠할 수 있다."(영상자료원 구술사아카이브 참고)

'반공아시아'·'자유아시아'의 심상지리로 대체되어 가는 풍경을 보여 준다.

그리고 이는 오영진의 아시아에 대한 인식에서도 그대로 확인할 수 있다. 오영진은 "일본, 필리핀, 자유중국, 인도네시아, 말라야, 베트남, 버어마, 타이, 파키스탄, 세이론, 인도 등 여러 아시아 친구들"과의 대화 내용을 소개하는 글에서,[14] 과거 동남아시아가 주로 유럽 식민지였던 데 반해 한국은 일본 식민지였던 역사 경험의 이질성, 일본의 식민지였던 한국이 일본에 대해 가지는 증오, 게다가 미국의 아시아정책상 일본이 전후 부강한 공업국가로 다시 소생하게 된 상황에 대한 당혹감과 불안감을 표현한다. 그럼에도 불구하고 일본과 한국이, 그리고 동남아시아 여러 나라와 한국이 "완전한 이해관계"를 공유하게 되는 것은 소련의 붉은 군대에 대한 경험, 공산국가에 대한 공포심 때문이라고 말하고 있다. 또한 공산권에 대한 역사적·지정학적 위치에서 "정신적 이니셔티브"를 한국이 가지고 있음을 재차 강조하며 아시아 반공 블록에서 한국의 선도적 위치를 강조하고 있다.

그리고 1957년은 오영진의 문제적인 작품 시나리오 〈청년〉이 집필되고, 희곡 〈풍운〉이 극단 신협(김규대 연출, 이해랑 출연)에 의해 공연된 해이다. 이승만 전기를 다룬 연극 〈풍운〉은 이승만 정권 말기, 이승만의 82회 탄신기념일에 맞추어 공보실 후원으로 극단 신협에 의해 시공관에서 공연되는[15] 한편, 라디오 특집극으로 방송되었다.[16] 1950년대 후반은 이승만 전기가 대량으로 생산된 시기이자, 1955년 이승만 초상화 각급 학교 배급,

---

14_오영진, 「아시아 친구들과의 대화」, 『조선일보』, 1960.6.3.; 『오영진 전집 5』, 351면에서 재인용.

15_기자, 「〈풍운〉 공연 - 26일 시립극장서」, 『경향신문』, 1957.3.25.

16_라디오 편성표, 「라디오 텔레비전 HLKA(제1방송)」, 『경향신문』, 1957.3.25.

1956년 남산과 탑골공원 팔각정 이승만 동상 준공 등 이승만 우상화가 대대적으로 진행된 시기이다.[17] 이승만 '탄신기념일'에 맞춰 공연된 극단 신협 공연 〈풍운〉과 라디오 특집방송극 중계, 극장에서의 '뉴스영화' 보도,[18] 1959년 신상옥 감독 영화 〈독립협회와 청년 이승만〉 등도 그 연장선상에서 이해할 수 있는 것들로, 내무부 주관으로 1960년 3·15선거를 대비해 기획된 것들이다. 이렇듯 이승만에 대한 "과잉된 표상화"[19] 작업은 그 자체로 1950년대 후반 "늙은 독재자" 이승만의 실상에 대한 역투사이자 불안을 기반으로 한 것이다. 그리고 1960년 4·19혁명의 열기가 이승만 동상을 무너뜨려 끌고 다니는 식으로 이승만 개인의 표상과 상징을 무너뜨리는 방식으로 분출된 것에서[20] 1950년대 말 이승만 표상화 작업이 실제 일반국민들에게는 얼마나 큰 불신과 부정의 감정을 동반한 것이었는지 목격하게 한다.

이에 따라 〈풍운〉은 4·19 직후 일명 '만송족' 논란과 함께 문제가 되었고,[21] 연극인이자 영화인 오영진의 위상에 손상을 입힌 작품이 되었다. 1947년 소군정 하의 탄압을 피해 모든 정치적 기득권을 포기하고 월남한 것이 오영진의 첫 번째 정치적 좌절이라면, 1960년 연극 〈풍운〉과 관련한

17_후지이 다케시, 「'이승만'이라는 표상 - 이승만 이미지를 통해본 1950년대 지배권력의 상징 정치」, 『역사문제연구』 19집, 2008.4., 26~30면.

18_공보처, 「경축 리대통령 각하 제82회 탄신」, 『뉴스영화』, 1958, 국가기록영상관 소장; 이화진, 「'극장국가'로서 제1공화국과 기념의 균열」, 『한국근대문학연구』 15집, 2007.4., 218면에서 재인용.

19_이화진, 위의 논문, 213면.

20_후지이 다케시, 위의 논문, 38면.

21_오상원, 「문단에 보내는 공개장 - 만송족은 숙청돼야 한다(상, 하)」, 『동아일보』, 1960.5.8., 5.10.; 기자, 「그 사람이 그 사람들이지」, 『경향신문』, 1960.7.17.; 박주철(전북대 영문과 교수), 「나팔을 불어야 하겠다」, 『동아일보』, 1962.7.4.

'만송족' 논란은 남한에서 겪는 오영진의 두 번째 정치적 좌절이라 할 수 있다. 1957년 집필된 시나리오 〈청년〉과 희곡 〈풍운〉의 구체적인 내용상, 그리고 시나리오 〈청년〉 영화 저작권을 둘러싼 임화수와 오영진의 신경전 등 오영진이 1957년 시점에서 이승만과 일정한 정치적 거리를 두고 있는 점이 확인되긴 하지만, 오영진 또한 1960년 4·19 이후 논란들에 대해서 완전히 자유로울 수는 없는 입장이다.

표면적으로 1957년 시점에서 오영진은 신협의 〈풍운〉 공연에 이어 국립극단에서 〈인생차압〉을 공연하며 극단 신협(국립극단)·이해랑·유치진·오영진으로 이어지는 1950년대 보수 우파 연극인들 중심의 네트워크 속에서 움직이고 있으며, 이들이 어떻게 '이승만'과 연결되고 있었는지의 구체적인 풍경을 보여 준다.[22] 1957년 시점에서 오영진이 자발적으로 이승만 전기를 소재로 한 시나리오를 쓴 것은, 1950년대 말 늙은 독재자 이승만이 개인 우상화 작업에 몰두할수록 드러나는 여러 균열지점들에도 불구하고 극단 신협 계열 연극인들이 이승만과 코드를 맞추어 자발적으로 동조해 나간 사실만은 인정할 수밖에 없다.

따라서 이하에서는 오영진의 문제작 시나리오 〈청년〉과 희곡 〈풍운〉을 중심으로 1950년대 지식인들의 세계 인식, 특히 '반공'을 매개로 미국과

22_유치진의 소위 '왜 싸워' 사건이 일어난 시기도 1957년 12월이다. 또한 전시 서울 잔류파의 부역자 문제를 다룬 유치진 작 〈한강은 흐른다〉가 신협 공연으로 올라간 것은 1958년이다. 〈한강은 흐른다〉는 유치진이 미국 연극계 시찰 이후 브로드웨이 뮤지컬과 할리우드 영화 기법을 도입해 새로운 시도를 보인 작품이자(이상우, 『유치진 연구』, 태학사, 1997, 384면) 전후 유치진이 재기에 성공하게 된 작품이다. 요컨대 1957~58년 시점은 식민치하 친일 혐의 연극인들이 전후 조정 국면을 거쳐 다시 재기에 성공하는 전환점의 시기를 이룬다. 유치진의 경우, 이 전환점의 구체적인 계기에 '미국'과 '이승만'이 놓여 있음이 거듭 확인된다.

전후 냉전체제와의 관계에서 어떤 태도를 취하고 있었는지, 국내에서는 '이승만'을 매개로 전후 한국 사회에서 '반공'과 '보수'와 '미국'이 어떤 관계로 연결되어 있었는지, 곧 국내 '반공 보수주의'의 기원에 '미국'이 어떤 매개항의 역할을 하고 있는지를 구체적으로 살펴보고자 한다. 이를 위해 다음 장에서는 오영진이 편집 및 발행에 직간접적으로 관여하고 있었던 잡지 『문학예술』과 『전망』을 통해 1950년대 지식인들의 세계 인식, 특히 냉전의 역사가 시작되고 있었던 1950년대에 대한 구체적인 반응이 어떤 것들이었는지 전반적인 지형도를 먼저 검토해 보도록 하겠다.

2. 자유 아시아 냉전 주체와 잡지 『문학예술』과 『전망』

잡지 『문학예술』과 반공 냉전 논리의 대미인식

잡지 『문학예술』(1954.4.~1957.12.)과 『전망』(1955.9.~1956.1.)은 오영진이 직간접적으로 관여했던 잡지이다. 『문학예술』은 오영진이 편집 및 발행인을 맡았던 잡지이고, 『전망』은 "한미 간의 문화 학술의 교류 및 연구를 목적"으로 설립한 미국문화연구소 기관지로 오영진은 이 잡지에 전문연구위원으로 참여하고 있다.[23]

23_"한미 간의 문화 학술의 교류 및 연구를 목적하여 그 동안 준비 중이던 미국문화연구소는 이번 그의 설립을 보아 사무실을 서울 소공동에 두고 월간 종합지 『전망』의 간행, 학술서적의 번역 및 출판, 미국 학술서적의 기증 알선, 문화영화의 제작 배급, 한국 명저의 영역 및 출판, 연구원의 해외 파견, 반공 선전을 목적으로 하는 방송 등의 사업을 착수하게 되었다는 바 임원의 명단은 다음과 같다. ▲ 대표운영위원 이한직 ▲ 전문연구위원 조지훈, 김준엽, 왕

먼저 『문학예술』은 『현대문학』, 『자유문학』과 함께 1950년대 문예지를 대표하는 잡지 중의 하나이다. 『문학예술』은 전시 부산에서 월남 문인들을 중심으로 조직된 문총 북한지부 기관지 『주간 문학예술』의 후신으로, 마찬가지로 서북 출신 문인들의 문화적 민족주의 이념을 대표하는 잡지 『사상계』와 혈연적 유대관계를 맺으며 1950년대 잡지 지형에서 『현대문학』 대 범『사상계』의 대립구도를 형성하고 있는 것으로 평가받고 있다.[24] 『문학예술』은 시, 소설의 한국 문학뿐만 아니라 외국 문학 및 비평(특히 미국 신비평)의 번역, 희곡, 국내외 연극 및 영화 비평의 소개에도 많은 지면을 할애하고 있어 문예지의 범위를 넘어 예술분야 전체에 대한 각별한 관심을 보여 주고 있다. 결국 이는 시나리오 작가이자 영화평론가였던 오영진의 성향이 잡지 편집에 중요하게 작용하고 있음을 알 수 있다.

『문학예술』에 수록된 오영진의 글은 총 5편으로, 모두 영화와 관련된 것들이다. 곧 1950년대에 오영진은 영화인으로서의 정체성을 우선시하고 있다. 구체적인 목록은 다음과 같다.

1. 「할리운의 인상」, 『문학예술』, 1954.6.
2. 「필립 로오와 나」, 『문학예술』, 1955.9.
3. 「블란서 영화의 금석-젊은 팬을 위하여 (상)」, 『문학예술』, 1956.1.
4. 「블란서 영화의 금석-젊은 팬을 위하여 (하)」, 『문학예술』, 1956.2.
5. 「오리지날 씨나리오 〈청년〉」, 『문학예술』, 1957.4.

학수, 김용갑, 오영진, 김종길 ▲ 고문 유진오, 박종화, 변영로, 이희승, 모윤숙, 서정억" 기자, 「월간 전망 등 발행, 미국문화연구소」, 『동아일보』, 1955.7.22.

24_이봉범, 「전후 문학 장의 재편과 잡지 『문학예술』」, 『상허학보』 20, 2007.6., 271~274면.

먼저 「할리운의 인상」은, 오영진이 1953년 미국 국무성 초청 리더스 그랜트로[25] 3개월간 미국의 대학, 미술관, 연극·영화·라디오계를 방문한 인상기이다.[26] 오영진과 미국과의 관계는 각별한 것으로, 이는 아시아재단 한국사무총장 필립 로오의 부고문인 「필립 로오와 나」에도 인상 깊게 제시되어 있다. 오영진은 이 글에서 필립 로오의 영화, 연극, 출판, 음악 등 예술 전반에 걸친 성의 있는 원조를 기리며, 그를 "넓은 시야를 가진 국제인"이자 "가장 전형적인 아메리카인", "자유아세아를 도웁기 위한 아메리카의 국민"이라고 소개하고 있다. 오영진은 필립 로오를 마치 "가족의 한 사람"으로 여기며 "나는 필립을 통하여 아메리카를 배웠다."라고까지 표현하고 있다. 오영진과 미국과의 관계는 개인적·사적 친분관계를 유지할 정도로 밀착된 것이자, 더 나아가 미국인의 존재를 70년 전 미국 선교사와 교육자의 역할과 비교할 정도로 역사가 오래된 것, 절대적인 것으로 인식하고 있다. 1950년대적 맥락에서 오영진에게 미국은 미국 선교사로부터 환기되는 역사적 측면과 '자유아시아를 돕는 아메리카인'이라는 현재적 측면 모두에서 중요한 존재로 인식되고 있다.

그런데 미국(인)의 존재를 절대적·우월적인 것으로 인식하는 것은 냉전기 미국인들 자신이 품고 있었던 우월의식이기도 했다. 2차 세계대전 당시 유럽은 대부분 파괴되거나 황폐해진 반면, 미국은 전시 소비에 힘입어 대공황을 벗어나 경제호황을 누렸고, 전 세계 부(富)의 50%, 전 세계 산업

25_허은, 「미국의 대한 문화활동과 한국사회의 반응 - 1950년대 미국 정부의 문화활동과 지식인의 대미인식을 중심으로」, 고려대 박사학위논문, 2004. 참고.

26_그 외 1954년 7월부터 10월까지 『현대공론』에 연재된 오영진의 「아메리카 기행 1-4」 연재 분석을 통해 오영진이 '기독교'를 매개로 미국을 '승인'하고 있는 과정에 대해서는 권두현, 「해방 이후 오영진 작품에 나타난 정치적 무의식」, 『상허학보』 27집, 2009.10., 144~147면.

생산의 대부분을 거머쥐었으며 군사적 지배와 안보, 태평양·대서양 모두의 통제권을 장악하여 국제무대에서 역사상 전례를 찾아볼 수 없을 만큼 절대적인 우위를 차지했다. 이는 문화영역과 대학에도 반영되었는데, 유럽의 수많은 지식인과 과학자들이 나치체제에서 탈출해서 미국으로 오던 시기 미국은 전전(戰前)의 문화적 후진국의 열등의식에서 완전히 벗어났다. 이제 유럽 문화는 낡은 것, 실패작으로 간주되었고 미국의 '행동과학'은 혁신적인 것으로 간주되었다. 그리고 이는 미국의 승리와 힘의 세계지배를 배경으로 한 맹목적 애국주의, 반공주의와 결합하여 냉전논리를 강화시켜 갔다.[27] 오영진이 1953년 방문한 미국 대학과 문화계의 상황은 바로 이러한 분위기가 팽배해 있던 때이자, 매카시즘이 맹위를 떨치던 때였다.[28] 오영진이 받아들인 "전형적인 아메리카인", "자유아세아를 돕는 아메리카인"은 그 자체로 반공 냉전논리의 미국인의 그것이며, 반공을 매개로 오영진과 미국이 연결되는 한 지점을 보여 준다.

이에 비해 「블란서 영화의 금석 - 젊은 팬을 위하여」는, 오영진이 학생시절 영화에 관심을 가지게 된 직접적인 계기인 1930년대 프랑스 영화의 "황금시대"를 회상하고 소개하는 글이다. 이 글에 붙어있는 '젊은 팬을 위하여'라는 부제는, 1950년대의 오영진이 자신을 기성세대의 위치에 놓고 발화하고 있음을 알려 준다. 이 글에서 눈에 띄는 점은 두 가지이다.

먼저 이 글은 프랑스 영화계를 전전과 전후로 시기를 구분하여 소개하

27_노엄 촘스키, 「냉전과 대학」, 『냉전과 대학』, 당대, 2001, 46~53면.

28_데이비드 몽고메리, 「머리말: 핵폭탄 그림자 아래의 번영」, 『냉전과 대학』, 당대, 2001, 27면. 이에 더하여 1956년 흐루시초프가 소련 공산당 대회에서 스탈린의 강압과 기만을 폭로하는 비밀연설을 행한 이후, 이 비밀연설은 순식간에 전 세계에 알려졌으며, 미국의 좌파들은 정신적 충격으로 급격하게 와해되어 갔다.

고 있다. 1930년대 프랑스 영화의 대표적 감독으로 쥬리앙 뒤비비에, 작크 페에테, 루네 클레에르를 들고 있다. 그리고 이 시기 프랑스 영화의 특징으로 클레에르 식의 풍자와 고소와 아이러니를 꼽고 있으며, 아메리카 영화가 대부분 해피엔딩인 데에 반하여 1930년대 프랑스 영화는 대부분 비극적 결말을 맺고 있다고 지적하고 있다. 여기서 오영진은 프랑스를 "몰리에르의 나라, 오마르세이의 나라"라고 칭하며 프랑스 문학에서의 희극정신을 높이 평가한다. 이러한 특징은 오영진의 대표작 〈맹진사댁 경사〉나 〈살아있는 이중생 각하〉에서도 그대로 살펴볼 수 있다. 실제로 서연호는 〈맹진사댁 경사〉가 전통 설화를 소재로 하고 있지만 그 기법은 서구적인 전통 희극의 플롯과 화술, 특히 당대 프랑스 희극 전통과 유사성을 지니고 있으며, 〈살아있는 이중생 각하〉의 이중생 또한 몰리에르의 아르빠공 같은 인물로 해석한다.[29]

이에 비해 "아쁘레 게에르의 블란서 영화"로 표상되는 전후 프랑스 영화에 대한 오영진의 평가는 다소 냉정하다. 전후 프랑스 영화는 "병적인 감각과 난숙한 퇴폐미"를 가진 것, "병적인 현실도피와 탐닉의 세계"를 그린 것으로 전후 아메리카·영국·이태리 영화가 전쟁과 관련된 문제를 "리알리스틱하게 사회면을 오려 내고 있음에 반하여" 기대에 크게 못 미치는 것으로 혹평한다. 그리고 콕토를 대표적인 예로 든다. 그런데 콕토를 비판하고 있는 근거가 흥미롭다.

(1930년대의) 클레에르는 '카지오나리'의 파시즘을 통렬히 비웃었으나, 콕토는 접

29_서연호, 「오영진, 웃음의 미학 혹은 비판적 투시」, 『우리시대의 연극인』, 연극과인간, 2001.8.; 한국극예술학회 편, 『오영진』, 38~41면에서 재인용.

> 경까지 몰려들려는 코뮤니즘에 대하여 눈을 가리고, 16세기의 동화의 세계에서 놀았다. 그가 〈올페〉를 제작한 1950년이란 세대는 이미 시인과 왕녀의 생사와 사랑을 내용으로 하기에는 또한 시인의 불멸과 시인의 기능을 테마로 하여 판타지의 세계를 전개하기에는 너무도 악착하고 착잡하고 긴박한 현실이 아니었던가.[30]

오영진은, 콕토에 대한 비판적 평가의 기준으로 '코뮤니즘'을 제시하고 있다. 이는 세계 영화를 평가하는 오영진의 중요한 기준 중의 하나가 '반공'이었음을 알려 준다. 이 시기 오영진은 '자유아시아'의 냉전 주체, '반공' 주체로서 자신의 위치를 규정하고 있는데, 이는 식민지 시기에 청년기를 보내고 전후 기성세대의 위치에 있었던 오영진 세대의 윤리감각이 무엇에 긴박되어 있었는지 보여 준다.

미국문화연구소 기관지 『전망』과 1950년대 한국 사회 리더 그룹의 일상감각

그리고 '자유아시아 냉전 주체', '반공 주체'로서 1950년대 기성세대의 윤리의식은 1950년대 한국 사회의 '리더' 그룹과 그들의 의식세계를 엿볼 수 있는 미국문화연구소 기관지 『전망』[31]에서 그 모습을 좀 더 구체적으로 확인해 볼 수 있다. 우선 먼저 『전망』의 시사 및 풍속, 생활소재의 짤막한 글이 실리는 '각계 현역의 생활과 의견'(1955.9., 10.), '전망싸롱'(1955.11., 1956.1.)의 코너를 통해 『전망』의 주요 독자층(필자층 포함)이 누구인지 추

30_오영진, 「블란서 영화의 금석 (하)」, 『문학예술』, 1956.2., 192면.

31_『전망』의 편집 및 발행인은 이한직, 주간은 방기환이며, 1955년 9월, 10월, 11월, 1956년 1월호의 총 4권을 발행했다.

정해 볼 수 있다. 이 꼭지의 필진은 교육계(서울고 교장, 이대 도서관장, 신학대 학장, 서울의과대 학장, 서울대 교수, 고대 교수, 고려대 부총장, 덕성여대 교장, 서울대 교무처장, 중앙대 학생처장, 국립도서관장 등), 언론계(경향신문, 조선일보 등 각 신문사 논설위원 및 편집국장, 신문기자 등), 정부 관계자(외무부 방교국장, 국회의원, 대한적십자사 총재, 서울지법 판사, 문교부 차관, 조선전업 사장 등), 예술가 및 문인(작가, 화가, 연극인, 방송연출가 등) 등 그야말로 각계각층을 대표하는 지도층 인사들이다. 내용은 가벼운 생활수기부터 정책비판[32] 및 대안까지 다양하다. 그리고 특히 눈에 띄는 특징은 해군 준장, 해군 소령, 육군 중령 등 문인 출신 직업군인들의 필진 참여가 활발하다는 점이다.

또한 가벼운 읽을거리, 즉 각종 스포츠, 취미용 '독물'을 통해 이들의 일상생활 영역을 추정해 볼 수 있다. 『전망』에서 소개·추천하고 있는 스포츠나 취미는 한 마디로 '럭셔리'하다. 예컨대 바둑, 사진, 음악회, 그림(전통 서화) 및 서한(전통 서예), 등산, 우표 수집, 역도, 무용, 승마, 영화 등 주로 일정한 연령대 이상을 대상으로 하는 상류계급 스포츠이자 취미들이다. 또한 『전망』 독자층과 관련해서 문예물에서 눈에 띄는 특징 중 하나로, '한역 시'와 '한시' 번역물의 존재를 들 수 있다. 예컨대 조지훈의 현대시를 김춘동이 한역한 것이나,[33] 김춘동의 한시를 조지훈이 한글로 풀어쓴 것은[34] 『전망』 독자층이 한자문화에 익숙한 높은 연령대의 사람들임을 짐작하게 한다.

이와 같이 『전망』을 통해 1950년대 기성세대, 사회지도층의 생활 면모, 의식세계의 일단을 살펴볼 수 있는데, 특히 미국문화연구소 기관지로

32_윤봉춘(문총 최고위원), 「영화정책」, 『전망』, 1955.11.

33_조지훈, 김춘동 역, 「한역시 - 가야금」, 『전망』, 1955.9.

34_김춘동, 조지훈 역, 「도선암 가는 길 외 1편」, 『전망』, 1956.1.

서 『전망』의 독자층과 미국과의 특권화된 관계 또한 확인할 수 있다. 예컨대 고려대 부총장 이종우의 서독 대학 시찰기[35]에는 10일간 서독 대학 시찰 경험뿐만 아니라 10개월간 미국 문화 시찰 경험도 함께 소개되어 있어, 미 국무성 초청 리더스 그랜트 프로그램이 대상으로 하고 있는 한국 사회 지도층 그룹과 『전망』 필자층 및 독자층이 서로 관련 있는 정황을 보여 준다.

이 잡지에 전문연구위원으로 참여하고 있는 오영진 또한 1953년 미 국무성 리더스 그랜트 프로그램 수혜자이다.[36] 그리고 1952년 반공서적 전문 출판사 중앙문화사 설립,[37] 1955년 미 공보원 공동제작의 '리버티 푸로덕숀'의 반공영화 〈죽음의 상자〉 제작,[3839] 1956년 공보실 영화 〈조국의 통일을 위하여〉 제작, 1958년 국방부 정훈국 자문위원 취임으로 동부 휴전

35_이종우(고려대 부총장), 「전망싸롱 - 서독의 대학」, 『전망』, 1956.1., 16면.

36_참고로 이해랑은 1955년 미 국무성의 리더스 그랜트 연수 프로그램으로 미국 연극계를 시찰하고 돌아왔고, 유치진은 1956년 미 록펠러 재단 초청으로 미국 연극계를 시찰하고 돌아왔다.

37_『전망』 1956년 1월호 목차의 날개 지면에 서울중앙문화사 간행의 『세계공산주의역사』(재판)(런던대학교 소련역사학 교수 휴 세튼 이트슨 지, 서울대학교 문리과대학 교수 박영길·대구대학 법정학부 교수 양호민 공역, 국판양장 450면, 값 800환), 『공산주의 비판의 기초지식 - 맑스에서 말렌코프까지』(델리아 S. 메어즈 저, 양호민 역, 46판, 값 300환)의 반공서적 광고가 실려 있다.

38_"리버티 푸로더숀의 첫 작품인 극영화 〈죽음의 상자〉는 그 동안 촬영을 마치고 이달 안으로 서울, 부산, 대구 등지 3개 도시에서 동시에 상영하게 되었다. 〈죽음의 상자〉는 우리나라에서는 처음으로 밋첼 촬영기로 동시녹음 및 촬영으로 제작된 작품으로서 미 국무성을 통하여 외국에서도 상영될 예정이다. 제작 이지의, 감독 김기영, 주연 최무영, 강효실, 노능걸." 기자, 「탐정극 영화 〈죽음의 상자〉 리버티 푸로 작품」, 『경향신문』, 1955.5.6.; 오영진, 「반공영화의 몇 가지 형 - 〈죽음의 상자〉를 평하기 위한 하나의 서론」, 『한국일보』, 1955.8.3.

39_오영진은 1954년 1월 미 국무성 초청 리더스 그랜트 연수에서 돌아와 곧바로 주한 미 공보원과 공동제작 영화 〈죽음의 상자〉 제작에 착수하고 있으며, 같은 해 12월 예술원 회원으로 가입한다.

선을 시찰하는 등 1950년대 내내 오영진은 '반공 노(老)전사'의 모습으로 일관하고 있다. 1950년대 오영진의 이러한 공적·사적 일상의 모습은 『전망』에서 보여 주고 있는 한국 사회 리더 그룹의 생활세계 및 의식세계의 양상과 겹친다. 따라서 『전망』의 세계 인식은 오영진의 1950년대 작품을 이해하는 데 중요한 배경설명의 참조가 될 수 있다.

잡지 『전망』의 대미인식과 시나리오 〈청년〉이 놓이는 자리

그렇다면 『전망』이 그리고 있는 1950년대 세계상은 어떠한 것인가. 그것은 한 마디로 미소 냉전체제에 의한 자유진영 대 공산진영 구도로 재조정된 세계상이다. 이를 요약하면 다음과 같다. (1)1950년대 한국 지식인들은 자신을 아시아 반공 블록의 일원으로 세계지도를 다시 그리고 있으며,[40][41] (2)특히 미국과의 관계에서 전후 미국과 일본의 가쓰라 태프트 밀약(1905.7.), 포츠머스 조약(1905.9.)과 관련하여 미국에 대해 불신을 드러내는 입장과 함께, (3)일소회담과 일미회담에서 나타나는 "일본의 이중외교"(일본의 중립화 경향, "용공 일본", "회색 일본")를 비난하고 일본을 경계하는 태도

40_우승규, 「아세아 반공 민족회의의 장래」(1955.9.); 민영수, 「최근 대만의 이모저모」(1955.9.); 알렌 S. 파이팅, 「대만의 불가사의의 인물 장경국」(1955.10.); 유광열, 「자유의 국경선은 무력으로 보장되어 있는가?」(1955.11.).

41_여기에는 아시아 지역에서 공산화 세력으로 큰 위협이 되고 있는 중공의 공산치하 지식인들의 수난, 탄압, 숙청 등에 대한 르포, 수기 등도 포함된다. 김준섭(고려대 교수), 「중공치하 지식분자의 수난」(1955.9.); 이안룡(중국), 「중공의 작가생활」(1955.10.); 사마로(중국), 윤영춘 역, 「연안-조국과 청춘을 바친 중공에의 증오의 변」(공산당에서 전향한 수기)(1955.10.). 이 글들은 공산치하에서의 지식인·예술가들의 구체적인 탄압사례로서, 한국의 지식인·예술가들에게 공포와 위협을 안겨 주는 효과를 거두고 있다.

가[42] 눈에 띈다.

특히 『전망』 1956년 1월호는 '종합연구: 일본' 특집을 통해 일본과 미국 양자 모두 경계하고 있다. 『전망』의 1955~56년 시점에서 대미인식은 일본과 연동되어 있으며, 절대적인 친미 태도는 아니다. 『전망』 필자들의 입장은 단순히 친미적 관점에서 미국의 반공이념에 동조하는 것이 아니라 한국전쟁을 계기로 내면화된 '자발적' 반공주의자들로서 미국 외교정책, 특히 대일정책에 있어서 강한 불만과 경계를 드러내고 있다.

> 아세아 민족 반공대회가 애당초 탄생되기는 이 대통령과 장개석 총통 사이에 공동 발표된 대만 성명에 기인한 것이며 (…중략…) 그렇듯 웅대하고 고원한 이상을 가지고 웅의에 숙론을 거듭해 내려오던 결맹의 구상이 그 뒤에 미국을 비롯한 자유진영 제국의 얄궂은 견제로 말미암아 반공의 선구적 위치에 있는 한·중 두 나라는 슬쩍 제쳐놓고 미·영·불을 비롯해서 오스트랄리아·파키스탄·뉴질랜드·타이·필리핀 등 여덟 나라만으로 이른바 SEATA, 즉 동남아세아방위조약기구란 것을 만들어놓고 말았다.[43]

> 미국의 유력한 모 신문 사설에서는 얄타회의에서 루스벨트가 불명과 무능으로 스탈린에게 속은 것을 솔직 그러나 완곡하게 인정한 후에 "얄타는 지나간 일이다. 그러나 우리는 거기서 많은 교훈을 배웠다. 지도자로서의 불완전(루스벨트를 가르킨 말), 지식의 한계성(극동의 사정을 모르고 일본의 실력을 과대평가하여 어떠한 대가를 주고라도 소련을 극동으로 불러들인), 장래의 거두회의가 어찌될 기대도 모른 것

42_편집부, 「국제정세 전망」(1955.9.); 이두산, 「국제정세의 회고와 전망」(1956.1.); 유진오·김을한 대담, 「한일간에 가로놓인 것」(1956.1.); 민병기, 「전후 일본의 국제적 지위」(1956.1.); 후석학인(천관우), 「전후 10년의 일본문화」(1956.1.)

43_우승규, 「아세아 반공 민족회의의 장래」, 『전망』, 1955.9, 42~43면.

을 포함한 것(불명(不明))이다. 예를 들어 1945년(얄타회의 당시)에 그렇게 많은 말로 약속할 때에 그것에 대한 아무 효과 있는 보장도 없으면서 그 말을 액면대로 받아들인 것이다." (…중략…) 구주에서는 이러한 국경(즉 자유의 국경)이 잘 알려지고 있다. 그러나 극동에서는 그것(즉 자유 국경)이 잘 알려지지 않고 있다.[44]

여기서 우리의 회고는 50여 년 전으로 돌아간다. 당시의 한국은 1882년도에 일 해군 무관과 정식 한국정부 대표와 사이에 조인된 한미수호조약만을 철석같이 믿었고 일본의 침략을 호소하기 위하여 굳게 닫힌 미 국무성의 철문을 두드리고 있었다. 그때 해군장관으로 있던 윌람 하워드 태푸트 씨가 세계일부 항행차 미 태평양 함대를 이끌고 일본에 기항하였고 당시의 일본수상 주 태랑(桂 太郞)과 면담하였다는 사실을 의심하는 눈으로 본 사람은 아마 관계 양국정부의 수뇌층 이외에는 아무도 없었을 것이다. 그렇게도 애끓는 동정으로 두드린 미 국무성의 무겁게 닫힌 문호가 열리지 않았던 경위가 20년 후에 일 학자의 극동외교사 연구발표에서 비로서 판명되었다는 것을 우리는 잊지 않는다. 그것이 바로 태푸트 가쓰라 협정으로 알려진 밀약으로 당시 동부 아세아의 주요 강국인 일본이 한국에다 독점 세력권을 수립하는 것을 미국이 묵인하는 대가로 일본은 필리핀을 침공하지 않겠다는 약속을 한 것이었다. 미일양국관계에서 한국이 희생된 적이 있었다는 것을 부언하며, 일본이 전후 10년 되는 오늘날 차지하는 위치에 대하여 우리의 관심을 표명하여 둘 따름이다.[45]

이상의 글에서와 같이 『전망』 필진들은 '자유아시아의 반공 주체'로서 자신의 위치를 규정짓고 있으며, 특히 아시아에서 "반공의 선구적 위치", "이니시아티브"를 거듭 강조하고 있다. 이는 아시아 반공 블록에서 한국의

44_유광열, 「자유의 국경선은 무력으로 보장되어 있는가?」, 『전망』, 1955.11., 34~35면.
45_민병기, 「전후 일본의 국제적 지위」, 『전망』, 1956.1., 150~151면.

"정신적 이니셔티브"[46]를 강조하고 있는 오영진의 다른 글에서도 거듭 확인되는 내용이다. 『전망』 창간호 편집후기에서 잡지 창간의 의도로 밝히고 있는 "높은 정신력의 수호", "정신력 수호의 보루, 나아가서는 비약대"[47]의 의미는 철두철미한 반공의 태도를 지칭하는 것으로, 반공의 이념을 단순한 외교정책이 아니라 "높은 정신력의 보루"로까지 삼는 절대화한 반공의 태도를 확인할 수 있다.

그리고 바로 이곳이 오영진의 시나리오 〈청년〉이 놓이는 자리이다. 1957년 4월 『문학예술』에 실린 시나리오 〈청년〉은 1955~56년 시점의 『전망』의 세계 인식, 특히 대미인식과 동일한 자장 안에 있다. 〈청년〉은 1894년 동학농민항쟁·청일전쟁으로부터 1895년 명성황후 시해 사건, 1896년 아관파천의 친러파 내각 하 구한말을 배경으로 20대 젊은 이승만의 10년간의 행적을 다루고 있다. 동학농민항쟁, 청일전쟁으로부터 시작하여 러일전쟁이 진행되는 과정 중의 친러파 내각과 친일파 내각의 갈등, 1904년 한일협약에 이르는 국권 상실 위기 등은 미소 냉전체제 하 소련 및 중공의 위협, 일본의 재등장, 미국의 중재자로서의 위치라는 1950년대 현실을 그대로 반영하고 있다. 1955~56년 시점에서 잡지 『전망』이 보여 주고 있는 "미국의 중요한 동맹국"으로 재부상한 일본의 재등장에 경계를 동반한 대미인식, 그리고 정당 정치인 출신 오영진의 정치적 감각 등을 고려해 봤을 때 〈청년〉의 극중 시점의 선택, 극중 세계정세의 대립구도 설정은 의미심상하다. 곧 시나리오 〈청년〉은 『전망』의 세계 인식과 서로 호응관

46_오영진, 「아시아 친구들과의 대화」, 『조선일보』, 1960.6.3.; 『오영진 전집 5』, 351면에서 재인용.
47_편집부, 「편집후기」, 『전망』, 1955.9., 211면.

계에 있다.

〈청년〉의 마지막 장면에서 이승만이 조선의 독립과 관련하여 세계 여론에 호소하기 위해 미국으로 떠나는 장면 또한 이러한 맥락에서 다시 읽을 필요가 있다.[48] 〈청년〉의 결말은, 위 인용문에서 언급한 "그렇게도 애끓는 동정으로 두드린 미 국무성의 무겁게 닫힌 문호가 열리지 않았던" 바로 그 상황이다. 이승만은 미국으로 떠나지만 루즈벨트에 의해 이미 일본의 한국 점령을 묵인하는 가쓰라 태프트 밀약(1905.7.)이 체결되고, 다시 미국의 중재로 러일전쟁 주역인 일본과 러시아의 포츠머스 강화조약(1905.9.)이 체결되었다. 그렇게 전쟁은 종결되고, 조선은 일본의 식민지가 되었다.

이상 〈청년〉의 시작점과 종결점은 러시아의 위협과 일본의 재부상 그리고 "일본은 미국의 중요한 동맹국"임을 거듭 천명하고 있었던 미국의 태도에 대한 1950년대 중반 남한 지식인·반공 지식인들의 "쇼크"[49]를 동반한 불안을 보여 주고 있다. 〈청년〉 결말은 "미일 양국관계에서 한국이 희생" 되었던 역사적 사실을 새삼 다시 환기시키고 있다. 이러한 결말에서, 오영진이 순진하게 미국을 구원자이자 천사의 모습으로만 기대하고 있었다고 읽기는 어렵다. 오영진은 이미 해방 정국 소련 치하에서 분단의 직접적인 원인인 미·소 간의 얄타회담, 러·일 간 포츠담회담 등 미·소·일 간의 국제정세에 민감한 반응을 보이고 있었다.[50] 그리고 이러한 회의적인 시각은 늙

48_권두현과 김윤미는 〈청년〉과 〈풍운〉의 미국행 결말에서 오영진이 미국을 '구원자'로 '승인'하고 있다고 평가한다. 권두현, 앞의 논문, 153면; 김윤미, 앞의 논문, 93면. 그러나 본고에서는 〈청년〉과 〈풍운〉에서 보이는 오영진의 대미인식이 그렇게 단순하지 않다는 점에 주목하고 있고 1950년대 후반 '균질적인 친미'와는 다른 균열지점을 보여 주고 있다고 본다.

49_민병기, 「전후 일본의 국제적 지위」, 『전망』, 1956.1., 145면.

50_"북위 38도선을 단지 일군의 무장을 해제하기 위한 '순간적'인 경계선으로밖에는 이해하지

은 독재자 이승만에 대해서도 마찬가지이다. 다음 장에서는 자유당 정권 말기 이승만 우상화에 동원되는 한편, 이승만과 일정한 거리를 보이고 있었던 오영진의 태도를 〈청년〉과 〈풍운〉을 통해서 살펴보겠다.

3. 자발적 반공주의자의 내면과 균열점, 〈청년〉·〈풍운〉과 이승만과의 거리

1950년대 후반 이승만 우상화 작업과 '만송족' 논란

1957년 오영진의 〈청년〉은 단순히 오영진 개인의 순수한 창작물로만 남아 있을 수 없는 복잡한 지형 속에 놓이게 되면서 정치적 논란의 한가운데 서게 된다. 시나리오 〈청년〉은 이후 희곡 〈풍운〉으로 개작되고 극단 신협에 의해 이승만의 82회 탄신기념일에 맞추어 공연되었고, 라디오 특집극 및 '뉴스영화'로 제작되어 대대적으로 홍보되었다. 1959년엔 오영진의 〈청년〉을 원안으로 한 신상옥 감독의 영화 〈독립협회와 청년 이승만〉이 경무대의 직접적인 지시와 후원으로 제작되면서 상황이 더욱 복잡해졌다.

않았던 북부의 고려인은 치스챠코프 대장의 5도대회 소집령으로 인하여 비로소 38도선이라는 지리학상의 위도선에 대한 절실한 관심을 가지게 되었다. 소련은 소련대로 미국은 미국대로 각각 진주한 지역에서 독자적으로 모든 절차로 결정하고 정리하고 계획을 세운 연후에야 서로 만나서 의논하겠다는 말인가? 그러면 그때까지 38선은 막혀 있고 우리는 소련 치하에서 살아야 한다는 말인가? 새삼스러이 얄타의 비밀회담의 내용이 무엇인지 알려고 노력했고 포츠담 선언을 재검토했다. 확실히 평양 시민은 불길한 5도대회의 소집으로 당황했다." 오영진, 앞의 책, 85면.

앞서 지적했듯이, 1950년대 후반은 이승만 우상화 작업이 대대적으로 진행된 시기이다. 〈청년〉이 발표된 시기는 이승만을 우상화·신격화하기 위한 각종 전기 및 위인물이 대량 생산되어 '이승만 서사'가 대중적으로도 광범위하게 유포된 상태였다.[51] 특히 이승만 우상화가 본격화된 것은 이승만이 80세를 맞이한 1955년이다. 이 시기에는, 행정·입법·사법 3부의 각 대표와 교육계·금융계·사회단체 대표 등 각계각층을 총망라한 '이 대통령 각하 제80회 탄신경축 중앙위원회'를 중심으로 매스게임, 탱크 시가행진, 서울운동장 등지에서 대규모 경축식 등이 거행되었다.[52]

〈청년〉이 희곡 〈풍운〉으로 개작되고 극단 신협에 의해 이승만 '탄신일'에 맞추어 공연된 것도 바로 이러한 연례화된 기념행사의 일환으로 기획된 것이다.[53] 즉 오영진의 시나리오와 희곡은 개인적인 창작의도가 어떤

51_서정주, 『이승만 박사전』, 삼팔사, 1948; 독립정신보급회, 『이승만 대통령 독립노선의 승리』, 1948.10.; 연합신문사, 『이대통령 투쟁사』, 1949.8.; 연합신문사, 『이대통령 건국정치 이념』, 1949.10.; 한철영, 『자유세계의 거성 - 이승만 대통령』, 문화춘추사, 1954; 공보실, 『대통령 이승만 박사 약전』, 1955; 박성하, 『우남 리승만 박사전』, 명세당, 1956; 우남전기 편찬회, 『우남노선』, 명세당, 1958.11. 등. 이승만 전기 생산은 정부 수립 이후 시작되어 1954년 이후 본격적으로 양산되었다. 1954년 이후 전기가 이전과 다른 것은 이전의 일민주의에 근거한 미국에 대한 비판적 시각이 완전히 사라지고 친미적 성향이 강화된 것이다. 이와 함께 이승만이 기독교인임을 강조하면서 '크리스찬 대통령'을 내세우거나, 이승만을 예수와 관련시키는 서술도 강화된다. 이 시기는 자유당 내에서 이범석 등 족청계가 제거된 후 이기붕이 2인자로 등장하기 시작한 시점이자, 선거운동을 위해 이승만·이기붕에 대한 개인 우상화가 함께 진행된 때이다(후지이 다케시, 앞의 논문, 16~37면). 이외에도 이승만 전기는 위인전의 형태로 대중적으로도 광범위하게 선전되었다. 「위인의 전기 - 이승만 박사」, 『아리랑』, 1955.9-10. 등.

52_후지이 다케시, 앞의 논문, 27~30면.

53_〈풍운〉 공연은 공보실 후원으로 입장 요금도 저렴하였다. 기자, 「〈풍운〉 공연 - 26일부터 시립극장서」, 『경향신문』, 1957.3.25.

것이었든 1950년대 후반 이승만 우상화와 선거운동의 정치적 도구가 되었다. 그리고 1960년 4·19 직후 '만송족' 논란과 함께 오영진의 문제적인 작품이 되었다.

> '인간 만송기'족, 비굴하기 짝이 없는 기회주의적 박쥐족 그 이외에 또 무엇이 있었단 말인가. 우선 '인간 만송기' 족속들의 조잡한 추태를 들어보기로 하자. '겸허'니 '정의에 사는 분'이니 하고 온갖 찬사를 다 널어놓던 소위 지성을 자랑하던 자칭 문화인들이 4·26이 당도하자 그들은 어떠한 태도를 취하였던가. 구태여 나는 여기에 그들의 이름을 열거하고 싶지조차 않다. 그러기에 앞서 가슴이 무겁고 답답한 한편 서글퍼만 진다.[54]

위의 인용문은 4·19 직후 신문에 발표된 작가 오상원의 공개장이다. "만송족은 숙청돼야 한다."는 격앙된 표현은 흡사 해방 직후 친일 부역 청산 논리를 닮았다. '만송'은 이승만 정권의 2인자 이기붕의 호로, 자유당은 1960년 3·15선거를 앞두고 이기붕을 자유당 부통령으로 당선시키기 위해 『인간 만송』이라는 책자를 만들어 정부 각 부처를 통해 유권자들에게 배부하는 등 조직적인 선거운동을 펼쳤다.[55] '만송족'은 이승만과 이기붕 우상화 작업에 동원된 지식인·문인들을 지칭하는 말이다. 예컨대 1960년 1월 조직된 자유당 선거대책위원회 지도위원에 김두헌(숙명여대)·김연준(한양대)·김활란(이화여대)·백낙준(연세대)·백성욱(동국대)·이선근(성균관대)·조동식(동덕여대)·조영식(경희대) 등 서울 주요 대학 총·학장들이 대거 포함되

54_오상원(작가), 「문단에 보내는 공개장 - 만송족은 숙청돼야 한다 (상)」, 『동아일보』, 1960. 5.8.
55_기자, 「공소장 송달 안돼 - 전성천 심리연기」, 『동아일보』, 1961.3.16.

어 있고, 김말봉·박종화·모윤숙 등 문인들도 참여하고 있다. 자유당 외곽 단체로는 반공청년단과 임화수 등 정치깡패를 주축으로 만든 반공예술인단 등이 동원되었으며, 박종화·이헌구·김광섭·김말봉·모윤숙·김동리 등 문인들은 이승만과 이기붕을 찬양하는 글을 신문에 썼다.[56] 이른바 '만송족' 논란은 자유당 정권 말기 지식인·예술가들의 우울한 초상을 보여 준다. 일제 말기 청산되지 않은 과거는 1950년대 자유당 정권 하에서 다시 반복되고 있었다.

결국 여기에는 친일세력에게 관대했던 이승만 정권의 성격이 크게 작용하고 있었다. 이승만은 1954년 5·20선거에서 친일파들을 대거 등용해 자유당 간부로 기용했고, 친일파 등용은 이승만 정권 말기로 갈수록 심해졌다. 일제 시기 관료 출신 친일파들의 대거 등용은 이승만 정권을 떠받쳐 주었다.[57] 4·19혁명의 요구가 일제 시기부터 이어져 내려온 '부패한 기성세대' 대 '젊은 학생 세대'의 대립구도로 터져 나온 것도 이와 같은 정황을 반영하고 있다.[58] 그리고 이는 이해랑 중심의 신협 계열 연극인들이 반공예술인단을 매개로 이승만 정권과 연계되는 중심 연결고리가 무엇이었는지 짐작하게 한다.

해방 직후 "좌익극단에 저항하여 순수한 민족극을 수립"[59]하고자 설립

56_서중석, 『이승만과 제1공화국』, 역사비평사, 2007, 215~218면.

57_서중석, 위의 책, 271~273면.

58_"4·19 직후 있었던 한 학생좌담회에서는 "왜놈들의 앞잡이들이 해방 이후 다시 우리나라의 관리가 되고 또한 자유당의 앞잡이가 되었어요," "정치 담당자 중에는 일본 사람들 밑에서 밤낮 추종하는 아부 근성을 가진 사람이 있다는 것" 등등의 불만을 토로하는 대목이 의외로 많이 나온다." 서중석, 앞의 책, 271면.

59_이해랑, 「극단 신협이 걸어온 길」, 『허상의 진실』, 새문사, 1991, 420면.

된 극예술협회(극협)는 창단 공연으로 유치진의 〈조국〉(1947)을 올렸다. 이 작품은 유치진의 해방 이후 첫 창작극으로, 일제 말기 국민연극 활동 등으로 위축되어 있었던 유치진이 해방 이후 재기하는 데 발판이 되었다. 이해랑은 유치진보다 한 세대 아래 동경학생예술좌 출신으로, 해방 이후 위축되었던 유치진을 대신하여 연극계를 대표하는 위치에 있었다. 이해랑은 극협에 이어, 1950년 설립된 국립극단 전속극단으로 기획된 신극협의회(신협, 1961년 국립극단으로 통합)를 이끌며 1950년대 연극의 기성세대를 대표하고 있었다.[60] 이해랑은 "국립극장과 신협의 탄생"을 "자유당 정권이 남긴 좋은 결실 중의 하나"[61]로 꼽을 만큼 자유당과 밀착된 관계에 있었다. 〈풍운〉 공연 또한 이러한 맥락에서 이해할 수 있다.[62]

> 그러나 혁명이 왔다. 그래서 부정원흉이 단죄대에 올랐고 부정축재자가 논란되고 문화계의 정화운동이 활발해지고 있지 않은가? 그러면 유독 국립극장만 그 과오를 지닌 채 구태의연하란 법은 없을 것이다. 하기야 국립극장이 제대로 운영되어 민족예술의 전당으로서 제 구실을 다 했다면 혁명 아니라 천지개벽이 일어났은들 시비가 있을 리 만무하지만.
> 애당초 서항석 씨가 극장장에 재직했던 자유당 치하에서도 말썽이 없었던 것은 아니다. 서씨와의 불화로 '신협'이 이탈하여 태반의 연극인은 무대를 잃었고, 호신

60_김옥란, 「1950년대 연극과 신협의 위치」, 『한국문학연구』 34, 2008.6, 124~129면.

61_이해랑, 위의 책, 442면.

62_이 시기 신협 계열 연극인들은 모두 예술원 회원이 되었다. 1954년 오영진, 이해랑, 유치진은 예술원 회원으로 선출되었다. 유치진은 1962년 예술원 부회장을 역임했으며, 이해랑은 1984년 예술원 회장을 역임했다. 대한민국예술원 홈페이지 www.naa.go.kr 참고. 한편 유민영은, 오영진이 나중에 "영예로운 예술원 회원을 스스로 그만둔 것 등 여러 가지 에피소드를 남겼다."(유민영, 앞의 책, 17면)고 말하고 있지만 관련 사항을 확인할 수 있는 자료가 없다.

책이라고나 할까 반공예술인단에 가입한 자 중 몇몇이 씻을 수 없는 죄과마저 범한 것은 서씨의 책임은 아닐지 모르나, 서씨가 '문총'과 '자유당'을 등에 업고 "민족의 태양"을 찬양한 어용예술인이라는 항간의 비난은 차치하고서라도 쥐꼬리만 한 연극계를 그나마도 육성치 못한 '장'으로서의 무능력이 혁명 후 아직도 그 자리를 빛내고 있다는 사실은 불가사의한 일이거니와.

이번에 새로이 국립극장 운영위원으로 현제명, 김생려, 오영진, 유치진, 이해랑, 이원경, 조택원 등 제씨를 위임한 문교부의 인사조처엔 아연치 않을 수 없다. 음악, 연극, 무용 등 각 분야에서 고루고루 선정한 것까지는 좋으나 세인은 이상 7씨 중 몇몇 인사를 제외하고는 자유당 치하에서 너무나 유명했음을 잘 알고 있다. '심포니'의 지휘봉을 독점하기로 유명했고, 선거대책위원으로 유명했고, "청년 이승만"이 〈풍운〉이라는 고증으로 유명했고, 「만송기(晩松記)」의 창작으로 유명하다는 세론이 너무나 자자하니 말이다.[63]

그러나 4·19 이후 상황은 달라졌다. 위에서 비판하고 있는 것은 비단 〈풍운〉의 작가 오영진뿐만 아니라 신협과 국립극단으로 이어지는 유치진, 이해랑 등 연극계 기성세대인 보수 우파 연극인들 모두를 겨냥하고 있다. 이후 이해랑은 "한동안 자중"[64]에 들어갔고, 신협은 1961년 5·16 이후 국가재건최고회의에 의해 국립극단으로 통합되었다. 이로써 신협은 역사 속으로 사라졌다. 그러나 국립극단으로 통합된 이후 신협 계열 연극인들의 활동은 이전만 같지 못했다. 〈풍운〉은 오영진 개인의 차원을 넘어 1950년대 후반 연극계·문화계의 한 지형을 보여 주는 공연이자 4·19 이후 신협의 실질적인 몰락에 일정한 역할을 했다.

63_기자, 「그 사람이 그 사람들이지」, 『경향신문』, 1960.7.17.

64_"4·19가 터지고 세상이 바뀌자 나는 당국의 심사케이스로 한동안 자중해야 했고 임성남이 연출 바통을 대신 물려받았다." 이해랑, 앞의 책, 458면.

신협 공연 〈풍운〉이 신상옥 영화 〈독립협회와 청년 이승만〉으로 이어지는 맥락

그렇다면 오영진은 왜 1957년의 시점에, 즉 부패한 자유당 정권 말기 이승만 우상화가 극에 달한 민감한 시기에 이승만을 소재로 한 작품을 썼을까? 오영진은, 식민지 시기 유치진의 극연(극예술연구회)의 계보를 잇는 이해랑의 극협·신협·국립극단과 연결되는 개인적·연극적 친분도 없었다. 무엇보다도 해방 이전까지는 평양을 본거지로 한 정치인이거나 영화인의 정체성을 가지고 활동했기 때문에 연극계와의 접촉도 없었다. 오영진의 첫 희곡작품은 〈살아있는 이중생 각하〉로 1947년 월남할 때 지니고 온 작품으로 알려져 있다. 〈살아있는 이중생 각하〉는 1949년 이진순 연출에 의해 극협에서 초연되었다. 두 번째 희곡은 〈정직한 사기한〉으로 1953년 『사상계』에 발표하고 1956년 극단 극예술동우회에 의해 공연되었다. 다음으로 집필된 희곡이 〈풍운〉으로, 1957년 4월 『문학예술』에 발표한 시나리오 〈청년〉을 개작해 김규대 연출에 의해 신협에서 공연했다. 그리고 신협과의 인연은, 1957년 10월 이해랑 연출의 국립극단 공연 〈인생차압〉(〈살아있는 이중생 각하〉의 개작)으로 이어진다. 곧 오영진의 희곡 창작은 해방 이후에 시작된 것이고, 그것도 잡지에 희곡이나 시나리오로 먼저 발표한 이후 개작을 통해 공연을 올리는 방식이었다.

경성제대 출신으로 조만식 선생 밑에 있던 오영진이 평양을 떠나 서울에 온 것이 1948년 정부 선포 직후였다. 오영진의 월남은 당시 작가가 많지 않았던 극작계를 한결 윤택하게 했다. 월남한 오영진은 서울에 오자마자 적색분자의 조직 '테러'를 당해 한동안 병원에 입원하기도 했다. 그의 문재(文才)를 듣고 있었던 나는 여러 차례 병원으로 문병을 갔고 퇴원하자 간곡한 원고 청탁을 했다. 〈살아있는 이중생 각하〉, 즉 〈인생차압〉은 그래서 나온 작품이었다. (…중략…) 당시 극협은 극작가에 대한 원작료 지불 내용을 규정하고 있었다. 즉 배당제에 따라 전체 수익금의 1백분의 3을 지불한다는 것이었다. 그러나 이 규정은 수익금이 있을 경우만을 전제로 한 일방적인 생각이었고 공연에 실패할 경우에 대해서는 전혀 대비책이 없었다. 과거 극단에선 원작료란 관심 밖이었고 극작가조차도 주면 받고 흥행에 실패하여 작품료 지불 여력이 없으면 단념하곤 했다. 또 신파극에선 대본이 거의 자체 충당이다 보니 작품료란 개념조차 없었다. 이런 분위기였는데 오영진이 정정당당히 원작료 청구를 해오니 당황할 수밖에 없었다. (…중략…) 빚을 내서 일부 고료를 지불하고 극단 운영방식을 설명하고 작품료를 좀 깎자고 했지만 '당신네 사정'이라며 일축했다. 나대로 최대의 호의를 베풀었지만 그가 조금도 양보를 않고 소정의 작품료를 모두 지불하라는 데엔 서운했지만 한편 생각하면 당연했다. 갓 월남해서 이쪽 연극계 생리를 몰랐던 오영진으로서는 나의 설득이 구차한 변명으로 들렸던 것이다. 결국 수모를 당하고 어렵게 작품료를 완납했다.[65]

이상은 〈인생차압〉 공연 당시 연출가 이해랑이 회고하는 오영진의 에피소드이다. 이 글에서도 오영진은 "갓 월남해서 이쪽 연극계 생리를 몰랐던" 것으로 회고되고 있다. 이해랑이 오영진에 대해서 알기 시작한 것은 오영진이 월남한 이후이고 "적색분자에 의해 테러"를 당한 반공주의자인 점이 마찬가지로 해방 이후 우익 연극을 대표하고 있었던 이해랑에게 어필했던 것으로 보인다. 그러나 〈풍운〉과 〈인생차압〉 이후 오영진과 신협·이해랑과의 관계는 더 이상 이어지지 않는다. 이해랑은 야속하게도 연극계 사

65_이해랑, 앞의 책, 440~441면.

정을 몰라주는 오영진에게 "결국 수모를 당하고 어렵게 작품료를 완납"했다며 그에 대한 서운함을 짙게 토로하고 있다.

이와 같은 정황에서 봤을 때 신협 〈풍운〉 공연 또한 작가와 연출가·극단이 사전에 관점 합의나 조율을 거쳐서 나온 것이라기보다는 이승만 전기를 소재로 하고 있는 작품을 신협이 공연상 필요에 의해 희곡으로 개작을 요청한 것으로 보인다. 공연 당시 〈풍운〉 연출을 맡았던 김규대의 회고는 다음과 같다.

> 3월 극단 '신협'은 오영진 작 〈풍운〉(필자 연출)을 공보실 후원으로 개막했다. 이 희곡은 이조 말엽 민족의 자주독립을 위해 싸운 역사적 실존인물들을 등장시켜 현대인의 생활 사고를 선도해보려는 푸로파간다적 색채가 깃든 희곡이었으나 예술적인 품위가 높은 희곡이었다.[66]

이상은 1957년 연극계를 총평하는 글에서 짧게 소개된 〈풍운〉 관련 내용이다. 여기서 김규대는 〈풍운〉을 첫째, 공보실 후원작, 둘째, 이조 말엽 독립운동을 소재로 한 역사극, 셋째, 푸로파간다적 성격의 공연, 마지막으로 희곡 사제의 예술적 품위가 높은 작품이라고 말하고 있다. 앞의 세 가지 사항이 공연과 관련된 현실적 맥락을 짚은 내용이라면, 마지막 "예술적인 품위가 높은 희곡"이라는 내용은 오영진 희곡 자체에 대한 평가이다. 오영진의 작의야 어떻든 이승만을 소재로 다루는 작품 자체의 외면적 특징이 공연에 중요하게 작용하고 있음을 알 수 있다.

그리고 동일한 이유로 〈풍운〉은 영화화 제의를 받는다. 1959년 영화

66_김규대(연출가), 「정유문화계 총평 - 극단: 국립극장 환도」, 『경향신문』, 1957.12.24.

화된 신상옥 감독의 〈독립협회와 청년 이승만〉이 그것이다. 그런데 이 영화에는 시나리오 창작 주체가 누구인가에 대한 엇갈린 주장들이 있다. 다음은 오영진의 미망인 김주경, 영화감독 신상옥, 그리고 최근 구술 자료에 나온 증언들이다.

> 우천 선생(오영진 -필자 주)은 20살 때까지 청년 이승만을 높이 평가하여 시나리오 〈청년〉을 쓰게 되었다. 당시 자유당 말기에 임화수는 선생에게 〈청년〉의 제작권을 팔기를 종용하면서 이해랑 씨를 시켜 5백만 환을 주겠다는 교섭을 해왔다. 그때 빚이 많아 쪼들리던 형편이어서 자신(김 여사)은 선생에게 팔자고 권유하였으나 선생은 원형을 고치지 않겠다는 서약을 해야 제작 허락을 해주겠다고 고집하였다. 결국 타협이 이루어지지 않았다. 그 후 〈청년〉을 거의 그대로 표절한 신상옥 감독의 〈독립협회와 청년 이승만〉(1959)이 개봉되었다. 선생은 표절 사실을 고발하려고 했으나, 자신의 만류로 그만두었다. 그러나 이 사건을 계기로 선생은 반평생을 관여해 온 영화계와 손을 끊고 말았다.[67]

> 촬영에 들어가려는데 시나리오가 마땅치 않았다. 오영진이 쓴 시나리오가 좋았는데 작품료가 너무 비싸다는 이유로 채택되지 않았다. 실제로 돈이 없어서라기보다 '건방지게 비싸게 부르는 시나리오는 쓰지 마라'는 식이었다. 그래서 임희재가 쓰다가 시간이 너무 걸린다는 이유로 그만두고 결국은 극작가 유치진의 시나리오로 영화를 만들었다.[68]

〈독립협회와 청년 이승만〉은 반공예술인단과 한국연예주식회사를 이끌었던 임

67_오영진의 미망인 김주경 여사와 서연호 대담(1975.9.29.), 서연호, 앞의 책, 42면.

68_신상옥, 「무소불능의 영화 〈독립협회와 청년 이승만〉」, 『난 영화였다』, 랜덤하우스코리아, 2007, 65면.

화수가 제작한 것이었지만, 실질적으로 그 제작을 총지휘했던 것은 경무대의 곽영주였으며 이승만 자신도 제작과정에 일부 개입했던 것으로 알려져 있다. 당시 공보실의 영화과장이었던 이성철에 따르면 〈독립협회와 청년 이승만〉의 기획은 이승만이 자신의 독립협회 시절을 이야기하며 "요즘 청년들은 기개가 없다."고 말했던 데서 출발했다. 시나리오는 기본적으로 이승만 자신의 구술에 토대를 두고 있었으며 세부적인 내용은 감독인 신상옥이 곽영주를 통해 이승만에게 일일이 확인하면서 작업했다는 것이다.[69]

〈독립협회와 청년 이승만〉의 타이틀 자막에 오른 제작진은 "기획·제공 한국반공예술인단, 제작 한국연예주식회사, 제작지휘 임화수, 제작지도·고증 함태영·이갑성·유광렬·김영상, 원작 최태웅, 각본 이정선·임희재, 감수 유치진, 윤색 이형표, 감독 신상옥"이다. 타이틀 자막 어디에도 오영진의 이름은 없다. 그러나 세 번째 인용문에서처럼, 아무리 이승만의 구술에 토대를 두고 있다 하더라도 플롯과 대사는 극작의 영역을 거쳐야 한다. 1950년대 후반 대량 생산된 이승만 전기가 아무리 많다 하더라도 극작과정을 거치지 않고 공연·영화 대본이 그대로 나오는 것은 아니다.

결국 김주경의 증언과 영화감독 신상옥의 증언을 참고해 볼 때, 〈독립협회와 청년 이승만〉이 오영진 시나리오 〈청년〉을 원안으로 한 것이라고 추정해 볼 수 있다. 위의 인용문에서처럼 신상옥 감독 또한 오영진의 시나리오를 이미 참고한 상태이지만, 주위의 반대로 채택하지 못하고 결국 유치진 개작본으로[70] 영화를 제작했다고 밝히고 있다. 실제로 〈독립협회와

69_이순진, 「작품해설 - '시국영화' 또는 '기념비영화', 1950년대 말 전기영화의 식민지 재현」, 『구한말 시대극 DVD』, 한국영상자료원, 2012.7., 15면.

70_한옥근 또한 〈독립협회와 청년 이승만〉이 오영진 시나리오 〈청년〉을 유치진이 개작했다

청년 이승만〉은 〈청년〉의 기본 플롯(동학으로부터 시작해서 독립협회 사건을 거쳐 이승만이 고종의 밀지를 받고 미국행에 오르는 결말)과 주요 인물들의 대사가 거의 일치한다. 영화 전개상 〈청년〉의 장면이나 대사를 축약해서 진행하는 부분도 많다. 예를 들어 영화 도입부에서, 〈청년〉에서 장면화시켜 보여 주었던 장면들을 '갑신정변', '동학란', '청일전쟁'의 자막 처리와 함께 해설자의 내레이션, 군대 전투 장면의 전쟁 스펙터클로[71] 짧고 강렬하게 보여

고 보고 있다. "〈풍운〉은 1957년 4막5장의 희곡으로 먼저 쓰였고, 다음해에 시나리오 〈청년〉으로 보완 개작한 작품이다. 1959년에는 국회도서관 장서 21805호로 등록 필한 시나리오 한국위인전 〈태양과 같이 섰다〉로 개명하여 독립영화공사 작품으로 보관되었는가 하면, 유치진에 의해 〈독립협회와 청년 이승만〉으로 개작, 신상옥 감독에 의해 영화화된 바 있는 말썽 많은 작품이다."(한옥근, 『오영진 연구』, 시인사, 1993, 137면) 그런데 여기서 시나리오 〈청년〉이 희곡 〈풍운〉 다음해에 나왔다는 것은 착오이다. 〈청년〉은 〈풍운〉과 같은 해, 거의 동일한 시기에 『문학예술』에 발표되었다. 〈풍운〉 공연일자는 1957년 3월 26일부터 3월 31일이고, 〈청년〉은 『문학예술』 1957년 4월호에 발표되었다. 『문학예술』 1957년 4월호의 인쇄날짜는 3월 20일이고, 발행날짜는 4월 1일이다. 따라서 시나리오 〈청년〉은 〈풍운〉 공연날짜보다 이르게 원고가 이미 넘어간 상태이다. 시나리오 원작을 먼저 작성하고 희곡 개작을 하는 오영진 개인의 창작 습관을 고려할 때에도 〈청년〉이 〈풍운〉보다 훨씬 먼저 창작되었을 가능성이 높다.

71_〈독립협회와 청년 이승만〉의 제작부장을 맡았던 박행철에 따르면 군중 장면 촬영을 위해 예비군이 동원되고 경무대 무기고에 보관하던 일본 총까지 가져와서 소품으로 사용했다고 한다(이순진, 앞의 글, 16면). 신상옥 또한 '최상의 조건' 속에서 제작이 이루어졌다고 회상한다. 전 영화계가 총동원되어 올스타 캐스팅이 이루어졌으며, 비원에 보관되어 있는 국보급 마차를 꺼내 촬영했고, 서대문 형무소 안에서 직접 촬영했으며, 마지막에 "이 박사가 미국으로 떠나는 장면을 찍을 때는 배경에 기선이 있었으면 좋겠다고 하니까 전화 한 통에 실제 기선이 동원"되기도 했다는 것이다. "이 작품은 자유당 말기, 대통령 선거에 출마한 이승만 대통령의 선전을 위해 전 영화계를 강제 동원하여 만든 영화"로 "정치깡패로 유명한 임화수의 반공청년단이 제작"을 맡아 그야말로 무소불능의 영화였으며, 영화감독으로서도 해보고 싶은 소재를 마음껏 찍어 본 영화라는 것이다(신상옥, 앞의 책, 64~65면). 실제로 이 영화에서 신상옥은 대규모 군중이 동원되는 전투 장면이나 시위 군중 장면 등을 인상 깊게 제시하고 있다.

주는 식으로 처리하여 속도감을 높이고 있다.

긴 대사를 두세 줄의 짧은 대사로 바꾸는 경우도 있다. 〈청년〉에서 이승만이 감옥 안에서 영적 신비 체험을 하는 장면에 나오는 장황한 대사를 영화에서는 단 세 마디로 축약하고 있다. 또한 영화에서 만민공동회 시위 장면에서 이승만이 군악대 행렬 맨앞 고수의 북을 발길로 차서 북이 굴러가는 장면(01:22:27~01:22:45)[72]은 〈청년〉 시나리오 156번 장면에 그대로 나온다.[73] 사소한 장면의 디테일이 영화적으로 정확하게 강조되고 있다. 이 장면은 엄숙한 전기영화의 전개를 윤택하게 해주는 희극적 장면으로 중요하게 활용되고 있다. 긴장된 순간 희극적 대사나 제스처로 경쾌한 웃음을 끌어내는 장면은 오영진의 희극적 기법이 잘 살아있는 장면이기도 하다.

그리고 영화 제작 타이틀 자막에 유치진은 각본이 아니라 감수로 나와 있고, 임희재가 "시간이 너무 걸린다."는 이유로 포기한 대본을 유치진이 짧은 시간 동안 마무리할 수 있었던 것은 이 작품의 원작이 이미 따로 존재한다는 간접적인 증거이다. 또한 이 영화에는 동일한 내용을 이미 연극 〈풍운〉으로 공연했던 이해랑 등 신협 배우들이 반공예술인단 단원의 이름으로 출연하고 있다. 작품료와 관련해서 오영진이 이미 이해랑과 갈등이 있었던 배경, 또 "원형을 고치지 말라"는 오영진의 요구와 "건방지다"는 임

72_신상옥, 〈독립협회와 청년 이승만〉, 『구한말 시대극 DVD』, 한국영상자료원, 2012.7. 이하 영화 인용은 이 DVD자료에 따른다. 괄호 안 숫자는 영화의 시간표시다(시:분:초).

73_"애국가 먼동이 튼 새벽 장안의 정적을 깨뜨린다. 군대 군중을 헤치고 행진한다. 더욱 굳게 모여드는 군중. 군악대가 우남 앞 가까이 왔을 때 성미 급한 우남 선두에 선 고수에게 달려가 그를 발길로 찬다. 땅 위에 구르는 북. 고수 허둥지둥 구르는 북을 따라간다."(오영진, 〈청년〉, 『오영진 전집 3』, 범한서적주식회사, 1989, 250면. 이하 〈청년〉과 〈풍운〉의 작품 인용은 『오영진 전집』에 따른다.)

1959년 〈독립협회와 청년 이승만〉 개봉 당시 신문광고 2종. 오른쪽 광고에는 '대만원사례'라는 문구가 보인다.

화수 간의 신경전에 대한 소문 등도 영화 〈독립협회와 청년 이승만〉의 원작자가 오영진일 가능성에 무게를 실어 준다. 이상 영화 〈독립협회와 청년 이승만〉은 원작자인 오영진을 배제시키고 유치진 개작본에 의해, 이미 〈풍운〉의 공연 경험이 있었던 이해랑(서재필 역)을 비롯해 김동원(민영환 역), 최남현(이승만 부 역), 황정순(이승만 모 역), 박암(김홍집 역), 박경주(조병식 역), 주선태(이노우에 가오루 역), 장민호(민 외무대신 역) 등 신협 배우들이 반공예술인단 단원 이름으로 동원되어 자유당 선거 전략에 활용된 "프로파간다적 색채가 짙은" 영화로 제작된 것이다.

이승만 전기극에 나타난 오영진과 이승만의 거리

이상 신상옥 영화 〈독립협회와 청년 이승만〉은 오영진 시나리오를 원안으로 하고 있지만 오영진을 배제시킨 채 '이승만 서사'를 정치적으로 활용하고자 했던 창작 주체들에 의해 재가공된 결과물이라 할 수 있다. 이에 따라 이승만 정권 말기 '이승만 서사'를 중심으로 오영진 개인의 저작물로 남아있는 시나리오 〈청년〉·희곡 〈풍운〉과 이승만이 직접 제작에 개입한 경무대 총지휘·신상옥 감독의 〈독립협회와 청년 이승만〉은 흥미로운 비교의 대상이 될 수 있다. 게다가 〈독립협회와 청년 이승만〉의 최종 시나리오가 유치진 개작이라는 사실을 염두에 두었을 때 몇 가지 사실들이 눈에 띄어 흥미롭다.

이에 따라 먼저 1차 저작물 시나리오 〈청년〉과 2차 저작물 희곡 〈풍운〉 비교를 통해 오영진의 작의와 신협 공연을 염두에 두고 변화된 지점들이 무엇인지 살펴볼 수 있고, 다음으로 3차 저작물 영화 〈독립협회와 청년 이승만〉과의 비교를 통해 최종적으로 오영진의 의도와 영화의 주제가 강조하고 있는 바가 어떻게 다른지 확인해 볼 수 있다. 정리하면 다음과 같다.

첫째는 오영진과 이승만의 대미인식의 차이다. 시나리오 〈청년〉과 희곡 〈풍운〉에서 주제상 공통적으로 강조하고 있는 것은 미국에 대한 경계의 태도이다. 이는 앞서 살펴본 것처럼, 오영진의 1950년대에 대한 세계인식 및 대미인식이 반영되어 있는 중요한 주제의식이다. 다음 인용문에서처럼 시나리오와 희곡에선 이 부분에 대한 주제문이 충분한 양의 대사로 강조되고 있다. 그런데 흥미로운 것은 오영진 시나리오와 희곡 대사를 그대로 사용하면서도 영화에서는 "미국도 믿을 수 없다"는 주제문은 생략되어 있다는 사실이다.

210. 민영환의 사랑

외인을 물리치고 민영환과 우남 단 둘이 넓은 방에 마주 앉아 있다. 우남은 단정하게 양복으로 갈아입었다. 침통한 표정이다.

민영환 : 일로전쟁은 머지않아 일본의 승리로 끝날 것이오. 조정에는 벌써부터 친일파가 들구 날뛰어 이등박문이 서울에 통감부를 설치하고 초대 통감으로 부임한다고 소문이 자자하오.

우 남 : …늦었습니다. 대감. 한국 문제를 국내에서 해결짓기에는 너무도 모든 것이 늦었습니다.

민영환 : 잘 보았소. 그렇다고 여기와 있는 외국 공사관만 믿고 앉아 있을 수도 없고….

우 남 : 믿다니요? 믿기는 누구를 믿어요? 시세만 보다가 자기 볼장만 보는 외국을 믿어요? 물에 빠진 우리만 나쁘지요. 강물을 원망한들 무슨 소용이 있겠습니까….

민영환 : 작년 일영동맹이 체결된 이후론 영국의 태도도 눈에 띄게 냉담해졌소.

우 남 : 영국뿐이겠습니까. 미국도 그렇지요. 멀리 떨어진 극동의 소반도가 무엇이 그리 살뜰하겠소!

– 〈청년〉, 273면.

민영환 : 이등이 서울에 통감부를 설치하고 초대 통감으로 부임한다는 소문이 자자하오. 헛소문이 아닐 것이요. 불 안 땐 굴뚝에서 어찌 연기가 나겠소?

이승룡 : 늦었습니다. 대감. 모든 것이 늦었습니다. 이등의 손으로 통감부가 설치된다는 것이 사실이라면 이는 곧 쥐꼬리만큼 남아있는 자주성마저 강탈해간다는 것을 의미합니다. 조만간 이 나라를 병탄하겠다는 수작이올시다.

민영환 : 잘 보았소. 이선생! 이런 판국에 우리는 어떻게 나라의 운명을 개척해나가야 할지! 최후로 믿고 있던 구라파 여러 나라와 미국의 공관마저 요즘은 매우 쌀쌀하오.

이승룡 : 믿다니요? 누구를 믿는단 말씀이오, 대감! …형세만 관망하고 눈치만 보고 있다가 자기네 볼장만 보는 외국을 믿어요? 천만에! 물에 빠진 우리가 나쁘지요. 강물을 원망한들 무슨 소용이 있겠습니까?

민영환 : 작년 영일동맹이 체결된 이후에 우리를 대하는 영국의 태도도 눈에 띄게

냉담합니다.

이승룡 : 그들에게는 우리보다도 중국에 있는 그들의 권익을 보호하는 편이 더욱 실질적이고 유리하겠지요. 어찌 영국뿐이겠습니까? 미국도 그렇지요. 그들에게 있어 멀리 떨어진 극동의 소반도가 무엇이 그리 대수로우며 알뜰하겠소. 이 나라에 무슨 잃어서 아니 될 큰 권익이 있다구 로서아 대제국과 대항하는 신흥 일본과 각축대립하겠습니까? 그들은 단지 세력의 균형을 따질 뿐이며 현실을 냉철하게 계산하여 유리한 측과 손을 잡을 뿐입니다. 극동에서 우리가 부강하면 그들은 일본을 거들떠보지도 않고 우리와 손을 잡았겠지요. 이로운 편을 좇아 무리없이 이익의 정당한 분배나 놓치지 않고 걷어 들이자는 것이 그들의 정책입니다.

- 〈풍운〉, 4막2장, 222-223면.

(민영환의 마차 안)

민영환 : 일로전쟁은 머지않아 일본의 승리로 끝날 것이오. 조정에는 벌써 친일파가 들구 날뛰어 이등박문이 서울에 통감부를 설치하고 초대 통감으로 부임한다고 야단들이오.

이승만 : 늦었습니다. 너무나도 늦었습니다.

(일본 군대의 행진이 지나고, 민영환의 마차가 지나간다.)

- 〈독립협회와 청년 이승만〉, 02:04:33-02:05:00.[74]

이상에서와 같이 영화에서 이승만의 대사는 단 두 마디, "늦었습니다. 너무나도 늦었습니다."만 남아 있다. 다음 장면에선 이승만이 고종을 직접 만나 미국으로 가라는 명령을 받는 장면이 나온다. 이 장면은 시나리오에서는 민영환이 이승만에게 '고종의 밀서'를 전달하거나, 희곡에서는 민영환

74_대사는 필자가 영화의 녹취를 푼 것이다.

이 이승만에게 어전회의 결과를 구두로 전달하는 것으로 간략하게 처리하는 데 반해 영화에서는 이승만이 고종을 직접 만나는 장면으로 강조해서 보여 주고 있다.

이승만 연구서를 집필한 정병준에 의하면, 이승만은 자신의 정통성을 주장하기 위해 항상 자신이 왕족의 후예임을 밝혀 주는 족보, 1904년 도미외교 시의 고종 밀서, 국제회의 활동 신문 스크랩, 우드로 윌슨과 찍은 사진 등을 가지고 다니며 자신이 한국의 정당한 지도자임을 주장했다고 한다.[75] 영화에서 이승만이 고종을 직접 만나는 장면은 이승만이 자신의 정통성을 주장하는 '고종의 밀서'를 보다 확실하게 각인시키는 장면으로, 영화 제작에 이승만이 직접 개입했다는 사실을 확인시켜 준다.

반면에 오영진의 중심 주제인 미국에 대한 경계 태도는 영화에서 희석되고 결과적으로 친미적 성향이 강화되었다. 예를 들어 시나리오에서 배재학당 수업시간에 한국인 선생이 만국지리 교과를 가르치는 장면이 있는데, 이를 영화에서는 외국인 여선생이 영어로 KOREA를 중심으로 인접국인 CHINA, RUSSIA, JAPAN의 세계지도를 설명하는 장면으로 대체하거나, 이승만의 위기상황에 화이팅 부인이 도움을 주는 상황 등 영화 전반에 미국인 선교사와 여의사 등 미국(인)이 '선한 조력자'로 전면에 부각되어 있다. 이는 미국을 경계하는 이승만의 대사가 삭제된 것과 대조적인 상황이다.

이와 관련하여 후지이 다케시의 논의를 참고할 수 있는데, 1954년 이후 이승만 전기물의 변화 중 하나로 친미적 성향이 강화되고 있다는 것이다. 예를 들어 루즈벨트와 회담이 무산된 것도 루즈벨트는 적극 원조를 다

75_정병준, 『우남 이승만 연구』, 역사비평사, 2005/2010, 466면.

짐했는데 한국공사 김윤정의 배신 때문에 성공하지 못한 것으로 윤색하거나, 이승만이 크리스천임을 강조하거나, 더 나아가 예수 탄생이나 고난의 이미지로 이승만을 묘사하는 것 등이 그 예이다.

한편 이와 관련하여 후지이 다케시는 또 하나의 흥미로운 사실을 언급하고 있다. 1954년 이승만이 자신의 전기에 대해서 적극적인 필요성을 느끼게 된 것이 이승만의 미국 내 사설 로비스트 로버트 올리버의 제안 때문이라는 것이다. 올리버는, 1953년 이승만이 유엔군과 조선인민군·중국인민지원군 쌍방 연락장교단 회담이 재개된 것에 반발해 아이젠하워 미 대통령에게 단독으로라도 전쟁을 계속하겠다는 강경한 입장을 밝힌 편지를 보낸 직후, 이승만이 서방 세계의 영향권에서 떨어져 나가려는 것은 아닌지 의심하고 있다면서 그들과의 우호적인 관계를 조언하는 한편, 1953년 한미 상호방위조약을 쟁취한 이상 미국에게 강경한 자세를 취할 필요가 없음을 역설했다는 것이다. 그리고 이에 따른 결과물이 올리버가 쓴 이승만의 영문 전기 *Syngman Rhee: The Man Behind the Myth* (New York: Dodd Mead and Company, 1954)라는 것이다.[76]

1950년대 후반 이승만 전기에서 공통적으로 발견되는 '기독교' 혹은 '크리스천' 대통령 이미지는 애초에 국내용이 아니라 국외용, 특히 대미용으로 만들어진 것이고, 올리버의 영문 이승만 전기가 그 원전이라는 것이다. 곧 영문 전기에서 '위험한 동양인 이승만'은 미국(인) 수신자를 향해 서구적으로 친밀하게 '번역'되고 있었던 것이다. 실제로 영화 〈독립협회와 청년 이승만〉 타이틀 자막에 오른 "원작 최태응"의 최태응 원작소설은, 최태응이 올

76_후지이 다케시, 앞의 논문, 12~14면.

리버의 『이승만 박사전』을 기본으로 『배재사』, 『한국이년사』, 『한국독립운동사』, 『경성부사』 등을 부분적으로 참고하여 작성한 것이라고 한다.[77]

오영진 시나리오와 희곡에서도 '기독교인 이승만'에 대한 형상화는 과할 정도이다. 특히 모진 고문이 계속되는 감옥 안에서 이승만이 영적 신비체험을 하는 장면의 독백은 다른 어떤 장면보다도 길고 중요하게 처리되어 있다. 이 장면에서는 "이 나라를 비우지 마옵소서"라는 신앙인의 고백과 국운에 대한 염원이 도드라지게 부각되어 있다. 그런데 그 과도함에서 역설적으로 오영진이 이승만과 공유할 수 있었던 유일한 지점이 '투철한 반공주의자이자 신앙인'의 모습이 아니었을까 유추하게 한다. 이에 비해 영화에서는 이 장면을 감옥 창살로부터 들어오는 햇살의 미장센으로 처리하는 대신 대사도 단 세 마디로 간략하게 처리하고 있어 대조적이다. 영화에서는 이 장면을 "독립협회원 리승만 옥사" (01:46:17)의 신문 스크랩으로 처리하여 마치 이승만이 죽었다가 다시 살아난 것처럼 트릭을 구사함으로써 극적 긴장을 주면서, 예수의 부활 이미지를 차용하고 있다.

이승만 가족 서사의 재구성

둘째는 전처나 어머니 등 여성 인물 처리 등 이승만 가족 서사 재구성상의 차이점이 보인다. 오영진 시나리오 〈청년〉에는 이승만의 집안일을 돕는 '박진사댁 따님'이라는 인물이 나온다. 이는 '파란 눈의 영부인 프란체스카'의 존재에 가려져 있었던 이승만의 첫 번째 부인 박승선을 오영진이

77_최태웅, 「발문」, 『사실소설 청년 이승만』, 성봉각, 1960; 이화진, 앞의 논문, 219면에서 재인용.

우회적으로 표현한 인물이다. 이승만은 나이 열여섯에 박승선과 조혼한 상태였고(영화에서 이승만은 이미 상투를 튼 모습으로 등장한다), 이승만이 투옥 당시 부인을 그리워하는 시를 여러 편 쓸 정도로 서로 금슬도 좋았고, 1949년까지 호적상 부부관계를 유지했다고 한다.[78]

오영진은 시나리오 〈청년〉에서 '박진사댁 처녀'를 어머니 사망 이후 어머니를 대신하는 존재로 비중 있게 그리고 있다. 마지막 장면에서 이승만이 미국으로 떠날 때 배웅하는 것도 박진사댁 처녀다. 그러나 이러한 내용이 연극 공연으로 다뤄지기는 불편했던지 희곡 〈풍운〉에선 '박진사댁 처녀'의 존재가 완전히 지워져 있다. 대신 극 중간에 죽는 것으로 나왔었던 어머니를 계속 살려서 미국으로 떠나는 이승만을 배웅하게 한다. 이에 비해 영화에선 극 중간에 어머니가 죽는 장면은 그대로 두되[79] '평산누님'(최은희 분)에게 이승만의 미국행 배웅의 역할을 맡기고 있다.

오영진은 시나리오 〈청년〉 원안에서 정치적으로 흔적이 지워진 '박씨 처녀'에게 현실 속 '파란 눈의 영부인 프란체스카'를 대신한 실질적인 영부인 역할을 부여하고 있다. 그러나 공개적인 매체인 연극과 영화에서는 아예 그 존재를 삭제하거나 다른 여성 인물로 대체함으로써 이승만의 심리적인 불편함을 해소시켜 주고 있다. 이와 같이 시나리오 〈청년〉에는 이후 2차 저작물들의 원안이라 할 만한 소재를 담고 있다. 시나리오 〈청년〉이 희

78_정병준, 앞의 책, 63-64면.

79_신상옥은, 영화에서 "어머니가 돌아가신 시점이 사실과 다르게 묘사되었다는 이유로 상영을 하지 못하게" 했으나 "프란체스카 여사가 이 박사를 설득하여 상영"(신상옥, 앞의 책, 65면)되었다고 말한다. 이승만 어머니의 극중 죽음 장면은 사실과 맞지 않는 설정인 것이고, 그런데도 신상옥이 그대로 영화를 찍었던 것은 그만큼 영화가 오영진의 원작 〈청년〉에 근거하여 만들어졌음을 반증한다.

곡 〈풍운〉보다 먼저 집필되었으며, 영화 〈독립협회와 청년 이승만〉이 〈청년〉을 원안으로 삼고 있음을 다시 확인할 수 있다.

한편 이승만 가족 서사에서 영화에서 크게 달라진 점은 아버지 경선공의 비중이 높아졌다는 점이다. 마지막 이승만의 미국행에도 이전 대본들과 달리 아버지가 "진충보국"을 당부하며 배웅하고 있다. 여기서 강조되고 있는 것은 충효를 기반으로 한 유교적 가족구조이며, 이러한 가족 서사의 재구성을 통해 이승만 정권 말기 보수로의 회귀 경향을 확인할 수 있다.[80]

또한 '유사 가족 서사'로 고종과 이승만의 관계를 눈여겨볼 수 있다. 영화 〈독립협회와 청년 이승만〉에서는, 〈청년〉과 〈풍운〉에서 대사로 간접적으로 제시되고 지나가는 장면인 '고종 밀서' 장면을 고종과 이승만이 직접 만나는 장면으로 제시하고 있다. 이 장면에서 고종은 "승만, 그대는 날 원망하겠지."라는 대사로 그 동안의 오해를 풀고 이승만에게 나라의 앞날을 "부탁"한다.

이는 실제 아버지 경선공이 미국으로 떠나는 이승만에게 "진충보국하라"며 당부하는 모습과 겹쳐지는 장면으로, 이승만은 실제 아버지 경선공과 상징적 아버지 고종 모두로부터 이 나라의 운명을 부탁받는다. 경선공과 고종(게다가 둘 모두 왕족 출신임이 강조된다)은 영화 내내 한복 차림이고 이승만은 석방 이후 한복에서 양복으로 갈아입음으로써 아버지로부터 내려오는 과거를 아들이 새롭게 이어받는 관계를 시각적으로 보여 주고 있다. 영화 〈독립협회와 청년 이승만〉은 고종·경선공과 이승만이라는 아버지와 아들

80_이승만은 1954년부터 성균관 대성전의 석전을 봉행하는 등 유교문화를 강조하기 시작하면서 이전의 과격한 민족주의적 일민주의에서 벗어난 새로운 이미지 변화를 꾀하고 있다. 후지이 다케시, 앞의 논문, 25~26면.

의 인정투쟁의 구조를 지니고 있으며, 아버지와 아들로 이어지는 논리가 충효라는 점에서 가부장적 가족질서를 기반으로 한 서사 구조를 이루고 있다.

유치진 개작의 맥락

셋째로 영화 〈독립협회와 청년 이승만〉이 유치진 개작이라는 점을 염두에 두었을 때 몇 가지 흥미로운 점이 발견된다. 먼저 극중 개화파나 친일 내각의 인물들, 이른바 친일파 인물들에 대한 우호적인 시선이 그것이다. 예를 들어 명성황후 시해 사건 이후 살해당하는 친일내각의 김홍집(박암 분)은 죽어 가면서 "폐하, 용서하십시오. 이 김홍집이 국모를 시해케 한 죄 열 번 죽어도 마땅하옵니다."라는 대사를 통해 그의 죽음을 동정적으로 처리하고 있다. 그리고 중추원 설립 표결 장면에서 이승만은 개화파 박영효를 천거한다. 이는 반대파 친러 세력에 의해 반대에 부딪치고 결국 독립협회 해산의 빌미가 된다. 갑신정변 삼일천하의 주역 박영효는 일본 망명 후 1894년 갑오개혁 당시 귀국하여 김홍집 내각에 의해, 곧 일본의 힘을 빌어 정계에 복귀한 상태였다. 이러한 박영효를 중추원에 추천한 것이 주인공 이승만(김진규 분)이라는 점은 이 영화가 박영효를 비롯한 친일세력에게 우호적인 시각을 보이고 있음을 말해 준다. 김홍집과 박영효 장면 모두 오영진 대본에는 없는 내용들이고 영화에서 새롭게 첨가된 부분이다. 따라서 이는 1950년대 중반 유치진의 해석과 관련하여 흥미로운 시사점을 던져 준다.

다음으로 눈에 띄는 것은 친미파에 대한 우호적인 시선이다. 예를 들어 김홍집이 살해당하고 친일 내각이 물러가고 바뀐 세상 속에서 새롭게 삽입된 장면에서 "서재필 환영회" 장면이 나온다. 여기서 서재필(이해랑 분)은 독립협회를 제의하는 중요한 연설을 한다. 이 장면에서 이해랑이 서재필 역할을 맡고 있다는 사실 자체가 영화상 중요한 강조점 역할을 한다. 이해랑은 이 장면에서 짧지만 강렬한 연기를 펼치고 있다.

이와 함께 언급할 수 있는 인물로 민영환을 꼽을 수 있다. 민영환 역할은 마찬가지로 신협 간판스타 김동원이 맡고 있다. 영화에서 민영환은, 이승만의 실제 아버지 경선공과 상징적 아버지 고종 다음으로 중요한 '조력자' 역할을 맡고 있다. 영화에서 민영환은 시종일관 서양식 제복 차림으로 국가의 권위를 대표하고 있다. 서재필은 갑신정변의 주역이자 실패 후 미국으로 망명한 이후 귀국하여 독립협회를 결성한, 독립협회의 적극적인 후원자이다. 서재필과 민영환은 둘 모두 해외파 정치가들이자, 특히 미국과 밀접한 관련을 맺고 있다. 이러한 인물들을 신협의 간판배우이자 리더인 이해랑과 김동원이 맡고 있다는 것은 이 영화의 관점의 해석에 중요한 시사점을 제공한다.

이상 오영진 시나리오 〈청년〉과 희곡 〈풍운〉, 그리고 신상옥 영화 〈독립협회와 청년 이승만〉 비교를 통해 1950년대 후반 '이승만 서사'를 둘러싼 정치적·문화적 풍경을 살펴보았다. 1957년 시점에서 오영진은 자발적으로 이승만 전기를 소재로 한 시나리오를 썼고, 이 작품은 자유당 정권과 밀접한 관계를 맺고 있었던 극단 신협에 의해 연극 〈풍운〉으로 공연되는 한편, 신협 배우들이 반공예술인단 단원으로 참여한 영화 〈독립협회와 청년 이승만〉으로 영화화되었다. 표면적으로 보았을 때 오영진 시나리오 〈청년〉은 연극과 영화로 매끄럽게 전환되어 이승만 우상화의 정치적 도구가 되었다. 그리고 이러한 과정의 정치적 연결고리로 '반공'(친미와 연동된)과 '기성세대'(친일과 연동된)의 논리가 중요하게 작용하고 있다.

그러나 본고에서는 이러한 '동원' 과정이 매끄럽게만 진행되지는 않았으며, 각 창작 주체들마다 비균질적 균열점이 있음을 함께 확인하였다. 오영진,

이해랑, 유치진, 이승만의 이름으로 환기되는 것은 1950년대 후반 반공 보수주의가 어떤 식으로 조형되어 갔는가(자발적 동의 / 강제적 동원, 배제/선택을 포함한)이다. 이는 현재 우리 사회의 보수의 기원을 질문하는 일이자, 지난 냉전 시대의 공포와 무의식을 어떻게 극복할 것인가 질문하는 일이다.

4. 1950년대 반공 보수주의의 기원과 '친미'·'친일'의 동력

오영진은 식민 말기부터 해방 이후 제3공화국에 이르기까지 극작가이자 평론가, 잡지 발행인, 영화 제작자, 정당 정치인 등 다양한 정체성의 삶을 살았다. 또한 해방 이전과 이후, 전생과 선후, 소군정 하의 북한과 미군정 하의 남한을 모두 경험한 이채로운 경력의 소유자이다. 오영진은 해방 직후 평양 민족지도자 조만식의 조선민주당 창당 과정에 참여했으며 1947년 월남한 이후 1952년 전시 부산에서 월남 문인들을 중심으로 문학단체를 조직하고 반공서적 전문출판사 중앙문화사를 설립했으며, 1953년 미국무성 리더스 그랜트로 미국을 다녀온 이후 1955년 미 공보원과 공동으로 반공영화를 제작하는 등 1950년대 내내 '반공 전사(戰士)', '반공 이데올로그'의 모습을 보여 주고 있다.

오영진은 서북 출신 기독교인이자 민족주의자로 전후 냉전체제, 특히 미국 중심 세계 반공질서에 적극 동의하고 있었다. 오영진은 1960년대 '동원된 국가 이데올로기'로서의 반공과 달리, 분단·월남·전쟁 체험을 통한 '자발적 반공주의자'로서 냉전의 세계질서에 민감하게 반응하였다. 이는 오영진이 직간접적으로 관여했던 잡지 『문학예술』과 『전망』을 통해서 구체적으로 확인할 수 있다. 특히 1950년대 한국 지식인들은 자신을 아시아 반공 블록의 일원으로 '선도적 위치'를 자임하고 있으며, 전후 "미국의 중요한 동맹국"으로 재부상한 일본과 관련해 미국의 태도에 강한 불만을 품고 있었다. 오영진 시나리오 〈청년〉(1957)은 이러한 맥락에서 이해할 수 있는 작품으로, 1950년대 후반 남한 반공 지식인들의 "쇼크"와 불안을 보여 주고 있다.

한편, 오영진의 '자발적 반공주의자'의 면모는 이승만 정권에 전적으로 통합되거나 동원되지 않는 1950년대의 또 다른 균열 지점을 보여 주고 있어 흥미롭다. 이에 따라 이 글에서는 이승만 우상화가 대대적으로 진행된 1950년대 후반, 이승만 전기를 소재로 집필된 오영진 시나리오 〈청년〉과 희곡 〈풍운〉에 주목하게 되었다. 오영진 시나리오 〈청년〉은, 이승만 82회 탄신기념일에 맞춰 극단 신협에 의해 연극 〈풍운〉으로 공연되었고, 선거운동의 일환으로 1959년 신상옥 감독에 의해 〈독립협회와 청년 이승만〉으로 영화화되었다. 〈풍운〉은 당시 자유당과 밀접한 관계를 맺고 있었던 극단 신협에 의해서 공연되었고, 〈독립협회와 청년 이승만〉은 이승만과 경무대의 직접적인 지시를 받아 반공예술인단에 의해 제작되었다. 이 과정에서 '반공'(친미와 연동된)과 '식민지 기성세대의 복귀'(친일과 연동된)라는 정치적 연결고리를 발견할 수 있었다.

반면에 이 글이 주목하고 있는 것은 이러한 '동원' 과정이 매끄럽게만 진행되지는 않았다는 점이다. 실제로 작가 오영진과 신협의 이해랑·유치진 등 보수 우파 연극인들 그리고 이승만 사이에는 대미의식·대일의식·이승만 우상화에 대한 균열적인 시선이 존재한다. 1950년대 오영진의 이승만 전기극을 둘러싼 정치적·문화적 풍경들은 우리 사회의 반공 보수주의가 그 기원에서 어떤 과정을 통해 이질적인 것들을 통합/배제하면서 조형되어 가고 있었는지의 모습을 보여 준다.

6장

1950~60년대 냉전문화의 번역과 '김수영'

박연희

1. 서론 – '내 번역의 비밀은 내 시를 보면 안다.'

『한국과 그 이웃나라들(Korea and Her Neighbors)』(1897)의 저자 이자벨 버드 비숍(Isabel Bird Bishop)이 김수영의 시편에 등장한 것은 익히 알려진 사실이다. 김수영의 「거대한 뿌리」(1964.5.)는 요강, 망건, 곰보, 무식쟁이 등 낙후된 시대의 토속적인 사물들과 고유어에서 전통을 발견하고 '우수한 역사가 아니어도 좋다.'라는 식의 전통론을 개진한 시이다. 역설적인 전통 인식은 비숍이 시어로 등장한 2연부터 명료해지는데, 여기서 '우울하고 더러운' 역사적 시간이 '거대한 뿌리'라는 민족적 전통으로 전환된다. 사실 이 시가 발표되기 직전 김수영은 비숍의 기행문을 「은자의 왕국 한반도: 벽안(碧眼)의 외국 여인이 본 70년 전의 한국」이라는 제목으로 번역하여 『신세계』(1964.3.)에 실었다.[1] 한국의 역사를 현재적 맥락에서 읽겠다는

「역자 서문」(108면)을 참조해 볼 때 김수영의 비숍 번역은, 시 창작을 통해 전통의 중요성을 새삼스럽게 인식하는 수준을 넘어, 새로운 전통 인식과 시의 형식을 창안하는 데까지 나아갔다고 본다.

이처럼 김수영 문학에 등장하는 서구 작가, 작품, 잡지는 "내 시의 비밀은 내 번역을 보면 안다."라고 그 스스로 밝힌 것처럼 '김수영(의 고유성)'을 여는 비밀의 열쇠처럼 여겨진다. 그러나 다른 한편 김수영은 "그대는 그것을 비밀이라고 생각할 것이다. 그것이 그대의 약점이다."[2]라고, 자신의 난해한 시편들을 서구적 현대성의 맥락에서 독해하려 애쓰는 사람들을 조롱하기도 한다. 마치 민족과 언어의 분열을 초래한 「바벨탑」 모티브처럼, 번역은 '바벨 이후'(조지 슈타이너) 언어의 세계성, 정치성, 역사성, 주체성의 문제와 함께 남겨진 현대성의 과제일 수 있다. 달리 말해 번역이란 언어에서 기인한 다양한 이데올로기를 옮기는 것과 마찬가지다. 「거대한 뿌리」만 놓고 보더라도 비숍의 번역물이 '서구의 여인'이 본 한국의 역사(19세기 말의 전근대적이고 미개한 동양의 전형)와 함께 '동양척식회사, 일본 영사관, 대한민국 관리, 미국' 등 제국주의의 상징체계를 번역했다는 것을 알 수 있다. 더욱이 이 시가 『사상계』의 한일회담 특집호에 게재된 사실에서 더욱 그러하다. 제국주의자의 시각 안에서 만들어진 민족과 전통의 텍스트는, 한일회담 후 진보적 민족주의 담론에 개입함으로써 그것이 "쇼비니즘"(「참여시

1_박연희, 「김수영의 전통 인식과 자유주의 재론」, 『상허학보』 33, 상허학회, 2011. 박지영은 "나는 이사벨 버드 비숍 여사와 연애하고 있다."는 시 구절에서 '연애'를 번역 체험으로 해석하며, 원전에 대한 공감과 저항의 양가적 감정이 김수영 번역에 포함된다고 밝혔다. 박지영, 「김수영 문학과 '번역'」 『민족문학사연구』 39, 민족문학사연구소, 2009, 214~215면.

2_김수영, 「시작노트 6」(1966.2.), 『김수영 전집』 2, 민음사, 2009, 450면. (이하 김수영 산문은 이 책의 페이지만으로 서지를 대신한다).

의 정리」, 1967)으로 변질될 가능성을 극적으로 무효화시키려는 지점에서, 다시 한 번 번역되고 있다. 그렇다면 앞서 인용한 김수영의 문장을 고쳐 볼 필요가 있다. '내 번역의 비밀은 내 시를 보면 안다.'라고. 즉, 이 논문은 김수영의 시문학에 영향을 끼친 번역의 원천을 발견하고 고찰하는 데 주된 목적이 있지 않다. 그보다 그의 문학에 산발적으로 흩어져 있는 서구 문학의 상징체계를 정리하여 김수영의 번역을 재검토하고 1950~60년대 한국 지식인의 세계 인식과 세계 표상의 방향성에 대해 살펴보고자 한다.

여러 연구자들이 해방 후 지성사에 관심을 기울인 결과 이 시기의 번역 현황[3]에 대한 전반적인 이해 속에서 김수영의 번역 또는 그 자의식에 관한 연구가 상당 부분 진척된 것이 사실이다. 특히 김현이 제안한 대로 김수영이 한 번이라도 인용한 각종 서명, 인명 등의 목록화 작업은[4] 이후 그의 번역문학에 대한 범위를 확장시키는 계기가 되었다. 가령 박지영은 그간의

3_이 시기 번역 연구로는 박지영의 논의가 주목되는데, 국민국가 건설 혹은 탈식민과 지식을 매개하는 번역의 사상적, 제도적 맥락을 고찰함으로써 지식인의 탈/식민, 반공/북, 세계주의/민족주의적 정체성 형성에 번역이 어떻게 작용하는지를 흥미롭게 보여 준다. 박지영, 「해방기 지식 장(場)의 재편과 "번역"의 정치학」, 『대동문화연구』 20, 대동문화연구원, 2009; 「1950년대 번역가의 의식과 문화정치적 위치」, 『상허학보』 30, 2010; 「"번역"의 시대, 번역의 문화 정치」, 『대동문화연구』 71, 대동문화연구원, 2010; 「번역된 냉전, 그리고 혁명; 사르트르, 마르크시즘, 실존과 혁명」, 『서강인문논총』 31, 서강대학교 인문과학연구소, 2011.8.

4_"김수영은 1966년 내 시의 비밀은 내 번역을 보면 안다라고 말한 바 있다. 나는 차라리 그의 비밀의 상당 부분은 그가 번역을 했던 안 했건 그가 읽은 것 속에 있다라고 말하고 싶다. 그가 무슨 책을, 어떻게 읽었는지를 알아보는 것은 그의 시를 이해하는 데 아주 필요하고 긴요한 일이다. 그 작업은 그러나 쉬운 일이 아니다. 그의 시, 산문에 나오는 책, 사람 이름의 목록이라도 만들고, 어떻게 그가 그 책이나 사람을 읽었는가를 알아야 한다." 김현, 「김수영에 대한 두 개의 글」, 『책읽기의 괴로움 / 살아 있는 시들 - 김현문학전집 5』, 문학과지성사, 2003, 46면.

연구 성과(김수영과 오든 그룹, 신비평가, 뉴욕 지성인파 간의 순차적인 영향 관계)에 기초해 김수영의 삶에서 구현되는 독서→번역→창작의 연쇄고리를 추적하며 1960년대 김수영이 마야코프스키, 네루다를 통해 혁명시인의 반열에 오르는 과정을 실증적으로 해명했고,[5] 조연정은 김수영의 독서 체험과 번역 체험을 엄밀하게 분별하되, 특히 자발성과 비자발성의 행위 요소를 염두에 두고서 원전 텍스트와 비교해 김수영의 번역 원칙을 재구하기도 했다.[6] 선행 연구자들도 전제하고 있는바 김수영이 서구 문학과 접촉한 사실은 그의 시창작론, 비평론의 비밀을 밝힐 논거이자 동시에 당대 지식의 시대성 및 세계성의 지형과 중첩된 것이어서 면밀한 추적이 요구된다. 가령 진정한 현대시의 윤리, 사상을 좇아서 그가 의존한 수많은 서구의 텍스트는 결국 2차 대전 후 세계사적 변동에 직면해 한국 사회가 경험한 모순과 위기의식, 내면화된 불안과 분열의식을 해결할 원천이자 토대였다. 김수영이 등단한 해방 이후 한국 문학은 세계주의에 대한 열망과 연동해 현대성의 가치와 규범을 재형성해 나갔다. 그의 번역은 해방 후 '세계', 곧 서구 또는 미국의 상징적 위력에 직면한 한국 시의 난맥을 드러내며 한국 문학의 취약한 구조를 드러내 쇄신시키는 일종의 장치로서 시사하는 바가 적지 않다. 이봉범이 지적했듯, "번역 상황을 점검하는 수준을 넘어 번역이 당대 한국 사회의 정치적, 문화적 사유의 재편에 어떻게 개입했는가를 묻는 작업"[7]이 필요하며, 김수영은 이에 대해 유효한 참조점이 된다.

5_박지영, 「김수영의 문학과 '번역'」, 앞의 책.

6_조연정, 「'번역 체험'이 김수영 시론에 미친 영향」, 『한국학연구』 38, 고려대학교 한국학연구소, 2011.9.

7_이봉범, 「1950년대 번역 장의 형성과 문학번역」, 『학술대회 자료집』, 고려대 번역과레토릭연구소, 2015.5.

2. '멋'과 '비트' – 현대성의 새로운 좌표와 미국 문학

김수영의 문화번역의 가능성

> 이븐 조하르는 번역이 "신진" 문학에서나 "취약한" 시스템 안에서는 주요하거나 혁신적인 기능을 하고 있다고 보았으나, "강력한" 문화 시스템 내에서는 이와 같은 기능을 거의 찾지 못했다. 번역이 "강력한" 문화 내에서 주요한 위치를 차지하고 있음을 인정한 유리한 경우는 그 문화가 "위기"에 처해 있을 때이다.
>
> - 알바레즈와 비달, 『번역, 권력, 전복』

김수영의 번역은 단순히 원전을 직역한 것이 아니라 현대시의 다양한 상징체계, 사유방식 등의 시스템을 가져와 한국 문단을 진단했다는 점에서 문화번역의 경험으로 접근 가능하다. 가령 그가 「무제」(1955)라는 글에서 "멋"[8]이라는 관념을 통해 영미문학의 가치를 강조한 것은 당대 한국 현대시의 후진성을 비판하는 비평적 맥락과 조응한다. '멋'이라는 수사적 표현에 관해 정명교는 프랑스적 현대성에 대한 김수영의 자의식을 발견한다. 그에 따르면 김수영은 '멋'('숨은 재주')과 '멋부림'('드러난 재주')이라는, 현대시의 두 가지 태도를 통해 프랑스 문학에 대한 동경과 비판의 시선을 동시에 드러냈다.[9] 그렇다면 김수영이 이 글에서 영미 이미지스트를 '멋쟁이'라고 한 맥락은 프랑스적인 현대시의 전통과 변별되는 태도를 지칭하기 위해서였던 셈이다. 「무제」는 자식의 사랑을 얻기 위해 "일부러 무관심한 태도를 꾸

8_김수영, 「무제」(1955), 30면.

9_정명교, 「김수영과 프랑스 문학의 관련양상」, 『한국시학연구』 22, 한국시학회, 2008. 8., 350~352면.

며야 할 것인가"의 고민을 문학의 윤리적 태도에서 다시 생각해 본 에세이다. 문학의 경우 '꾸미다'라는 것은 언어의 측면에서 가능한 행위이다. 현실을 반영하는 '언어서술'과 현실을 암시하는 '언어작용' 등 김수영의 비평어를 굳이 끌어오지 않더라도 '멋'의 개념은 시적 대상을 의미화하는 두 가지 태도(참여성, 예술성)를 겨냥하고 있다. 다시 말해 김수영은 '멋'을 통해 새로운 시적 경험을 창조해 내는 시인의 윤리적 태도를 강조한 것이라 보아도 무방하다. 그런데 흥미롭게도 '꾸밈'의 태도는 김수영이 번역한 스티븐 스펜더의 글에서 모더니스트의 창작 태도 가운데 하나로 재차 등장한다.

> 세인(世人)은 〈모더니스트〉들이 그들의 개성과 도시의 잔인만행 사이의 대조적인 긴장을 유지하고 있는 한에 있어서는 그들에게 감탄할 수 있다. 그러나 그러한 태도가 이익을 재래(齎來)하기 시작하게 되자 그들은 즉시로 자기들에게 유익한 성공의 이론을 갖기 시작한다. 따라서 그들의 태도는 하나의 꾸밈(pose)이 되고, 그러한 자세는 즉시로 그들의 작품 위에 나타난다. 실패에 있어서는 의기양양하면서도 성공에는 견디지 못하는 태도는 어차피 항구적인 확고한 것이라고는 볼 수 없는 것이다. 〈모더니스트〉들은 자기들이 침을 뱉는 사람들과의 화해가 불가피한 것이라고 인식하고는 전통과 사회에로 다시 되돌아 왔다. 뿐만 아니라 우리들이 살고 있는 시대의 치열한 정치적 성격은 사회적 부랑자의 계획을 거의 불가피하게 만드는 것이다. 이리하여 〈모더니스트〉 운동은 새로운 종류의 관례(conformity)와 구습(academicism)으로 흡수되게 되었다. (…중략…) 〈모더니스트〉들은 너무나 지나치게 전통을 쫓아내고 자기들의 격리된 개인적인 감각력에만 무리하게 치중했기 때문에 필연적으로 이러한 사태를 자아내게 된 것이다.[10]

10_스티븐 스펜더, 「모다니스트 운동에의 애도」, F. 브라운 엮음, 김수영 외 공역, 『20세기 문학평론』, 중앙문화사, 1957, 76~77면.

랭보의 정언명령 '절대적으로 현대적이어야만 한다.'로부터 시작한 이 글은 현대적 현상에 자신을 기꺼이 투신하여 자신의 격분한 감정을 극적으로 사용하는 창조자의 태도를 위시한다. 인용문에 의하면 스펜더는 랭보식의 자기 파괴의 현대적 정신이 제도적으로 편입되어 소멸되는 모더니즘 운동의 역설적인 운명을 애석하게 여긴다. 여기서 김수영이 강조한 대목이 눈에 띄는데, 모더니스트들이 실패를 가장한(세간의 관심에 저항하는) 입장에서 시를 성공리에 완성시키는 "하나의 꾸밈(pose)"의 창작 태도가 그러하다. 1930년대 영국의 뉴컨트리 그룹의 일원인 S.스펜더의 문맥을 좇아갔을 때 전통, 관습, 유행에 무관심한 체하는 '포오즈'는 제도에 포섭되지 않으려는 문학의 자율성과 저항성, 예술성과 참여성 등의 현대성 원리를 포괄한다. 가령 오든을 "현실에 있어서 깊이 있는 멋쟁이"라고 했던 것은 "앞서 가는 현실을 포착하는 데 있어서 오든은 어깨에 진 짐이 없기 때문" (「무제」)이다. 즉 김수영이 오든을 멋쟁이로 부른 문장은 현대시의 역사적 전통을 계승해야 하는 부담에서 자유로울 수 있었던, 전 세대 문학에 무관심할 수 있는, 오든 그룹 특유의 혁신과 저항의 모더니즘적 활력을 시사한다.

김수영보다 이 글을 먼저 번역한 유종호의 경우 "〈포오즈〉"에 내포된 의미를 별도로 특화시키지 않았다.[11] 이와 비교해 보면 김수영이 사용한 '꾸밈'의 비평적 위상을 충분히 가늠해 볼 수 있다. 김수영의 번역은 원작을 매개하고 전달하는 것보다 재맥락화하는 데 의의가 있다. 벤야민 식으로 말해 번역은 원작의 "사후의 삶(지속된 삶)의 단계"[12]에서 번역자의 언어(의미)의 성장 과정에 편입되어 번역 가능한 내용을 확대 또는 축소시키는 초

11_스티븐 스펜더, 유종호 역, 「모더니스트 운동에의 조사(弔辭)」, 『문학예술』, 1955. 11., 129면.
12_발터 벤야민, 「번역자의 과제」, 최성만 옮김, 『발터 벤야민 선집』 6, 길, 2008, 124면.

월적 자리에 놓이게 된다. 스펜더의 글을 번역하며 김수영은 자신의 시적 완성을 위해 전통과 관습에 무관심한 척 꾸미는 영미 모더니스트들의 현대성의 포즈를 강조한다. 그러나 자기 창조의 스타일에 있어 '꾸밈'의 내용과 형식을 적절하게 조절할 수 있는 윤리적 태도가 필요하다. 그런 차원에서 '멋'은 비판적 해석을 동반할 수밖에 없다.

예를 들어 '포즈'는 박인환을 폄하하기 위해 사용된 '코스츔'이라는 표현을 연상시킨다. 참여시 논란이 가속화될 무렵에 김수영은 1950년대 모더니즘시에 나타난 현실성, 지성이 결여를 지적하는 가운데 박인환의 현대성 인식과 태도를 미학적 근원이 불분명한 겉멋에 지나지 않는 통속성이라 비판하고 더불어 난해성의 문제를 거론했다. 「포즈의 폐해」(1966)에서 '포즈'를 프랑스 전위시인들의 '무의식적 포즈', '허세로서의 포즈'로서 해석하며 암암리에 난해시를 비판한다. 철저히 내면세계에 한정된 언어의 자율성은 역사의 총체적 전망이나 현실적 세계관을 의식적으로 배제하며 난삽한 의미에 갇히게 된다. 염무웅의 논평대로 김수영은 시의 난해성이 극복되어야 할 현상이라는 분명한 인식을 가지고 있었던 점에서 50년대 우리 시단에서 매우 선진적인 시인이었다.[13] 난해시 논란은 1950년대 중후반에 촉발되는데 알다시피 당시 한국 시단은 전통서정시 지향, 모더니즘 지향의 갈등이 뚜렷했고 이는 세대론으로 불거지기도 했다. 1950년대 시문학에서 리리시즘, 곧 서정성은 신진 모더니즘 시인에게 모종의 전통으로 인식되었고, 이들은 서정을 극복하고자 극단의 산문시와 이미지 시를 발표했다. 그 결과 기성 문단이 이러한 모더니즘 시를 난해시로 규정하고 비판하자 난해

13_염무웅, 「김수영론」, 『창작과비평』, 1976.12., 433면.

성 문제가 부각된다.[14] 가령 중진 시인들은 난해시에 대해 "남들이 알아볼 수 없는 시"[15]가 양산되고 있다고 비난했고, 신세대 모더니스트들은 기성 문단에서 현대시를 무작정 "난해성에 몰아 넣으며"[16] 혼란을 초래했다고 항변했다.

난해시를 규정할 현대시에 대한 의미체계가 절실해진 무렵에 젊은 평론가들은 이상(李箱학) 문학을 통해 이를 입증해 보려고 했다. 고석규는 「시인의 역설」(1957)에서 I.A.리처드와 C.K.오그던 공저의 언어 이론서 『의미의 의미』(1923)를 끌어와 현대시의 산문적 요소를 불완전한 형식이 아닌 전체적인 내용의 차원에서 고려할 것을 강조했다. 시를 '형태'와 '의미'의 종합적인 언어 구조물로 이해한 것은 물론 신비평의 영향이었다. 김우종 역시 이상 연구의 붐 현상을 문제 삼으면서도 이상 문학의 난해성을 해명할 수 있는 것은 "뉴크리티씨즘 따위 방법" 정도라며 그 외 주관적인 가치규정을 허용하면 안 된다고 덧붙였다.[17] '신비평'의 위력은 구조, 조직, 반

14_이 시기 모더니즘 시는 근대성을 비판하기 위한 새로운 방법론적 모색이라기보다 기성의 시문학 구도 속에서 표출된 인정욕망의 산물일 가능성이 없지 않다. 그 결과 모더니즘 시는 새로운 이미지, '포름'의 탐색에만 치우쳤다는 한계를 드러냈다. 예컨대 상징주의 시는 주로 음의 암시적인 방향으로 기울어졌으며, 이미지스트들은 시각적 이미지의 부분적인 나열에 그치거나 다채로운 감각이 시각적 이미지와 혼동되어 형상화되었기 때문에 난해에 가까운 작품을 낳은 과오를 범하기도 했다. 이진영, 「전후 현실의 조응으로서의 모더니즘 문학론」, 『한국문예비평연구』 33, 한국현대문예비평학회, 2010.12., 329~330면.

15_전영택, 오상순, 박종화, 이병기, 김동명, 하영노, 주요한, 「문학방담회」, 『현대문학』, 1956.8., 15면.

16_임진수, 「시의 상실과 모방의 과정」, 『자유문학』, 1959.1., 241면.

17_김우종, 「TABU이상론 - 그의 문학은 과연 옳은 것인가」, 『조선일보』, 1957.4.29. '난해시 논쟁' 부분은 박연희, 「한국 현대시의 형성과 자유주의 시학 - 전통과 자유 인식의 전개 양상을 중심으로」, 동국대 박사논문, 2012, 100~106면.

어, 역설 등 수사적 개념이나 내재적 비평 자체에 있지 않다. 요컨대 신비평이 등장한 시기가 기존의 문학 담론과 논쟁(서정, 전통, 현대, 내용, 형식 등)이 임계점에 도달했을 때라는 사실이 중요하다.

이와 마찬가지로 김수영이 블랙머(R.P.Blackmur)의 신비평가적 비평관을 전유한 맥락에도 난해시의 난맥상이 놓여 있다. 블랙머의 이 글은 우선 "초현실주의자와의 차이"를 밝혀내는 데 유용한 시적 언어의 기능을 제시한다. "본래의 의미를 다시 찾을 수 있는 방식",[18] 곧 무의식의 시세계로부터 의미를 구출할 방법을 '제스츄어'를 통해 탐색한다. 이 글에서 제기하는 언어의 제스츄어란 어구의 배열에서 만들어지는 의미의 효과라고 이해할 수 있다. 블랙머는 의미가 서로 충돌하고 반응하는 과정("언어의 행동")에 상징이 어떻게 개입하여 공감을 형성하는가를 제스츄어를 통해 밝히려고 했다. 예를 들면 독자가 자신의 경험에 비추어 시의 문맥을 상상할 때가 제스츄어가 침입하는 순간이며 여기서 시 전체의 의미가 바로 읽혀질 수 있다. 김수영이 심미적 공감에 천착한 블랙머의 시론을 번역했을 때 여기서 난해시에 대한 엄중한 경고를 드러내고 있는 건지도 모르겠다.

미국 문화의 수용과 김수영 번역

이처럼 당시 번역활동이 한국 문학의 수준과 문제성에 결부된 만큼 이를 둘러싼 번역문학 및 출판계의 동향을 살펴봐야 한다. 단적인 예로 김수영이 신구문화사에서 전집류의 번역에 몰두했을 시기에 "번역을 해서 팔아

18_리차드·P·부락머(R. P. Blackmur), 김수영 역, 「제스츄어로서의 언어 (하)」, 『현대문학』, 1959. 6., 237면.

먹으라고"[19] 김이석이 빌려 준 책이 바로 「거대한 뿌리」에 등장하는 비숍의 여행기였다. 이 시기 번역은 곧 문인들의 "부업"[20]일 뿐, 그러기에 "(출판사에서 -인용자) 원서 이외에 일본말 번역과 한국말 번역책까지 가지고 온지라 여차직하면 〈베끼는〉 정도의 수고와 속도로 해치울"[21]만한 허드렛일 정도였다. 당시 한국 시단은 우익 문단의 전통론 이외 뚜렷한 문학이념이 없었던 때라 번역의 위상이 자못 중요해진 시기였지만, 그만큼의 전문성 내지 자의식은 부족했던 때이기도 했다. 『사상계』에서 계속하여 번역 특집이나 좌담회를 마련한 것도 이와 같은 문제성을 자각했기 때문이다. 가령 1958~59년 정도부터 본격적으로 번역물이 쏟아져 나오지만 번역의 문학성에 대한 이해가 부족한 점,[22] 세계 고전에 냉담하고 19, 20세기 작품에 번역이 국한된 점, 체계 없는 유행성 번역의 증가,[23] 중역 문제[24] 등 문학자들은 번역문학의 후진성에 대해 반성하고 대안을 모색했다. 즉 별다른 번역 원칙이 조성되지 않았던 데 반해 번역에 대한 필요성과 중요성만큼은 충분히 공유된 상태였다.

이를테면 번역문학의 올바른 수용이 당시 한국 문학 발전의 수순이라고 밝히거나[25] 번역문학을 문화 간의 번역으로 이해하며[26] 취약한 한국 문학

19_김수영, 「마리서사」(1966), 109면. 김이석이 1962년 「난세비화」를 『한국일보』에 연재하기 직전에 '대원군'의 자료를 구하다가 비숍의 책을 발견하고 김수영에게 건넨 것으로 추측된다.

20_김수영, 「번역자의 고독」(1963), 56면.

21_김수영, 「모기와 개미」(1966), 89면.

22_정병조, 「특집: 번역문학의 반성 - 번역문학의 과제」, 『사상계』, 1962.11., 223면.

23_김진만, 「특집: 번역문학의 반성 - 몇 가지 일반론」, 위의 책, 212면.

24_박태진, 「특집: 번역문학의 반성 - 우리문학의 해외소개에 대한 사견」, 위의 책, 228면. 이 글에 의하면 당시 펄 벅(Pearl S. Buck)에 대한 한국의 적극적인 소개가 단지 미국 문학의 위상 때문이 아니라 펄 벅 소설이 중역 가능한 작품 가운데 하나였기 때문이다.

시스템의 혁신적 장치로 번역문학을 활용하고자 했다. 『사상계』의 번역문학에 대한 관심은 「세계문단」(1960.3.~1961.12.), 「세계문학」(1962.1.~11.) 등의 지면을 통해 20세기 세계문학의 작가군, 문학 논쟁, 문학상 수상 등의 이념과 정보를 소개하려는 노력으로 이어진다. 이는 세계문학의 지식 변동에 대응하며 세계 일원으로서의 한국 사회의 위상을 새롭게 모색하고자 한 움직임으로 이해된다. 이와 연동하여 당시 한국 문학은 서구 문화의 무차별적 수입과 서구 이론에 대한 경사, 서구 사회에 동일시하는 환상[27] 등 세계주의 열망을 강하게 드러냈다. 김수영은 이 같은 서구 추수적 현상을 젊은 영문학도 문인의 경우에 빗대 "시야가 넓은 것도 같지만 조잡"[28]하다고 경계했다. 김수영의 「시의 〈뉴 프런티어〉」(1961)는 당시 세계주의 열풍의 한계를 적절하게 보여 주고 있어 세계성 인식의 측면에서 다시 한 번 살펴봄 직하다.

1960년대 케네디 대통령의 새로운 정치 표어였던 '뉴 프런티어'를 의미심장하게 차용한 이 글은 미국 문학의 새로운 정체성과 한국의 후진적 모방심리를 비판적으로 드러낸다. 케네디의 '뉴 프런티어'가 미국의 건국정신(개척자 정신)에 새로운 의미를 불어 넣어 정치적 개혁 의지를 표현한 용어라면 김수영은 바로 이 '미국'과 '새로움'을 끌어 와 한국 현대시의 새로운 영토를 모색한다. 이 글에서 김수영이 새롭게 인식한 미국 문학이란 비트 제너레이션(The Beat Generation)이다. 이 글뿐 아니라 「요즈음 느끼는 일」(1963), 「〈문예영화〉 붐에 대해서」(1967), 「멋」(1968) 등의 산문에서도 그

25_여석기, 「번역은 고달퍼」, 『사상계』, 1959. 3., 312면.
26_좌담회, 「르네쌍스가 가까웠다」, 『사상계』, 1959. 9., 278면.
27_김현, 「테로리즘의 문학」(1971), 『김현 문학전집』 2, 문학과지성사, 2003, 243~245면.
28_김수영, 「히프레스 문학론」(1964), 280면.

는 2차 대전 이후 미국 자유주의 문화, 특히 그들의 반항적 기질에 주목하고 있다. 그러면서 한국 시인들 대부분이 미국의 비트족을 자처하는 것을 못마땅해 했다. 비트족 행세를 한다는 시인들이 다방에 들어서 겨우 마담의 눈치나 살핀다고 핀잔하며 이를 한국 문화의 후진성, 획일주의로 확대하여 해석하고 비판한다. "문화는 다방 마담의 독재에 사멸"[29]된다는 특유의 풍자적 어법으로 김수영은 '비트'에서 환기되는 수사적 의미, 창조와 자유에 대한 문제를 언론의 자유("불온성")가 보장되지 않는 한국 사회의 후진성의 문제로 역전시켜 놓는다. 이 에피소드는 현대성의 윤리적 가치뿐 아니라 현대성을 대변하는 세계성의 방향성을 엿볼 수 있는 장면이기도 하다.

그렇다면 김수영이 자기 결정, 자기실현을 통해 획득한 '자유'의 가치를 현대성의 중요한 계기로 부각시킬 때 새삼 주목했던 비트 그룹에 대한 당대의 평가와 의의는 어떠했는가. 이 문학 그룹에 관해서는 백철의 견해를 빌려올 필요가 있다. 1957년 교환교수로 미국에 있었을 때 백철은 비트 그룹의 연례회도 다녀오고 이들에 대한 미국 저널리즘의 평가도 접했다. 그에 따르면, 서부 샌프란시스코를 중심으로 등장한 비트 그룹은 기성세대와 아카데믹컬한 문학에 대한 반항성, 현실도피성, 부랑아적 도시성, 재즈 음악을 향유하는 자유의식 등 신세대 문학운동으로서의 독특한 면모를 드러내며 일정 정도 미국 문단에 반향을 일으켰다. 그러나 비생산적인 생활, 문학 태도가 결국 이들 문학운동의 확산을 가로막았다.[30] 이른바 '비트족'은 보헤미안적 언행으로 센세이션을 불러일으켰지만 결국 문학 이념이나 장르를 새롭게 개척하지 못하고 미국 사회의 저항적 분위기를 대표하는 세대 표상으로 남았

29_김수영, 「시의 〈뉴 프런티어〉」(1961), 240면.

30_백철, 「영미의 젊은 세대문학(하)」, 『사상계』, 1960. 3., 280~284면.

다. '비트'라는 새로운 정체성이 백철의 설명처럼 김수영에게도 "부자연"스럽고 "설익은 지성",[31] 미국의 젊은 세대를 상징할 뿐이었으나, 이를 통해 새로움과 부정성, 곧 현대성의 범주와 가치를 재인식할 계기를 제공받았다.

앨런 긴즈버그, 잭 케루악 등 소위 비트 세대의 대표 시인들을 직접 다루지는 않았어도, 김수영이 노먼 메일러(Norman Mailer)에 크게 감명을 받은 사실은 눈여겨볼 필요가 있다. 메일러는 미국 사회의 위선과 획일성, 폐쇄성을 비판하며 비트 세대의 저항정신을 대변한 미국의 대표 지성이다. 김수영이 언급한 그의 소설은 미국 대통령이 소련과 합작하여 지구를 폭파시키고 인류를 배신한다는, "〈반미적 운운〉"[32]에 걸릴지 모를 정도로 미국 정치가를 비판하는 내용이다. 원전이 없어(일본 잡지의 중역본만 있어) 끝내 번역하지 못했다고 안타까움을 토로할 정도로 김수영은 노먼 메일러의 강렬한 정치풍자적 픽션에 주목했다. 흥미로운 것은 메일러를, 서구 문명사회를 통렬하게 비판하며 당시 프랑스 문단에 크게 주목받고 등장한 르 클레지오(Le Clezio)와 비교했다는 점이다. "나의 머릿속에는 르 클레지오의 소설의 청사진이 박혀 있었다. 이 정도의 흉내는 낼 것 같다 (…중략…) 구라파의 아방가르드의 새 문학에 면역이 되기까지도, 여편네에 면역을 하기만큼의 긴 세월이 필요했던 것을 생각하면 정말 감개무량하고 대견한 생각이 든다. 그래도 노먼 메일러의 소설을 읽고 나서는 약간 눈앞이 아찔했다."[33] 유럽의 전위적 현대성에 무감각해질 무렵 미국의 저항적 문학이 김수영에게 새로운 자극제가 된 것이다. 즉 그가 미국의 비트적 정체성에 대

31_김수영, 「〈문예영화〉 붐에 대해서」(1967), 205면.
32_김수영, 「벽」(1966), 113면.
33_김수영, 위의 글, 114면.

해 많은 주석을 단 데는 그것이 한국적 맥락에서 통속화된 데 대한 비판만 있지 않다. 메일러 소설처럼 바로 거기서 새로운 현대문학 운동으로서 불온한 상상의 가능성을 발견했기 때문이다. 김수영이 "〈비트다〉하면 으쓱" 해 하는 한국의 문화적 현상을 지적하면서 비트 관념을 "케케묵은" 다다이즘과 연결시킨 논리는 세계 전후(戰後)의 전위적 문학운동으로서 비트의 정신을 새로운 맥락에서 재전유하는 것과 무관하지 않다.[34] 김수영에게 세계문학, 곧 서구의 세계성 인식은 프랑스 초현실주의, 또는 그 계보화 과정을 극복하는 데서 출발한다. 달리 말해 비트 제너레이션이 신세대, 저항정신, 자유주의의 표상으로 옮겨질 무렵에 김수영은 '서구'라는 현대성의 좌표마저 유럽적인 것에서 미국적인 것으로 과감히 이동시켜 놓는다.

김수영이 번역한 「영·불 비평의 차이」(1959.1.)에는 프랑스와 미국 문학 간의 소통 부재로 인한 간극, "상호간의 무지"[35]가 당대 문제로 제기되어 있다. 저자의 지적에 의하면, 프랑스 문단에는 뉴 컨트리파의 작품이 배제되고, 반대로 『타임』지에는 바슐라르, 블랑쇼 등 프랑스 대표 현대 문인의 이름이 언급된 바 없다. 프랑스 청년 시인이 쓴 이 글은 활발한 번역활동을 통해 분석적인 영미 비평과 분석 불가능한 프랑스 비평의 차이를 앞으로는 해소하고 미국과 프랑스 비평의 공동기반을 조성해 나가자는 데 방점이 찍힌다. 이러한 해석과 유사한 전망은 「번역평론특집」을 마련한 『현대문학』에서 어렵지 않게 찾을 수 있다. "본시 프랑스는, 미국, 일본, 서독 등에 비해 외국 문학 소개에 몹시 인색하다. 그것이 프랑스인들 고유의 쇼비니즘에 기인한 것이든, 또는 특수한 그 나라 출판계의 여건에 기인한 것

34_김수영, 「요즈음 느끼는 일」(1963), 48면.
35_이브·보네호이, 김수영 역, 「영·불비평의 차이」, 『현대문학』, 1959. 1., 326면.

이든, 외국 문학 유입에 만만찮은 저항을 보여 주고 있는 것이다."[36] 그런 차원에서 보면 「영·불 비평의 차이」는 프랑스의 현대성에 대한 문학적 자부심과 독자성으로부터 비교적 유연하고 개방된 입장을 취하고 있음을 알 수 있다. 김수영이 번역한 토마스 만(Thomas Mann)의 글에도 프랑스 문학에 대한 미국의 무관심이 노골적으로 논의되는데[37] 2차 대전 이후 서구 문학의 심상지리 안에서 유럽적인 것, 곧 프랑스적인 것은 미국과의 대타적 관계 속에서 그 고유성이 소개되고 있다.

냉전의 문화사·사회사·사상사적 전망과 긴밀하게 연접하여 당대 문학은 무엇보다도 프랑스와 미국에 대한 특유의 심상지리를 재생산했다. 이를테면 한국 신문학에 지대한 영향을 미쳤던 프랑스는 2차 대전 종전 이후 자국의 경제와 문화가 급속도로 미국화되는 현상에 직면해야 했다.[38] 그리하여 "종전은 미국 문학이 더 이상 영국 문학의 일단이 아니라 세계문학을 리드한다는 것을 일깨워 주었다."[39]거나 "미국은 2차 대전을 전후로 세계연극에 확고한 지위를 점령"[40]했다는 식의 진단이 부각되면서 점차 전후 미국 문화의 우수성이 자명한 것으로 받아들여졌다. 이렇듯 세계체제의 미국 헤게모니는 아메리카를 정치와 경제뿐 아니라 학문과 문화의 중심부로 자처하도록 만들었다. 결국 전후의 냉전체제는 승전국 중심의 심상지리를 지속적으로 재생산했고, 이 과정에서 김수영 식으로 말해 "미국이라는 새 필터"[41]를 통해 '미국식' 현대문학의 창작론과 비평관이 전후 사회의 지식, 사

36_이일, 「문단풍토기 - 프랑스편」, 『현대문학』, 1966.12., 229면.
37_토마스 만, 김수영 역, 「〈지이드〉의 조화를 위한 무한한 탐구」, 『문학예술』, 1957.6., 158면.
38_G.페레트, 김병달 역, 「구라파문화와 아미리가문화」, 『신천지』, 1949.8., 145면.
39_허백년, 「전후미국문학전망」, 『신천지』, 1951.12., 113면.
40_허집, 「전후미국의 연극동향」, 『민성』, 1948.6., 57면.

상, 문화를 지도하는 새로운 문화담론으로 한국에 널리 유입되었다.

3. '아메리카니즘'의 번역과 해빙기 문학

김수영과 프론티어 정신

김수영의 초기 번역글이 주로 당대의 영미비평을 대상으로 했다는 데서 그의 미국 문학에 대한 관심은 그리 문제적인 것처럼 보이지 않는다. 그 스스로도 자신이 프랑스 쉬르의 영향을 받았다는 평가에 반발하며 이미지스트 일군을 동경한다고 밝힌 바 있다.[42] 당시에 김수영은 심벌리즘의 시를 쓰고 있는 사람들의 문학적 태도가 스티븐 스펜더나 딜런 토머스에 비하여 훨씬 행복하다고 느꼈다(「무제」, 1955). 상징주의적 전통을 계승하려는 강박증으로부터 벗어난 영미 혁신주의자에게 관심을 기울이고 있는 것이다. 즉, 딜런 토마스를 포함하여 W.H.오든, S.스펜더, C.D.루이스 등 1930년대 영미문단의 신진들을 소개하며 한국의 현대시론을 개진해 나갔다. 물론 그 현상이 김수영에게만 해당한 것은 아니다. 박인환이 "T.S.엘리엇 이후의 제 경향과 문제를 어떻게 정리하느냐는 것이 오늘의 과제가 될 것"[43]이라며

41_김수영, 282면.

42_박지영, 「번역과 김수영의 문학」, 김명인·임홍배 엮음, 『살아있는 김수영』, 창비, 2005, 340면. 박지영이 상세하게 검토한바 김수영은 맥클리시, 블랙머, 테이트 등의 신비평가의 글을 번역하며 문학의 후진성 탈피를 모색했다.

43_박인환, 「현대시의 불행한 단면」(1952.6.), 맹문재 엮음, 『박인환 전집』, 실천문학사, 2008, 257면.

오든과 스펜더를 소개했듯, 전후의 불안의식을 현대시의 동력으로 삼은 한국 모더니스트에게 오든 그룹은 현실의 정신적 공황상태를 극복할 중요한 문학의 원천으로 작용했다. 또한 김수영, 박인환과 마찬가지로 해방기 모더니즘의 세례를 받은 장만영과 조병화도 C.D.루이스의 번역서를 연이어 발간하며 전후 극복의 시적 체험을 소개했다.[44] 다만 '영미문학'의 세계성 인식 안에 내면화된 2차 대전 후 미국 표상은 좀 더 면밀한 논의가 필요하다.

김수영은 스펜더의 「모다니스트 운동에의 애도」에서 전제하고 있는 랭보의 정언명령을 "현대의 명령"[45] 등으로 재차 강조하는데, 「시작노트 7」(1966)에서 랭보의 명제와 함께 「엔카운터 지」 시를 나란히 병치시킨 것은 우연이 아닐 것이다.[46] S.스펜더와 I.크리스톨이 책임편집 하여 창간한 영

44_C.D.루이스, 장만영 역, 『시학입문(Poetry for you)』, 정음사, 1954(1955); C.D.루이스, 조병화 역, 『현대시론(The Poetic Image)』, 정음사, 1956(1958, 1959). 「편역자의 말」에서 이 책을 "현대 영시의 성전"(221면)이라고 칭하고 있는 조병화는 비록 루이스 시론의 사상적 원천이 1930년대 시대정신에 있지만, "극동의 우리들에 있어서는 제2차 대전 후의 우리들의 체험이 그들 제1차 대전 후의 체험과 가장 밀접히 대응"(222면)한다면서 번역의 계기와 소감을 밝힌다. '1945년'을 세계사적 시간으로 인식한 이들 해방기 청년 모더니스트들은 한국전쟁 후 실존적 불안 역시 해방 후 세계 전후 인식에 연결하여 모색하고자 했다.

45_김수영, 「글씨의 나열이오」(1967.1.), 115면.

46_김수영의 「엔카운터 지」(1966)에 대한 창작메모는 '소음'에 대한 내용인데, 그가 향유하고 있던 '멋'의 개념과 무관하지 않다. 다시 「멋」이라는 글로 돌아가 보면 작곡가가 소음의 빈민굴에서 창작에 열중하는 영화장면을 빌어 몰입하는 태도를 가장 멋있는 순간으로 설명해 낸다. 소음에서 음악을 완성하는 예술가 역시 자기 배반의 현대성 정신을 보여 주는 것이다. 이 글에 의하면 '멋'은 경험의 차원에서 전이되기도 하는데 그 멋있는 영화장면을 몰입해 떠올리는 누군가 역시 멋쟁이가 되는 것이다. 즉 "김수영에게 있어서 '멋'은 머리 속에 그려지는 게 아니라 실행되는 것"(정명교, 앞의 책, 353면)이고 「엔카운터 지」의 "그 연관만이 빛난다. / 시간만이 빛난다. 시간의 인식만이 빛난다."라는 시구절과 "침묵의 이행"이라는 시작노트의 한 문구를 가능케 한다. 과거, 미래, 현재가 착종된 혼돈(김수영 식으로 사랑 혹은 자유) 그 자체를 자각하고 반성하는 성찰의 순간, '의미를 이루려는 충동'과 '의미를 이루지 않으려는

국 잡지 『엔카운터(Encounter)』는 미국의 북대서양 주의 및 마샬 플랜의 지적, 문화적인 반공정책에 근간한 국제조직 '문화자유회의'의 영국지부 기관지이기도 하다.[47] 즉 김수영이 번역한 스펜더의 글이나 '엔카운터'라는 미디어 혹은 시적 제재는 영국, 곧 유럽 문학의 지식과 이념을 보여 준다기보다 실은 미국 중심주의에 기초해 세계 전후의 서구 문학을 수용하고 소개하는 차원과 다르지 않았다. 김수영이 지적한바 헨리 제임스, 헤밍웨이 소설이 미 대사관 문화과를 통해 반공주의나 민주주의의 미국 표상으로 둔갑되듯 미국의 국무성 문학이 곧 서구 문학의 대명사로 통용되는 시대였다(「히프레스 문학론」, 1964). 김수영이 주목하는 서구 문학이 20세기 동시대의 문학인 것만 하더라도[48] 그의 번역, 독서 체험은 아메리카니즘이 급부상하는 시기의 정치적, 문화적 세계성의 분화를 암암리에 드러낼 수밖에 없었다.

김수영과 함께 해방기에 등단한 박인환의 경우 한국 지식인사에서 아메리카니즘에 경도된 전형적인 선례로 자주 언급되어 왔다.[49] 박인환의 미국화 양상은 1950년대 발표된 미국 영화 비평에서 강하게 드러나지만, 무엇보다 「욕망이라는 이름의 전차」(1947)를 번역하면서 미국 서부지역으로 기행을 떠난 데서 알 수 있다. 한국의 과열된 미국화 현상을 가장 잘 예증

충동'(「생활현실과 시」)이 충돌하는 순간에 자기를 극복하는 태도가 '멋'의 현대성 논리이다.

47_『사상계』와 문화자유회의, 『엔카운터』의 친연성에 관해 권보드래, 「『사상계』와 세계문화자유회의」, 『아세아연구』 54-2, 고려대 아세아문제연구소, 2011.

48_김수영이 거론한 외국 작가의 생몰 연대는 한명희, 「새로운 문학, 전위의 문학을 향하여」, 『작가세계』 61, 세계사, 2004.5., 105면 참조할 것.

49_아메리카니즘에 관련한 최근의 논의 가운데 원용진은 박인환의 미국 영화평과 미국 기행문, 〈관훈클럽〉의 저널리즘 인식, 『사상계』의 지식인 담론 등을 통해 해방 이후 지식인들이 형성해 낸 세계주의라는 시대정신이 미국화하는 과정을 분석했다. 원용진, 「한국 대중문화, 미국과 함께 혹은 따로」, 김덕호·원용진 엮음, 『아메리카나이제이션』, 푸른역사, 2008, 177~178면.

해 주는 이 연극은 남부의 몰락과 성과 죽음의 현대적 코드로 인간 내면을 드러낸 작품이다. 박인환은 테너시 윌리엄스 론을 쓰며 남부 사람들의 비외한 상징성인 유럽적/미국적이라는 이질적인 세계의 공존, 충돌, 변화를 강조했다. 미국 남부문화에서 점차 희석되는 유럽의 귀족적인 전통은 정신적, 육체적으로 몰락하는 블랑쉬의 비극이면서 미국 사회의 비극이기도 하다. 그런 맥락에서 보자면 박인환이 기행한 서부지역은 이와 달리 웅대한 자연, 개척정신으로 표상되는 강대국 미국, 팍스(Pax) 아메리카를 대표한다. 김수영 역시 이 작품을 "귀족의 손에서 농사꾼의 소유로 넘어간 누각(樓閣)", "현대 물질주의의 야수적인 세계", "아름다운 꿈의 상실"[50] 등 미국 사회의 변화와 남부의 향수라는 맥락에서 번역한 바 있다.

김수영이 미국 현대시사를 개괄하면서 강조한 부분도 여기에 있다. "중서부의 정신부흥운동" 이후 유럽 지배의 잔재를 벗어나는 데 역점을 두면서 20세기 미국 시의 형성 과정을 기술한 것만 보더라도[51], 미국 문학의 고유성은 서부 개척 정신(Frontier)으로 표방되는 새로운 에피스테메의 출현, 곧 유럽의 전통과 절연하는 과정과 무관하지 않다.[52] 현대시의 경우 그것은

50_S.P.얼만, 김수영 역, 「테네씨·윌리암스의 문학」, 『사상계』, 1958.11., 425면.

51_김수영, 「미국의 현대시」, 『세계전후문제시집』, 신구문화사, 1962, 311면.

52_프론티어 개념(F. J. Turner)은 단순한 국경이 아닌 문명과 야만, 그 변경과 이동의 경계를 의미한다. 미국은 프론티어 정신으로 서부로 진출하며 구대륙, 즉 유럽과의 결별을 극명하게 보여 주었다. 이는 구라파적 문명에 구애받지 않고 미국 고유의 문화를 창조하는 힘을 드러내는 역사적 순간이다(박치우, 「아메리카의 문화」, 『신천지』, 1946.9., 90~91면). 지식사에서 서부 담론은 구라파와 미국의 심상지리가 새롭게 재배치(낡은 역사 / 새로운 역사)되는 가운데 냉전시대 '팍스(Pax) 아메리카'의 표상을 만들어 낸다. 전후 아메리카니즘은 서부 개척정신, 프런티어(Frontier)라는 19세기 미국화의 노선을 매개로 특권화되며 당시 수없이 제작된 서부영화 등 미국식 자본주의, 민주주의, 자유주의에 대한 대중적 환타지를 재생산한다(박연희, 앞의 글, 160~162면).

휘트먼 식의 미국 민주주의, 자유주의의 이상이 미국 시의 전통으로 구현되는 양상을 상기시킨다. 김수영도 한국 사회에 결여된 자유 관념의 중요성을 바로 그 휘트먼을 통해 주장한다. 황동규가 강조했듯 김수영과 휘트먼의 관계는 특별한 데가 있는데, 가령 한국 문단에서 휘트먼의 전통은 '세계문학전집 붐'(1950년대 후반~1960년대)이 형성될 즈음에도 크게 거론되지 않았다.[53] 즉 김수영은 휘트먼의 문학적 상징성에 주목하여 한국 민주주의적 과도기에 적극 개입하려 한 것이라 볼 수 있다. 「자유란 생명과 더불어」(1960)에서 그는 3·15부정선거 이후 쏟아져 나온 데모 행렬을 보면서 '자유는 오직 생명과 더불어 소멸된다.'라는 휘트먼의 자유 개념을 글의 제목으로 가져와 자유민주주의 국가를 구상하고 자유를 위한 투쟁 의지를 밝혔다. 4·19혁명이 시작되는 무렵에 김수영은 이전에 보여 준 탈식민주의, 실존주의적 자유 문제를 떠나 휘트먼을 통해 민주주의의 미국적 상징을 번역해 낸다.

뿐만 아니라 김수영은 미국시사에서 차지하고 있는 휘트먼의 전통을 특화시켜 미국 현대시를 소개했다. 한국 문단의 세계주의에의 흐름 속에서 김수영도 신구문화사 편집위원으로 참여해 세계문학을 소개하며 중요한 역할을 담당했는데[54], 특히 『현대미국시가집』의 서문을 발췌, 번역하면서

53_김용권, 「한국문학에 끼친 미국의 영향과 그 연구」, 『아세아연구』 10-2, 고려대 아세아문제연구소, 1967.6., 137면. 황동규는 김용권이 「한국문학에 끼친 미국의 영향과 그 연구」(1967)를 쓸 당시 김수영이 유일하게 휘트먼의 영향을 받았다고 한 인터뷰를 기억하며, 김수영과 휘트먼 사이의 친화관계에 주목해야 한다고 강조했다(황동규, 「양심과 자유, 그리고 사랑」, 황동규 편, 앞의 책, 9면). 본 논문은 김수영이 한국의 민주주의 성립의 시적 모델로 휘트먼을 주요하게 인용한 점에 주목한다.

54_신구문화사와의 번역작업은 『세계의 인간상』(1963), 『노오벨상문학전집』(1964), 『현대세계문학전집』(1968)에서 아인쉬타인, B.L.파스테르나크, 헤밍웨이, 쇼오 등의 작품. 세계 전후시의 시화집 제작에 참여해 특히 엘리자베스·비숍(E.Bishop), 데오도오·뢰스케(Theodore

미국 시의 전통을 크게 휘트먼 류(샌드버그, 맥레이쉬, 그레고리 등), 비휘트먼 류(에드거 엘런 포, 에밀리 디킨슨의 낭만주의적이고 형이상적인 갈래)로 개괄하며 여기에 미국보다 남부인으로서의 정체성을 내세운("분리된 인격") 랜섬, 테이트, 워렌 등의 지방주의를 설명하기도 했다. "세계시단의 한 적막한 고도(孤島)"[55]라는 동시대의 열등적인 자의식에서 발간된 『세계전후문학전집』이 현대성을 세계 전후로 표상하듯 여기서 김수영도 1차 대전 후 소수의 미국 시만 눈에 띄던 상황에서 "제2차 대전 때는 사정이 달랐다."(317면)는 점에 주목한다. 미국 시의 급부상과 함께 더 이상 "피난처를 얻으려고 구라파로 여행하지 않는"(319면) 미국 시인들의 독자성과 자부심 등을 발췌하며 현대성의 유럽적 전통에서 벗어난 아메리카니즘의 문학적 특색에 대한 논평을 주로 소개했다.

김수영 번역의 러시아 심상지리

그렇다고 1960년대 김수영의 세계성의 인식이 (박인환처럼) 미국을 중심으로 그 주변의 세계를 일원화시키는 데 있지는 않았다. 더욱이 4·19혁명 이후 김수영은 맥클레이, 블랙머, 테이트 등을 번역하며 보여 준 1950년대 신비평적인 인식으로부터 벗어나 드디어 정치적인 문제와 연동된 글에 관심을 갖기 시작한다. 그것은 주로 『파르티잔 리뷰』에 게재된 미국 내 좌파 비평가 그룹의 글이었다.[56] 그리고 그 과정에서 러시아 작가와 사회주

Roethke), 델모아·슈왈쯔(Delmre Schwartz), 로버어트·로웰(Robert Lowell) 등 고백적 경향의 미국 시를 번역하고 미국 현대시사를 『현대미국시가집』에서 발췌해 소개했다.

55_「이 책을 읽는 분에게」, 위의 책, 2면.

의 문학론을 적극적으로 소개하기 시작한다. 앞서 인용한 「자유란 생명과 더불어」에서 정치적 자유의 함의를 규정할 때 이미 휘트먼과 더불어 러시아 작가 에렌부르크(Ilya Ehrenbourg)도 언급했다. "요즘 외국 잡지를 보면, 소련 같은 무서운 독재주의 국가에 있어서도 에렌베르크 같은 작가는 소위 작가동맹의 횡포와 야만을 막기 위해서 작가들의 단결을 호소했다 하거늘"[57] 한국 지성인이 3·15선거와 같은 정치적 현안에 무관심하다는 것이다. 1950년대 후반 지식인 담론에서 제기된 지성론은 「건전한 사회는 어떻게 건설할 것인가」(1956.9.)라는 『사상계』의 한 좌담회에서 볼 수 있듯 '건전한 사회'조차 세계의 전환기를 자각하고 반성하는, 또는 냉전의 패러다임을 극복한 민주주의의 정신이나 태도와 관련하여 규정되었다. 여기서 '지성'은 민주주의의 기반과 건전한 판단력으로서, 과거와 달리 그 현대적인 어감에서 무엇보다 비판정신이 중요하다. 다시 말해, 후진성의 극복, 민주화의 확립, 남북통일 등 한국 전후 사회의 당면 과제를 쟁점화하는 지성의 선구적인 역할이 각별하게 강조된다.

당시 지식인 담론 내부에서는 소련의 정책노선 변화, '평화통일론'을 내건 진보당의 출현 등 1955년 이후 냉전체제의 변화를 의미하는 국내외 주요 사건과의 관련 속에서 소위 지성론이 대두되었다. 예컨대 『사상계』와 『신태양』에 참여한 지식인들은 한국전쟁 이후 자유민주주의체제에서 소극적이 된, 분단으로 인한 지성계의 공백을 염려하면서도 동시에 소련의 평화공존론이 대두된 이후 특히 청년세대가 속아 넘어갈 가능성을 견제하며 '반공' 지성인의 역할을 역설했다.『사상계』의 '지성론'이 한국전쟁 이후 좌파적

56_박지영, 앞의 글, 345~346면.

57_김수영, 「자유란 생명과 더불어」, 앞의 책, 155면.

지식인이 소거된 상태에서 새로운 진보적 지식인상을 논의하는 가운데 제기되었다는 점은 흥미롭다. 이는 "이차 대전 이후에서 오늘까지", 그리고 "워싱턴과 모스크바"라는 시·공간적 조건에서 '현대'를 규정하고 "삼차전에의 불안"이 내면화된 "정치의 시대"라는, 2차 대전 이후의 냉전 위기를 지성론의 배경으로 전면화하고 있기 때문이다. 즉 지성론은 냉전의 패러다임 외부가 아닌 내부에서 현대적 위기를 극복하고 (한국전쟁) 전후 재건을 추동하는 정신적 태도로서 이해된다. 김수영은 전후 지식인 사회에서 과도기적으로 제출된 지성론의 맥락을 충분히 흡수하면서도, 여기서 냉전의 위기를 자명한 실체로 규정하는 반공주의의 인식론과는 비판적인 거리를 두었다.

문학의 섹트주의에 반발해 온 김수영은 문학단체를 "문학과 반공을 이중으로 팔아먹은 돈벌이 단체에 불과"[58]하다고 비판하거나, 문단추천제를 영화 〈007〉 매표구에 관객들이 즐비한 상황으로 비유해 조롱하고 이를 파벌의식을 재생산하는 구조로 지목하기도 했다.[59] 경직된 문단에 대한 김수영의 첨예한 문제의식은 여기에 그치지 않는다. 일본과 러시아에 대해 쉽게 발언하지 못하는 창작자의 소심한 태도 역시 들추어낸다. 그는 자신이 번역한 루소의 문장(「일기초2」, 1960.7.4.)을 인용해 국가의 역사적, 정치적 관계에 얽매여 친일, 친소 사상에 위축된 창작물을 "〈노예〉의 언어"라고 부르며 러시아 작가들을 다시 나열한다. "우리나라 펜클럽은 예프투센코를 모르고, 보즈네센스키를 모르고, 카자코프를 모르고, 「해빙기」의 투쟁을 모른다."[60]국제펜클럽 한국본부는 당시 한국번역문학상을 제정하거나 영

58_김수영, 「창작 자유의 조건」(1962), 178면.
59_김수영, 「문단추천제 폐지론」(1967.2.), 194~195면.
60_김수영, 「히프레스 문학론」(1964), 281면.

문판으로 기관지를 발행하는 등 번역문학을 제도적으로 안착시키는 데 노력했다.[61] 김수영의 저 발언은 한국펜클럽이 세계적인 문학기구로서 제 역할을 못하고 있다는 지적일 것이다. 가령 영국, 미국, 프랑스 등 서구는 해빙기 문학 소식을 활발하게 전하면서 냉전의 새로운 전환점을 모색했고, 더욱이 이들 국제펜클럽은 해당 작가에 대한 소련의 검열과 판결에 대해 항의문을 전달하는 등 국제기구로서 그 본연의 기능을 수행하고 있었다.

이처럼 김수영은 트릴링으로 대표되는 미국 자유주의적 좌파를 번역할 때 소련의 변화에도 민감하게 반응하고 있었다. 요컨대 에렌부르크를 "시대적 의문"에 대한 적실한 "해답"이자 바람직한 "저쪽", 냉전기 러시아로 여러 차례 거론한다. 이는 당시(4·19혁명 실패 후) 김수영이 적, 사랑, 민족 등의 시어를 사용하며 타자에 대한 새로운 관점을 드러낸 것과 무관하지 않다. 가령 그는 4월혁명에 관해 "고작" 달라진 것은 "〈전체〉와 〈개인〉과의 사이에 이다바사미(딜레마 -인용자)"[62]라면서 혁명 (실패) 이후 전체로부터 개인을 분리시키는 문제에 몰두했다. 러시아 문단에서 자유의 한계에 대해 역설한 에렌부르크의 예외성(『해빙』, 1954; 1956)은 한국과 같이 공동체의 이념과 논리, 그리고 개인의 자유와 행복이 동시에 실현되기 어려운 상황에 대한 해답일 수 있었다. 에렌부르크뿐 아니라 1960년대 초부터 1966년 정도까지 김수영이 러시아, 폴란드, 독일 작가를 거론하거나 번역하는 횟수가 늘어난 점도 예사로 볼 수 없을 것이다.[63]

61_이근삼, 「국제펜·클럽 한국본부」, 한국문인협회편, 『해방문학20년』, 정음사, 1966, 161면.
62_김수영, 「일기초2」(1960.10.30.), 505면.
63_가령 김수영은 4월혁명 직후 J.M.코헨의 「내란이후의 서반아시단」(1960)에서 1940년대 서반아 전후 문학의 부흥 과정을 번역한다. 이 글은 문학과 정치의 분리를 조장하는 정부 후원의 간행물, 그에 협조하는 전통주의자, 검열, 공화국 시대로부터 살아남은 예르난데스

이와 같은 냉전의 시대성은 1950~60년대 번역 상황을 개괄할 때 좀 더 분명해진다.[64] 각주의 표는 한국 문학의 세계성 인식 측면에서 몇 가지 흥미로운 시사점을 제공한다. 먼저 프랑스 시, 소설에 대한 압도적인 관심과 영미비평에 대한 의존도이다. 초현실주의 이후 영미비평관을 신뢰하면서도 문학성, 예술성으로 전형화된 프랑스적인 심상지리의 우세가 여기서 엿보인다. 더구나 미국 문학의 번역 대부분이 전기, 회상록, 논설류에 치중된다는 점에서 그 문학보다 미국 자체에 대해 주목했다는 점이 흥미롭게 읽힌다. 마지막으로 1960년대부터 극적으로 증가하는 러시아 소설의 번역이 눈에 띈다.

김수영이 러시아 작가론을 쓴 적은 두 번 정도이다. 그중 '파스테르나크'론은 『노오벨상문학전집』에 수록된 것이어서 평이한 소개에 불과했고,[65] '시냐프스키'론은 소련 해빙기 문학에 대한 논평과 함께 그의 비평 일

(Miguel Hernández), 네루다(Pablo Neruda) 등 제3세계 문학인의 정치적 격변기를 상세하게 다룬다(J.M.코헨, 김수영 역, 「내란 이후의 서반아시단(상), 『현대문학』, 1960.4., 292~298면). 여기서 김수영의 문제의식을 좀 더 살펴볼 수도 있겠으나 김수영의 참여성을 예증할 만한 번역을 검토하는 작업은 후일로 미룬다.

64_아래의 통계는 김병길(『한국현대번역문학사연구』 상, 을유문화사, 1998)의 번역서 목록을 기준으로 작성한 것이다. 산문은 수필을 제외한 논설, 평론, 전기. 회상을 포함한다.

연도 / 국적	1950년대			1960년대		
	소설	시	산문	소설	시	산문
영국	128	25	32	246	24	77
미국	192	10	71	332	11	161
프랑스	258	21	47	372	23	91
러시아	81	7	2	152	5	37

65_조지 리어웨이, 김수영 역, 「도덕적 갈망자 파스테르크」, 『노오벨상문학전집』 6, 신구문화사, 1964. 오히려 이 글에서는 해빙기 작가들에 관한 매우 꼼꼼한 각주가 더 중요해 보인다. 사실 김수영은 다른 글에서 파스테르나크를 비판적으로 소개하기도 했다. 그가 현대 상황을

20세기 전반기 유럽에서 활약한 우크라이나 출신 작가 일리아 에렌부르크. 김수영은 파시즘과 사회주의를 함께 비판한 에렌부르크의 문학을 '시대적 의문에 대한 적실한 해답'으로 평가했다.

부를 번역해 싣고 있다는 점에서 유심히 읽어 볼 필요가 있다. 김수영이 이 글을 썼던 해에 안드레이 시냐프스키(Andrey Donatovich Sinyavsky)는 전 세계 문학인의 항의에도 불구하고 소련 정부로부터 유죄 판결을 받고 복역 중에 있었다. 소련 내에서는 본명으로 문학평론을 썼지만 프랑스에서 필명으로 소설을 발표해 수많은 애독자를 둔 작가였다. 그에 대한 김수영의 특별한 관심은 공산주의의 신조를 철학적, 심리적, 예술적으로 극복해 보여주는 그 특유의 풍자적인 어법에 있다. 여기에 발췌, 번역된 「사회주의 리얼리즘은 무엇인가」는 마치 김수영의 저 유명한 풍자적 시론(時論) 「로터리의 꽃의 노이로제」(1967)와 겹쳐 읽힌다. 가령 이런 부분이다. "그(스탈린-인용자)가 신이 되기 위해서 갖고 있지 않은 단 하나의 것은 영원성이었다. 아아, 우리들이 다만 머리를 좀 써서, 그의 죽음을 기적으로 둘러싸게만 했

시만 가지고는 대변할 수 없어 소설, 희곡 모두를 썼지만 따분할 뿐이고, 특히 〈의사 지바고〉는 초기작보다 못하다고 지적했다(「시인의 정신은 미지」, 1964, 253면). 이런 점에서 위의 글은 번역전집의 기획방향을 고려해 쓴 평론이라 판단된다.

더라면! 우리들이 다만, 그가 죽은 것이 아니라 하늘로 승천을 해서, (…중략…) 있다고 무전(無電)으로 공포만 했더라면! 그의 유품은 중풍 환자와 정신이상자를 고칠 수 있었을 것."[66]

1960년대 한국 번역계의 러시아 소설 증가 현상은 파스테르나크의 노벨상 수상과 더불어 미국 『타임』지, 세계자유문화협회 기관지 등 해빙기 문학에 대한 미국 문단의 적극적인 소개와 연관이 있다. 요컨대 미국 세계자유문화협회를 통해 냉전구도가 공산주의 대 반공산주의가 아닌 전체주의 대 자유로 변경될 무렵 미국은 유럽 지식인뿐 아니라 반스탈린주의를 표명하는 사회주의자와도 연대의 가능성을 열어둔 채 광범위한 세계적 합의를 이루어낼 수 있었다.[67] 『사상계』의 「세계문학」 지면에서 미국 시인 비어렉이 "원래가 개성적인 서정시인" 옙투셴코(Evtushenko)를 소개하는 방식이 그러하다. 이를테면 "로버트에서 인간으로 돌아가는 환영할만한 징조"[68]와 같은 휴머니즘적 수사를 사용해 해빙기 작가로부터 사회주의자로서의 정체성을 탈각시킨 혐의가 있다. 김수영은 비트적 저항주의, 민주주의, 비판적 자유주의를 옹호하며 메일러, 휘트먼, 트릴링 등의 문학을 자신

66_김수영, 「아드레이 시냐프스키와 문학에 대해서」(1966), 361면. 김수영은 그의 소설 두 편을 번역했다. 그중 「펜츠pkhentz」는 필명으로 프랑스에 밀송해 발표한 작품이다. 역자문에서 김수영은 매우 흥분한 어조로 세계자유문화협회 알선으로 〈엔카운터지〉에 발표된 이 소설을 한국에서 동시에(1966.4.) 발표했다고 밝힌다(아드레이 시냐프스키, 김수영 역, 「펜츠pkhentz」, 『사상계』, 1966.4.). 김수영을 포함해 '해빙기'에 대한 한국 지식인의 문학적 반응 또는 냉전기 정체성에 대한 인식의 변화는 이후 다른 지면을 통해 좀 더 상세하게 고찰할 계획이다.

67_권보드래, 앞의 글, 265, 285면. 권보드래는 1960년대 초 미국에 의해 확장된 자유주의적 냉전질서 어디쯤에 김수영을 놓고자 했다.

68_피이터•비어레크, 김수영 역,「쏘련문학의 분열상(하) - 로버트주의에 항거하는 새로운 감정의 도모에 대한 자성기」, 『사상계』, 1962. 9., 252~253면.

김수영은 러시아 작가 안드레이 시냐프스키에 특별한 관심을 가져 그의 소설을 번역하고 그에 대한 작가론을 발표했다. 『사상계』 1966년 4월호 표지에 보이는 「펜츠」도 김수영이 번역했다.

의 글 곳곳에서 언급했다. 같은 차원에서 미국 발 해빙기 문학 역시 어떤 면에서는 아메리카니즘의 '역어'일 수 있다. 그럼에도 김수영은 자신이 접촉한 서구 문학을 단순히 아메리카니즘의 번안이 아닌 한국적인 재맥락화 속에서 사유하고자 했고, 이를 통해 한국현대사에 지속되어 온 극단적인 대립을 화해 가능한 상태로 이행시키려는 시적 모색, 곧 반시론의 '반어'라는 중립적 자유주의의 태도와 가치로 구체화할 수 있었다. 즉 끌로드 비제의 「반양과 찬양」(1958)을 번역하면서 시적 대상과 의미가 일치할 수 없다는 바타이유의 '반시' 개념에 주목했고,[69] 훗날 「반시론」에서는 남북의 화해 불가능한 싸움이라는 정치적 맥락에서 이 번역어를 각별하게 사용하게 된다. 그가 강조한 "반시론의 반어", 곧 화해불가능의 불가능이라는 역설적인 화해의 과정은 냉전의 "무한한 순환" 구조를 통쾌하게 풍자함으로써 그것을 극복해 내는 데 있다.

69_박지영, 「번역과 김수영의 문학」, 앞의 책, 354~355면.

4. 결론 – 김수영이 번역한 냉전문학의 모더니티

1945년에 등단한 김수영은 민족의 자기동일성을 회복하거나 고유성에 천착하는 대신에 해방기를 새로운 형태의 제국질서로 이해한 후 탈식민지적 상상을 가동하여 「가까이 할 수 없는 서적」(1947), 「아침의 유혹」(1949) 등을 쓰고, 「웃음」(1948), 「토끼」(1949)처럼 실존적 자아를 내세워 세계사적 불안의식을 표현했다.[70] 당시 중도적 입장의 정치성을 보여 주기까지 한 김수영의 예외적인 면모는 현대성의 문제를 한국의 현대시 풍토에서 어떤 방식으로든 제기하고 실현하려는 모종의 노력이었다. 순수–참여 문학논쟁의 대표주자가 되는 과정에서 보여 준 자유에의 지향은 문학의 현대성을 실현하는 데 있어 매우 중요한 요소였다.[71] 즉, 김수영은 해방기에서 1960년대까지 한국 시(또는 한국 사회)의 식민/탈식민, 전통/현대, 순수/참여의

70_분단과 냉전의 경험을 통해 민족/세계의 해체를 실존적으로 자각해 나갔던 김수영의 시적 파토스는 해방기의 좌우 좌표 어디에도 포함되지 않으면서 거기에 공존할 수 있었던 독특한 문학적 정체성의 한 선례에 해당한다(박연희, 「한국 현대시의 형성과 자유주의 시학 - 전통과 자유 인식의 전개 양상을 중심으로」, 앞의 책, 71면).

71_김현이 김수영의 문학에서 "자유의 시적, 정치적 이상"을 강조한 이후(김현, 「자유와 꿈」(1974), 황동규 편, 앞의 책, 105면) 김수영의 자유는 단순히 정치적인 이념이 아니라 "삶의 근본"(김우창, 「예술가의 양심과 자유」, 황동규 편, 『김수영전집 별권』, 민음사, 1997, 189면)이자 "비획일적이고 비척도적인 삶의 자유"(고봉준, 「근대성 비판과 김수영 문학의 미적 근대성」, 『모더니티의 이면』, 소명출판, 2007, 152면) 등 역사철학적 관점과 심미적 태도 모두를 포함한 모종의 윤리적인 정신활동으로 이해되어 왔다. 이를테면 오문석은 김수영의 시론에 나타난 현대성이 시의 자율성과 시의 정치성을 동시에 달성하는 전위적 의미를 내포한다고 보았고(오문석, 「김수영 시론 연구」, 연세대 박사논문, 2002, 130면), 박주현은 김수영의 내면적-외면적 자유의 연속적인 관련성에 주목했다(박주현, 「김수영 문학에 나타난 내면적 자유 연구」, 서울대 박사논문, 2002).

표 5 | 김수영이 인용한 외국문화/문학(1945~1968)

【시】 발표연도	국적	인명, 작품명, 잡지명	
		독서/관람	인용
1945 ~1955	미국		린드버그 나폴레옹
1956 ~1960	미국	로날드 골맨(배우) 『앤틀랜틱』 『하퍼스』 「건 힐의 혈투」	클라크 게이블 레이트, 디보스, 매리지, 하우스펠 에어리어, 커크 더글라스, 리처드 위드마크
	영국		프렌시스 베이컨
	프랑스	루소 데카르트	고갱
	독일	하이데거	
	폴란드		「녹턴」
	古그리스		소크라테스
	일본		나가타 겐지로(재일동포가수)
1961 ~1965	영국	제임스 프레이저, 이자벨 버드 비숍	엡스타인Jacob Epstein, 로버트 그레이브스
	프랑스	블레즈 파스칼	
	독일		슈바이처
	일본		히시야마 슈조
	기타		이태백, 카잘스(스페인) 그람(벨기에)
1966 ~1968	미국	『보그』	에드워드 엘비
	영국	윌리엄 블레이크 『엔카운터』	
	프랑스	에우제네 이오네스코	
	독일		「파우스트」

【산문】 발표연도	국적	인명, 작품명, 잡지명		
		번역	독서/관람	인용
1945 ~1955	미국			W.H.오든, 헤밍웨이
	영국			스티븐 스펜더, 딜런 토마스

1956 ~1960	미국			윌트 휘트먼
	영국		버트런드 러셀,	
	러시아		차이코프스키, 일리아 에렌부르크,	마야코프스키, 파스테르나크, 일리아 에렌부르크
	기타		알레르트 모라비아,	
1961 ~1965	미국	라이오넬 트릴링,	『엔카운터』, C.라이트 밀즈,	로버트 프로스트, 헨리 제임스, 어니스트 헤밍웨이, 에드거 앨런 포, W.H.오든
	영국	피터비어렉, 앨런 케이트	H.J 라스키, 그레이엄 그린, 러셀	T.S.엘리엇, 존 웨인, 윌리엄 셰익스피어, 알렉산더 포프, 딜런 토마스, E.M.포스터, 어니스트 리스, 라이오넬 존슨, 도우슨, 에즈라 파운드, 셰익스피어, 찰슨 디킨슨, C.데이루이스, 킹즐리 에이미스
	프랑스	쥘 쉬페르 비엘		앙드레 브르통, 트리스탄 차라, 말라르메, 아르튀르 랭보, 스탕달, 앙드레예 말로, 앙드레 지드, 조르조 바타유, 모르스 블랑쇼, 루소, 발자크, 아폴리네르, 사르트르
	독일		「엘리자를 위하여」, 요한 페터 에커만,	릴케, 발터 벤야민, 장 콕토, 브레히트, 프리드리히 실러, 괴테, 클라이스트, 하이데거, 키에르케고르
	일본		요시마 노부코, 니시와키 준사부, 미요시 다쓰지,	요시에 타카마츠, 고마쓰 기요시, 이부세 마스지, 구보타 만타로, 다시게마이네, 『군조』, 『분가카이』, 『쇼세쓰 신쵸』, 무라노 시로, 나카미 준, 홋타 요시에
	러시아		보리스 파스테르나크	보리스 파스테르나크, 레오 톨스토이, 예브게니 옙투셴코, 안드레이 보즈네센스키, 카자코프, 블로크, 안나 아흐마토바, 안드레이 비옐리, 마야코프스키, 세르게이 예세닌, 미하일 레르몬토프, 클레브니코프, 티호노프, 안토콜스키, 일리야 에렌부르크, 페딘, 조지 리베이, 필냐크, 바벨, 블라디미르 두딘체프, 안드레이 시냐프스키(아브람 테르츠)

	기타	타고르, W.B.예이츠		핀다로스, 프로이트, 오스카 와일드, G.B.쇼, 제임스 조이스, 키르케고르
1966 ~1968	미국	『주홍글씨』, 헤밍웨이, 시어도어 레트커	『파르티잔 리뷰』, 제임스 볼드윈, 노먼 메일러, 로버트 프로스트	커크 더글라스, 헤밍웨이, 「007」, 루이 암스트롱, 베니 굿맨, 에디슨, W.H오든, 로버트 리 프로스트, 에드워드 앨비, 수전 손탁, 시티븐 마커스, 메리 맥카시
	영국		아이리스 머독, 뮤리얼 스파크, 로버트 그레이브스	에즈라 파운드, T.S.엘리엇, 윌리엄 셰익스피어, 바이론, 아이리스 머독, 그레이엄 그린, 앵거스 윌슨, 콤프턴 버넷, C.P.스노, 존 웨인, 뮤리얼 스파크, 로렌스, 로버트 그레이브스, 앨런 테이트, E.시트웰
	프랑스		「25시」, 「맨하탄 이야기」	폴 엘뤼아르, 장 콕토, 트리스탄 차라, 앙드레 브르통, 막스 자코브, 사르트르, 르 클레지오, 알베르 카뮈, 아르튀르 랭보, 보들레르, 폴 세잔, 미셸 뷔토르, 앙드레 지드, 보부아르, 말라르메
	독일	「오르페우스에 바치는 송가」, 헤르더	포이어바흐, 헨델, J.D.되로젤, 「릴케론」, 릴케	릴케, 베토벤, 막스 셸러, 카를 야스퍼스, 키에르 케고르, 마르크스, 브레히트, 귄터 그라스, 헤세, 뢰트거, 고트프리트 벤, 알베르트 아놀드 숄
	일본		시미즈 긴이치(배우)	니시와키 준사부, 미기시 세츠코, 안자이 후유에, 기타조노 가츠에, 곤도 아즈마, 『쇼세쓰 신쵸』, 『분게이슌주』, 도고 세이지, 우치무라 간조
	러시아	안드레이 시냐프스키 (아브람 테르츠)	알렉산드르 솔제니친, 예브게니 자미아틴, 에렌부르크, 보리스 필냐크, 안드레이 보스네센스키	니키타 흐루시초프
	기타		「대통령 각하」 (미겔 아스투리아스), 셍키에비치	프로이트, 소크라테스, 피카소, 고흐, 미츠키에비치, 수오바츠키, 크라신스키, 프로이트, 자코메티, 이오네스크

제4부

미국 너머의 세계,
그 시도와 좌절

7장

1950년대 대중가요의 아시아적 이국성과 국제성 욕망

이영미

1. 인도, 페르시아, 홍콩, 그 뜬금없어 보이는 노래를 찾아서

미국의 강한 영향력 속에서 변화해 온 해방 후 한국대중가요사에서, 1950년대의 일군의 노래들은 매우 이채롭다. 해방 후 한국대중가요사는, 식민지 시대 대중가요의 주도적 양식인 트로트와 신민요가 지속·변형·퇴락해 가면서 미국을 비롯한 서양 대중음악의 영향이 강화되어 가는 과정이라 해도 과언이 아니다. 그런데 유독 1950년대에는 아시아적 이국 취향을 드러내는 일군의 작품이 발견된다. 이들 작품은 가사에서 아시아 여러 지역을 언급하거나, 음악에서 아시아 여러 지역의 음악적 특성을 이국적으로 보여 주는 노래들이다. 이후 어느 시기에도 이렇게 집중적으로 아시아 여러 지역을 연상시키는 대중가요가 경향을 이루며 유행한 적이 없었다는 점에서 이들의 존재는 매우 흥미로우며 주목할 만한 대상이다. 1950년대 대

2. 1950년대 대중가요의 아시아적 이국성의 양상

아시아적 이국성을 지닌 대중가요, 몇 가지 양상

아시아적 이국성을 드러내는 1950년대 대중가요들은, 몇 가지로 분류할 수 있다.

첫째는, 가사에서 아시아 지역을 소재로 하고 있는 작품으로, 상당수는 음악에서도 아시아적 이국성을 드러낸다. 현인의 〈인도의 향불〉(1952 ?,[3] 손로현 작사, 전오성 작곡), 허민의 〈페르샤 왕자〉(1954, 손로현 작사, 한복남 작곡), 금사향의 〈홍콩 아가씨〉(1954, 손로현 작사, 이재호 작곡), 백설희의 〈차이나 아가씨〉(1959, 반야월 작사, 박시춘 작곡), 장세정의 〈워디 꾸냥〉(1955, 손로원 작곡, 한복남 작곡), 원방현의 〈남양의 밤〉(1955, 천봉 작사, 한복남 작곡) 등이 대표적이다. 이러한 부류의 노래 중에는 아예 외국 작품의 번역·번안곡이 있다. 중국 노래로 심연옥이 부른 〈야래향(夜來香)〉(1954), 터키 노래로 이해연이 부른 〈위시크다라(Usk Dara)〉(1957) 등이 대표적이다.

둘째는, 음악에서는 아시아적 요소를 강하게 지니고 있으나 가사에서 미국이나 서구와의 관련성을 드러내는 부류이다. 수적으로 많지는 않으나 장세정의 〈샌프란시스코〉(1953, 손로현 작사, 박시춘 작곡)에 이어 백설희의 〈아메리카 차이나타운〉(1954, 손로원 작사, 박시춘 작곡)이 큰 인기를 모으면서 백설희의 대표곡이 되었다는 점에서 주목할 만하다.

3_발표 연도가 불분명한 경우에는 연도 뒤에 '?'를 덧붙였다. 이 노래는 1950년 6월 전쟁 발발 이후 전쟁 중에 발표된 것은 분명하나 정확하게 언제인지는 불분명하다. 전쟁 발발 직후 음반을 생산할 상황이 아니었던 점을 감안하면 1952년 정도로 추정하나 단정하기 어렵다

셋째는, 악곡에서는 아시아적 이국성이 나타나나 가사 내용에서 우리나라의 고대를 소재로 한 작품들이다. 현인의 〈신라의 달밤〉(1949, 유호 작사, 박시춘 작곡), 〈불국사의 밤〉(1956, 손로원 작사, 한복남 작곡), 〈고궁의 달〉(1959, 김문응 작사, 한복남 작곡), 신세영의 〈백제의 밤〉(1951, 손로현 작사, 박시춘 작곡) 등이다. 역시 수적으로 많지 않으나 둘째 부류보다는 상대적으로 많으며, 〈신라의 달밤〉처럼 엄청난 인기를 모은 작품이 있다는 점도 주목할 만하다. 특히 이 경향은 이후 고대사 소재의 노래, 혹은 불교 소재의 노래에서 미약하나마 영향이 확인된다는 점에서도 둘째 부류보다는 중요하게 취급될 만하다.

이렇게 보자면 이 시기에 아시아적 이국성을 드러낸 작품은 악곡과 가사 모두에서 이국성을 지닌 작품이 주를 이루며, 음악에서 나타나는 아시아적 이국성을 미국이나 우리나라의 고대 등 다른 지역과 연결시키는 경향이 다소 존재한다고 정리할 수 있다. 음악에서 이국적이지 않은 채, 가사에서 고대나 미국 등을 언급하는 작품은 아시아적 이국성을 띠고 있다고 할 수 없으므로, 결국 이국성을 드러내는 핵심적인 요소는 가사에 조응하는 이국적 음악이라 할 수 있다.

이국성의 핵심은 제스처

그런데, 이들 노래의 아시아적 이국성이 음악에 드러나는 방식은 악곡의 구조 전체가 아닌, 선율 일부나 악기 편성 등을 통해 드러내는 방식을 쓰는 경향이 짙다. 즉 대중성을 확보해야 하는 주 선율에서는 트로트의 기조를 유지하면서, 전주나 간주, 첫 부분이나 끝 부분의 일부 선율이나 한두 개의 악기를 통해 부분적으로 아시아의 질감을 과시적으로 드러내는 방식을 택하는 것이다. 예컨대 〈신라의 달밤〉의 선율의 주요한 흐름은 '라시도레미파솔라'의 자연적 단음계에 '라시도미파'의 트로트 5음계를 섞어 쓰는 방식이지만, 전주에서 '미레#미파', 간주에서 '라시♭미파 미시♭라미'의 선율로 이슬람 선법인 마캄 음계의 포즈를 보여 주면서 아시아적 이국성을 강하게 드러내는 것이다.[4]

단, 중국 분위기를 내는 음악에서는 주 선율에서 이국적 선율을 쓰는 범위가 좀 더 넓어지는 양상을 띤다. 〈홍콩 아가씨〉에서 전반적인 선율은 '도레미솔라'의 장조 5음계로 구사되고 있고, 다른 노래들처럼 첫 부분에서 '별들이 소근대는'으로 시작하는 첫 부분 선율에서 '미솔미라 솔라솔미'를 비음 강한 여자 목소리로 미끌어지듯 끌어올리거나 내리는 방식으로 불러 중국의 느낌을 만들어 낸다. 그러나 이 노래에서는 그뿐만 아니라 고음 절정부인 '그리운 영란꽃'의 끝 부분에서 '미솔라'의 상행 선율을 끌어올리고 마지막 부분의 '사랑스런 그 사람이면'의 '사랑스런' 부분 역시 '미솔라도'의 순차적 상행 선율을 사용하여, 도약적 상행 선율을 특징으로 하는 우리나라 민요와 다른 중국 음악의 선율 패턴을 보여 주고 있다.

이렇게 음악적으로 전주나 주 선율 첫 부분에서 아시아적 이국성을 과시적으로 드러내어 낯선 이국적 제스처를 취한 후, 대중적으로 익숙한 선율과 화성으로 노래 전체를 이끄는 이런 특성은, 가사에서도 비슷하게 나타난다. 가사의 첫 머리에서 지역을 언급함으로써, 그 노래가 특별한 어느 지역을 배경으로 하고 있음을 못 박는 효과를 발휘한다. 예컨대 〈신라의 달밤〉의 시작은 '아아 신라의 밤이여', 〈홍콩 아가씨〉의 시작은 '별들이 소

4 이소영, 앞의 글, 40-44면.

근대는 홍콩의 밤거리', 〈아메리카 차이나타운〉의 시작은 '아메리카 타국 땅에 차이나 거리', 〈페르샤 왕자〉의 시작은 '별을 보고 점을 치는 페르샤 왕자', 〈남양의 밤〉의 시작은 '제단 앞에 촛불 켜고 춤추는 남양의 밤'이다. 우리나라 대중가요 가사가 꽤 오랫동안 선경후정(先景後情)의 전개방식을 보여 주고 있기는 하지만[5], 〈목포의 눈물〉에서 '사공의 뱃노래 가물거리고'로 시작하여 '목포'가 첫 소절에서는 등장하지 않는다든가 〈애수의 소야곡〉에서도 '운다고 옛 사랑이 오리오마는'으로, 〈나그네 설움〉에서 '오늘도 걷는다마는 정처 없는 이 발길'로, 〈짝사랑〉에서는 '아아 으악새 슬피 우니 가을인가요'로 시작하는 등, 첫 소설에서 특정 지역을 과시적으로 언급하기보다는 화자의 상황이나 계절을 전반적으로 제시하는 정도에 머무는 것과는 상당히 대조적이다. 아시아적 이국성을 띠는 노래들이 가사 첫 소절에서 지역을 명확하게 언급하는 것은, 그 지역이 수용자들이 일반적으로 생각하기 힘든 독특한 지역이라는 사실과 무관하지 않다. 수용자들이 생활하는 곳인 한국이 아니라, 가보기 힘든 먼 곳, 아주 특별한 곳임을 알리는 방식인 것이다.

관광적 시선과 아가씨

이후 가사의 전개에서도 그 지역의 특성과 관련된 사항을 나열적으로 제시하는 경향이 짙다.

5_이영미, 「1990년대 이후 대중가요 형상화 방법의 특성」, 『한국예술종합학교 논문집』 6집, 한국예술종합학교, 2003, 227~239면.

아아 신라의 밤이여 불국사의 종소리 들리어 온다 / 지나가는 나그네여 걸음을 멈추어라 / 고요한 달빛 어린 금오산 기슭에서 / 노래를 불러보자 신라의 밤 노래를

현인 〈신라의 달밤〉 1절(1949, 유호 작사, 박시춘 작곡)[6]

아메리카 타국 땅에 차이나 거리 / 란탄 등불 밤은 깊어 바람에 깜빡깜빡 / 라이 라이 호궁이 운다 라이 라이 호궁이 운다 / 검푸른 실눈썹에 고향 꿈이 그리워 태평양 바라보면 꽃구름도 바람에 / 깜빡 깜빡 깜빡 깜빡 깜빡 깜빡 깜빡 깜빡 / 아아 애달픈 차이나 거리

〈아메리카 차이나타운〉 1절(1954, 손로원 작사, 박시춘 작곡)[7]

제단 앞에 촛불 켜고 춤추는 남양의 밤 / 오렌지 향기로운 밀림의 북소리는 / 정열에 스며드는 시원한 바람 따라 / 아 십자성 소근대는 남양의 밤

원방현 〈남양의 밤〉 1절(1955, 천봉 작사, 한복남 작곡)[8]

황성 옛 터에 밤이 드니 월색만 고요해 / 폐허에 서른 회포를 말하여 주노나 / 아아 외로운 저 나그네 홀로 잠 못 이뤄 / 구슬픈 버레 소래에 말없이 눈물 져요

이애리수 〈황성의 적〉 1절(1932, 왕평 작사, 전수린 작곡)[9]

〈신라의 달밤〉과 〈황성의 적〉(1932)는 지금은 왕조의 흔적을 나그네(자신이기도 한)가 찾아 회한에 젖는다는 동일한 설정의 노래이다. 그러나 이국성을 띠지 않은 〈황성의 적〉은 달빛만 고요한 황폐한 성터에서 '서러

6_〈신라의 달밤〉, 『신라의 달밤 / 청춘 부르스』, 럭키, 1949.
7_〈아메리카 차이나타운〉, 『유성기로 듣던 가요사 두 번째』 7, 신나라, 2000.
8_〈남양의 밤〉, 『워디꾸냥 / 남양의 밤』, 도미도, 1955.
9_〈황성의 적〉, 『유성기로 듣던 가요사』 1, 신나라, 1992.

운 회포'를 지닌 나그네가 눈물 짓는다는 서정의 전개가 두드러진다면, 〈신라의 달밤〉에서는 신라, 불국사, 금오산을 나열하는 데에 치중하는 측면이 두드러진다. 〈아메리카 차이나타운〉에서는 이러한 양상이 훨씬 더 심한데, 미국의 차이나타운, 랜턴 등불, 호궁, 중국인 여자의 실눈썹, 태평양 등으로 쉴 새 없이 이국적인 사물들을 나열한다.

감정을 펼쳐놓기[抒情]보다, 낯설고 신기한 경치나 사물을 나열하는 것을 즐기는 양상은, 그 대상에 대한 화자의 태도가 관광적이라는 것을 의미한다. 화자는 그 지역에 몸과 마음을 담그고 있지 않으며, 구경하듯 스쳐 지나간다. 그곳은 신기한 새로운 볼거리들로 가득 차 있는 곳이니, 화자는 관광객이 관광지의 여러 사물과 볼거리들을 잠깐씩 구경하며 지나가듯 그 지역의 특징적인 것들을 잠깐씩 언급한다.

홍미로운 것은 여기에 반드시 여성이 배치된다는 것이다. 이런 종류의 노래에서는 〈홍콩 아가씨〉, 〈싸이공 아가씨〉(1959 ?, 노완 작사, 전오승 작곡, 백조 노래), 〈차이나 아가씨〉처럼 지역과 여성을 결합시킨 제목을 내세운 노래가 적지 않다. 그 외에도 〈백제의 밤〉에서 '삼천궁녀'가 등장하는 것은 물론이거니와 〈신라의 달밤〉에서도 3절에 '아름다운 궁녀'를, 〈아메리카 차이나타운〉에서는 '검푸른 실눈썹'의 여인을, 〈인도의 향불〉에서도 1, 2절 모두에서 '인디아 처녀'를 등장시킨다. 낯설고 이국적인 곳을 관광적 시선으로 훑으면서 그 안에 그 지역 여성을 배치하는 것은, 그 지역 여성을 관광화하는 태도의 소산이다. 이때 그 낯선 지역의 여자는, 마치 관광지 풍물의 한 구성요소가 됨으로써 관광하러 온 남성의 소비의 대상이 된다.

홍미로운 것은 이들 노래 속의 아시아 지역이, 관광적 시선으로나마 포착될 수 있는 최소한의 리얼리티조차 별로 갖고 있지 않다는 점이다. 현재의 시선에서 과거의 왕국 신라를 상상한다는 설정의 〈신라의 달밤〉은 그나마 다소 나은 편이다. 대부분의 아시아적 이국성을 띤 노래들은, 당대의 아시아 현실과는 무관한, 설화나 영화, 혹은 잡지 등에서 얻을 수 있는 피상적 지식에 근거하여 상상한 아시아 지역들을 노래한다. 그럼으로써 상상 속 아시아의 고정된 피상적 이미지가 반복된다. 〈인도의 향불〉에서는, 실제로 불교도가 매우 적은 인도의 현실과 무관하게 '염불 소리'가 언급되며, 〈페르샤 왕자〉에서도 '별을 보고 점을 치는 페르샤 왕자'와 '마법사'인 '아라비아 공주'까지 등장한다. 동남아시아 지역을 소재로 한 작품에는 으레 야자수나 밀림이 언급되는 식이다. 그러다 보니 잘못된 짐작에 근거해 얼토당토않은 표현들도 등장한다. 〈샌프란시스코〉에서는 그곳과 별 상관이 없는 '비너스 동상'을 언급하기도 한다.

이런 노래가 절실한 비극성을 지니지 않은 것은 어찌 보면 당연하다. 식민지 시대부터 1950년대까지 가장 중심적인 양식인 트로트가 강한 비애를 핵심적 정조로 삼고 있는 것과는 매우 대조적이다. 1950년대의 〈단장의 미아리고개〉나 〈굳세어라 금순아〉 같은 대표적인 트로트 작품들은, 특정 지역과 사건을 배경으로 하고 있으면서도 신파적 비애의 감정을 드러내는 것이 작품의 목표라고 할 만큼 감정의 토로가 절실하다. 그에 비해 아시아적 이국성을 띤 노래들은 그 지역의 현실에 그리 심각하게 몸을 담그지 않은 채 그저 관광지 둘러보듯 대상들을 스쳐 지나갈 뿐이니, 그 안에서 비극적 정조가 생겨나기 힘들다. 아예 〈홍콩 아가씨〉처럼 가사에서부터 즐거움을 드러내는 작품도 있지만, 가사에서 슬픔을 언급하면서도 실제로는 비애의 감정을 그리 심각하게 불러일으키지 않는 작품이 태반이다.

흥미로운 것은, 진정성 있는 감정을 드러내는 작품에서는 음악에서의 이국성이 크게 줄어든다는 점이다. 예컨대 현인의 〈고향만리〉(1949, 유호 작사, 박시춘 작곡)처럼 고향에 대한 그리움의 정조가 짙게 드러나는 노래에서는 리듬을 이국적인 볼레로 리듬을 쓰고 전주에서 이국적 선율을 제시할 뿐 주 선율에서는 이국성을 강하게 드러내지 않는다.[10] 1960년대 초의 사례이기는 하지만 이 시대의 경향이 지속된 것으로 판단되는 이미자의 〈에밀레종〉(1963, 김영일 작사, 김성근 작곡)은 매우 슬픈 정조를 드러내는데, 전주에서 아주 잠깐 이국적 선율이 등장하지만 전반적으로는 슬픈 단조 트로트의 음악을 전형적으로 보여 주고 있다. 즉 아시아적 이국성이 강한 음악은 아직 익숙지 않은 음악언어여서, 흉내는 낼 수 있지만 아직 슬픈 감정을 싣는 정도까지 체득되지는 않았던 것으로 판단된다.

박시춘과 손로원, 식민지 세대가 주도

1950년대 아시아적 이국성을 띤 대중가요가 인기를 모았던 시기는 1949년부터 1950년대 중반이다. 그 시작은 〈신라의 달밤〉이었다. 이 노래의 인기가 얼마나 컸는지, 6·25전쟁 중에 생포된 군인의 출신지가 남한인지 북한인지를 알아보기 위해 이 노래를 부르게 시켰다는 일화가 있을 정도이다.[11] 이렇게 시작한 이국적인 노래들은 〈아메리카 차이나타운〉, 〈홍콩 아가씨〉, 〈페르샤 왕자〉 같은 히트곡이 쏟아져 나오는 1954년경에서 정점에 도달한 것으로 보인다. 영화 〈춘향전〉과 영화 〈자유부인〉으로 한국 영화의 새로운 시대가 열리는 1955~56년 즈음부터 대중가요에서도 〈나 하나의 사랑〉, 〈청실홍실〉, 〈소녀의 꿈〉 등 트로트를 벗어나 서양 음

10_이소영, 앞의 글, 46면.

11_한국영상자료원에서 개최한 월례포럼 「해방 이후 유성기 음반과 영화음악」(2010.8.27.)에서 원로배우 안다성이 말한 내용이다.

경계에서 조금씩 이탈해 있는 상징적 존재이자 예외적인 모더니스트이다. 따라서 새로운 문학담론과 비평가군이 형성되고 등장할 때마다 김수영의 문학적, 정치적 정체성은 재평가되어 왔다. 황동규의 말을 빌려 김수영은 "진화 도중에 있는 존재"[72]인 셈이다. 이를 과장되게 표현하자면 '김수영'이라는 텍스트는 공식적인 한국시사의 이면, 예컨대 시단의 문학논쟁을 넘어 한국의 지성사, 문화사를 재해석하고자 한다면 반드시 주목해야 할 대상이다. 그러한 문제의식에서 출발한 이 글은 김수영의 번역물을 통해 그가 재현한 '세계성', 즉 2차 대전 후 냉전질서의 변화에 따른 코즈모폴리턴적 자기 표상의 형성 과정을 확인하고자 했다.

이 글의 서두에 언급했던 대로 김현이 주문한 목록화 작업은 김수영의 내면화된 세계문학, 세계성의 스펙트럼에 가깝다. 위의 목록은 더욱 적실한 카테고리로 보강되어야 하겠지만, 현재로서는 서구, 곧 현대성의 좌표란 프랑스 초현실주의, 영미 오든 그룹 계열만을 가리키지 않는다. 이들 세계문화/학의 텍스트에서는 우선 1950년대에 미국 영화, 잡지, 배우명을 집중적으로 거론하면서 김수영이 애용했던 시어들이 눈에 띄고, 1960년대의 경우 소련 문학을 적극적으로 소개하는 가운데 이를 간과해 버린 한국 문단에 대한 그의 비판적 언설이 주목된다.

요컨대 김수영은 비트적 자유와 신비평가적 독법을 번역하며 유럽에서 벗어나 미국이라는 새로운 심미적 타자를 현대성의 원천으로 예각화하며 여기에 한국 문학의 전위성, 언론의 자유, 난해성의 문제를 결부시키거나, 한국의 국제성을 소련 해빙기 문학의 번역과 이해 속에서 살폈다. 이는 탈

72_황동규, 「양심과 자유, 그리고 사랑」, 황동규 편, 앞의 책, 15면.

식민적, 현실참여적 지식인으로서 그가 견인해낸 진보적 정체성이 실은 아메리카니즘과 그리 동떨어진 것이 아니라는 판단도 가능하게 한다. 미국화의 통속적 버전을 경계하고 미국의 역사적 종속관계를 용인하지 않으면서도 그가 구성한 냉전문화의 지형도는 미국 발 민주주의, 자유주의, 반공주의에 근거하고 있었다. 해방기를 2차 대전 이후의 세계사적 시간으로 이해하고 시를 썼던 모더니스트 김수영에게 번역은 냉전의 상징적 위력에 대한 문화론적인 경험인 것이다.

그런 점에서 전후 모더니스트들의 앤솔러지 『평화에의 증언』(1957)에서 김수영이 주창한 '온 세계의 하늘과 항구마다 평화의 나팔소리가 빛나는 날을 위한 시의 믿음과 힘'이 위의 목록을 만들어 놓은 계기였다고 판단된다. '평화를 향한 증언으로서의 시'를 표제로 하여 그는 모더니스트 특유의 역설로서 전후 세계의 갈등을 재인식했다. 문화번역은 선택의 문제를 야기하며 원전과의 동질성이 아니라 이질성을 핵심으로 삼는다. 이때 번역은 일방적인 수용이나 해석이 아니라, 문화적 충격의 경험을 통해서 열리는 새로운 세계와의 만남을 뜻한다.[73] 즉 냉전질서에서 발생한 위기와 그 극복이 여전히 현안이 될 수밖에 없는 현대 한국 사회 전반을 그 배경으로 삼는 것이다. 김수영이 다양한 문법과 맥락(쇼비니즘적 민족주의, 문단 분열과 문학의 후진적 풍토로부터 발생한 난해성, 비민주주의, 냉전 등)에서 선택한 세계 텍스트들은 그 자체로 당대 한국 사회의 문화적, 정치적 위기를 표상할 뿐만 아니라 '38선'의 심상지리 안팎의 한국사를 새롭게 재구성하려는 노력의 소산이다.

73_조재룡, 『앙리 메쇼닉과 현대비평 - 시학·번역·주체』, 길, 2007, 252면.

악의 7음계를 쓰는 스탠더드 팝의 전조를 보이는 노래들이 인기를 얻기 시작하고, 심지어 트로트를 주로 창작해 온 반야월·이재호 콤비도 〈산장의 여인〉, 〈산유화〉(1957)를 발표하는 등 새로운 유행에 조응하는 모습을 보여 줄 정도였다. 트로트나 신민요가 여전히 인기를 모으고 있었지만, 1950년대 말에 이를수록 이국성을 띤 노래도 〈아리조나 카우보이〉(1959)처럼 미국 색깔을 강하게 드러내는 양상을 보여 주었다. 말하자면 이 시기 아시아적 이국성을 띤 노래는, 1961년 〈노란 샤쓰의 사나이〉로 본격적인 스탠더드 팝의 시대로 들어서기 이전인 해방 후부터 1950년대의 시기에, 일본 엥카 양식인 트로트를 벗어나 미국식 대중음악으로 변화하는 과정에서 나타난 과도기적 현상으로 보아 크게 무리가 없다.

이들 노래를 부른 가수는 매우 많아 특징 짓기는 쉽지 않지만, 현인, 백설희, 금사향 등 주로 해방 후부터 활동하기 시작한 새로운 가수들의 영역이었던 것으로 보인다. 1950년대까지 많은 히트곡을 남긴 식민지 시대의 가왕 남인수이나 역시 일제 말기 인기가수 백년설에게는 이런 종류의 작품이 많지 않다. 그러나 장세정처럼 식민지 시대의 인기가수로 활동한 여전히 이 시기에 이국적 노래를 부르는 경우도 있기는 하다.

그에 비해 작곡가를 살펴보면, 확실히 박시춘의 활약이 돋보인다. 이러한 경향을 이끈 〈신라의 달밤〉, 〈고향만리〉를 비롯하여 상당수의 작품이 박시춘 작곡이며, 그 외에 해방 후부터 활동을 시작하여 주로 트로트 계열의 노래를 작곡한 한복남 등이 뒤를 잇는 양상이다. 그런 점에서 이 작품들은 트로트 양식을 주 장기로 하는 작곡가들의 영역이었다. 가끔 전오승(전오성) 같은 미국식 음악에 능한 작곡자의 노래가 없는 것은 아니지만 소수에 불과하다. 그런 점에서 아시아적 이국성을 띤 작품은 식민지 시대와의 연장선상에 있는 것임을 짐작하게 한다. 식민지 시대의 트로트 작곡자 중

현인이 불러 크게 히트한 〈신라의 달밤〉(1949)은 아시아적 이국성과 한국 고대사를 오버랩하는 노래의 선두주자 구실을 했다. 사진은 1960년대에 발매된 〈신라의 달밤〉 수록 음반이다.

연장자에 속하는 전수린은 해방 이후에는 그리 많은 곡을 짓지 않았고, 손목인은 재즈 등을 실험하다가 1950년대에 일본으로 가버려 활동이 중단된다. 김해송은 해방 후 음악극에 몰두하다가 전쟁 중에 실종되었다. 이렇게 보면 식민지 시대에 인기를 누린 작곡자로는 박시춘과 이재호 정도가 남게 되는데, 이 중 선율을 아름답고 애절하게 만들기로 유명한 이재호는 서정성이 덜 실리는 이국적인 선율에는 그리 장기를 보이지 않았을 뿐 아니라 건강이 나빠 활동이 자주 중단되기도 했던 것으로 보인다. 이렇게 보자면 식민지 시대의 인기 작곡가 중 흔히 활달한 재주꾼으로 알려져 있는 박시춘이[12] 이러한 경향을 많이 작곡하였고, 해방 후에 나타난 신인 중에서는 〈빈대떡 신사〉 같은 해학적인 노래까지 두루 잘 만드는 한복남의 성향에도 잘 맞았던 것으로 보인다.

12_박시춘은 이미 식민지 시대에 중국 분위기를 내는 〈왕서방 연서〉 같은 익살스러운 노래로 큰 히트를 기록했고, 오케그랜드쇼 무대에서 송희선, 이복본, 김해송 등과 함께 아리랑보이스를 결성하여 연주와 노래를 겸하기도 했다. 1950년대에 그는 〈청춘 쌍곡선〉 같은 영화에 출연하고 직접 영화사를 차려 영화를 제작하기도 할 정도로 다방면의 의욕이 넘치는 인물이다.

한편, 작사가로서는 손로원(손로현)의 활약이 유달리 돋보인다. 자세한 이력 등이 알려지지 않은 손로원은, 해방 전에 대중극의 무대미술 분야에서 활동한 인물로 대중가요 작사는 해방 후에 시작했다. 1950년대에 가장 활발하게 작사를 한 작사가로 1950년대 초까지 손로현이라는 이름을, 중반 이후에는 손로원이라는 이름으로 주로 활동하였다. 가사 영역에서는 식민지 시대부터 활동한 창작자가 눈에 띄지 않는 것은, 식민지 시대 최고의 작사가 두 명인 박영호와 조명암이 모두 월북을 했기 때문이다. 그 공백을 유호, 손로원, 반야월 등이 메우고 있었는데, 유호는 방송국과 신문사 등에서 방송극 작가와 기자로 활동하느라 가사 창작에서 다작을 하지 않았고, 반야월은 주로 1950년대 후반에 집중적으로 작사를 하여 아시아적 이국성의 인기 경향으로부터 시기적으로 다소 어긋나는 감이 있다. 손로원은 1911년생으로 반야월, 유호보다 연배가 훨씬 위인데, 이 글에서 다룬 이국적인 노래뿐 아니라 〈귀국선〉, 〈봄날은 간다〉, 〈님 계신 전선〉, 〈비 내리는 호남선〉, 〈에레나가 된 순희〉, 〈물방아 도는 내력〉 등 40대의 원숙함을 발휘하여 이 시기의 수많은 히트곡을 쏟아 놓았다. 극작가이기도 했던 유호가 〈전우야 잘 자라〉나 〈고향만리〉, 〈비 내리는 고모령〉에서처럼 서사적 흐름을 잘 만들어내는 특장을 지니고 있다면, 손로원은 상대적으로 구절구절 사람을 휘어잡는 언어와 이미지를 잘 배치하는 능력을 보여 준다. 그렇게 보자면, 이국성을 과시적으로 드러내는 단어들을 배치해 놓고 맛깔 나는 언어로 구절구절을 능란하게 요리하는 이러한 종류의 노래에서는 당연히 유호에 비해 손로원이 능했을 것이라 짐작할 수 있다.

이렇게 박시춘과 손로원이 주도하는 이 시기의 아시아적 이국성을 띤 노래들은, 확실히 식민지 시대에 청년 시절을 보내고 이제 40대를 맞은 창작자들이 주도하고 있으며, 그런 점에서 이들 경향은 식민지 시대 대중가요와의 지속성이 적지 않았을 것임을 짐작할 수 있다. 실제로 박시춘 작곡의 〈신라의 달밤〉과 〈백제의 밤〉은 일제 말기의 〈인도의 밤〉(혹은 〈인도의 달밤〉)과 〈몽고의 밤〉의 가사를 약간 바꾼 '재활용' 작품이라는 점에서도(〈인도의 밤〉은 음반화된 적이 없으나 일제 말부터 공연에서 불렸을 가능성이 높으며, 〈몽고의 밤〉은 1948년에 음반화되었으나 가사 내용으로 미루어 보아 일제 말에 창작되어 조선어 가요 음반 발매가 제대로 이루어지지 않았던 시기 공연을 통해서만 발표되었을 가능성이 높다),[13] 해방 후의 아시아적 이국성을 띤 노래가 식민지 시대 대중가요의 연장선상에 있을 혐의가 짙다.

이렇게 보자면, 1950년대 아시아적 이국성을 띤 대중가요의 실체를 좀 더 심도 있게 살펴보기 위해, 식민지 시대의 이러한 부류의 노래를 찾아보는 일이 불가피하다.

3. 식민지 시대 대중가요의 아시아적 이국성과 그 의미

북국에서 출발하여 중국 거쳐 동남·서남아시아로

일제 말기의 아시아적 이국성을 띤 노래는 의외로 매우 많다. 1930년대의 대표적인 트로트 작품들에 비해 해방 후까지 널리 알려진 작품이 적을 뿐이다. 주로 1939년 이후부터 일제 말까지에 이런 노래가 생산되는데, 1938년 즈음부터 쏟아지기 시작된 북국, 만주, 중국 소재의 작품들과 맥을

13_이영미, 「일제 말 대중가요의 해방 후 개작 양상과 그 의미」, 『대중음악』 3호, 한국대중음악학회, 2009.5., 105~111면.

함께 한다.[14] 초기에는 '북국'이라는 말로 포괄되는 만주 이북 지역의 느낌이 강하나, 뒤로 갈수록 동남아시아나 서남아시아까지 지역이 다양화되는 양상을 보인다. '북국' 소재의 작품으로는 그저 반주에서 말이 달리는 듯한 빠른 리듬만 구사하는 정도에 그칠 뿐 선율에서 이국적 분위기를 풍기지 않는 작품도 많으며, 가사에서도 첫 머리부터 지역을 거론하지 않는 작품도 적지 않다.

> 초록 포장 둘러치고 역마차는 달린다 / 짤랑대는 귀걸이는 어이 우느냐 / 이 거리 저 거리 등불을 흘기면서 / 간다 간다 간다 간다 / 타향살이 유리창엔 그림자도 외롭다
>
> 장세정 〈역마차〉 1절(조명암 작사, 김해송 작곡)[15]

장세정의 대표곡 중 하나로 해방 후까지 알려진 이 노래는 중국 배경의 가사이나 음악은 트로트 선율에 잦은 분박으로 말 달리는 느낌을 내는 리듬을 쓰고 있다. 간주에서도 〈헝가리 무곡 5번〉을 쓰고 있어, 중국적 분위기를 두드러지게 드러내지 않는다. 그만큼 이 시대에 만주는 특별히 이국취미의 대상이 될 정도로 낯선 곳이 아니었다는 의미일 수 있다. 물론 〈압록강 춘색〉(1941, 이가실 작사, 전기현 작곡, 손복춘 노래) 같은 작품에서는 압록강의 소재로 하면서도 중국 음악의 제스처를 쓰고 있기는 하지만, 상대적으로 만주 지역을 거론할 때에는 구태여 중국 음악의 선율을 과시적으로 쓰지 않는 경우도 많은 것이다.

14_이에 대해서는 이영미, 『한국대중가요사』에서 상세히 거론했다(민속원, 2006, 106~118면).
15 〈역마차〉, 『유성기로 듣던 가요사』 10, 신나라, 1992.

그러나 다른 한편, 가사와 음악에서 모두 이국성을 드러내는 작품도 많다. 특히 소재 지역이, 한반도와 가까운 만주를 지나 하얼빈, 북경과 상해 등 중국의 중심부, 동남아시아나 서남아시아 등인 경우에는 이국성을 강화시킨 경우가 많다. 이들 작품이 보여 주는 양상은, 1950년대의 그것과 놀랄 만큼 비슷하다.

> 중국 아가씨 중국 아가씨 / 새빨간 호롱에 불이 붙는 이 밤에 / 노래를 불러라 호궁을 울리며 / 아 흐르는 장쿠에 꿈꾸는 사랑 / 중국 아가씨 어여쁜 아가씨
>
> 장세정 〈중국 아가씨〉 1절(1940, 조명암 작사, 박시춘 작곡)[16]

1. 노래하자 하루빈 춤추는 하루빈 / 아카시아 숲속으로 꽃마차는 달려간다 / 하늘은 오렌지색 꾸냥의 귀걸이는 한들한들 / 손풍금 소리 들려온다 방울소리 들린다
2. 푸른 등잔 하루빈 꿈꾸는 하루빈 / 알곰삼삼 아가씨들 콧노래가 들려온다 / 송화강 출렁출렁 숨 쉬는 밤하늘엔 별이 총총 / 색스폰 소리 들려온다 호궁 소리 울린다
3. 울퉁불퉁 하루빈 코코 하루빈 / 뾰죽 신발 바둑 길에 꽃양산이 물결 친다 / 이국의 아가씨야 내일의 희망 안고 웃어다오 / 대정금 소리 들려온다 노랫소리 들린다

진방남 〈꽃마차〉(1942, 반야월 작사, 이재호 작곡)[17]

1. 사막에는 달빛도 애수에 떤다 / 캬라반 노랫소리 구슬피 들린다 / 어디로 가야 하리 사막의 벌판 / 오늘도 해 저물어 바람만이 차구나

16_〈중국 아가씨〉, 『이름이 기생이다 / 중국 아가씨』, 오케, 1940.
17_〈꽃마차〉, 『꽃마차 / 넋두리 20년』, 태평, 1942.

2. 낙타 등에 향수를 묶어놓고서 / 떠돌아 방랑하는 나그네의 신세다 / 사하라사막에도 꽃이 피건만 / 어찌해 이 마음은 자꾸 슬퍼지느냐

강남주 〈애수의 사막〉 1, 2절(1940, 남해림 작사, 이용준 작곡)[18]

전반적으로 익숙한 선율을 쓰지만 첫 부분과 전주·간주를 비롯하여 부분적으로 아시아적 이국성을 강하게 풍기는 선율을 적절히 배치하는 음악, 그리고 가사의 첫 대목에서 지역적 특징을 언급하고, 서정적 전개보다 지역적 특징을 보여 주는 말들을 나열하는 관광적 시선을 지니며, 특히 그 풍경 속에 매력적인 볼거리로 여성을 배치하는 등의 방식이, 1950년대의 노래들과 거의 흡사하다.

'대동아공영권' 상상력의 구체성

이러한 흡사함에도 불구하고 차이 또한 존재한다. 일제 말의 노래에는, 아시아적 이국성을 미국 등 서양과 연결시키는 노래가 없음은 물론이거니와 우리나라의 고대와 연결 짓는 노래도 발견되지 않는다. 짐작컨대, 1950년대에 이국성을 우리나라 고대와 연결 짓는 경향은, 1949년 〈신라의 달밤〉이 개척해 놓은 발상인 듯하다.

이보다 더 두드러진 특성은 일제 말기의 이런 작품들이 1950년대의 작품들에 비해 훨씬 더 뚜렷한 현실적 근기를 지니고 있다는 점이다. 우신 만주와 중국 등의 형상화는 관광적 시선에 매어있다 할지라도 상당한 정도 실제의 체험에 근거하고 있다. 또한 그 밖의 지역에 대한 형상화가 상상된

18_〈애수의 사막〉, 『애수의 사막 / 이별의 소야곡』, 콜럼비아, 1940.

공간의 한계에 머물러 있는 것이 사실이지만, 그럼에도 불구하고 그 낯선 지역에 대해 조선 대중들이 지니는 관심이 1950년대보다는 훨씬 현실적이고 구체적이다. 이는 말할 것도 없이, 이 시기 아시아에 대한 관심은 이른바 대동아공영권이라는 일본의 주장에 근거한 것이다. 이런 부류의 노래가 일제 말기에 집중적으로 나타난 것도, 정치권력의 의도에 부응하면서 생존해 가는 대중예술의 체제순응적 특징의 결과이다.

앞서 인용한 진방남의 〈꽃마차〉는 해방 이후 '노래하자 꽃서울', '한강물 출렁출렁' 식으로 바뀌어 애창된 노래이다. '하늘은 오렌지색 꾸냥의 귀걸이는 한들한들', '손풍금 소리' 등이 서울 풍경과 전혀 어울리지 않음에도 불구하고, 명랑하고 경쾌한 분위기에 힘입어 널리 불렸다. 그런데 1942년에 발표된 원작을 보면 이 노래의 배경이 서울이 아니라 하얼빈으로 설정되어 있으며, '하루빈'을 '꽃서울'로 바꾸면서 매우 어색해진 '오렌지색' 하늘이나 '꾸냥', '손풍금 소리' 등은 제 모습을 드러낸다. 실제로 이 작품은 작사가가 태평레코드사 소속의 가수로 북지 공연을 간 경험을 바탕으로 지은 것이라 하며,[19] 그 낯선 도시에서 받은 인상이 반영되어 있다. 무엇보다도 주목할 만한 것은 바로 3절이다. 하얼빈은 '호궁'(胡弓, 거란 등 북방민족에서 유래된 현악기로 활로 켜는 찰현악기이다) 소리가 들리는 곳인 동시에 일본 다이쇼[大正] 시대에 만들어진 악기인 '대정금(大正琴)'의 소리가 들리는 곳이다. 이제 그곳은 일본이 지배하는 곳인바, '이국의 아가씨야 내일의 희망 안고 웃어다오' 같은 구절은 이러한 대동아공영의 희망을 의미하는 것이다.

19_이영미(채록연구), 「반야월」, http://oralhistory.knaa.or.kr/oral/archive. 가수 진방남과 작사가 반야월은 동일인이다. 진방남은 가수 활동 때 쓰던 예명이며, 반야월은 작사가로 활동할 때에 쓴 가장 대표적인 예명이다.

중가요의 아시아적 이국성은 한두 편에서 나타난 일탈적 현상이 아니라 이 시대에 집중적으로 무리지어 나타난 경향이며, 특히 그 경향이 매우 대중적인 인기를 누리며 몇 년 간 지속되었다는 점에서 이에 대한 학술적 주목은 의미 있고 타당하다. 즉 이들 경향의 작품이 1950년대에 등장한 것은, 이 시기에 아시아적 이국성을 지닌 노래에 대해 창작자와 수용자 모두 일정한 요구가 있었다는 것을 의미하기 때문이다. 인도, 페르시아, 홍콩 등지를 소재로 한, 지금 보기에는 다소 뜬금없어 보이는 이들 노래가, 왜 그 시대에 인기를 누리며 계속 창작되었을까. 이 글의 출발은 이 궁금증으로부터이다.

대중예술사에서 특정 시기에 특정 경향이 대두하여 몇 년 간 유지된다는 것은, 이 경향에 대한 수용자 대중의 요구가 있었기 때문이다. 대중예술의 작품은 일차적으로는 창작자와 생산자의 의지에 따라 존재하는 것이지만, 특정 경향이 지속된다는 것은 (정책적으로 보급되는 '국책 가요'를 제외하고는) 수용자 대중의 지속적 선택에 따른 것이므로, 한 시대의 작품 경향이란 당대 수용자 대중의 관심사와 욕망, 취향 등을 담지하는 것이기도 하다. 1950년대 대중가요의 아시아적 이국성을 살펴보고자 하는 것은, 이러한 노래를 즐겼던 당시 한국의 대중들이 어떤 관심사와 욕망, 세계 인식을 지니고 있었는지를 살펴보고자 하는 것이다. 특히 일본에 의한 식민지 경험을 지닌 동북아 국가로 해방 후 급격히 미국의 영향을 받은 한국이라는 나라의 일반 대중들이, 1950년대 여러 아시아 지역에 대해 어떤 관심사와 인식을 지니고 있었는지, 대중문화 전반의 강한 미국화 경향이 이루어지고 있던 때에 한국의 대중들이 아시아 여러 지역에 대해 지니고 있던 일종의 심상지리적 인식을 보여 주는 작품들인 셈이다.

이 시기 대중가요의 이국성에 대한 연구가 여태까지 없었던 것은 아니다. 이영미는 『한국대중가요사』의 1950년대 부분을 서술하면서 이를 '과시적 이국 취미'로 설명했다. 즉 전반적으로 대중가요에서 미국 대중음악을 모방하거나 서양 분위기를 풍기거나 영어를 과도하게 쓰는 등 미국을 비롯한 서양에 대한 지향이 나타나는 과정에서 나타난, 다소 어설픈 과도기적인 현상으로 보았다.[1] 이후 이소영은 이 시기의 이국성을 음악적으로 분석하면서 아시아적 이국성 양상을 다루었는데, 이러한 노래가 전쟁 등으로 찌든 대중들에게 찰나적 즐거움을 주었을 것으로 보았다.[2] 이 시기의 이국성이 서양에서 나타나는 오리엔탈리즘과 달리, 서양까지를 포함한 외국에 대한 이국 취향으로 설명하고, 이것이 이 시대의 국제성에의 욕망과 결합되어 있다는 이러한 설명은 대체적으로 타당하다. 그러나 미국 중심의 세계질서를 급격히 받아들이며 미국과 서구에 대한 관심을 키워가던 그 시기에 왜 하필이면 아시아적인 이국성이 적지 않은 비중을 지니고 나타났는지 이들 연구는 제대로 설명하지 못하고 있는데, 이는 식민지 시대 대중가요와의 지속성 등 여러 문화사적 맥락이 충분히 설명되지 못했기 때문이 아닌가 싶다.

이 글은 이러한 선행연구를 바탕으로 1950년대의 대중가요에 나타나는 아시아적 이국성을, 이전 시대와의 관련성, 당대의 다양한 문화적 맥락 등을 고려하여 그 의미를 고찰함으로써, 당대 대중들이 지니고 있던 아시아 여러 지역에 대한 인식과 태도를 고찰하고자 하는 글이다.

1_이영미, 『한국대중가요사』, 민속원, 2006, 150~153면.

2_이소영, 「1950년대 한국 대중음악의 이국성」, 『대중서사연구』 18호, 대중서사학회, 2007.12., 35~71면.

이렇게 일제 말기의 아시아적 이국성을 띤 노래의 대부분은 모두 다소간의 정치적 의미를 드러내며, 이는 당시 이른바 '국책'에 따른 것이었으리라 추측된다. 특히 맨 마지막 절에 가장 뚜렷하게 정치적 의미를 드러내는 노래가 많다. 심지어 당시 일본이 점령하지 않은 몽골이나 중동 지역을 소재로 한 노래에서까지 이러한 경향은 나타난다. 1950년대의 〈페르샤 왕자〉를 연상하게 하는 〈페루샤 점쟁이〉도 그런 노래이다.

1. 어제는 아라비아 오늘은 페루샤 / 별 보고 점을 치며 떠도는 점쟁이 / 모래를 손에 들고 소근거린다 / 아나냐 동쪽에서 별빛은 빛난다
2. 면사포 숙여 쓰고 눈물을 감추고 / 하렘을 벗어 나온 페루샤 아가씨 / 행복의 점을 치는 바른 손금에 / 촛불이 등기등기 가슴도 설렌다
3. 세상의 팔자 운명 하늘이 정했다 / 별 보고 점을 치는 페루샤 점쟁이 / 서쪽을 바라보고 울든 눈으로 / 동쪽의 별을 찾아 미소를 흘린다

이해연 〈페루샤 점쟁이〉(1942, 남려성 작사, 한상기 작곡)[20]

전주 등에서 이슬람 음악의 색깔을 풍기는 〈페루샤 점쟁이〉는 1, 2, 3절 모두에서 대동아공영권의 메시지를 드러낸다. 아라비아와 페르시아에서 점을 치는 점쟁이는 모래 점을 치며 아직 멀어 보이는 '동쪽'에서 '별빛', 즉 희망이 빛난다고 예언한다. 희망의 점괘는 고통스러운 할렘의 아가씨가 치는 점에도 나타나 아가씨의 가슴이 설렌다. 동쪽에 희망이 있는 것은 '하늘이 정'한 운명이다. '서쪽', 즉 서유럽과 미국 때문에 울던 중동은 '동쪽'에서 오는 희망의 메시지를 받게 될 것이라는 내용으로 끝맺는다. 중동 사람

20_〈페루샤 점쟁이〉, 『군사우편 / 페루샤 점쟁이』, 콜럼비아, 1942.

을 오로지 〈아라비안나이트〉 속의 인물들처럼 그리는 편견은 여전하고 실제 당시 중동 사람들이 일본에 대해 취하고 있는 입장과는 전혀 무관하게 정치적인 상상력을 발동시킨 것이기는 하지만, 그럼에도 불구하고 조선의 대중들이 왜 이 노래를 불러야 하는지에 대한 근거가 비교적 명확한 셈이다.

1. 남십자 별빛 아래 고향은 멀고 / 주인선 돛대 아래 세월이 갔다 / 바닷가에 노래하는 / 안남 아가씨 / 새파란 달이 뜨면 달이 뜨면 / 춤을 춘다네
2. 사나히 가슴에는 희망의 별빛 / 남쪽을 떠나가면 남십자 별빛 / 아유타야 다락 우에 / 휘파람 남기는 / 그 옛날 가신 님의 가신 님의 / 추억은 길다
3. 메나무 푸른 물에 꽃배를 띄어 용수레 뱃머리에 등불을 걸고 / 샤므로 아가씨가 노래를 부르는 / 벚꽃이 피는 나라 피는 나라 / 마음의 고향

이해연 〈안남 아가씨〉 1절(1943, 남려성 작사, 한상기 작곡)[21]

전주는 이슬람 음악 선율을 쓰면서 주 선율은 중국 분위기가 강하여 음악적으로는 지역 이미지가 뒤엉켜 리얼리티가 높지 않다. 당시 조선인이 상상을 통해 구사하는 베트남 혹은 주변 동남아시아의 음악적 이미지가 이런 것이었을 수 있다. 가사 내용은 훨씬 더 복잡하지만, 음악과 달리 상당히 정연한 역사인식을 바탕에 두고 있다. 1절의 주인선은 도쿠가와막부 시대 막부로부터 붉은 도장을 받아 해외무역을 한 배를 의미하는데, 주인선을 타고 무역을 하던 일본인은 주로 베트남, 필리핀, 태국 등 동남아시아에서 자리를 잡고 마을을 이루고 살았다. '아유타야'는 태국의 지역 이름으로 일본인이 많이 거주하던 곳이다. '벚꽃'이 피는 일본을, 베트남인의 마음의

21_〈안남 아가씨〉, 『행복한 이별 / 안남 아가씨』, 콜럼비아, 1943.

고향이라고 노래하는 것이다.

동남아시아를 소재로 하면서 태평양전쟁이 결합된 작품은 이러한 현실성이 더욱 배가된다.

1. 야자수 푸른 잎에 달이 뜨는 자바 섬 / 화초선 산호등에 가을이 깊다 / 고향은 천리라도 죽는 길은 십리 길 / 훼파람 구름 넘어 남해 밤을 싣고 간다
2. 고무 숲 전장터에 기타 소리 처량해 / 보름달 푸른빛에 그리운 전우 / 십자성 반짝이는 야자나무 무덤에 / 자바 섬 아가씨가 월계화를 심는구나
3. 야자수 달 그늘에 춤을 추는 자바 섬 / 꿈에도 날러 날러 자유의 노래 / 인도양 물줄기를 감고 도는 저 비다 / 대동이 그날 영광 함께 담고 흘러디오

이인권 〈밀림의 달밤〉(1943, 박향민 작사, 전기현 작곡)[22]

1. 부키태마 언덕 위에 십오야 달은 / 죽어서 간 전우들의 충혼이러뇨 / 바람소리 하염없는 고원에 서서 / 꽃다발 손에 들고 내가 우노라
2. 물새 우는 마라카에 파도 소리는 / 목 메이는 내 마음을 알어 주느냐 / 소리 없는 달빛 속에 말없이 서서 / 설레는 앙가슴에 손을 얹는다
3. 충혼비를 우러러서 바라보면은 / 솟아나는 감격만이 다함 없구나 / 남십자성 꿈을 꾸는 하늘 밑에서 / 승리의 깃발 아래 이 밤을 새리

진방남 〈고원의 십오야〉(1943, 김익균 작사, 전기현 작곡)[23]

〈고원의 십오야〉 첫 시작의 '부키태마'는 싱가포르의 부키트 티마(Bukit Timah)를 의미한다. 두 노래 모두 인도네시아, 말라카해협 등 동남아시아 지역을 일본군이 점령한 이후에 나온 노래로 당시 전황(戰況)을 반영

22_〈밀림의 달밤〉, 『밀림의 달밤 / 청춘복지』, 태평, 1943.
23_〈고원의 십오야〉, 『고원의 십오야 / 용마차』, 태평, 1943.

한다. 그곳은 '죽어간 전우'들이 묻혀 있는 '전장터'로 '충혼비'가 서 있는 곳이다. 일본군 중에는 이른바 '지원병' 방식으로 입대한 조선인 군인들도 포함되어 있을 수 있으니 조선인 수용자들에게 그 공간은 그저 머나먼 남양군도 이상의 의미를 가지게 된다. 당시 일반 조선인들이 이곳을 드나들기가 쉬운 일이 아니므로 세부사항까지 높은 실감을 만들어 내지는 못하지만, 그럼에도 불구하고 두 작품 모두 분명 화자가 꿈꾸는 대동아공영권의 확장과 발전이 실현되고 있는 공간으로서의 현실성을 지닌다. 고향은 '천리'나 떨어져 있으나 '십리' 안에 '죽는 길'이 있는 곳, 하지만 '대동아 그날 영광'을 꿈꾸므로 '감격'이 솟아나는 공간이다. 이렇게 자신들의 참여한 전쟁을 소재로 다루니 즐거운 관광적 시선이 줄어들고 비장함이 강화되며, 이와 함께 음악에서의 이국성 역시 약화된 채 전형적인 단조 트로트로 일관하는 현상이 나타나고 있다는 점은 주목할 만하다. 〈밀림의 달밤〉은 1930년대 후반의 일반적인 단조 트로트의 비애감을 유지하고 있으며 〈고원의 십오야〉는 이에 비해 훨씬 강한 비장함까지 드러내고 있다. 이국적 음악으로 비극적 감정을 싣기 힘들다는 점을 1950년대 이국적 노래들에서도 지적한 바 있는데, 이 시기의 노래들도 같은 현상을 보여 주는 것이다.

30년대 모던 경성에서 40년대 아시아로, 그 의미

이렇게 일제 말기 아시아적 이국성을 띤 대중가요들은 1950년대 노래들의 전사로서 거의 동일한 특성을 지니고 있되, 1950년대보다는 훨씬 명확한 현실적 근거를 지니고 있었다. 이러한 현실적 근거는 이 시기 대중가요사의 몇몇 양식의 변이 과정에서도 확인되는 바이다.

식민지 시대 대중가요의 주요 양식은 트로트와 신민요이다. 여기에 양적으로 소수인 재즈송이 존재했다. 트로트는 '라시도미파'의 5음계(적어도 1930년대까지의 초기 트로트 곡들은 대개 이러하다)를 사용하여 일본 엥카와 음악적 특성을 공유하는 노래로 비애의 감정을 담고 있는 노래가 많다. 신민요는 우리나라 전통적 노래의 어법을 적극적으로 계승하면서 선율, 리듬, 반주 등에서 외래 음악의 영향을 적극적으로 받아들인 작품들로, 주로 지방색을 담는 등 향토성 짙은 가사가 주를 이룬다. 그에 비해 재즈송이란 말로 통칭되던 노래들은 간단하게 말해 '양풍' 가요이다. 재즈, 블루스, 탱고 등은 물론 '도레미파솔라시도'의 서구 근대의 7음계를 사용함으로써 구미의 대중적 음악의 영향을 적극적으로 수용한 노래이며, 가사에서는 화려한 서양식 대도시의 삶을 명랑하고 아름답게 적극적으로 형상화한 작품들이다(가끔 가사는 재즈송의 경향을 지니나 음악적으로는 트로트인 작품도 없지 않다). 이 세 양식이 음악적으로도 변별되는 특징을 지닌 것이라면, 음악적으로는 앞의 세 양식의 특성을 지니되 가사가 희극적인 작품들을 만요(漫謠)라고 부르기도 한다. 1930년대 중반에 그 전형이 정립되어 본 궤도에 오르기 시작한 식민지 시대의 대중가요가 보여 주는 지형도를 살펴보면, 제국의 젊은이들이 즐긴 대중가요와 동일한 양식인 트로트가 당대 젊은 도시인들의 고통과 슬픔을 노래하는 당대의 가장 대표적인 양식으로 자리하고 있고, 당대 도시의 치열한 삶으로부터 다소 떨어진 시골이나 과거의 삶, 자연 등을 소재로 하고 음악적으로도 덜 새롭고 익숙하며 대중적인 전통 선율을 사용함으로써 트로트보다 좀 편안하고 대중적인, 그래서 덜 비극적이고 덜 진지해도 되는 양식이 신민요였을 것으로 보인다. 그에 비해 재즈송은, 트로트가 보여 주지 못하는 대도시의 서양적 근대성을 만끽하는 노래였다.

말라깽이 모던보이 굿모닝 / 호박 같은 저 아가씨 굿모닝 / 굿모닝 굿모닝 굿모닝 굿모닝 다같이 굿모닝 / 아침 햇발 서려 있는 들창 밑에서 / 헬로 헬로 헬로 헬로 여기는 우리들의 청춘 삘딩

남일연·김해송 〈청춘 삘딩〉 1절(1938, 박영호 작사, 김송규 작곡)

재즈송은 식민지 조선에서 가장 서양화되고 화려한 대도시의 삶을 그려냄으로써, 서양적 근대성을 한껏 과시적으로 드러내는 노래였다. 이러한 재즈송을 부르면서 조선의 대도시에 사는 모던보이들은 근대화된 세계의 국제적 흐름에 뒤지지 않는 존재로서의 자신을 확인하는 만족감을 느꼈을 것이다.

그런데 1940년대에 들어서면서 이러한 재즈송은 급격히 위축되고 사라진다. 재즈송이 보여 주는 다소 향락적이고 서양적인 도시의 즐거움이 태평양전쟁으로 치달아가는 상황과 어울리지 않는다는 정책적 판단이 내려졌기 때문이었을 것이다. 그에 비해 트로트는 장조 트로트가 새롭게 부상하면서 독특한 비애감이 다소 줄어드는 경향이 생기고, 신민요는 그대로 유지된다. 오로지 재즈송만 사라졌는데, 이 빈 자리를 채운 것이 바로 행진곡 분위기의 군국가요와 아시아적 이국성을 띤 노래들이라 할 수 있다. 말하자면 재즈송이 사라지고 아시아적 이국성을 띤 노래들이 등장하는 1940년을 전후한 변화는, 구미 중심의 국제성과 근대성을 상상하던 사고방식에서, 일본을 중심으로 한 아시아 중심의 새로운 국제적 질서에 대한 인식으로 이행했음을 의미한다. 즉 이른바 대동아공영권이라는 일본 중심의 아시아 연대의 새로운 국제적 질서에 대한 인식을 노래로 드러낸 것이었다.

서양적 근대성에서 대동아적 국제성으로

아시아적 이국성 속에서 국제성에 대한 욕망을 좀 더 적극적으로 드러낸 노래들도 있다.

1. 화초밭 네온 거리 모스도와야 / 송화강 강 우에는 조각달이 걸렸다. / 울어라 하르삥아 하르삥아 울어라 / 나는야 울고 싶은 코스모포리탄
2. 꽃양산 물결 친다 키타야스카야 / 자무스 고동소리 우렁차게 들린다 / 울어라 하르삥아 하르삥아 울어라 / 내일은 치치하르 마차로 간단다
3. 밤 깊은 지당가이 샨데리아 / 카바레 푸른 불도 꺼진 지가 오랬다 / 울어라 하르삥아 하르삥아 울어라 / 태양도 놋소리에 선 꿈이 깨진다

옥잠화 〈하르삔 풍경〉(1941, 김성봉 작사, 하영랑 작곡)

1. 승가리의 눈썹달이 구슬픈 밤에 / 한 쌍의 푸른 구름 어디로 가느냐 / 물안개 조잘대는 차방 난간에 / 눈썹 우에 한숨 젖는 열아홉 꾸냥
2. 귀 끝에서 부서지는 ㅇㅇ[24] 연파에 / 한 쌍의 그림자는 어데서 왔느냐 / 가슴에 ㅇ부채 든 짝짹이 얼굴 / 얼골 우에 꿈이 젖은 열아홉 꾸냥

난아 〈승가리 고낭(姑娘)〉 1, 2절(1941, 김다인 작사, 전기현 작곡)[25]

1. 목단꽃 붉게 피는 시라무렌 찻집에 / 칼피스 향기 속에 조으는 꾸냥 / 내뿜는 담배 연기 밤은 깊어 가는데 / 가슴에 스며든다 이끼이 수이렌
2. 쪼각달 걸려 있는 사마로(四馬路) 거리에 / 플라탄 그늘 속에 한없이 걸으니 / 꾸냥과 헤어지는 안타까운 이 한밤 / 저 달을 흘겨 본다 쯔끼노 아리랑

24_녹취가 불가능한 가사는 음절 수를 맞추어 ㅇ으로 처리하였다. 이하 동일하다.

25_〈승가리 고낭〉, 『하정상달 / 승가리 고낭』, 태평, 1941.

백난아 〈황하다방〉 1, 2절(1941, 김영일 작사, 이재호 작곡)[26]

〈하르빈 풍경〉에서 '키타야스카야'는 하얼빈에서 현재 중앙대가(中央大街)라고 불리는 중심적 거리의 이름이며, '모스도와야' 역시 거리 이름이다. '자무스', '치치하르'(치치하얼) 모두 하얼빈 주변의 지명이다. 러시아와 아시아의 흔적이 함께 남아 있는 하얼빈은 샹들리에와 네온사인이 번쩍이는 화려한 도시이다. 그 곳에서 자무스와 치치하얼로 종횡무진 오가며 사는 이들은 그야말로 코즈모폴리턴인 것이다. '삘딩'에서 '굿모닝'과 '헬로'라고 인사하며 국제성을 향유하던 조선인에게 새로운 코즈모폴리터니즘이 찾아온 셈이다. 흥미로운 점은 하얼빈을 그리고 있으면서도 중국풍 음악을 쓰는 식의 이국성을 드러내지 않고, 장조 트로트의 경쾌하고 신나는 악곡으로 이루어져 있다는 점인데, 바로 이 지점은 '코즈모폴리턴'을 노래하는 태도와 맞닿아 있다고 할 수 있다.

음악이 더욱 흥미로운 것은 〈숭가리 고냥(姑娘)〉과 〈황하다방〉이다. '숭가리'는 송화강을 의미한다('숭가리' 혹은 '숭가리'란 말은 1950년대까지 기사나 소설에 종종 등장하는 지명이다. '숭가리 대평야' 혹은 '숭가리강'이라는 표현도 등장한다. 윤백남의 〈야화〉와 박계주의 〈구원의 정화〉에는 '숭가리(송화강)'라고 쓰고 있어 숭가리가 쑹화강을 의미하는 지명임을 알 수 있다).[27] 가사로는 만주 지역의 풍경을 쿠냥의 모습과 함께 낭만적으로 그리는 전형적인 아시아적 이국성을 띤 노래이다. 그런데 음악은 경쾌한 장조 트로트의 흐름을 기본으로 하되 부분적으로 약간씩 중국적 느낌을 주는 주 선율을 유지하면서, 1

26_〈황하다방〉, 『유성기로 듣던 불멸의 명가수』 20, 신나라, 1996.

27_윤백남, 〈야화〉, 『동아일보』 1952.9.20.; 박계주, 〈대지의 성좌〉, 『동아일보』 1958.6.20.

절 이후의 간주에서 재즈 풍 선율을 살짝 끼워 넣고 있다는 점이다. 〈황하다방〉에서 재즈의 사용은 더욱 적극적이어서 아예 노래 부분이 모두 재즈풍으로 작곡되어 있다. 주 선율만으로는 장조 트로트라고 볼 수 있지만, 블루스에서 특징적인 3분박의 리듬에 재즈적인 반주가 곁들여 있어 음악적으로 1930년대의 재즈송의 연장선상에 있는 노래라고 볼 수 있다. 가사에 등장하는 단어들도 매우 이국적이면서도 서양적이어서 '칼피스'와 '플라탄'(플라타너스)가 언급되고 3절에서는 '리라꽃'(라일락꽃)도 등장한다. '시라무렌'은 몽골어로 황하를 의미하며, 중국 쿠냥과 함께 등장하는 붉은 수련은 일본어와 중국어를 뒤섞어 '아까이(あかい, '붉은'이라는 뜻) 수이렌'으로 발음하며, 일본어와 한국 민요를 뒤섞어 '쯔끼노(つきの, '달의'라는 뜻) 아리랑'이라 노래함으로써, 아시아적 국제성을 한껏 과시한다.

특히 위의 세 작품이 보여 주는 하얼빈 등의 형상화가 지닌 특징은 당시 다른 장르도 어느 정도 공유한 것으로 보인다. 이찬의 시 〈하르빈〉(『동아일보』 1940.5.23.)은 위의 세 노래와 비교하여 주목할 만하다.

퇴색(退色)헐 사보-르 어즈러진 석계(石階)를 / 목 메여 흐르는 손풍금은 어느 에미그란드의 못 잊을 향수(鄕愁)냐
젖어드는 향수(鄕愁)ㅅ속을 쏘-니아슈바도 없는 너의 황혼이 / 벌거숭이 푸라타-느와 함께 얼마나 차거우리
어제ㅅ밤 가바레- 호노루루의 그 젊은 에드란제-를 / 너는 웨 너의 조국(祖國)처럼 다시 찾을 수 없고
내일 날 또한 네 청춘(靑春)의 한 쪼각과 함께 / 결별(訣別)해야 할 연인(戀人)을 / 너는 웨 이 밤 차-단 이 거리 우에 츠아-의 남은 꿈처럼 주어야 하느니
영원(永遠)한 농무(濃霧) 속에 기다리카야가(街) 출범(出帆) 모르는 숭가리의 고풍(古風)한 옷트여

으스름한 가등(街燈) 밑 성가(聖歌) 어린 호구(戶口) 앞 / 떼 이룬 얼마우저의 당고는 어느 오페렛타의 서투른 흉내냐
차라리 그 봉발(蓬髮)들을 추켜 올니며 추켜 올니며 / 너의 어버이들처럼 그 어름 십자가(十字架)에 키스나 하고 조침(早寢)하여라
쏘-니야 너는 아직도 크라식 뮤-직을 조와한다지 / 가렴 어서 카페- 몬테른의 밤은 밤에만 있지 않으냐. (於 하르빈)[28]

대중가요에 비해 훨씬 더 러시아 분위기를 강화하기는 했지만 이 하얼빈 풍경 역시 이국정취를 물씬 풍긴다. 스산함조차 낭만적으로 포장된 하얼빈 풍경에는, 대중가요들과 마찬가지로 서양적 도시의 화려함을 보여 주는 샹들리에와 카바레, 유흥가에서 울릴 법한 손풍금 소리가 배치되어 있고, 여지없이 아가씨(소냐)도 등장한다.

이렇게 일제 말기의 아시아적 이국성을 띤 노래는, 1930년대 후반 재즈송이 담지하고 있던 서양 중심의 근대성과 국제성에 대한 욕망을, 대동아공영권이 주장하는 아시아 연대의 새로운 국제성에 대한 욕망으로 대체한 양상을 보이고 있다. 그것은 한편으로 중국과 만주 지역의 국제적 풍경을 관광적 시선으로 과시적으로 즐기는 한편, 태평양전쟁으로 정복에 성공한 동남아시아 지역에 대한 적극적 관심을 드러내는 것으로 나타나고 있었다. 따라서 이 시기의 이국적 노래들은 1950년대의 그것에 비해 상대적으로 현실적 근거를 지닌 것임이 분명하다. 그러나 그 시선이 여전히 제국일본의 시선, 즉 정복자·관광객의 시선이라는 점 역시 분명해 보인다. 이들 노래 어디에서도 그곳 아시아 사람들의 삶에 대한 구체적 관심은 나타나지

28_이찬, 〈하르빈〉, 『동아일보』 1940.5.23.

않는다. 그런 점에서 이들이 보여 준 아시아에 대한 관심은 진정한 연대의 모습이 아니라, 일본 중심적으로 상상된 아시아, 제국일본과 함께 정복하는 공간 혹은 완상하는 공간으로서의 아시아의 모습이었던 것이다.

4. 1950년대 이국적 노래들의 탈정치화와 정치성

대동아공영권의 현실 근거 상실

일세 말기에 화려하고 다양하게 꽃피운 아시아적 이국성의 노래들을 살펴보고 있노라면, 1950년대의 작품들은 대중적 인기는 일제 말의 노래들에 비해 훨씬 더 높았음에도 불구하고 정작 작품적 내실은 초라해 보인다. 일제 말기의 작품들의 형상화 관행을 거의 고스란히 가져왔고 그로부터 더 나아간 측면이 눈에 띄지 않음은 물론, 소재 지역의 다양성이나 의미의 충실성 등에서는 일제 말기의 작품들에 현격하게 못 미치고 있기 때문이다. 심하게 말하자면 일제 말기 작품들의 '자기복제' 혹은 '짝퉁'이라 할 만한 것이다.

무엇보다 1950년대에 아시아적 이국성을 띤 노래들은, 일제 말기의 이른비 대동아공영권의 논리에 바탕을 둔 국제성의 현실적 근거를 상실한 상태에서 나온 노래들이다. 해방과 분단을 겪으면서 몽골, 만주, 중국 등은 공산권(共産圈)이 되어 가볼 수 없는 것은 물론, 대중가요로 노래하는 것조차 거의 불가능했다는 것이다. 1950년대에는 기껏해야 홍콩이나 아메리카 차이나타운을 노래할 수밖에 없었던 것은, 더 이상 상해, 북경, 하얼빈, 몽골을 노래할 수 없게 된 이유도 한 몫 했을 것이라 생각된다. 진방남의 〈꽃

서울〉이 배경을 '하르빈'에서 '서울'로 바꾸어 재활용된 것은 분단으로 인해 아름답고 즐거운 하얼빈을 노래를 통해 상상하는 것조차 불가능했던 이데올로기적 통제를 보여 주는 한 예이다(이들 노래가 해방 후에 사라졌거나 가사가 바뀌어 불리게 된 것이, 이들 노래가 애초에 가지고 있었던 친일성을 감추기 위해서라는 해석도 가능하며, 그 견해 역시 약간의 타당성을 지닌다. 하지만 다양한 사례를 비교·검토해 보건대 친일 은폐의 측면보다는 분단을 의식한 측면이 크다는 것이 필자의 생각이다. 왜냐하면 일제 말기 꽤 알려졌던 군국가요조차 해방 후에 약간의 개사를 통해 재활용하고 있는 사례가 발견되기 때문이다. 일제 말 작품이 지녔던 친일성에 대해 이들 창작자들은 비교적 너그러운 태도를 지니고 있었다고 보인다. 이에 대해서는 다른 연구에서 상술한 바 있다).[29]

뿐만 아니라 1950년대의 노래들은 대동아공영권의 인식 틀을 대신할 만한 강력한 새로운 인식 틀을 갖고 있지 못했다. 일제 말기에는 하얼빈이나 황하, 자바의 아가씨들조차 일본 중심의 아시아 연대의 일원으로 받아들여졌겠으나, 이제 그들은 그저 이국의 예쁜 아가씨에 불과했다. 해방 후 노래로 동남아시아 소재의 선택이 현실적 근거를 강하게 지닌 경우는 〈고향만리〉가 유일하지 않나 싶다.

1. 남쪽 나라 십자성은 어머님 얼굴 / 눈에 익은 너의 모양 꿈속에 보면 / 꽃이 피고 새도 우는 바다 저 편에 / 고향산천 가는 길이 고향산천 가는 길이 / 절로 보이네
2. 날이 새면 만나겠지 돌아가는 배 / 지나간 날 피에 맺힌 꿈의 조각을 / 바다 위에 뿌리면서 나는 가리라 / 물레방아 돌고 도는 물레방아 돌고 도는 / 내 고향

29_이영미, 「일제 말 대중가요의 해방 후 개작 양상과 그 의미」, 『대중음악』 3호, 한국대중음악학회, 2009.5.

으로

3. 보르네오 깊은 밤에 우는 저 새는 / 이역 땅에 홀로 남은 외로운 몸을 / 알아주어 우는 거냐 몰라서 우느냐 / 기다리는 가슴속엔 기다리는 가슴 속엔 고동이 운다

현인 〈고향만리〉(1949, 유호 작사, 박시춘 작곡)[30]

〈신라의 달밤〉처럼 볼레로 리듬에 전주와 간주에서 이국적 선율로 장식을 하면서 주 선율에서는 5음계 분위기를 풍기며 자연단음계를 구사하는[31] 이 작품은, '남쪽 나라 십자성'이 보이는 먼 타향에서 고향을 그리는 노래이다. 이 노래가 나온 시점이 해방 후 채 5년이 지나지 않은 때이며 남한에서 대중가요 음반 생산이 본격화하기 시작한 첫 시기였다는 점에서, 아직은 해방 직후의 인식과 감각을 유지하고 있다고 보인다. 나중에 발표된 3절까지 살펴보면, 화자는 징병되어 온 조선인으로 일본 패전 후 보르네오 섬에서 귀국할 배를 애타게 기다리는 처지이다. 일제 말의 노래에서 흔히 등장했던 남십자성은 고향의 어머니를 그릴 때마다 보는 타향의 별로 새로운 의미가 부여되었는데, 남방 동포 귀환이라는 당대의 현실성을 담지함으로써 이 노래는 이국적 제스처를 보이는 음악조차 간절함과 설렘으로 느껴지도록 한다. 하지만 이렇게 현실적 울림을 지닌 작품은 별로 없다.

30_〈고향만리〉, 『유성기로 듣던 가요사 두 번째』 5, 신나라, 2000. 1949년 음반에는 1, 2절만 실려 있으나, 1960년대 음반에는 1, 2절의 수정 없이 3절이 덧붙여져 있으며, 1973년 음반에는 2절이 빠지고 아래의 3절이 2절이 되어 있다. 이 3절이 언제 어떤 경로에서 덧붙여졌는지는 상세히 확인하지 못했는데, 1970년대 이후 음반에서 이 노래를 수록하면서 두 절만 넣을 경우 때때로 1, 3절만 넣은 음반도 종종 발견된다.

31_이소영, 앞의 글, 45~47면.

서양적 이국성과 공존한 아시아적 이국성

그럼에도 불구하고 이러한 부류의 노래가 사라지지 않고 1950년대 중반까지 큰 인기를 모았던 원인은 무엇일까. 이 시대 수용자 대중의 또 다른 요구와 조응하지 않으면 큰 인기를 얻는 것은 불가능한 일이다.

아마 그것은 1950년대 역시 국제성에 대한 대중의 관심과 욕망이 드높았던 시대였고, 그것이 이국 취향을 부추겼기 때문일 것이다. 조선인의 힘이 아닌 국제적 힘 관계 속에서 얻어진 해방과 미군정, 세계의 주요 강대국은 물론 이름도 모르던 나라가 연합국으로 참전한 국제적 전쟁 6·25 등을 겪은 이 시기는, 일제 말과는 또 다른 국제성에 대한 욕망과 관심이 높았던 시기였다. 1950년대 대중들의 국제성에 대한 욕망은 가장 먼저 자신들의 눈앞에 새로 전개된 새로운 세계질서의 중심인 미국으로 향했고 미국을 비롯한 서양적인 것에 대한 높은 관심과 열망으로 나타났을 터이나, 이를 노래로 구현할 만큼 빠른 시간 내에 미국식 감각이 체화되지는 않았을 것이다. 이 괴리를 메우며 국제성에 대한 새로운 욕망을 다소나마 해소하는 방법이 바로 이전 시대에 향유하며 익숙해진 아시아적 이국성을 반복하는 방식이었을 것이다.

이 시기의 이국성이, 일제 말과 달리, 비단 아시아적 이국성으로만 치우치지 않았다는 점도 이러한 판단을 가능하게 하는 근거이다. 즉 앞서 살펴보았듯이, 식민지 시대의 아시아적 이국성은 1930년대 후반 재즈송이 보여 준 서양적인 모던함을 대체한 것이었다. 그러나 1950년대의 아시아적 이국성은 서양적 모던함은 물론 미국과 서구에 대한 이국성 등과 공존하고 있다는 차이를 보인다. 해방 후부터 1950년대에 이르는 한국의 대중가요가 전반적으로 미국식 대중음악을 급격히 따라가는 경향을 보이고 있음은 주지하는 바이다. 일본식 5음계를 빠르게 청산하고 서양 근대음악의

7음계로 나아가고 있음은 물론, 재즈와 블루스, 차차차, 블루스, 탱고, 맘보, 부기우기 등 당시 미국에서 유행하고 있는 다양한 음악들의 영향을 강하게 받은 수많은 노래들이 발표되어 인기를 모으고 있었다. 하지만 이러한 미국 대중음악의 영향을 받는 현상을 모두 이국성으로 설명할 수는 없다. 이국의 진기하고 낯선 것에 대한 매혹이 아니라, 선진국 문화 취향의 흡수로 볼 만한 것이 많기 때문이다. 물론 미국적인 것에 대한 동경이 이국성의 성격을 지니고 나타나는 경우도 아주 드물지만 없는 것은 아니다.

1. 카우보이 아리조나 카우보이 / 광야를 달려가는 아리조나 카우보이 / 말채찍을 말아들고 역마차는 달려간다 / 저 멀리 인디안의 북소리 들려오면 / 고개너머 주막집의 아가씨가 그리워 / 달려라 역마야 아리조나 카우보이
2. 카우보이 아리조나 카우보이 / 광야를 달려가는 아리조나 카우보이 / 말굽소리 노래 싣고 역마차는 달려간다 / 새파란 지평선에 황혼이 짙어오면 / 초록포장 비춰주는 조각달만 외로워 / 달려라 아리조나 카우보이

명국환 〈아리조나 카우보이〉 1, 2절(1959, 김부해 작사, 전오승 작곡)[32]

이 노래는 당대 미국인의 삶과는 다소 무관한 서부개척 시대의 풍경을 그리고 있다는 점에서 미국적이면서도 이국적이다. 하지만 미국 대중음악의 영향을 강하게 받은 노래들은, 대개 이러한 이국성을 갖고 있지 않다. 오히려 서양에 대한 이국정취를 드러낸 노래는, 미국이 아닌 유럽 지역을 소재로 한 경우에 더 빈번히 나타난다.

32_〈아리조나 카우보이〉, 『맘보는 난 싫어 / 아리조나 카우보이』, 신신, 1959.

1. 맘보 나포리 맘보 그리운 나포리 / 장미꽃 피는 남쪽 항구 나포리 / 아 사공의 뱃노래도 사라진 밤에 / 창문의 그 아가씨 누구를 기다리나 / 맘보 나포리 맘보 꿈꾸는 은하수 / 파도도 잠든 남쪽 항구 나포리
2. 맘보 나포리 맘보 고요한 나포리 / 그림과 같은 남쪽 항구 나포리 / 아 베니스의 곤도라 노를 저으며 / 그대와 노래하는 나포리의 노래 / 맘보 나포리 맘보 화산도 잠들고 / 별들도 잠든 남쪽 항구 나포리

현인 〈나포리 맘보〉(1956, 고명기 작사, 박춘석 작곡)[33]

샹드리아 꿈에 잠든 세느 강의 밤이여 / 어제는 물결 위에 옛 추억 불러보는 / 오늘도 밤은 깊어 별들이 속삭이는데 / 어여쁜 파리잔느 추억에 운다 / 어여쁜 파리잔느 고독에 운다

현인 〈파리잔느〉 1절(1959 ?, 이철수 작사, 이시우 작곡)[34]

머리카락 바람에 휘날리며 춤추는 칼멘 정열의 칼멘 / 불타는 검은 눈동자 안타까운 숨결 / 탐바린 흔들흔들 발을 구르며 누구를 찾고 있나 노래 애달파 / 서반아의 밤은 깊어 꿈도 깊어 정도 깊어 / 휘감기는 검은 드레스 눈물에 젖네

백설희 〈칼멘 야곡〉 1절(1955, 유목인 작사, 박시춘 작곡)[35]

주로 남유럽과 동유럽 등을 소재로 한 이런 이국적 작품들이 1950년대에 적잖이 포진해 있고, 그와 함께 아시아적 이국성을 띤 노래들이 뒤섞여 있는 것이 이 시대의 모습이었다. 이렇게 이 시기는 아시아적 이국성뿐 아니라, 다양한 이국 취향이 넘쳐나던 시대였다. 이런 분위기에서 아시아적

33_〈나포리 맘보〉, 『유성기로 듣던 가요사 두 번째 5』, 신나라, 2000.
34_〈파리잔느〉, 『유성기로 듣던 가요사 두 번째 5』, 신나라, 2000.
35_〈칼멘 야곡〉, 『유성기로 듣던 가요사 두 번째 7』, 신나라, 2000.

이국성이 존재한 것은 어찌 보면 당연한 현상일 수도 있다.

그러나 이렇게 대중들이 이국 취향으로 국제성에 대한 욕망을 드러내는 시기에, 하필 아시아가 크게 부각된 것은 분명 식민지 시대에 축적된 문화가 변형·계승된 것으로 보는 것이 타당하다. 실제 노래에서 중국 표상이 자주 등장하는 것에 비해, 당시 한국의 대중들이 특별히 중국에 대해 각별한 관심을 가질 계기가 별로 없었다는 것을 생각하면 더 더욱 그러하다. 중국풍 음악과 중국 표상은, 당시 대중이 요구하는 이국성에 꼭 들어맞지는 않지만 어쨌든 이국적이고, 게다가 창작자들이 창작하기에 용이한 이국성이었다는 점 때문에 중국적인 것이 소환된 것이라 볼 수 있다.

이국적 형상화가 식민지 시대의 문화에 기대고 있음은 아시아적 이국 취향뿐 아니라 서양적 이국 취향도 어느 정도 그러하다. 위에서 거론한 노래들로 국한해서 이야기한다 해도, 이미 탱고 등의 음악이 식민지 시대에 유입되어 탱고 음악인 〈이태리의 정원〉을 무용가 최승희가 불러 취입한 바 있으며, 카르멘 역시 식민지 시대에 널리 재현된 표상일 뿐 아니라 해방 직후 김해송이 이끄는 KPK 악극단의 레퍼토리로 재창작되기도 했다. 조금 섬세하게 따져보면 〈아리조나 카우보이〉의 2절 가사의 '초록 포장' 역시, 미국 서부영화와는 무관한 만주 역마차의 포장 색깔을 그대로 가져온 것이다. 또한 1950년대 양공주 이름으로 널리 통용된 '에레나'는 식민지 시대 대중예술에서도 종종 등장한다. 음반 『오케가요걸작집』(오케, 1940)은, 대중가요인 남인수 〈꼬집힌 풋사랑〉, 박향림 〈코스모스 탄식〉, 이인권 〈눈물의 춘정〉, 김정구 〈항구의 선술집〉, 이난영 〈울어라 문풍지〉, 장세정 〈항구의 무명초〉를 배우 황철과 지최순의 신파극적 대사와 함께 엮어 놓았다. 영자를 찾아온 남자 이순이, 황포강가 항구에서 이미 '에레나'로 이름을 바꾸고 술집 여자가 되어 있는 영자를 발견하고, 화를 내다가 결국 큰돈을 주고 떠나가는 이야기를 담고 있다. 에레나라는 이름뿐 아니라 '영자'가 '에레나'로 바뀌었다는 설정까지 1950년대 안다성이 부른 〈에레나가 된 순희〉와 매우 흡사하다. '에레나'라는 이름은 투르게네프 등 러시아 문학작품을 통해 식민지 조선에 알려졌을 것으로 추측되는데, 에레나 외에도 1950년대 대중예술에서 양공주 이름으로 자주 쓰인 '소냐'(신상옥 감독의 영화 〈지옥화〉), '안나'(나애심이 부른 대중가요 〈춤추는 안나〉) 역시 모두 러시아계의 이름이라는 점은 매우 흥미롭다. 즉, 미국 문화의 영향을 갑작스럽게 받아들이며, 대중의 관심이 서양으로 쏠려 있던 1950년대에, 식민지 시대에 이미 체득한 서양 문화를 적극적으로 활용하고 있음이 여러 군데에서 확인되는 것이다.

일본과 미국은 이국(異國)이 아니다

주목할 것은 일본과 미국은 이국성의 재현 대상에서 거의 배제되어 있다는 점이다(앞서 인용했던 〈아리조나 카우보이〉처럼 현재가 아닌 과거의 미국이 가끔 등장할 뿐이다. 〈아메리카 차이나타운〉은 차이나타운의 중국 분위기의 때문에 이국성의 재현 대상일 수 있다. 당대의 미국이 이국성의 대상으로 등장한 노래는 〈샌프란시스코〉에 불과할 정도로 매우 적다). 그것은 한국의 대중들이 일본과 미국을 이국(異國)으로 느끼지 않기 때문일 것이다. 일본과 미국은 분명 다른 나라이지만, 발전의 모델로 생각하는 동일시의 대상이므로 결코 낯선 곳이 아니다. 일본과 미국은 살고 싶은 곳이지, 관광하거나 점령하고 싶은 곳이 아닌 것이다. 그에 비해 동일한 서양임에도 불구하고 이탈리아나 프랑스, 헝가리는 이국성의 재현 대상이 되는 낯선 곳이다.

이는 다시 말해, 이국적 상상의 주체는 자신을 미국이나 일본에 속한 존재로 생각한다는 것을 의미한다. 식민지 시대의 아시아적 이국성이 일본과 동일시한 조선인의 것이었던 것에 비해, 1950년대의 다양한 이국성은 미국과 동일시한 한국인의 것인 셈이다.

이 대목에서 1950년대 이국성은 미국 영화와 밀접한 관련을 맺을 수밖에 없다. 미국을 이국적으로 그린 〈아리조나 카우보이〉 역시 서부활극의 관극 체험을 통해 구성된 것이 분명해 보이는 것처럼, 미국 영화가 물밀듯 들어왔던 이 시대 대중들이 가질 수 있는 외국에 대한 표상은 많은 부분 영화에 빚지고 있다고 추측할 수 있다. 이 책에 함께 수록된 이순진의 글에서도 지적하고 있듯이, 이 시기 할리우드 영화는 미국인의 시선으로 세계 각지를 한국 대중들에서 소개해 주고 있었다. 따라서 이 시기 할리우드 영화 속의 이국성을 받아들이는 것은 미국인의 시각에 스스로 동화되는 것이었다. 할리우드 영화는, 미국을 중심으로 한 국제성에 대한 대중의 욕망이, 이국성을 통해 발현될 수 있는 근거 중 하나였을 수 있는 것이다.

특히 이 시기는, 〈아라비안나이트〉(1954), 〈아라비아 공주〉(1954), 〈바그닷드의 미녀〉(1955), 〈남해의 겁화〉(1955), 〈미녀와 수병〉(1955), 〈시자와 크레오파트라〉(1954), 〈아푸리카의 여왕〉(1955), 〈인도의 별〉(1955), 〈백인 추장〉(1956), 〈40인의 여도적〉(1956, 이상 연도는 국내 개봉 기준) 등, 비서구적 이국성을 담은 수많은 할리우드 영화가 계속 한국의 극장에 내걸리던 시절이었다. 매우 대중적이면서 향락적 스펙터클을 지닌 이들 영화는 대중들에게 시각적 흡수력을 발휘했을 것이며, 식민지 시대부터 할리우드 영화를 보아 온 한국 대중들은 해방 이후에 더욱 더 많이 이러한 영화를 보면서 비서구권을 보는 백인 중심적 시선을 다시 한 번 고착시키면서, 미국적인 국제적 감각에 가까이 다가간다는 만족감을 얻었을 것으로 보인다. 비서구 지역을 소재로 한 이들 영화는, 한국 대중에게 익숙하기 때문에 어쩔 수 없이 소환된 아시아적 이국성이 자리 잡을 심리적 근거를 마련해 주었고, 여기에 이국적 대중가요의 재현 대상을 인도나 아랍 등 서남아시아 지역으로 적극적으로 확장하도록 부추겼을 수 있다. 즉 1950년대 아시아적 이국성을 띤 노래들은, 할리우드 영화를 통해 재확인된, 상상된 비서구 이미지를 근거로, 한국인에게 익숙한 아시아적 이국성을 반복하면서, 미국을 중심으로 한 국제성에 대한 욕망을 다소나마 해소하고 있었던 것이다.

역사가 휘발된, 인도 같은 신라

따라서 1950년대 노래들이 보여 주는 아시아 여러 지역에 대한 관심은 일제 말기의 그것에 비해 직접적인 정치성을 갖고 있지 않은, 탈정치적인 정치성을 띤 것이었다. 일제 말기의 노래들이 당시 정치권력이 행한 반복적인 이데올로기 학습 내용을 반영한 측면이 있었던 반면에, 해방 이후 그러한 동력이 상실되었으므로 아시아 여러 나라는 한국 대중들에게 자신들과 구체적 이해관계를 실감하기 힘든 지역일 뿐 아니라 그들의 삶이 닮고 싶은 대상도 아니었을 것이다. 오히려 국제적·국내적 정치로 인해 복잡하고 고달파진 현실을 조금이나마 경쾌하게 벗어나는 도피처로서의 역할을 했을 수 있다. 멀리 떨어진 페르시아의 옛 이야기, 요염한 몸매를 자랑하는 홍콩의 쿠냥 이야기를 노래하는 것은, 이 골치 아픈 삶으로부터 경쾌하고 신나게 도망치는 길이었을 수 있다. 대중가요의 한 편에서 대중들은 〈가거라 삼팔선〉, 〈단장의 미아리고개〉나 〈굳세어라 금순아〉처럼 현실에서 받은 상처를 비애스럽게 드러내는 노래로 위로 받는 한편, 이렇게 현실과는 아무런 연관성도 없는 채 오로지 화려한 즐길 거리들로 가득 찬 판타지의 세계에서 즐겁게 노닐며, 다른 한편으로는 자신 역시 미국이 중심이 된 새로운 세계의 일원이 된 만족감을 얻었던 셈이다.

그럼에도 불구하고, 작품의 표면적 내용이 당대 대중의 삶과 별다른 연계성을 갖지 못했다는 점은, 이러한 노래를 지속시키는 데에는 큰 한계였을 수 있다. 범박하게 말하자면 가사가 다소 뜬금없다고 생각될 만한 노래였던 것이다. 그런 점에서 〈신라의 달밤〉, 〈백제의 밤〉, 〈불국사의 밤〉처럼 우리나라 고대와 연계를 짓는 것은 이를 해결하는 방책일 수 있었을 것이다. 우리나라의 역사 중 하필이면 고대를 소환하는 것은, 그것이 당대 대중들에게 역사가 아닌 설화의 시대로 받아들여지는 시기였기 때문이다. 그런 점에서 그곳은 역사가 휘발된 탈정치적인 판타지의 공간이다. 1950년대의 노래 중 조선시대의 인물이나 역사를 소재로 삼은 〈방랑시인 김삿갓〉, 박재홍의 〈황진이 사랑〉 등에서는 이국성이 나타나지 않는 것은, 대중들에게 삼국시대나 상고시대와 달리 조선시대는 1950년대 대중들에게 판타지가 아닌 역사의 시공간으로 인식되기 때문이다. 즉, 노래 속의 우리나라 고대의 시공간은 노래 속의 페르시아나 인도처럼 탈정치화된 판타지의 공간으로, 대중은 관광적 시선으로 그 시대의 이야깃거리를 즐기고 소비하게 된다. 그리하여, 앞서 지적했듯이, 고대를 소재로 한 작품이라 할지라도 비극적 인물에 대한 강한 공감을 드러내야 하는 노래에서는 이국성을 거의 드러내지 못하여, 박재홍의 〈자명고 사랑〉, 손인호의 〈이차돈의 죽엄〉 등에는 이국성이 아주 조금씩만 드러나는 모습을 보인다. 대중가요와 비슷한 경향을 보이는 이 시기의 국극과 악극 등 대중적 음악극의 경우에도, 아시아적 이국성을 띤 작품, 시간적 배경을 고대로 설정한 작품이 자주 등장하는데, 야사에서조차 역사적 전거를 찾을 수 없는 완벽한 가상의 시공간을 설정한(예컨대 나라 이름도 월지국, 고비리국, 아나국 등 가상의 국명을 쓰는 경우가 많다)[36] 작품 또한 많다는 것을 생각하면, 이들이 목표한 시공간이 역사적 시공간이 아닌 비현실적 시공간이었다고 보는 편이 옳을 듯하다. 이 시기 대중적인 연극에서 고대사를 소재로 한 작품이 다소 민족주의적 외피를 쓰고 등장하는 경우가 없지 않으나, 이 시기 대중예술에서 나타난 고대 붐의 태반은 민족주의와 무관한 이국취향의 또 다른 양상이라 보는 것이 타당하다.

이렇게 봤을 때, 1950년대 아시아적 이국성을 띤 대중가요들은 당대 수용자 대중들이 아시아에 대한 진정성 있는 관심을 갖고 있지 않았음을 말해 준다. 스스로 비서구인이자 아시아인이면서도 이웃 아시아 지역, 더 나아가 비서구 지역에 대한 진정성 있는 관심을 갖지 못하고, 심지어 식민지 시대 일본 중심의 시각을 통해 얻어진 아시아 표상을 해방 후 미국 중심의 국제성 안으로 재위치시키며 미국적인 코즈모폴리터니즘을 받아들이고 있다는 어설픈 만족감을 가지는 데에 그쳤을 것이다. 신문에서는 계속 국제 뉴스로 비서구권과 아시아의 정치 상황이 보도되고 있었지만 그것은 오로지 소수 지식인들의 관심 영역이었던 것으로 보인다.

이국 취향 속에 드리워진 대중의 불안과 절망

이웃 아시아인들에 대한 연대의식은커녕 진정성 있는 관심과도 거리가 먼 이들 노래의 아시아적 이국성은, 30년 이상의 긴 흐름을 조망할 때에 그 정체가 좀 더 선명히 보인다. 앞서 일제 말에 아시아적 이국성이 대중가요

36_백현미, 「1950년대 여성국극의 성정치성 (2)」, 『대중서사연구』 18호, 대중서사학회, 2007.12., 96~99면.

에서 나타난 것이 1930년대 중후반의 재즈송을 대체하는 효과를 발휘했다고 언급한 바 있다. 그런데 1950년대의 이국적인 노래들이 수그러들면서 (마치 1930년대 재즈송의 뒤를 잇는다고도 할 수 있는) 스탠더드 팝의 시대가 열린다는 점에 주목할 필요가 있다. 즉 1940~50년대는 이국적인 노래가 유행하던, 대중가요사상 유례없는 시기였고, 그 앞과 뒤에서 미국식 대중음악이 이를 대체하는 효과를 발휘하고 있었다고 정리할 수 있다. 그럼 도대체 이 시대 이국성의 정체는 무엇일까. 색다른 즐거움을 주던 이국 취향의 노래의 인기가 1950년대 말에 사라지기 시작하여 1960년대에는 완전히 밀려나 버린 이유는 뭘까.

1930년대 중후반의 재즈송이, 일본을 경유하여 들어온 서양적 근대화에 대한 희망을 표현하고 있었다면, 1960년대 스탠더드 팝은 최초의 시민혁명과 제3공화국 이후의 국가 주도 근대화 드라이브 등을 겪으며 갖게 된 서양적 근대성에 대한 희망을 드러내는 노래들이다. 두 시기에서 근대적인 서양적 도시의 이미지들은, 당대 조선·한국의 현실에 비추어보면 다소 과장된 것임에도 불구하고 그 비현실성이 이국성의 성격을 띠지는 않는다. 그것은 낯선 것에 대한 매혹이 아니라, 부분적으로 실현된 것이고 미지않은 미래에 만족스럽게 도달할 수도 있다고 믿는 것이기 때문이다. 1930년대 재즈송과 1960년대 스탠더드 팝이 보여 준 명랑함은, 강압적 권력이 강제한 측면이 없지 않지만, 이들 대중가요를 즐긴 도시의 수용자 대중들이 근대화 실현에 대해 일정 정도의 낙관과 자신감을 지니고 있음으로써 가능한 것이기도 했다.

그렇다면 뒤집어 생각하면, 1940~50년대의 이국성은 수용자 대중들에게 그러한 서양적 근대성이 실현되고 있다는 자신감과 희망이 사라졌기 때문에 생긴 현상일 수도 있다는 추정이 가능하다. 대도시의 서양적 삶을

1950년대의 악극과 국극, 영화에서도 아시아적 이국성의 질감은 자주 나타난다. 마한을 시대적 배경으로 한 〈풍운의 궁전〉(정창화 감독, 1957) 스틸 사진.

시뮬레이션하며 '모던 경성'을 구가하던 1930년대 중후반과 달리, 1940년대 전반은 전쟁으로 인한 긴장감과 궁핍함이 점점 늘어나던 시기였고, 해방 이후부터 1950년대까지는 일본의 철수, 미군정, 분단, 전쟁 등으로 숨가쁘게 이어지며 정치·경제적으로 극도로 불안정했던 시기였다. 과연 자신들이 그토록 바라는 일본·미국과 같은 부유하고 세련된 근대적 삶이 자신들에게도 가능한 것인지, 근대적 도시의 삶을 향한 자신의 욕망이 이 땅에서 조금씩이나마 실현되고 있기는 한 것인지에 대해 결코 낙관과 확신을 갖기 힘들었던 시대였던 셈이다.

부박하게 화려한 이국성은, 이러한 불안감과 절망을 징후적으로 보여준다고 할 수 있다. 발전의 전망을 현실 속에서 확인하고 낙관하게 힘든 일제 말에는, 정권이 제시하는 '대동아공영권'의 논리에 따라 아시아 여러 나라의 풍경을 재현함으로써, 일본이 주도하는 국제적 질서 안에 자신들이 들어 있다는 위안을 얻으려 했을 것이다. 또한 1950년대에는, 전쟁으로 폐허가 된 현실에서 발을 떼어, 아시아뿐 아니라 유럽까지를 포함하는 세계 여러 지역을 상상적으로 날아다니며 미국 중심의 코즈모폴리터니즘의 분위기를 공유하는 것으로 사이비 안정감을 얻으려 했던 것이라 할 수 있다. 현실에서 발을 떼고 낯선 시공간을 찾아 날아간 이 시대의 상상력은, 일본·미국 중심의 국제성을 받아들이기는 해야 하지만 그것을 통한 자신들의 행복의 실현가능성이 현실 속에서 확인되지 않은 시기에, 한국의 대중들이 선택할 수밖에 없었던 다소 엉성한 도피처였을 수 있다.

따라서 현실 속에서 서양적 근대성의 실현이 조금씩 확인되기 시작하면서, 대중들의 눈은 다시 현실 속의 서울로 되돌아왔다. 그들은 이제 홍콩이나 인도, 나폴리나 파리로 날아가지 않고, 현실 속의 서울을 조금 서양적으로 과장하는 정도의 형상화로 자신의 희망을 드러낼 수 있었던 것이다.

5. '김 상사'의 시대를 거쳐 어느덧 다문화사회로

세계질서가 소용돌이친 1940~50년대가, 그 한복판에서 해방과 분단, 전쟁을 겪어 온 한국인들에게는 자신이 속한 아시아의 약소민족·국가에 대한 애정 어린 관심과 연대의식을 가질 수 있는 좋은 기회였음은 분명하다. 그러나 실제 구체적인 연대의 체험이 없는 한국의 대중들에게 가난한 아시아 지역 사람들과의 연대의식이 생기기는 힘들었을 것으로 보인다. 당시 국제성에 대한 관심 역시, 일본 중심의 세상이 깨어진 이후 이를 대체했다고 판단된 미국 중심의 세상에만 오롯이 집중되어 있었다. 국제성에 대한 관심은 이 지배적 질서 안에서 잘 살고 싶은 욕망 안에서만 이루어지는 것이었고, 한국 대중의 아시아 표상은 이 강력한 힘에 의해 주조될 수밖에 없었던 것이다. 당대 현실 속의 아시아에 대한 진정성 있는 관심이 아주 소수의 지식인들의 국제 인식 속에 존재했다 할지라도 그것이 대중에게까지 확신되기는 힘들었다.

하지만 비단 이때뿐이던가. 오랫동안 한국인들에게 일본 이외의 아시아는 그저 후진국, 혹은 관광지 수준에서 맴돌았다. 아시아적 이국 취향의 노래들이 인기를 모았던 1950년대가 지나고 난 후, 대중가요사에서 아시아적 이국성이 다시 한 번 등장하는 시기는 1960년대 후반, 즉 베트남전 시기였다. 그러나 이 시기의 대중가요에서도 베트남과 베트남인에 대한 태도는 일제 말 혹은 1950년대와 크게 달라지지 않았다. 참전 군인에 대한 칭송과 그리움의 노래이거나, 참전한 군인의 시선에서 고향에 대한 그리움을 노래하는 것이거나, 여전히 '야자수'와 '아가씨'를 등장시킨 관광적 시선의 베트남 풍경의 형상화에 그치고 있다.

1940~50년대와 달라진 지점은, 이런 노래들이 그저 있으나마나한 노래 정도로 인기 없는 노래들이었다는 점이다. '월남 특집'으로 몇 개의 음반이 제작되었음에도 불구하고 이들 노래는 1950년대의 노래들에 비해 그리 큰 인기를 모으지도 못했는데, 이들 노래가 베트남전에 대한 당대 대중의 관심을 제대로 반영해 주지 못한 다소 상투적인 노래였던 것이 한 이유였고, 더구나 1960년대는 '잘 살아 보세'로 시작한 '조국 근대화' 바람을 몸으로 체감하던 때였으므로 이국 취향이 인기를 모을 여지가 별로 없었다. 월남전 소재의 노래로 유일하게 인기를 모은 노래가 김추자의 〈월남에서 돌아온 김 상사〉(1969)인데, 여기에는 당시 최신 경향을 주도하던 신중현과 김추자의 참신함도 한 몫 했을 터이지만, 무엇보다 적지 않은 특수근무수당과 미제 물건, 그리고 미국인들과 긴 시간 어울렸던 경험담까지 갖고 돌아온 '김 상사'에 대한 당시 대중들의 부러움과 관심을 적확하게 짚어 냈기 때문일 것이다. 이국성 팔아먹기로 인기를 모을 수 있는 시대는 이미 지나

가 버렸고, 여전히 아시아인은 한국인에게 진지한 관심의 대상이 아니라는 점이 확인된 셈이다.

대중가요들에 담긴 아시아와 아시아인에 대한 한국인의 관심의 수준과 질을 살펴보다 보면, 어찌 보면 1990년대 후반부터 급증한 아시아계 결혼 이민자와 이주노동자에 대한 한국인의 태도와도 맞닿아 있음을 깨닫게 된다. 이제 바야흐로 전 지구화 시대에 들어서서 엄청난 아시아들과 함께 생활하고 있음에도 불구하고, 대중가요계는 아직 이들에게 눈길을 주지 않고 있으며 케이팝(K-pop)의 미국·런던·파리 진출에 유달리 흥분하고 있다. 동남·서남 아시아의 한류는 당연지사이니 그리 흥분할 일도 아니고, 미국과 서유럽, 심지어 일본에서의 한류조차 놀랄 만큼 반가운 일로 여기는 한국 언론들의 반응은, 한국인들이 머릿속에 뿌리박혀 있는 서열의식을 새삼스럽게 확인하게 한다. 한국의 대중들은 그저, 세상의 중심이라 믿는 미국처럼 풍요롭게 잘 살기를 바랄 뿐, 그 질서에 대한 반성적 인식이나 아시아인에 대한 연대의식은 갖고 있지 못한 채, 이 글로벌한 21세기를 맞이해 버렸다. 뜬금없고 유치해 보이기까지 한 1950년대의 이국성이, 이 시대에 특별히 뼈아프게 느껴지는 것은 지금 한국의 대중들에게 뿌리 깊게 남아있는 아시아 심상지리의 원형을 보여 주고 있어서일 것이다.

8장

한국 영화의 세계성과 지역성, 또는 민족영화의 좌표

1950년대 영화 비평담론을 중심으로

이순진

1. '미일전쟁' 이후, 세계성의 매개로서의 영화

> 아직 시간이 있어 갑판에 올라서서 오아우섬 중턱 북쪽으로 진주만을 뚜렷하게 눈 앞에 놓고 바라보게 되었다. (…중략…) 바로 1941년 12월 7일 아침 선전포고도 없이 일본 특별 잠수함이 이 좁은 물줄기를 따라 들어가서 전함, 순양함 2척을 깨뜨리고 일장기를 단 전투기가 무차별 폭격을 하여 잠자던 세계를 경악시키고 미일전쟁이 발단되어 다수한 선량한 인민의 비참한 운명을 가져온 발단지가 여기였고나 하고 생각할 때 말도 못하고 숨도 잘 못 쉬던 지긋지긋 이 갈리던 전쟁 중의 정경이 순간적이나마 다시금 떠오르려 하여 나는 못 볼 것을 본 사람처럼 두 손을 올리어 눈을 가렸다.[1]

1_안철영, 『성림기행』, 수도문화사, 1949, 8~9면.

1947년 10월 13일 아침, 조선인 영화감독 안철영을 태운 배가 하와이의 호놀룰루 항에 도착했다. 미군정의 예술과장이기도 했던[2] 그는 "맥 사령부의 각별한 호의"를 얻어 미국 영화계를 시찰할 목적으로 여정에 오른 것이었다. 항구에 정박한 배 위에서 그는 진주만을 바라보며 일제 말의 전쟁을 떠올린다. '미일전쟁'으로 호명된 그 전쟁에서 조선인은 어디에 위치했던가? 미국과 일본을 전쟁 당사자로 호명했을 때, 전쟁 당시에는 일본에 속했고 지금은 미국의 통치를 받고 있는 조선인들은 그 전쟁과 어떤 관련을 맺어야 하는 것일까? 안철영은 "말도 잘 못하고 숨도 잘 못 쉬던 지긋지긋한 이 갈리던 전쟁"이라고 말함으로써, 자신을 포함한 조선인들이 피해자였음을 분명히 한다. 그러나 진정으로 누가 피해자이고, 누가 가해자인가? 또는 누구에 의한 피해자이며, 누구를 향한 가해자인가?

안철영은 전쟁의 악몽을 떠올리면서도 그 책임이 어디에 있는지 더 깊이 추궁하지는 않는다. 그리고 하와이에 내린 그는, 그곳이 "인종 전람회"[3]를 방불케 할 만큼 세계 각처에서 몰려온 다양한 인종들이 어울려 사는 곳이었음을 발견했다. 요컨대 하와이, 더 나아가서 미국은 세계 각국으로부터 떠나온 이민자들의 땅이며 "세계 인종의 융화점"[4]이었던 것이다. 따라서

2_과도정부 출범이 1947년 6월 6일이고 안철영이 미국 여행을 떠난 것이 1947년 9월 23일이었으므로 엄밀히 말하면 이때 안철영은 미군정 예술과장이 아니라 과도정부 예술과장이었다고 해야 한다. 하지만 미군정 예술과장으로의 재직 기간이 훨씬 길었고 과도정부에서 예술과장의 직책을 맡은 것 또한 그 연장선상에 있었던 점, 또 과도정부의 성격을 고려해 보았을 때, 미국 여행 당시 안철영의 정체성을 미군정 예술과장의 그것으로 상정해도 무리가 없을 것이라고 본다. 안철영의 미국 여행과 그 과정에서 생산된 『성림기행』 및 〈무궁화동산〉에 대한 자세한 논의는 심혜경, 「안철영 텍스트로 본 대한민국 설립초기 '조선영화' 연구」, 중앙대 박사논문, 2012 참조.

3_〈무궁화동산〉의 보이스 오버 내레이션.

일본이 미국을 공격했을 때 그것은 다름 아닌 세계를 공격한 것이었다. 하와이 이민자였던 안철영의 아버지, 안창호 목사를 포함한 7,000여 명의 조선인 이민자들 또한 "일장기를 단 전투기"의 위협 앞에 놓여 있었다. 그런데 일본이 미국과 전쟁을 벌이던 그 4년 동안 요코하마에 살고 있던 안철영을 위협했던 것은 다름 아닌 미군의 폭격기였다. 하와이의 아버지와 일본의 아들은 서로 상대편 폭격기의 공격에 노출되어 있었던 것이다. 그들은 미국인/조선인, 황국신민/식민지인의 정체성 사이에서 부유하는 경계인들이었다.

하와이로 가기 전 안철영은 요코하마와 도쿄에 잠시 머물렀다. 미군정의 관료가 되어 요코하마로 돌아온 그는 폐허가 된 그 거리를 다시 걸으며 감회에 젖는다. "GI 화폐"로 코카콜라를 사는 자신에게 따라붙는 "팡팡걸"을 보면서 연민을 느낄 때,[5] 자신들이 버린 담배꽁초를 "쌈하듯이 덤벼들어 주어 가는" 일본인들에게 "측은"함을 느끼면서 "전쟁은 질 것이 아니라"고 되뇔 때,[6] 그는 의심할 여지없이 승전국 미국에 속한 관료였다.

그러나 폐허 속에서도 청결함을 유지하는 요코하마와 도쿄의 거리를 보며 "청결함은 문화인의 증거로 내 스스로 우리 고향을 전패국(戰敗國)에 비교하기는 싫다."[7]고 말할 때의 안철영은 일본의 식민 지배에서 막 벗어난 조선인이기도 했다. 전쟁에서 졌어도 일본인들이 여전히 "문화인"임을 의식하면서 "우리 고향"과 비교하는 마음을 애써 부인하고자 하는 그의 자의

4_〈무궁화동산〉의 보이스 오버 내레이션.
5_안철영, 앞의 책, 123면.
6_위의 책, 130면.
7_위의 책, 127면.

식이 미묘한 울림을 만들어 낸다. 최인규의 〈자유만세〉(1946)가 그랬던 것처럼, 조선을 연합국과 함께 대일본 전쟁을 치러낸 승전국으로 자리매김하는 데까지 이르지는 않지만,[8] 패전국 일본으로부터 "우리 고향"을 분리함으로써 식민지 조선인들이 '대동아전쟁'에서 일본과 한 편이었던 기억을 외면하고자 하는 욕망 또한 분명하게 읽힌다.

일본에서의 짧은 체류 및 6개월에 걸친 미국 여행의 기록인 『성림기행』과 그중 하와이 여행만을 기록영화로 담은 〈무궁화동산〉은 이처럼 복잡하게 유동하는 안철영의 민족적 정체성을 드러낸다. 그는 하와이 이민자를 아버지로 두었고, 파시즘 치하의 일본과 독일에서 공부하고 일했다. 일본에서 그는 제국의 2등 국민이자 조선인이었을 것이고 독일에서는 아마도 일본인 또는 동양인이었을 것이나. 그리고 1947년에 그는 미군정의 관료이자 조선인 영화감독이었다. 그는 자신의 이 복잡한 정체성을 구성하는 장소들—요코하마와 도쿄, 괌, 하와이, 그리고 미국 본토—을 통과하면서 인종적 대결의식을 근간으로 했던 대동아적 세계를 대체할 새로운 세계를 발견하고 그 안에서 자신의 정체성이 정박할 지점을 확보하고자 했다. 하와이는 그런 그가 발견한 새로운 세계였다. 그곳은 전쟁의 책임을 져야 마땅할 일본인들조차도 포용할 수 있는 "관용과 포섭"[9]의 땅이며 인종적·문

8_〈자유만세〉에서 주인공 최한중은 일본의 항복이 예정되어 있음을 알면서도 "전 세계에 대한 우리 민족의 발언권"을 위해 일본 경찰에 맞선다. 나른 농시의 표현처럼 "무모한 희생"이 될 뿐인 마지막 순간의 "대일항전"은 일본의 편이 아니라 일본의 반대편에서 싸웠다는 해방 이후의 명분을 위한 것이다. 그는 그러한 명분을 위해, 다시 말해 일본을 패퇴시킨 승전국의 일원이 되기 위해 자신의 목숨을 던진 것이다. 이에 대한 자세한 논의는 이순진, 「식민지 경험과 해방 직후의 영화 만들기: 최인규와 윤봉춘의 경우를 중심으로」, 『대중서사연구』 14, 2005.12. 참조.

9_"관용과 포섭(tolerance and inclusion)"은 크리스티나 클라인이 전후 미국이 새로운 세계

화적 차이가 차별을 만들어 내지 않는 곳이었다. 2차 대전 종전 이후 재개된 하와이의 '알로하 축제'는 일본인, 조선인을 포함한 세계 각국인들이 각자의 "특색 있는 복장"을 입고, 새롭게 열린 세계를 축하하는 현장이었다. 실상이야 어떻든, 안철영이 하와이에서 목격하고 『성림기행』과 〈무궁화동산〉에서 재현했던 미국/세계는 그러했다.

크리스티나 클라인은 미국이 2차 대전 동안 인종적 순수성을 주장하는 나치 체제와 싸우는 가운데 문화적 차이를 인정하는 다원론적인 사회 모델을 발전시켰으며, 전후 냉전 이데올로기 생산자들은 미국의 세계 확장을 위해서 인종적, 민족적으로 다양한 미국이라는 이 같은 개념을 동원했다고 주장한다. 미국은 인종적 평등이라는 이상을 통해 세계질서의 수호자로서의 야심을 정당화하고자 했다는 것이다.[10] 크리스티나 클라인의 관심은 미국인들이 어떻게 "탈식민의 시대에 제국주의적이지 않은 세계 권력으로 자신의 국가를 규정"하고 "세계의 코즈모폴리턴적인 시민"으로서 집단적 정체성을 구성할 수 있었는지에 두어져 있다.[11] 하지만, 안철영의 하와이 여행담에서 감지할 수 있는 것은 "다양한 인종, 민족, 국가, 종교의 배경을 가진 사람들로 구성된 조화로운 국가라는 미국의 이상"[12]이 당대의 미국 중

권력으로서 자신을 정당화하기 위해 유포한 담론의 성격을 설명하면서 사용했던 표현이다. 즉 19세기 유럽의 제국주의적 권력과는 달리, 전후 미국은 본질적인 인종적 차이와 위계라는 관념을 명백히 폐기하는 대신 전후 미국의 확장을 떠받치는 공식적인 이데올로기로서 인종 간의 "관용과 포섭"이라는 담론을 광범위하게 퍼뜨렸다는 것이다. Christina Klein, *Cold War Orientalism: Asia in the Middlebrow Imagination, 1945~1961*, University of California Press, 2003, pp.11.

10_loc.cit.

11_*Ibid.*, p.9.

12_*Ibid.*, p.11.

산층뿐 아니라, 탈식민의 맥락에서 세계 권력으로 부상한 미국과 대면한 조선인들에게도 얼마나 매혹적일 수 있는가 하는 점이다.

개인의 이력이나 그가 놓인 과도기적 상황의 특성상 어쩌면 예외적으로 보일 수도 있는[13] 안철영의 이야기로써 글을 시작하는 것은, 그것이 일제의 식민 지배에서 벗어남과 동시에 새로운 세계 권력으로서 미국을 마주했던 조선인들의, 아직 정형화되지는 않았으나 곧 지배적인 것이 되어 갈 특정한 세계 인식과 그 안에서 요동치는 정체성들을 선명하게 드러낸다는 점 때문이다. 좌우익의 극심한 갈등과 남한 단독정부 수립, 그리고 결정적으로는 한국전쟁을 거치면서 많은 것들이 분명해졌고 미묘하게 흔들리던 정체성들은 정박할 장소를 찾아냈다. 그것은 일본으로부터 미국으로의 권력 교체가 거역할 수 없는 역사의 흐름으로 확정되는 문제였으며, 인종적·문화적 차이에 근거한 동·서양의 대결의식 대신, 이념적 차이에 기반한 동

13_안철영이 미국으로 여행을 떠났던 바로 그 시기의 과도기적 특수성과 그의 독특한 이력을 고려할 필요가 있다. 남북 분단이 아직은 확정되지 않은 가운데 남한은 미군정이 통치하고 있었으며 영화계의 좌우는 역사적·정치적 정당성을 확보하기 위한 경쟁으로 대립하고 있었다. 영화동맹의 중심을 장악한 영화계의 좌파는 '영화 국영화론'을 개진하면서 '민족영화'를 가능하게 하는 구조를 구축하고자 모색했으며, 뉴스영화 제작과 이동영사 활동을 통해 해방국면의 정치적 실천에 헌신하고자 했다. 반면, 최인규, 윤봉춘, 이구영 등 영화계의 우파들은 식민치하 독립운동의 역사를 그리는, 이른바 '광복영화'를 제작함으로써 탈식민의 시대에 선편을 쥐고자 했다. 그와 같은 시기에 안철영은 조선인 영화감독이자 미군정의 관료였지만, 정치적으로 해석될 만한 행보를 보이지는 않았다. 독일에서 돌아와서 〈어화〉로 영화감독이 되었던 1930년대 말부터 안철영은 영화계의 주류와는 거리를 두고 있었으며, 특히 조선영화계가 '영화신체제'로의 전환을 두고 논쟁에 휩쓸려 있던 일제 말에는 영화계를 떠나 있었다. 해방 직후 남한 영화계의 주도권을 장악하는 문제가 일제 말 영화인들 자신의 행적과 밀접하게 관련되어 있는 상황에서 그의 특수한 이력이 치열한 갈등의 현장으로부터 비켜난, 묘하게 초연할 수 있는 입지를 마련해 준 셈이었다. 그렇기 때문에 안철영의 사례는 다소 예외적인 것처럼 보일 수도 있다.

서 진영의 대립으로써 구조화된 세계를 이해하고 받아들이는 문제였다.

제국주의의 식민지 개척이 활발하던 19세기 말에 과학기술의 발전에 의해 탄생했던 영화는, 그 본질상 역사의 초창기부터 트랜스내셔널(transnational)한 매체였다. 국가 간, 인종 간 경계를 가로질러 유통되고 소비되었던 영화는 세계를 지배하는 권력이 교체되고 그에 따라 세계의 심상지리가 전변하는 그 시점에서 특히 강력한 영향력을 발휘했다. 2차 대전 종전과 더불어 남한에 쏟아져 들어온 미국 영화들, 작품 편수는 많지 않았지만 미국 영화보다 훨씬 더 많은 비평담론의 주목을 받았던 이탈리아, 프랑스, 영국 등의 유럽 영화들,[14] 그리고 한국 땅에 결코 상륙할 수는 없었으나 식민지 경험을 통해 내면화된 취향 또는 구조로서 강력하게 남아 있던 일본 영화의 흔적들이 제각기 다른 방식으로, 이처럼 전변하는 세계상에 관여했다. 그렇게 구성된 세계상 안에서 한국(영화)인들은 자신들의 정체성을 정박시킬 장소를 찾고자 했으며, 출발점에 선 남한의 영화는 '한국 영화'라는 민족영화(national cinema)의 구상을 마련해 갔다. 이 글의 목표는 그와 같은 변화의 과정 속에서, 그리고 그러한 변화의 일부로서 한국의 민족영화가 어떻게 구성되었는가를 규명하는 것이다. 민족이 근대가 만들어 낸 상상의 구조물이라면, '민족영화' 또한 타자와의 관계망 속에서만 존립할 수 있는 상대적이고 상상적인 문화적 구성물이라고 할 것이다. '한국 영화'라는 민족영화는 한편으로는 식민지 시대 영화 유산의 일부를 소환하여 자신의 기원으로 세우고, 다른 한편으로는 2차 대전 종전과 함께 갱신된 세

14_예컨대 1959년 수입된 외국 영화의 국적별 편수를 보면, 미국 영화 157편, 영국 영화 2편, 프랑스 영화 10편, 이탈리아 영화 9편, 독일 영화 15편, 합작영화 4편, 기타 3편 등이다. 『한국연예대감』, 성영문화사, 1962, 400면.

계 각국의 민족영화들과의 관계망 안에 자신을 자리매김함으로써 구성되었다. 이 글에서는 식민/탈식민이라는 하나의 축과, 동서 냉전의 세계구도 안에서 받아들여지고 참조된 당대의 외국 영화라는 또 다른 축을 교차시키면서 1950년대에 남한에서 민족영화가 어떻게 구성되어갔는지를 살펴보고자 한다.

2. 미디어로 연결되는 세계

할리우드 영화의 다국성

언론인이자 극작가였던 이진섭은 영화야말로 "세계 각지에 우리들을 안내하여 주는 마법의 카펫트"라고 말한다. "영화에 의한 여행에 풍부한 체험이 우리들 세계관에 중요한 받침이 되어 주며 외국 영화 애호가에 있어서는 뉴욕이나 파리나 런던 모두가 낯익은 유람지이며 미국인이나 불란서인이나 모두가 다 마음이 통하는 친근한 이웃사람"이라는 것이다. 영화를 통해 베니스와 로마, 나폴리, 베를린, 비엔나 등 서유럽을 두루 섭렵하던 그는, "여행 취미"에는 당연히 "에그스디즘"(exoticism)이나 "탐험 취미"가 따르는 것이라고 하면서 〈모감보(Mogambo)〉[15]와 〈아프리카의 여왕(The African Queen)〉[16]에서 그려진 아프리카로 눈을 돌린다(이진섭 1957: 49~51). 1950년대 한국에서 외국 영화가 무엇을 의미했는지, 핵심을 찌르

15_1953, 존 포드 감독, MGM 제작, 1955년 단성사 개봉.
16_1951, 존 휴스턴 감독, 미국·영국 합작, 1955년 단성사 개봉.

는 지적이지만 그가 잊은 것이 한 가지 있다. 그것은 서유럽에서 아프리카에 이르는 세계 각지로 한국인을 "안내"해 주었던 그 영화들이 대부분 할리우드 산(産)이었다는 사실이다.

미리엄 한센은 고전적 할리우드 영화가 다른 국가의 영화들보다 더욱 쉽게 "옮겨 다닐 수 있는" "국제적인 모더니즘적 관용구(idiom)"를 개발할 수 있었던 것은, 그것이 인종적, 문화적으로 이질적인 미국의 대중시장에서 단련되어 왔기 때문이라고 지적한다. "경합하는 전통, 담론들, 관심들의 다양성을 융합하는 데 성공한 헤게모닉 메커니즘이 적어도 할리우드 생산물의 보편적인 매력과 힘의 일부를 설명"해 줄 수 있다는 것이다(Hansen 2000: 340~341). 그의 지적처럼 할리우드가 대중적 기반 위에서 국제적인 성공을 거두었던 것이 인종적, 문화적 다양성을 융합할 수 있었기 때문이라면, 유럽과 아시아[17]를 다루었고 전 세계적으로 성공했던 1950년대의 수많은 할리우드 영화들은 그와 같은 다양성의 융합이 더욱 확장된 실례를 보여 준다고 말할 수 있을 것이다.

예컨대, 이진섭이 "로마의 명소 고적"은 물론이고 "시가시장(市街市場)

17_크리스티나 클라인의 관심은 영화를 포함하여 1945년부터 1961년 사이 미국의 미디어에서 아시아가 어떻게 재현되었는가에 두어져 있다. 그에 따르면 당시 미국에서는 영화와 소설, 기행문과 같은 논픽션 등 아시아를 다루는 수많은 문화 산물들이 등장했고 큰 인기를 끌었다. 그는 아시아·태평양 지역을 다룬 작품들의 목록을 나열하면서 "1940년대 말에서 1950년대 동안에 그처럼 많은 미국인들에게 아시아와 태평양이 왜 그토록 매혹적이었는지"를 묻는다. 그가 주로 분석하는 영화 텍스트는 〈왕과 나(The King and I)〉(1956, 월터 랭 감독, 1957년 국도극장 개봉), 〈남태평양(South Pacific)〉(1958, 조슈아 로건 감독, 1961년 대한극장 개봉), 〈꽃북의 노래(Flower Drum Song)〉(1961, 헨리 코스터 감독)지만, 거론된 작품들 가운데는 한국전쟁을 다룬 〈전송가(Battle Hymn)〉(1957, 더글러스 서크 감독, 1957년 국도극장 개봉)와 〈원한의 도곡리 다리(The Bridges at Toko-Ri)(1954, 마크 롭슨 감독)도 있다(Christina Klein, *Op.cit.*, pp.2~4).

〈로마의 휴일〉 개봉 당시 포스터. 미국 파라마운트 영화사가 이탈리아 현지 제작 방식으로 만든 〈로마의 휴일〉(1953, 윌리엄 와일러 감독)은 한국에서는 1955년 국도극장에서 개봉되었다.

의 잡답(雜踏)함과 돌층계와 고풍의 건물" 등으로 "좋은 인상을 남겨 준" 영화[18]리고 평했던 〈로마의 휴일(Roman Holiday)〉[19]이 바로 그렇다. 〈로마의 휴일〉은 그 모든 장면이 로마에서 촬영된 것임을 밝히는 자막으로 시작된다. 미국의 파라마운트사가 제작하고 감독과 주요 배역을 맡은 연기자들은 미국으로부터 왔지만 여러 조연들과 스태프들은 이탈리아 현지인들이었다. 일종의 '현지화 전략'이라고 말할 만한 이 같은 방식의 영화 제작은 "디아스포라적인, 그리고 상대적으로 코즈모폴리턴적인 할리우드 공동체의 면모"[20]를 확장한 사례로서 받아들여질 수 있다. 이와 같은 '미국의 외국

18_이진섭, 「여행하는 영화의 즐거움」, 『영화세계』, 1957.2., 50면.

19_윌리엄 와일러 감독, 파라마운트 제작, 1953, 1955년 국도극장 개봉.

20_Miriam Bratu Hansen, "The mass production of the senses: classical cinema as vernacular modernism", Christin Gledhill & Linda Williams ed., Reinventing Film Studies, Arnold, 2000, p.301. 1차 대전 무렵부터 할리우드는 이미 유럽을 비롯한 세계 각국 영화인들의 활동무대였다. 특히 2차 대전 중 나치를 피해 미국으로 망명한 유럽 영화인들과 그밖에 이민자의 후손으로 할리우드에 진출한 영화인들을 거론할 수 있다. 그 가운데는 도산 안창호의 아들로 할리우드에서 활동했으며, 미국 여행 중인 안철영의 할리우드 탐

현지 제작'(American runaway production)이나 유럽 국가와 할리우드 간의 합작영화 생산 경향은 1950년대의 현저한 특징이다. 이러한 방식은 2차 대전 이후 미국 영화의 세계시장 확대 전략과, 전쟁을 치르면서 영화 제작 산업의 위기를 맞은 유럽 국가들의 보호정책 사이의 협상이 만들어 낸 결과였다.

전후 미국은 전쟁으로 상실했던 세계시장을 회복하기 위해 공격적인 마케팅 전략을 펼쳤다. 1945년 설립된 미국영화수출협회는 미국의 메이저 영화사들의 해외 배급을 담당하는 단일한 수출대행사로서, 회원사들 간의 담합과 사전 조율을 통해 해외에서 미국 영화사들의 이익을 극대화하는 데 복무했다.[21] 하지만 토머스 구벡이 지적한 것처럼 미국의 정책결정자들은 "영화는 이윤을 추구하는 기업으로 존재할 뿐 아니라 가치관과 신화를 전달하는 미디어"라는 점을 분명하게 인식하고 있었다.[22] 미국 행정부의 강력

방을 안내했던 필립 안도 있었다.

21_1945년에 미국 영화 제작자 및 배급업자 협회(MPPDA; Motion Picture Producers and Distributors of America)는 이름을 미국영화협회(MPAA; Motion Picture Association of America)로 바꾸고 그 산하의 해외부를 미국영화수출협회(MPEA: Motion Picture Export Association of America)로 확대, 개편한다. 해방 직후부터 한국전쟁 발발 무렵까지 조선에서 활동했던 미국 영화 직배회사인 중앙영화배급소는 바로 미국영화수출협회가 도쿄에 설치한 회사의 지사였다. 당시 많은 조선 영화인들은 중앙영화배급소의 "횡포"가 미군정의 비호 아래서 가능한 것이었다고 주장했다.

22_미국의 연방정부는 2차 대전이 끝나기도 전부터 "미국 미디어를 위한 해외시장 재확보 계획"을 수립하고 있었다. 특히 냉전의 세계정세는 행정부 관료들로 하여금 선전매체로서 영화의 가치에 주목하게 만들었다. 세계경찰의 역할을 자처한 미국은 자본주의에 불만을 느끼는 많은 국가들이 좌파로 기우는 것을 막기 위한 강력한 정책을 제도화했으며 할리우드 영화를 비롯한 미국 미디어 산물들을 수출하는 것은 그와 같은 노력의 핵심에 있었다. Thomas H. Guback, "Hollywood's international Market", Tino Balio ed., *The American Film Industry*(Revised Edition), The University of Wisconsin Press, 1985,

한 지원 아래 할리우드 영화의 해외 수출이 대규모로 이루어진 결과, 당시 유네스코 보고서가 지적한 것처럼 2차 대전 이후 유럽을 비롯한 세계 "각국의 영화 제작산업은 자신들이 제작한 영화에 대한 소비를 회복할 겨를을 갖지 못한 채 성장을 저지"당하는 상황에 처하게 되었다.[23]

영화시장의 블록화와 합작(合作)의 트랜스내셔널

자국의 영화 제작업이 위기를 맞게 된 것 이외에, 할리우드 영화가 시장을 지배함으로써 초래된 문제 가운데 하나는 전후의 외환 부족을 심화시키는 달러의 유출 문제였다. 이를 해결하기 위해 유럽 국가들은 미국 영화사가 벌어들인 수입을 동결하는 통화 제한 조치를 취했다.[24] 할리우드는 달러를 자국에 송금하는 대신, 유럽 각지에서 스튜디오를 건설하거나 합작영화를 제작하고, 저작권과 배급권을 사들였다.[25] 유럽·할리우드 간의 합작영화 제작, 미국의 외국 현지 제작의 증가 등은 바로 이러한 상황이 만들어낸 결과이다.

---

p.472.

23_*Ibid*., p.474.

24_유럽뿐 아니라 한국에서도 외화(外貨)의 유출 문제는 중요한 쟁점이었다. 조영정은 바로 이 외화의 문제가 외국 영화 수입을 억제하게 된 가장 중요한 이유 중의 하나라고 지적한다. 달러화 유출이라는 실질적인 경제문제와 맞물리면서 외국 영화는 더욱 더 산업적이고 사회적인 측면에서 논의되었다는 것이다. 조영정(2003: 112~113).

25_토머스 구벅은 1948년에 영국과 미국 사이에 체결된 영국-미국 영화협정(Anglo-American Film Agreement)과 같은 해 프랑스와 미국이 맺은 프랑스-미국 영화협정(Franco-American Film Agreement)을 그 예로 든다. 이 협정들에 따라 미국은 영국에서는 매년 4,000만 달러를 남겨두고 1,700만 달러만을, 프랑스에서는 1,000만 달러를 남겨두고 360만 달러만을 자국으로 송금했다. Thomas H. Guback, *Op.cit.*, p.474.

〈서울의 휴일〉 포스터. 〈서울의 휴일〉(1956, 이병일 감독)은 미국영화 〈로마의 휴일〉로부터, 그리고 여주인공인 희원(양미희 분)의 캐릭터는 앤공주(오드리 헵번 분)로부터 영감을 얻었다.

또 다른 한편으로는 유럽 각국 사이에서 영화 협정이 추진됨으로써 유럽 국가들 간의 합작 또한 증가했다. "양국의 영화 제작을 전쟁 이전의 수준으로 되돌리는 한편, 수준 높은 영화를 제작해 세계시장에서 경쟁력을 높이고 할리우드 영화의 세계시장 지배에 대처"하고자 하는 목적으로 1949년에 체결된 프랑스-이탈리아 협정(Franco-Italian Film Agreement)을 시작으로, 1950년대 중반까지 여러 영화협정들이 체결되었다.[26] 한편으로는 미국의 해외시장 진출 전략의 일환으로, 또 다른 한편으로는 미국 영화의 세계시장 지배라는 대세에 의해 촉발된 영화시장의 지역별 블록화와 지역 내 국가 간 합작이 유례없이 활발하게 이루어졌던 시기가 바로 1950년대였던 것이다.[27]

26_예컨대 프랑스는 동서독, 스페인, 아르헨티나, 오스트리아, 유고슬라비아, 호주, 소련과 공동제작 협정을, 이탈리아는 서독, 스페인, 아르헨티나와 공동제작 협정을 맺었다. 같은 시기에 네덜란드, 스웨덴, 덴마크, 헝가리 간의 공동제작 협정도 체결되었다. 앤 자켈, 박조원·정현일 옮김, 『유럽의 영화산업』, 커뮤니케이션북스, 2006, 10~12면.

27_한국이 속해 있는 아시아의 경우, 일본과 홍콩의 메이저 영화사들이 주도한 아세아영화제가 아시아 각국 간의 합작영화 생산의 장으로서 적극 활용되었다.

당시 한국의 영화시장에 들어온 외화의 상당수는 바로 그와 같은 합작, 또는 할리우드의 해외 현지 제작 작품들이었다. 유통과 소비의 수준을 넘어서서, 제작에까지 국제적인 협력이 확대됨으로써 세계는 그야말로 영화라는 미디어를 통해 하나가 되었다. 그 세계는 물론 미국이 헤게모니를 행사하는 냉전의 한 편, 즉 미국과 서유럽을 중심으로 하고, 아시아의 일부를 시장으로 삼는 서방 진영을 의미하는 것이었다. 합작영화나 외국 현지 제작 영화는 그 존재 자체가 서방 국가들 간의 국제적 협력을 증거하는 것이었지만, 그러한 영화들이 재현한 세계 또한 그 제작 방식 만큼이나 초국적이었다.

〈로마의 휴일〉은 앤 공주가 세계 각국에서 온 외교사절들의 인사를 받는 도입부에서부터 그것이 국경과 인종을 초월하여 하나가 된 세계를 배경으로 한 것임을 분명히 보여 준다. 유럽을 순방 중인 영국 공주가 이탈리아에서 미국인 신문기자와 애틋한 사랑을 나눈다는 식의 '국제적인' 설정은 이 시기 영화들에서 매우 흔하게 발견된다.[28] 그러나 이 영화에서 무엇보다

28_예컨대, 이진섭이 캐롤 리드의 "여행 취미"가 드러나는 영화라고 언급했던 〈제3의 사나이〉는 연합군이 지배하고 있는 2차 대전 직후의 비엔나로 친구를 찾아간 미국인 소설가의 이야기를 다룬다. 영어, 독어, 러시아어, 불어가 뒤섞여 사용되는 그곳에서 그는 친구의 죽음에 얽힌 미스터리를 풀려고 노력한다. 〈맨발의 백작부인〉에서 스페인의 댄서 출신으로 할리우드 영화감독에게 발탁되어 세계적인 스타가 된 마리아는 남미의 대부호의 애인이었다가 다시 이탈리아의 백작 톨라토-파브리니와 결혼한다. 〈왕과 나〉에서 영국인 안나는 태국 왕의 가정교사로 초빙되어 태국의 왕실 사람들과 국경을 뛰어넘는 우정을 맺는다. 〈여로(The Journey)〉(1959, 아나톨 리트박 감독, 1959년 대한극장 개봉)는 1956년 헝가리에서 일어난 반정부 시위 당시, 헝가리인 애인을 국외로 탈출시키기 위해 애쓰는 영국 여성과 시위 진압을 위해 헝가리에 주둔하고 있는 소련군 장교 사이의 짧고 강렬한 사랑을 다룬다. 〈전송가〉에서 미국인 장교 딘 헤스는 한국 여성 양온순과 함께 한국전쟁 고아들을 돌본다. 아마도 이 같은 사례를 일일이 열거하자면 끝이 없을 것이다.

도 주목할 만한 것은 국가의 경계를 넘어 전 세계로 향하는 미디어의 파급력이다. 세계 각국 기자들에 의해 앤 공주의 일거수일투족은 실시간으로 전 세계에 전해진다. 그녀는 〈맨발의 백작부인(The Barefoot Contessa)〉[29]의 할리우드 여배우 마리아처럼 미디어를 통해서 공식적인 활동은 물론이고 사생활까지도 전 세계에 의해 동시에 소비되는 그러한 존재였다. 〈로마의 휴일〉의 미국인 신문기자 조 브래들리나 〈맨발의 백작부인〉의 할리우드 영화감독, 그리고 〈제3의 사나이(The Third Man)〉[30]의 미국인 소설가까지 미디어의 메시지를 생산하는 주체는 대개 미국인이었다. 크리스티나 클라인은 2차 대전 후 아시아를 재현하는 텍스트들이 그 주된 관심을 "아시아를 여행하거나 아시아에서 살고 일하는 미국인들"에게 둔다는 점에서 "중국인에게만 초점을 맞추는" 〈대지〉와 같은 전전(戰前) 텍스트들과는 차이가 있다고[31] 지적했지만, 그 점은 아시아의 재현에만 국한된 것은 아니다.

영화에서 재현된 미국인들의 국경을 초월한 활동, 그리고 그들이 생산하는 메시지의 국제적인 파급력은 합작이나 외국 현지 제작을 통해 초국적 감각을 획득한 할리우드 영화 자체 만큼이나 미디어로 연결된 세계를 증거한다. 그것은 '미국화된 세계' 또는 '미국인의 시선을 통해 본 세계'였지만, 이진섭이 그랬던 것처럼, 1950년대 한국에서 그와 같은 세계의 '보편성'이 특정한 시각에 의해 조율된 것이라는 점을 의식하는 사람은 많지 않았다. 영화나 음반처럼 복제기술에 의존한 대중 엔터테인먼트 산업이 자리를 잡아가고, 각종 신문·잡지 등이 속속 발간되던 한국전쟁 이후에, 그와 같은 세계상

29_1954, 미국·이탈리아 합작, 조셉 맨키위츠 감독, 1956년 수도극장 개봉.
30_1949, 영국·미국 합작, 캐롤 리드 감독, 1954년 수도극장 개봉.
31_Christina Klein, *Op.cit.*, p.10.

은 미디어를 타고 "우리들 세계관에 중요한 받침"으로 자리 잡게 되었다.

그것이 특히 "오락"의 형식을 통해 대중의 일상 깊숙이 파고 들었다는 점을 주목할 필요가 있다. 1950년대의 대표적인 대중오락 잡지인 『명랑』은 자신들이 제공하는 "오락"의 핵심으로서 7S(Sex, Story, Star, Screen, Sports, Studio, Stage)를 제시한다.[32] 그 가운데서도 게리 쿠퍼나 마릴린 먼로, 그레이스 켈리 같은 할리우드 스타들의 배우 입문기나 연애·결혼·이혼 등의 사생활, 그리고 개봉 예정인 미국 영화를 소개하는 기사들은 특히 중요한 비중을 차지했다. 미디어를 통해 할리우드 스타 이미지를 소비하는 것은 "모두가 다 마음이 통하는 친근한 이웃사람"이며, 그들이 살고 있는 세계와 내가 살고 있는 세계가 같은 곳이라는 메시지를 받아들이는 일이었다. 이 시기 『영화세계』 『국제영화』 『신영화』 같은 영화잡지들의 '독자란'에는 팬레터를 보내기 위해 외국 영화 스타들의 주소를 알려 달라는 요청이 쇄도했다. 당시 대중잡지가 펜팔을 원하는 전국 각지의 독자를 지면을 통해 연결했던 것처럼[33] 영화잡지들은 외국의 영화 스타들과 한국의 팬들을 연결해 주었으며 이와 같은 경험은 그 자체로서 미디어를 통해 연결되어 있는 세계를 확인하게 하는 것이었다. 말하자면 할리우드 영화와 그 스타들을 소비함으로써 한국의 대중은 할리우드가 제시한 '보편적 세계'의 일원이 되었던 것이다.

32_『명랑』 1956.11., 182면.

33_대중잡지 『아리랑』이 대표적이다. 이 잡지에는 독자들의 간단한 이력과 소개를 담은 펜팔 코너가 고정적으로 실렸다.

3. 한국 영화의 '현대성'과 신파영화

할리우드풍 '현대'와 세계적 보편성

1950년대 후반 한국에서의 영화제작이 본격화[34]되면서, 할리우드 영화가 생산했던 경험은 한국 영화 및 한국의 영화 스타를 통해서도 재생산되었다. 마릴린 먼로 풍의 신인 여배우들이 대거 등장했고[35] 한국의 잉그리드 버그만, 한국의 엘리자베스 테일러, 한국의 에바 가드너 같은 식으로 한국 여배우들의 이미지를 할리우드 여성 스타에 견주어 위치 짓는 경우도 자주 있었다.[36] 뿐만 아니라 할리우드 영화를 명백히 참조한 영화들 또한 제작되고 있었다. 〈로마의 휴일〉은 〈서울의 휴일〉(1956, 이병일 감독)로 번역되었고 〈애수(Waterloo Bridge)〉[37]와 〈카사블랑카(Casablanca)〉[38]는 〈비

34_1952년부터 1960년까지 한국 영화 제작편수를 살펴보면 아래와 같다(『한국연예대감』, 앞의 책, 361~374면에서 재구성).

1952	1953	1954	1955	1956	1957	1958	1959	1960
7	5	14	15	42	28	83	108	90

35_예컨대, 『아리랑』 1955년 6월호에는 「늦게 불어온 몬로 선풍 - 코리아 몬로는 누구?」라는 제하의 화보가 실려 있다. 여기에는 "진짜 몬로" "영국 몬로"와 같은 사진설명과 함께, 마릴린 먼로와 비슷한 의상을 차려 입은 거리 여자들의 뒷모습과 한국 여배우 나애심의 사진이 수록되었다. 김의향, 이빈화, 안나영, 김유희 등 1950년대 후반 영화 제작이 활성화되면서 등장했던 신인 여배우들의 상당수는 마릴린 먼로 풍의 이른바 '글래머 스타'들이었다.

36_한국의 여배우들은 할리우드의 여성 스타들과 비교되곤 했는데 최은희는 잉그리드 버그만에, 김지미는 엘리자베스 테일러에, 도금봉은 라나 터너에, 이민자는 에바 가드너에 비견되었다(「동서 인기스타아 라이발 대전기」, 『영화세계』, 1960.11., 57~59면).

37_〈애수〉는 2번에 걸쳐 만들어졌다. 제임스 웨일이 감독한 첫 번째 〈애수〉는 1931년 작으로 제1차 세계대전을 배경으로 한다. 1940년에 만들어진 두 번째 〈애수〉는 그 배경을 2차 대전으로 옮겼으며 머빈 르로이가 감독하고 비비안 리, 로버트 테일러가 주연했다. 두 편의

오는 날의 오후 세 시〉(1959, 박종호 감독)에 영감을 주었다.[39] 하지만 이를 모방으로만 보는 것은 문제를 지나치게 단순화하는 것이다.

〈서울의 휴일〉의 주인공 남희원이 신문기자인 남편과 함께 보낼 서울에서의 휴일을 꿈꾸는 것은 명백히 〈로마의 휴일〉에서 가져온 것이지만, 그녀가 그리는 서울에서의 하루는 근대 도시가 제공하는 보편적 경험에 기반하여 소비될 수 있는 성격의 것이었다. 〈서울의 휴일〉에서 영감을 받은 것이 분명해 보이는, 잡지 『명랑』의 한 기사는 영화에서 희원 역할을 맡았던 배우 양미희의 하루 일과를 "미행"을 통해 엿보는 형식으로 전한다. 그녀는 버터와 치즈로 버무린 흰밥에 소고기 찌개로 아침식사를 마치고 집을 나서 승마장에 들렀다가 명동의 태극그릴에서 라이스카레로 점심식사를 한 후 영화사를 방문한다. 근처 다방에서 영화인들과 담소를 나눈 뒤에 고급 밀크캐러멜을 먹으며 수도극장으로 가서 영화를 보고 귀가 길에는 서점에 들러 월간잡지를 산다. "호화로울 줄 믿었던 인기 스타 양미희 양의 생활"이 "우리네와 조금도 다를 바 없는 간소하고 평범한" 것이었다는 기자의 결론[40]이 다소 지나친 것처럼 들리긴 하지만, 그렇다 하더라도 그릴과 다방과 영화관, 그리고 서점으로 이어지는 도시인의 일상은 어떤 현실적인 감각을 확보하고 있었다. 그와 같은 일상의 비전을 근대 세계의 보편성으로

〈애수〉는 모두 한국에서 개봉되었는데, 첫 번째는 식민지 시대에, 두 번째 〈애수〉는 한국전쟁 기간 중인 1952년에 피난지 부산과 대구에서 개봉되었다. 〈애수〉는 특히 한국에서 각별한 인기를 누렸던 작품으로 1967년에는 최무룡에 의해 같은 제목의 한국 영화로 리메이크되기도 했다.

38_1942, 마이클 커티즈 감독, 1947년 서울극장 개봉.

39_〈애수〉 및 〈카사블랑카〉와 〈비오는 날의 오후 세 시〉의 관계에 대한 자세한 논의는 조영정, 「미국영화에 대한 양가적 태도」, 『매혹과 혼돈의 시대: 50년대의 한국영화』, 소도, 2003 참조.

40_『명랑』 1956.12., 70~72면.

제시하는 문화적 헤게모니가 작동하는 한, 전후 한국에서는 이러한 일상을 누릴 수 있는 사람이 많지 않았다는 식으로, 이것을 양적인 문제로만 환원해서는 안 될 것이다. 1차 대전이 2차 대전으로, 다시 한국전쟁으로 번역되었던 〈애수〉와 〈비오는 날의 오후 세 시〉의 사례 또한 마찬가지다. 전 세계 또는 세계의 일부가 참여했던 전쟁이야말로 근대 세계의 보편성을 확실하게 각인시키는 경험일 것이기 때문이다.

평론가들은 이러한 영화들을 당대의 시대감각과 관련해서, 그리고 무엇보다도 미국/세계와의 관계 속에서 다루었다. 유두연은 "세계 문화사조의 반영"이나 "대중의 호흡과의 일치" 같은 "시대적 감각"이 영화의 "본질적 성격"이라고 주장한다.[41] 그런 견지에서 볼 때 "〈춘향전〉이나 〈장화홍련전〉 같은 옛날이야기"의 영화화는 "시각화된 이야기책을 만들겠다는 우열(愚劣)한 생각"일 뿐, 영화의 본질적 성격을 구현하는 것과는 거리가 멀었다. 〈자유부인〉(1956, 한형모 감독)은 "그 원작이 가지는 현대 풍속 묘사를 스크린화하여 대중들에게 어느 정도 청신한 매력을 던졌고 현대극영화에서 가능성을 보장"해 주는 계기가 되었다는 점에서 의의가 있다. 그는 이 "가능성"을 이어받아 "오리지널 시나리오에 의한 현대극영화가 반드시 나와야 될 것"이라고 주장한다.[42] 현재를 다루느냐 과거를 다루느냐 하는 소재 차원의 문제를 "시대적 감각"으로 환원하는 것이 타당하다고 볼 수는 없지만, '현대'에 집착하는 그의 태도는 당대 평론가들을 사로잡았던 사고방식의 일단을 엿보게 해준다는 점에서 흥미롭다. 한국 영화가 현대성을 성취해야 한다는 것은 다른 말로 하자면 미국 영화가 제시했던 바로 그 세계

41_유두연, 「한국영화의위기(1): 창작의식의 결여」, 『경향신문』, 1956.7.18.
42_유두연, 「한국영화의위기(2): 창작의식의 결여」, 『경향신문』, 1956.7.19.

의 일부가 된다는 것, 즉 한국 영화 또한 '세계적 보편성'을 획득함으로써 세계를 연결하는 미디어로서의 기능을 다해야 한다는 것을 의미했다.

민족 내 불균질성, '현대'의 안티테제로서의 신파

그런데 '현대'는 필연적으로 현대 이전, 즉 과거와의 관계를 통해 규정된다는 점에서, 당대의 평론가들이 '현대가 아닌 것'을 어떻게 구성했는가는 중요한 문제다. 유두연은 "옛날이야기"를 다룬 사극과의 구별을 통해 "현대극영화"를 규정했지만, 당시 비평담론에서 현대적인 것과 그렇지 않은 것을 구분하는 양상은 그처럼 간단치만은 않았다. 예컨대 전후의 "빈곤한 사회를 배경으로 해서 생겨나는 일종의 사회적인 비극의 유형"[43]으로서 1950년대 후반의 신파영화는, 그것이 한국전쟁의 사회적 여파를 다루고 있었음에도, 한국 영화가 성취해야 할 '현대성'과는 거리가 먼 것으로 치부되었다.

> 몇 세대 이전의 신파 비극 전성시대로부터 지금까지 생산해 있는 전옥 수연 영화래서가 아니라 순 신파조의 영화. 전옥 득의의 신파식 비탄조 넋두리 장면을 팔아보자는 것일 것인데 현대의 우리에게는 과히 공감이 안 간다. 옛날 신파 비극을 회고해보자는 데서는 뜻이 있을 것이다.[44]

악극의 줄거리를 그대로 화면에 옮겨놓은 데다가 테마 자체가 무척 전 세기적인

43_이영일, 『한국영화전사(개정증보판)』, 소도, 2003, 267면.

44_「전옥의 〈항구의일야〉, 신파조의 멜로드라마」, 『한국일보』, 1957.10.20.

> 것이기도 하지만 대사나 등장인물들의 연기에서도 물씬 물씬 신파 비극의 냄새가 풍긴다. 영월 탄광을 배경으로 이예춘의 능이한 마스크가 약간 관객의 흥미를 끌 정도. 이 영화에 곁들여 내놓은 애트락숀, 박춘석 악극단은 아울러 악극을 즐기는 팬들의 저급한 취미에 알맞을지 모른다.[45]

위의 예문들은 어떤 유형의 멜로드라마들이 구시대적인 것과 결부되어 논의되고 있는가를 분명하게 보여 준다. 가장 중요한 것은 "영화 이전의" 원천으로서의 악극이다. 원작과 더불어 전옥이나 이예춘 같은 악극 무대 출신 연기자들의 "비탄조" 연기 방식은 "신파조"의 핵심으로 여겨졌다. 여기에 덧붙여진 악극단의 어트랙션 쇼(attraction show)는 "악극을 즐기는 팬들의 저급한 취미"에 영합하는 것이었다. 이영미는 1950년대 말 방송극과 악극이 각기 도시민의 문화적 취향과 낮은 문화자본을 소유한 지역민의 '저급한 미적 취향'을 반영하는 것으로 여겨졌으며, 영화는 그 사이에 존재하는 매체였다고 지적한 바 있다.[46] 만약 그렇다면 악극이라는 공연예술의 한 장르가 왜 그 자체로서 구시대적이며 저급한 것이 되었는가, 악극을 원천으로 삼은 영화는 그것이 전후의 현실을 다루고 있는데도 왜, 소설을 원작으로 한 영화와는 달리 "현대극영화"가 될 수 없는가라는 질문이 떠오른다.

"몇 세대 전"이나 "전 세기적"이라는 표현이 암시하는 것처럼 악극이 식민지 시대에 연원을 두고 있다는 것, 따라서 그것이 식민 잔재에 대한 거부감과 관련된 것이라는 사실이 중요한 것처럼 보인다. 그러나 한국에서 영화의 역사 또한 식민지 시대에 시작되었다. 문제는 식민지 시대의 문화적

45_「〈나그네설움〉 영화 이전 신파희극」, 『서울신문』, 1957.12.5.

46_이영미, 「신파성, 반복과차이: 1950년대 악극·영화·방송극」, 권보드래 외 지음, 『아프레걸 사상계를 읽다: 1950년대 문화의 자유와 통제』, 동국대학교 출판부, 2009.

유산 그 자체가 아니라, 그것의 기원과 관련된 당대의 통념이다. 서구의 근대 연극을 일본식으로 변형한 '신파극'이, 서구로부터 직수입한 것으로 여겨진 '신극'과는 달리 오랫동안 일제의 잔재로 취급되었던 사실을 참조할 수 있다. 처음으로 한국의 악극사를 정리했던 박노홍은 조선 최초의 악극단으로 삼천가극단을 꼽는데, 그것을 이끌었던 권삼천은 신파극단 취성좌와 일본 소녀가극단의 계보 안에 놓인 인물이었다.[47] 악극은 신파극과 마찬가지로 그 일본적 기원 때문에 뮤지컬이나 오페라와는 다르게 식민지 시대의 문화적 잔존물, 즉 식민 잔재의 일부로 여겨졌다.[48]

또 한편으로 이 문제는 영화라는 근대의 신생 매체(new media)가 악극을 포함한 공연예술과 맺어 온 관계의 역사라는 맥락에서 규명될 필요가 있다. 서구의 박래품으로 조선에 들어온 영화는, 공연예술을 포함한 다른 문화적 기반에 의존하면서 조선에서의 역사를 시작했다. 임화는 이와 같은 의존적 상태를 벗어나 영화가 예술로서의 자립을 이루었던 것이 나운규에서부터라고 했지만,[49] 그것은 영화 텍스트가 성취한 예술적 측면에 국한된 이야기일 뿐이었다. 영화를 제작-배급-상영하는 산업구조와 관행에 있어서는 나운규 시대를 지나 해방과 한국전쟁을 거친 이후에도 영화의 공연 지향성은 여전히 지배적인 성격이었다.[50] 동반 공연(accompaniments), 즉

47_김의경·유인경 편, 『박노홍의 대중연예사1』, 연극과인간, 2008, 12면.

48_반면 〈자유부인〉 또한 악극을 원작으로 삼은 영화들처럼 "불필요한 노래와 춤"을 사용했지만, 영화평론가 황영빈은 〈자유부인〉의 "노래와 춤"으로부터 "미국 영화의 아류"라는 인상을 받았다. 〈자유부인〉의 노래와 춤에서 1950년대 성행했던 미국의 뮤지컬 영화를 연상했던 것처럼 보인다(『한국일보』, 1956.6.15., 4).

49_정재형, 『한국 초창기의 영화이론』, 집문당, 1997, 113면.

50_이순진, 「조선 무성영화의 활극성과 공연성에 대한 연구」, 중앙대학교 박사논문, 2008.

어트랙션 쇼나 변사 연행과 함께 전국을 순회하면서 영화를 상영하는 사례는 1950년대를 지나 1960년대 말까지도 전국적으로 광범위하게 발견된다.[51] 1950년대 말이 되어서야 전국을 6대 상권으로 나누고 지방 대도시 극장의 소유주들이 자신의 상권을 관할하는 흥행사가 되어 서울로부터 영화를 수급해 오는 배급의 구조가 마련되었다.[52] 따라서 이처럼 전국을 포괄하는 배급-상영의 구조가 마련되기 전인 1950년대 중반까지, 한국에서 영화의 동시 소비란 사실상 환상에 불과했다. 1950년대 말 이후에도 전국 동시 개봉은 6대 상권의 핵심에 놓인 대도시에 국한된 것이었을 뿐, 그 외 지역에서는 여전히 식민지 시대와 마찬가지의 흥행 관행에 의존했다.[53] 이와 같은 순회 흥행의 기원은, 굳이 따지자면 전근대 유랑예인집단과 지방 순회공연을 주된 흥행 방식으로 삼았던 식민지 시대의 공연단체로부터 찾을 수 있을 것이다. 하지만 연극과는 달리 복제매체로서 전 세계적 수준에서 동시 상영이 가능한 영화가 순회 흥행을 배급-상영의 구조로 삼았던 것은

51_이와 관련해서는 당시 흥행업에 종사했던 사람들의 증언이 여럿 남아 있다. 정종화가 진행한 전덕기와 진항범의 구술채록(정종화, 「전후 영화 흥행의 교두보, 16mm 순업」, 「증언1-전덕기: 내가 악극을 가지고 다니던 코스로 먼저 뛰었지」, 「증언2-진항범: 극단은 쇠퇴하고 전부 영화로 뛰어들었지」, 『계간영화언어』 복간1호, 2003년 여름)이 있고 호남지역의 영화 순업과 관련해서는 위경혜가 광범위한 구술채록 작업을 하고 그것을 바탕으로 지역의 영화 수용문화를 정리한 두 권의 연구서(위경혜, 『광주의 극장문화사』, 다지리, 2005; 『호남의 극장문화사』, 다홀미디어, 2007)가 있다. 이와 같은 이동영사를 통한 지방의 영화상영에는 대개 변사가 동반되거나 어트랙션 쇼가 붙는 것이 관행이었다. 대구영화인협회 초대 사무국장을 지냈던 김대한의 구술증언은 1960년대 초까지 변사를 동원한 영화의 '공연'이 이동영사를 넘어서 상설극장에서까지 이루어졌던 사례를 보여 준다. 식민지 시대 공회당이었던 건물이 한국전쟁 무렵부터 군인극장으로 사용되었는데, 그곳에서는 변사에 의해 매개되는 미국 영화가 저렴한 가격으로 상영되었다는 것이다. 이순진(2011a: 77~81).

52_김미현 외, 『한국영화배급사 연구』, 영화진흥위원회, 2003.

53_이순진, 『조선인 극장 단성사, 1907~1939』, 한국영상자료원, 2011.

식민지 조선과 해방이후의 한국 사회가 여전히 중앙집중적인 영화산업 구조[54]를 허용할 수 없는 산업화의 수준에 머물러 있었기 때문이었다. 다소 도식적으로 말한다면 1950년대까지 한국에서 영화라는 미디어는 미국/세계와 한국의 도시를 연결해 주었으나, 한국 내 도시와 지방을 연결해 주지는 못했던 것이다. 그런 점에서 "현대성"에 도달하지 못한 신파영화와 〈춘향전〉 〈장화홍련전〉 등의 "시각화된 이야기책" 같은 '구시대적' 영화들이 순회 흥행이라는 과거의 흥행 관행과 결합해서 소비되었던 것은 자연스러운 일이었다.

그런데 문제는 그 규모에 있었다. 만약 신파영화와 순회 흥행의 관행이 그저 머지않아 사라져 갈 문화적 잔존물에 불과했다면, 아마도 평론가들은 그것을 무시하고 지나쳤을 것이다. 하지만 신파영화가 그려 내는 구시대적 세계상에 "공감"하지 못하는 "현대의 우리"가 문화적인 헤게모니를 행사했을지는 몰라도 영화시장에서는 여전히 소수였고, 이러한 상황은 현대성에 도달하지 못한 신파영화야말로 훨씬 더 강력한 시장경쟁력을 갖고 있다는 역설을 만들어 냈다. 그리하여 〈자유부인〉의 성공에 힘입어 1956년과 57년에 한국 영화의 주류적 위치를 확보했던 "현대극영화"들은 정작 한국 영화산업이 본격화되는 1958년 이후에는 신파영화와 역시 악극에 뿌리를 두고 있는 희극들[55]에 그 자리를 내주게 된다.[56] 한국 영화 제작 경향을 바꿔 놓을 정도로

54_이는 전국을 연결하는 배급과 상영망의 확보, 그리고 그로부터 벌어들인 수입이 제작 자본으로 회수되는 산업의 구조를 말하는 것이다. 할리우드는 일찌감치 제작-배급-상영을 일원화하는 수직통합의 구조를 마련했으며, 이것은 할리우드 영화산업이 자국은 물론이고 세계로까지 그 시장을 확대하는 기반이 되었다.

55_1950년대 말 부상한 코미디와 악극 등의 공연예술적 원천의 관계에 대한 자세한 논의는 박선영, 「한국 코미디영화의 형성과정 연구」, 중앙대학교 박사논문, 2011 참조.

강력했던 '구시대적인 것의 반격'에 대해서 평론가들은 격렬히 반응했다.

그들에게 있어서 악극을 원천으로 하는 신파영화나 악극 공연을 동반하는 영화를 순회 흥행의 방식을 통해 소비한다는 것은, 식민지 시대 이래 지속되어 온 그 오래된 관행에 여전히 묶여 있다는 것, 즉 한국 영화산업이 여전히 '전근대적' 상태에 머물러 있다는 것을 뜻했다. 이윤을 목적으로 하는 상당수의 소규모 순회 흥행은 국가가 승인한 합법적 영역 안에 존재하지 않았다. 또한 영화의 순회 흥행이 낳은 이윤은 제작자본으로 흡수되지 못했고 이는 영화기업의 자본주의적 발전을 저해하는 것이었다. 순회 흥행이 주로 활동했던 무대로서 노천극장의 존재는 '극장'이라는 근대적 기관의 부재를 뜻했으며 완전한 영화의 등장과 함께 구시대의 유물이 되었다고 여겨진 연쇄극의 제작 및 상연과,[57] 발성영화의 등장으로 인해 '역사 속으로 사라졌다.'고 말해지곤 했던 변사 연행의 지속은 한국의 영화문화가 여전히 기술적 근대에 미달했음을 증거했다. 이 모든 지역적 양상들은 기술적, 산업적 근대화라고 하는 시대적 과제를 달성하기 위해 극복되어야 할 과거

56_이영일은 1956~57년 사이에 한국 영화 제작의 주조를 이루었던 "시대풍조 멜로드라마"가 1958~59년 사이에는 신파영화와 희극영화로 대체되었다고 썼다. 신파영화와 멜로드라마를 구분하고 그 각각을 한국영화사 안에 다르게 위치 짓는 그의 시각은 1950년대 말 비평담론을 지배했던 담론적 경향을 영화사 서술 안으로 끌어들여 정식화한 것이었다. 그는 스스로가 1950년대 말의 중요한 영화비평가로 활동했다(이영일, 앞의 책, 248~255면).

57_1960년대 말까지 악극단에서 활동했던 김경석은 당시까지도 악극단이나 창극단에서 연극의 특정 장면을 필름으로 찍어 공연하는 연쇄극이 자주 만들어졌다고 증언한다. "무대에서 현장처리를 못하는 것은 필름으로 처리"하는데, 가령 "야외 나가서 싸움하고 그런 것들을 영화로 찍어서 보여" 주었다는 것이다(이순진 구술채록, 「김경석」, 『2003 영화의 고향을 찾아서 인터뷰 자료집』, 한국영상자료원, 2003, 33~34면). 한국전쟁 당시 피난지 대구에서 활동했던 배우 한은진이 운영한 연쇄극 전문 극단 '보랑'의 사례 또한 1950년대 중반까지 연쇄극이 자주 만들어지고 상영되었음을 알려 준다.

의 유산으로 여겨졌다.

평론가들은 이와 같은 과거의 유산을 대표하는 것으로 "신파영화"를 소환했다. 그들은 신파영화가 문화적 소양을 갖추지 못한 전주(錢主)들의 돈벌이 수단일 뿐, 영화에는 미치지 못하는 것이라고 비난하곤 했다. 문화를 상품으로 소비하는 대중의 존재야말로 '현대적'인 것이었지만, 1950년대 말 한국에서 대중의 가장 큰 인기를 끌었던 이른바 '신파영화'는 평론가들이 상상하는 "현대성"과는 먼 거리에 있었다. 해방 이후 한국에 도달한 '현대성'은 무엇보다도 미디어를 통해 연결되는 미국화된 세계, 그 보편적 세계에의 참여와 관련된 것이었기 때문이다. 현대성/미국화된 세계와의 소통으로 나아가는 것과 구시대성/식민지적 세계에 잔류하는 것 가운데서 전자를 지향하는 것이야말로 세계적 보편성에 다가가는 일이었을 것이다. 평론가들은 이를 따라오지 못하는 대중을 견인하고 계도해야 할 사명을 가진 존재들이었다.

그런데 여기에는 근본적인 모순이 존재한다. 그들이 질타해 마지않는 상업성이야말로, 미국의 문화산업 스스로가 그 위력을 입증했고, 할리우드 영화를 비롯한 미국 문화산업의 생산물들이 유포한 자본주의적 가치의 핵심에 놓여 있는 것이기 때문이다. 할리우드가 바로 상업적 영화의 총본산이며, 영화의 생산과 판매가 "이윤을 목적으로 실행되는 순전한 사업"[58]이라는 생각의 출처였던 것이다! 그러므로 상품으로서의 영화를 부정하는 태도는 결국 할리우드 영화에 대한 부정, 더 나아간다면 문화예술이 오직 상품의 형식으로만 존재할 수 있는 자본주의적 세계에 대한 부정으로 귀결될

58_Thomas H. Guback, *Op.cit.*, p.463.

수밖에 없는 것이었다.

따라서 영화의 상품적 가치와 문화적 가치 사이에서 평론가들이 분열적 태도를 드러내는 것은 필연적인 일이다. 할리우드 영화가 전파하는 보편적 세계에 안주할 수 없는 것 또한 마찬가지로 필연적인 일이다. 신파영화와 이른바 현대극영화, 즉 "시대풍조의 멜로드라마" 사이에 비평적 위계를 설정하는 것은 이와 같은 분열을 해소하고자 하는 하나의 방편이었다고 말할 수 있다. 식민과 탈식민, 도시와 지방의 격차 같은 사회의 구조적인 문제는 고급과 저급의, 당시의 표현을 빌자면 "하이브라우(highbrow)와 로우브라우(lowbrow)"의 문화 취향이라는 틀 안에서 다시 배치되었다. 그것은 미국적인 것으로서의 현대성, 서구로부터 (직접) 유래한 지식, 근대 세계의 보편성을 구가하는 것으로서의 도시적 삶을 특권화하는 것을 의미했다.

하지만 한국 사회의 구조적인 문제를 취향의 문제로 환원한다고 해서 모순이 해결될 수 없다는 것은 자명하다. 그러한 특권화가 반상업주의적인 태도를 전제로 삼고 있는 한, 미국을 중심으로 한 자본주의적 세계, 즉 근대 세계의 보편성은 뿌리에서부터 흔들릴 수밖에 없기 때문이다. 할리우드 영화의 현대성에 도달하기 위해 반상업주의적인 태도를 견지해야 한다는 이 모순은 1950년대 한국 영화 비평담론에서 할리우드 영화에 대한 분열적 태도를 낳았다. 즉, 할리우드 영화의 세계적 보편성은 도달해야 할 하나의 목표점[59]이기는 하지만, 그것으로써 진정한 민족영화의 이념적 지향을

59_한국영화사의 맥락에서 1950년대 영화문화를 미국 영화의 수용과 관련해서 규명한 최초의 중요한 연구라고 할 수 있는 조영정의 「미국 영화에 대한 양가적 태도」는 특히 기술적 측면에서 할리우드 영화가 보편성의 기준으로 작용했다는 점을 지적한다. 시네마스코프, 컬러 같은 새로운 테크놀로지야말로 할리우드 영화가 제시하는 기준이었으나, 한국의 영화 비평 담론은 이에 대해 평가절하 하는 태도를 유지했다. 하지만 한국 영화가 할리우드가 제시한

구성할 수는 없다는 것, 한국 영화는 할리우드 영화처럼 되어야 하지만, 동시에 할리우드 영화처럼 되어서는 안 된다는 것이 바로 그것이다. 이 해결되지 않는 딜레마는 할리우드와는 다른 방식으로 세계적 보편성을 확보할 수 있는 대안을 찾고자 하는 욕망을 추동했다. 그리고 그 대안에 가장 가까운 사례가 바로 2차 대전 종전 직후 이탈리아에서 일어난 영화운동, 즉 네오리얼리즘이었다.

4. 네오리얼리즘과 '민족영화'의 구성

네오리얼리즘과 '적성(敵性)' 혐의, 휴머니즘으로의 제한

네오리얼리즘을 민족영화의 중요한 참조점으로 삼고자 했던 것은 1950년대 한국 영화만은 아니었다. 그것은 2차 대전 이후 미국 영화의 대대적인 습격으로부터 자국 영화의 정체성을 지키고자 했던 모든 민족영화가 따라야 할 전범으로 자리매김 되어 왔다. 특히 제3세계 민족해방운동의 자장 안에서 이루어졌던 '제3영화(The Third Cinema)' 운동의 출발점에 있어서 네오리얼리즘이 각별한 영감을 제공했다는 것은 널리 알려진 사실이다. 1980년대 이후 한국의 민주화운동과 궤를 같이 하는 영화운동에 있어서도 네오리얼리즘의 미학과 '정신'은 중요하게 고려되었다. 1980년대 최

기술적 표준에 조금이라도 다가가는 성취를 이루었을 경우에 비평담론은 열광적인 반응을 보였다. 이와 같은 이중적 태도는 한국 영화의 역사에서 유서 깊은, 일종의 기술 지체에 대한 콤플렉스를 반영하는 것이다. 조영정, 앞의 글 참조.

초의 영화운동 단체였던 서울영화집단이 내놓은 『새로운 영화를 위하여』(학민사, 1983)에서 네오리얼리즘은 비중 있게 소개되고 있으며, 특히 1970년대 마당극운동에 관여했고 1980년대 이후 새로운 한국 영화를 모색하는 움직임의 중심에 있었던 장선우는 네오리얼리즘으로부터 한국적이면서 민중적인 새로운 영화—그는 그것을 "열려진 영화"라고 명명했다—의 단초를 발견했다.[60]

세계영화사에서 볼 때 네오리얼리즘은, 할리우드의 지배에 반발하면서 영화언어의 혁신을 통해 새로운 영화를 만들고자 했던 국가 단위의 영화운동, 대표적으로 프랑스의 누벨바그, 영국의 프리 시네마, 독일의 뉴 저먼 시네마 같은 영화운동들의 포문을 연 것이면서, 영화의 형식적인 측면에서는 할리우드의 고전주의에 대항한 모더니즘 영화운동의 출발점이라고 평가되었다(Kolker 1983). 네오리얼리즘이 내장하고 있는 반할리우드적인 성격, 더 나아가서는 반자본주의적 잠재력은, 이탈리아 내부에서는 직간접적으로 이탈리아 공산당과 연결된 포스트 네오리얼리즘 영화들로써, 또 격렬한 민족해방운동에 휩싸여 있던 제3세계 국가들에서는 반미주의를 실천하는 이른바 '혁명영화'들로써 현실화되었다. 하지만 1950년대 한국에서 참조된 것은 분명한 정치적 당파성을 드러내는 후기 네오리얼리즘 영화들보다는, 파시즘에 대한 저항과 전후의 비참함을 드러내는 초기 영화들, 예컨대, 〈무방비도시(Open City)〉(1945, 로베르토 롯셀리니 감독)나 〈자전거 도둑(The Bicycle Thief)〉(1948, 비토리오 데 시카 감독), 그리고 〈戰禍의 저편(Paisan)〉(1946, 로베르토 롯셀리니 감독) 같은 영화들이었다.[61]

60_장선우, 「열려진 영화를 위하여」, 『새로운 영화를 위하여』, 학민사, 1983.

61_이는 1980년대 영화운동에 있어서도 마찬가지였다. 장선우는 '새로운 영화'에 대한 선언문

직접적으로 이것은 정치적 당파성을 지닌 후기 네오리얼리즘 영화[62]를 차단할 수밖에 없었던 한국의 냉전적 정치상황에서 기인한다. 정부는 이념적인 측면에서 미국 영화들보다는 유럽 영화들이 상대적으로 위험하다고 판단했으며, 이에 따라 미국 영화를 중심으로 외화 수입 추천을 해주겠다는 방침을 발표하기까지 했다.[63] 이러한 방침이 여론의 반발을 사면서 오래 지속되지는 못했지만, 유럽 영화들이 이념적으로 위험할 수 있다는 가능성은 여러 차례의 검열 및 상영 중지 파동으로 입증되었다. 특히 공산당이 합법적으로 활동할 뿐 아니라, 다른 어떤 서방 국가들에서보다 강력한 영향력을 행사하고 있던 이탈리아에서 생산된 영화들은 당국의 집중적인 견제의 대상이 되었다.

1957년 7월에 이탈리아 영화 〈로마의 여성〉이 "적성영화"의 혐의를 받아 서울지방검찰청의 수사를 받고 상영 중지되었다. 이 영화의 원작자 알베르토 모라비아가 공산당원이라는 것이 이유였으며, 이후 〈사랑의 쌀〉 〈연애시대〉 등 두 편이 적성영화의 혐의를 받아 추가로 상영 중지 처분을 받았다. 이 영화들은 문교부의 수입 추천을 통해 합법적으로 상영되고 있

과도 같은 「열려진 영화를 위하여」에서 〈전화의 저편〉의 형식적 측면을 집중적으로 분석하면서 거기서부터 한국의 마당극과도 같은 "열려진 영화"의 가능성을 발견한다.

62_네오리얼리즘 이후의 영화 가운데 한국에서 받아들여진 것은 〈길(La Strada)〉의 페데리코 펠리니였다. 그의 영화는 국제영화제에서 수상하고 아트하우스(art house)에서 상영되는 전형적인 '예술영화' 또는 '작가영화'의 소비구조 안에 놓여 있다. 한국에서도 그의 영화는 예술영화로서 받아들여졌다.

63_당시 외국 영화의 수입 추천 사무를 맡고 있던 문교부는 "구라파 영화는 국시에 맞지 아니한 점이 많다."고 하면서 "구라파 영화는 추천 사무에서 제외하고 미국 영화에 국한하여 외화 수입을 추천 허가할 방침"이라고 밝혔다. 이에 대해서 팬들은 "제반 영화상을 획득한 것이 구라파 영화가 많다."고 하면서 반발했다(『경향신문』, 1955.9.12.).

었으나 검찰은 그것이 공산주의를 선전하는 "적성영화"라는 확고한 입장을 견지했다. 이 사건의 수사를 지휘한 것은 당시 반공 검사로 이름이 높았던 오제도 부장검사였다(『동아일보』, 1957.7.16.); 『조선일보』, 1957.7.16.; 『경향신문』, 1957.7.19.); 『동아일보』, 1957.7.28.). 한편 영화평론가들은 상영 중지된 영화들 가운데 주세페 드 산티스 감독의 〈애정의 쌀(Riso amaro)〉(1949)이 "소재의 지방주의적 색채"가 "이색적인 감동"을 주며 "소재와 사건의 현실적인 묘사에 의한 긴박한 실감"을 제공하는 영화라고 호평했다(『경향신문』, 1957.7.20.). 문교부의 수입 추천을 받아 적법하게 상영되었으나 검찰에 의해 "적성영화"라는 딱지가 붙여져 상영이 금지되었던 〈애정의 쌀〉이 또한 비평가들의 호의적인 평가를 얻고 그해 연말에 『한국일보』에서 선정한 외국 영화 베스트 10에 올랐던 사실(『한국일보』, 1957.12.22.)에서 미루어 알 수 있듯이, 이 무렵까지 영화 비평담론, 검찰, 그리고 문교부 사이에서 외국 영화의 이념적인 문제와 관련해서 허용할 수 있는 한계가 어디까지인지에 대한 확실한 동의가 이루어지지는 않았다.[64] 그러나 불과 두 달 후에 당국의 허용치가 일반 관객이나 평론가들의 그것에 비해 매우 낮다는 점이 분명히 드러나는 사건이 발생했다. 한국인 대부분에게 알려져 있는 설화를 소재로 삼은 〈선화공주〉(1957, 최성관 감독)가 월북작가 조명암이 썼던 작품을 원작으로 삼았다는 의심을 받아 치안당국의 조사를 받았던 것이다(『한국일보』, 1957.9.10.). 영화의 내용뿐 아니라 제작에 연루된 인물들의 이

64_예컨대 정비석은 문제가 된 세 편의 영화를 모두 보았다고 하면서 "이들을 적성영화라 한다는 것은" "너무나 사상적인 면에 신경과민인 것 같다."고 검찰 측을 비판했다. 너무 배격하기보다는 오히려 "어느 정도는 보여 주어서 민주주의의 훈련을 시키는 것이 나을 것"이라는 주장이었다(『동아일보』, 1957.7.28.).

념적 성향이나 전력까지도 문제가 된다는 기준이 세워지게 된 것이다.[65]

이러한 과정을 거치며 결국, 한국에서 수용할 수 있는 네오리얼리즘의 최대치는 김소연이 지적했다시피, 파시즘 치하 또는 전쟁 직후의 피폐한 현실이라는, 인류가 직면했던 보편적 상황에서 꽃피는 "휴우매니티"에 대한 탐구라는 점이 분명해졌다.[66] 그리고 이는 바로 한국 영화인들이 할리우드를 대신해서 찾아냈던 '세계적 보편성'의 요체였다. 예컨대 이봉래·김규동은 네오리얼리즘의 "테마"에 대해서 다음과 같이 설명한다.

> 원래 네오리얼리즘이라는 것이 발견한 테에마의 세계란 단적으로 말한다면 파시즘의 압제 밑에서 인간이 총을 들고 싸우게 된 결과 남은 것은 폐허 속에서 타오르는 뭇 허무와 그 한 구석에 생존해 남은 인간의 마음에 깃들어오는 한 오라기의 의식, 더 구체적으로 말하면 그것은 모든 이념에의 폐허에서 어머니인 인간의 심정으로 되돌아가는 심리적 변이를 의미하는 것이며 또 그것은 모든 찬란한 이념에 대한 무위와 피로의 메니페스토이기도 한 것이다(이봉래·김규동 1960: 114).

65_이를 공식화한 것은 1958년 6월 24일 문교부가 발표한 고시이다. 이에 대한 자세한 논의는 김소연, 「전후 한국의 영화담론에서 '리얼리즘'의 의미에 관하여」, 『매혹과 혼돈의 시대: 50년대의 한국영화』, 소도, 2003, 40~41면 참조.

66_김소연은 한국의 영화담론에서 어떻게 '리얼리즘'이 "한국영화사를 관통하는 일관된 과제"이자 "모든 영화인들의 강박적 귀환지점"이 되었는지를 1950년대 영화 비평담론을 중심으로 탐구한 바 있다. 이 글에서 그는 1950년대가 그 이전 시기 비평담론과 선명한 "이념적 단절의 선을 그으면서" 새로운 담론을 출발시켰으며 그것이 이후 냉전시대를 지배하는 담론으로 자리 잡았다는 점에서 중요하다고 본다. 이 시기 한국 영화의 리얼리즘 담론을 구성하는데 네오리얼리즘이 중요한 역할을 했으며, 특히 초기 네오리얼리즘에 국한된 수용의 맥락이 "네오리얼리즘에서 '휴머니즘'의 성격만을 부각시키는 경향으로 나타난다."고 지적하였다. 위의 글, 18~59면 참조.

"파시즘의 압제"와 이념에 의한 전쟁, 그리고 전쟁이 낳은 폐허라는 삶의 조건은 근대인들의 보편적 경험을 구성한다. 식민지 경험과 동서냉전의 폭발로서 한국전쟁을 겪은 한국인들의 경험 또한 그와 같은 보편적 경험의 일부로서 설명될 수 있었다. 그러나 전쟁 경험의 보편성을 그려 낸다는 사실 못지않게 중요한 것은 네오리얼리즘이 전쟁으로 인해 피폐해진 현실 아래서 "예술가의 의욕과 운동 형태"로 드러난 것인 까닭에 필연적으로 "이탈리아 영화산업으로부터 독립"된 지반을 갖고 있다는 사실이었다.[67] 요컨대 1950년대 한국에서 민족영화는 반상업주의적 지향과 세계적인 보편성을 동시에 충족시켜야 하는 것이었으며, 네오리얼리즘은 바로 그것에 부합하는 모델이었다는 것이다.

한편으로 민족영화의 이념적 구성과 관련해서 볼 때 "파시즘의 압제"에 대한 저항의 결과로서 "허무"와 "이념의 폐허에서 어머니인 인간의 심정으로 되돌아가는" 것을 지목한 사실에 유의할 필요가 있다. 이와 같은 이념에의 혐오와 허무에서 한국전쟁 이후 지식인·예술가들의 정서의 일단을 읽을 수 있으나, 이 맥락에서 더욱 중요한 것은 그와 같은 태도가 한국 영화의 "주류적 성격"을 구성했다는 사실이다. 유두연은 나운규의 〈아리랑〉과 이규환의 〈나그네〉 〈임자 없는 나룻배〉를 네오리얼리즘과의 연관 속에서 민족영화의 기원으로 세우면서 다음과 같이 말한다.

> 〈아리랑〉에서는 민족운동에 희생이 된 미친 영진이가 천시와 굴욕으로 인내해야 되는 약한 자의 울분을 통하여 민족적 레지스땅스를 상징하였다. 〈나그네〉 〈임자 없는 나룻배〉의 주인공은 민족적 분노를 체념의 세계로 잠재시켜 리리시짐 속

67_이봉래·김규동, 『영화입문』, 삼중당, 1960, 114면.

에 침투시켰다.[68]

"인내"와 "체념의 세계"는 "이념에 대한 무위와 피로의 메니페스토"와 상통한다. 후일 영화사가 이영일은 〈아리랑〉과 〈임자 없는 나룻배〉를 각각 "피의 예술"과 "흙의 예술"로 규정함으로써 〈아리랑〉의 상대적으로 "저항적"인 면모를 부각시켰지만(이영일 2003), 네오리얼리즘에서 "허무"를 읽고 싶어 했던 1950년대에 〈아리랑〉은 "인내"로 해석되었다는 점에서 "체념의 세계"를 구현했던 이규환의 영화들과 근본적으로 변별되지 않았다.[69] 김

68_위의 책, 114면.

69_1950년대 후반 이래로 민족영화의 전범으로 구성된 나운규와 〈아리랑〉에 대해서는 별도의 심화된 논의가 필요하다. 〈아리랑〉을 중심으로 한 나운규 영화의 정전화 작업이 영화인 전체의 총의를 반영하는 방식으로 가시화된 것은 나운규 서거 20주기를 맞은 1957년에 와서였다. 이때 영화계 전체가 참여하는 가운데 〈아리랑〉(김소동 감독)이 재영화화되었으며 그 이후로 1960년대까지 나운규 및 〈아리랑〉을 기념하는 여러 가지 사업이 영화인협회 주도로 이루어졌다. 이에 대한 자세한 논의는 이순진, 「영화사 서술과 구술사 방법론」, 동국대학교 문화학술원 한국문학연구소 편, 『한국 문화, 문학과 구술사』, 동국대학교 출판부, 2014를 참조. 그런데 본고의 논의의 맥락에서 중요한 문제는 나운규와 〈아리랑〉이 민족영화의 전범으로 구성되는 과정에서 나운규의 영화가 네오리얼리즘과 연관되었다는 점이다. 식민지 시대 나운규의 영화는 조선 영화들 가운데서도 가장 "아메리카나이즈"된 영화로 평가되었던 점을 생각하면 미국 영화로부터 네오리얼리즘으로의 이와 같은 전치(轉置)는 매우 중대한 함의를 내포하고 있다. 이에 대한 본격적인 논의는 별도의 지면을 요한다. 다만 식민지 시대에 나운규 영화가 성취했던 대중적 성공은 미리엄 한센이 지적한 고전적 할리우드 영화의 '보편성'을 토착화한 결과, 즉 "버나큘러 모더니즘(vernacular modernism)"을 달성한 결과라는 점만은 지적할 필요가 있다. 이는 고전적 할리우드 영화가 제시한 근대 세계의 '보편성'이 1950년대 한국에서뿐 아니라 일본의 식민 지배 아래의 조선에서도 광범위한 영향력을 행사했음을 암시하기 때문이다. 식민권력이 1934년 활동사진 영화 취체규칙을 제정함으로써 미국 영화를 규제하기 시작할 때까지 조선 영화시장에서 지배적 위치를 점했던 것은 1950년대와 마찬가지로 미국 영화들이었다. 하지만 미국 영화가 영화 비평담론에서 다루어지는 방식에는 근본적인 차이가 있다. 가장 핵심적인 차이는 1920년대 말에서 1930

소연은 한국 영화의 리얼리즘에의 집착이 "좌파적 상상력이 차단"된 상태에서 "리얼리즘이 적어도 '현실 직시'를 의미하는 한 리얼리즘 영화는 현실의 위기상황으로부터 심리적으로 도피하기 위한 오락적 위안의 도구가 아닐 수 있다는 믿음"[70] 때문이었다고 지적하고 있다. 한국영화사의 긴 맥락에서 보자면 설득력 있는 지적이지만, "냉전 시대를 지배하는 담론"으로 자리 잡았던 1950년대의 새로운 담론[71]이 인내와 체념, 허무와 이념에 대한 혐오를 깊이 내장하고 있었다는 점만은 유념해야 한다. 만약 전쟁의 폐허 속에서 그 전쟁을 야기했던 "이념에 대한 무위와 피로"로부터 어떤 진보적인 가치를 발견할 수 있다면, 그것은 그와 같은 "이념에 대한 무위와 피로"가 전쟁 그 자체를 반대하는 태도로 나아갈 가능성을 담지하고 있기 때문일 것이다. 하지만 북한, 더 나아가 소련을 위시로 한 공산주의 진영과의 대결의식이 지배하고 있던 냉전의 시대에 반전은 결코 허용될 수 없는 태도였다. 그러므로 "이념에 대한 무위와 피로"는 반전으로 전화되지 않고 "모든 이념의 폐허"에서 오롯이 남겨진 "인간의 심정", 요컨대 "허무"로 남게 되었다. 김소연은 1950년대 한국적 리얼리즘이 "반공 이데올로기와 결합"함으로써 "우편향적 저항의 양상으로 특정화"되었다고 지적했지만,[72] 이렇게 본다면 네오리얼리즘을 경유하여 구성된 한국적 리얼리즘은 오히려 반공 이데올로

년대 초반 미국 영화의 시장지배를 제어하는 가장 강력한 힘은 좌파적 상상력으로부터 나왔다는 점이다. 그러나 김소연이 지적했다시피 1950년대 냉전구도 하에서 좌파적 상상력은 완전히 차단되었으며, 1950년대 미국 영화를 다루는 데 있어서 영화 비평담론이 처한 딜레마는 이와 직접적으로 연관된다. 식민지 시대 할리우드 영화의 영향력과 근대 세계의 보편성에 대한 관념을 본격적으로 논하기 위해서는 별도의 지면이 필요하다.

70_김소연, 앞의 글, 40면.

71_위의 글, 19면.

72_위의 글, 35면.

기가 침윤하지 못하는 최후의 영역, 즉 모든 이념을 "무위"한 것으로 바라보는 "허무"의 영역을 보존하는 것으로서 존재했다고 볼 수 있을 것이다. 이후 한국전쟁의 재현에서 영화 창작자와 검열 당국이 지속적으로 충돌했던 것이 바로 이 영역, 즉 공산주의에 대한 적극적인 반대를 표명하지 않는, 이른바 "염전(厭戰)"의 태도와 관련된다는 사실을 상기할 필요가 있다.

반(反)할리우드, 반(反)상업주의로서의 네오리얼리즘

1950년대 민족영화의 구상과 관련해서, 여기서 특히 관심을 갖는 문제는 당대의 비평담론에서 할리우드 영화와 네오리얼리즘 영화, 그리고 한국의 민족영화가 어떻게 배치되고 관련지어졌는가 하는 것이다. 그것은 1950년대 한국의 영화문화 안에서 네오리얼리즘이 독자적으로 의미 작용했다기보다는 사실상, 비(非)할리우드 또는 반(反)할리우드를 표상하는 것으로서 존재했다고 보기 때문이다. 즉 네오리얼리즘은 할리우드 영화의 세계적 보편성에 대한 근본적인 의구심과 할리우드 영화를 둘러싼 해결되지 않는 딜레마에 의해서 의미를 부여받았다는 것이다. 한국 영화 비평담론에서 네오리얼리즘이 점하는 이 같은 위상은 오히려 그것의 쇠퇴를 논하는 논의에서 더욱 분명히 드러난다.

> 한때 정열적이고 가난했던 네오리얼리스트들은 지금은 모조리 대가가 되어 생활도 안정되고 즐거운 놀잇터를 쫓게 되었다. 롯쎄리니는 오랫동안 고생을 함께 하며 어려운 고비의 싸움을 하여왔던 안나 마냐니와 헤어져 새로운 처 잉그릿드 버어그만 양을 맞아들여 로오마의 교외의 조용한 곳 비라에서 마음껏 청춘을 즐기다가 다시 인도의 신진 여우와 결혼하였다. 이렇듯 안락한 생활에 더 많이 정력을

기울이게 되었으니 좋은 작품을 만들 시간이 자연 줄어들고 없어지는 것도 당연하다고 하겠다.[73]

네오리얼리즘의 포문을 연 〈무방비도시〉를 만든 바 있던 롯셀리니 감독이 변신 또는 타락하는 과정을 설명함으로써 네오리얼리즘이 쇠퇴한 원인을 간접적으로 드러내는 이 글에서는 예술가의 "정열"을 삼켜 버리는 풍요에 대한 일종의 공포를 감지할 수 있다. 전후의 가난과 피폐라는 공통점이 한국 영화인들이 네오리얼리즘과 자신을 열렬하게 동일시했던 일차적인 이유가 되었음[74]을 고려해 보면, 그러한 공포는 한국 영화의 현재와 미래에 관한 것으로 해석될 수도 있을 것이다. 1950년대 말 영화계의 활황이 "신파영화"를 양산하는 '저질 상혼'을 불러일으켰다는 맥락에서 보면 더욱 그렇다. 특히 주목할 것은 바로 그와 같은 풍요 또는 풍요로 인한 예술가의 타락이, 네오리얼리즘을 함께 했던 안나 마냐니를 버리고(그의 첫 아내 안나 마냐니는 〈무방비도시〉의 주연 여배우였다), 할리우드의 최고 스타인 잉그리드 버그만을 아내로 취한 것으로써 설명된다는 점이다. 예술을 삼켜 버리는 풍요의 기원은 할리우드였으며, 이탈리아 영화는 바로 그와 같은 할리우드의 침공으로 그 "이즘"을 상실하는 결과를 맞이하였다. 이탈리아적이면서도 세계적이었던 네오리얼리즘은 모든 것을 끌어들여서 자기화하는 할리우드, 미리엄 한센의 표현을 빌자면, "경합하는 전통, 담론들, 관심들의 다양성을 융합"함으로써 그 스스로가 세계가 되었던 할리우드에 의해 쇠약해지고 말았다. 네오리얼리즘의 변화를 산업적인 관점에서 설명하는 황영빈

73_이봉래·김규동, 앞의 책, 119~120면.

74_김소연, 앞의 글, 33면.

의 글은 이 점을 더욱 분명하게 보여 준다.

> 그러나 이태리의 영화계의 호경기는 계속되지는 못하였다. 그 이유로서는 미국자본의 투입에 따른 이태리 영화의 미국화라던가 영화회사의 난립에 따르는 혼란—제작비의 增高 등—이라던가를 드를 수도 있겠지만 문제는 이태리안리즘에 의한 이태리의 영화를 계속적으로 만드러낼 인재의 빈곤으로 이태리의 영화는 볼 만한 것이 그 뒤를 이으지 못하였던 것이다. (…중략…) 빈곤에서 출발하여 一朝一夕에 巨富를 이룬 이태리의 영화계는 그 '이즘'을 상실함에 몇 명의 감독과 몇 명의 여배우를 세계적으로 남겼을 뿐 一路 멸망에의 길을 걷고 있는 감이 있다.[75]

황영빈은 "이태리 영화의 미국화"나 합리적이지 못한 제작 구조에 앞서, "인재의 빈곤"을 쇠퇴의 원인으로 지목하고 있지만, 사실상 인재의 빈곤이야말로 이탈리아 영화의 미국화가 낳은 가장 중요한 결과였다. 롯셀리니의 예에서 알 수 있다시피, 또 자국에서의 성공을 발판으로 할리우드에 진출했던 소피아 로렌 같은 여배우의 사례가 보여 주는 것처럼, 이질적인 것을 통합하는 할리우드의 능력은, 사실상 지역적 수준에서 성공한 영화인들을 할리우드로 끌어들이는데서 가장 결정적으로 드러나기 때문이다. 황영빈이 네오리얼리즘이 남긴 것으로 꼽았던 세계적인 "몇 명의 감독과 몇 명의 여배우"가 바로 그런 예에 해당한다.[76] 요컨대, 이탈리아 영화가 "이즘을 상실"한 것은 바로 그것의 미국화에 있었던 것이다. 이봉래·김규동은

75_황영빈, 「이타리안리즘에 대하여」, 『영화세계』 1957.2., 44~45면.

76_"제작비의 증고"도 역시 미국의 외국 현지 제작이 남긴 대표적인 후유증으로 평가되는 사안이었다. 앤 자켈은 수년 간 이루어진 미국의 외국 현지 제작이 유럽에서의 과잉제작과 제작비용 증가를 야기함으로써 이후 유럽 영화산업의 걸림돌로 작용했다고 지적한다(앤 자켈, 앞의 책, 14면).

이를 관객의 변화로서 설명한다.

> 그러나 많은 사람들은 아메리카 영화가 그 뒤로 물밀듯 밀려들었고 생활이 마아샬 프랜으로 말미암아 윤택해지자 어느새 예술보다 성욕으로, 인간보다도 오락으로 줄달음치게 되었던 것이다. 그리하여 네오리얼리즘보다도 리타 헤이워어즈의 다리를 보고 싶어 한 것도 당연한 일이었다.[77]

"풍요"가 롯셀리니를 변화시켰듯이, 마셜 플랜으로 인한 생활의 "윤택"이 관객을 변화로 이끌었다. 예술 대 성욕, 인간 대 오락의 이항대립을 네오리얼리즘 대 리타 헤이워드의 다리라는 이항대립으로 치환하는 이봉래·김규동의 시각은 네오리얼리즘과 "아메리카 영화"가 당시 한국의 비평담론에서 어떻게 배치되어 있었는지를 정확하게 보여 준다. 반상업주의적인 영화의 총화로서의 네오리얼리즘, 그러면서도 또한 동시에 세계적인 보편성을 확보한 영화로서의 네오리얼리즘은, 신파영화와 이른바 "시대풍조의 멜로드라마"사이의 구별과 비평적 위계를 통해 돌파하고자 했던 딜레마를 해소해 주는 적절한 사례로 여겨졌던 것이다.

5. 신파 대 현대, 할리우드 영화 대 네오리얼리즘의 위계

그리하여 이후로도 오랫동안 한국 영화 비평담론을 지배할 사고의 구조가 마련되었다. 즉 식민지적 세계에 머물러 있는 낡은 문화적 취향의 신

77_이봉래·김규동, 앞의 책, 121면.

파영화와, 미국=세계의 일원이 되기 위해 성취해야 할 현대성을 구현한 시대풍조의 멜로드라마 간의 위계적 구조, 다른 한편으로는 모든 것을 상품화하는, 그럼으로써 인간 정신의 개별성을 무화하고 예술을 타락으로 몰아넣는 미국 영화와, 지역적 삶의 고유성을 보존함으로써 오히려 인간 정신의 보편성에 다가갈 수 있었던 네오리얼리즘 영화 사이의 위계적 구조가 그것이다. 이 두 가지 위계적 구조는, 근본적으로는 2차 대전 후 한국에서 미국 또는 미국 영화를 위치 짓는 과정에서 필연적으로 발생할 수밖에 없었던 딜레마를 해소하기 위한 것이었다. 다른 방식으로 말한다면, 이는 냉전체제 안에서 '혈맹'으로서의 미국과, 미국 영화를 앞세운 한국 문화의 '침략자'로서의 미국이 어떻게 공존할 수 있었는가 하는 문제이기도 했다. 한국전쟁을 통과함으로써 자신들이 동서대립의 냉전구도의 최전선에 놓여 있음을 뼈저리게 실감했던 한국에서 미국이 제시하는 세계를 벗어난 미래를 상상하는 것은 사실상 불가능한 일이었다. 하지만 또 한편으로 한국 영화라는 민족영화를 구성해야 하는 국면에 놓여 있었던 바로 그 때에 한국 영화는 미국 영화의 시장지배를 제어하지 않고서는 결코 미래를 꿈꿀 수 없었다. 요컨대 네오리얼리즘을 경유하여 한국 영화라는 민족영화의 지향점을 구성하고자 했던 1950년대 한국의 영화 비평담론을 그 근간에서 규정했던 것은 사실상 미국의 두 얼굴이 생산하는 모순이었던 것이다. 그런 점에서 네오리얼리즘(그리고 이를 포함한 유럽 영화들)이라는 제3의 대안은 바로 그와 같은 모순을 해소시켜 주는 지점으로 존재했다고 말할 수 있다.

그런데 보다 근본적인, 그러나 진지하게 천착되지 못한 문제가 여전히 남아 있다. 네오리얼리즘의 사례가 보여 주는 것처럼, 빈곤이 "이즘"을 낳고 풍요가 "이즘의 상실"을 낳는다면, 산업적 성공과 예술적 성취는 결코 동시에 달성될 수는 없는 것이다. 달리 말하면 지역적 수준에서의 성공은 그것이 세계적 보편성을 획득하는 바로 그 순간에 그 핵심적 가치를 망실(忘失)할 수밖에 없는 운명을 갖고 있다는 것이다. 바로 그와 같은 찰나적 순간, 결코 도달할 수 없는 바로 그 순간을 지향점으로 구성함으로써, 한국영화라는 민족영화는 영원히 실현 불가능한 것으로 남게 되었다. 그러므로 미군정의 예술과장이자 조선인 영화감독이었던 안철영이 놓여 있던 바로 그 자리로 돌아가서 다시 질문해야 한다. 세계 영화의 이질성과 다양성을 융합하는 데 성공한 할리우드의 "헤게모닉 매커니즘"이 작동하는 세계 안에서, "각자의 특색 있는 복장"을 입은 채 조화롭게 어울릴 수 있는, 일찌감치 안철영이 하와이에서 목격한 바 있는 바로 그 이상적 세계를 발견하는 것은 진정으로 가능한 것인가?

9장

린위탕(林語堂), '동양'과 '지혜'의 정치성

1950~60년대의 린위탕 열풍과 두 개의 중국

권보드래

1. 현인(賢人) - 지각한 유행, 『생활의 발견』

린위탕(林語堂)이라는 이름은 낯설지 않다. 『생활의 발견』도 그렇다. 성가 높은 베스트셀러였던 시절에서 반세기 남짓이 흘렀지만, 일상 잡사를 읊조리면서 한 마디 경구가 필요할 때 린위탕은 여전히 쉽게 떠올릴 수 있는 원천이다. 가까운 연대의 자료, 예컨대 1990년대의 신문만 검색해도 술과 차며 담배 등에 대한 린위탕의 유쾌하면서도 무해한 몇 마디를 쉽게 접할 수 있다. 린위탕은 소나기 스치는 날이나 서재에서 향을 피울 때, 음악을 즐기는 순간, 혹은 생각이 어수선하거나 글 읽고 피곤을 느낄 때가 차를 즐기기 좋은 순간이라고 일러준다. 봄 술은 뜰에서, 여름 술은 들에서, 가을 술은 밤에 배를 띄워 놓고 마시고 딱딱한 자리에선 술을 천천히 즐기라고 세심한 조언을 들려주기도 한다. 사색을 돕고 지혜를 일깨워 준다며 담배의 순기능을 예찬하고 "파이프 담배를 피우는 사람은 절대 아내와 다투지 않는다."고 유머러스하게 단언하기도 한다. 이러한 린위탕의 몇 마디를 읽다 보면 절로 마음이 즐거워진다. 자기 관리에 한결 관대했던 시절에의 노스탤지어도 느끼게 되기 마련이다. 린위탕은 조금 더 나아가 동·서양 문화를 비교하고 정치인의 본분을 논하지만, 그 역시 "인간의 모든 불만은 위(胃)로부터 나온다."라거나 "민중이 굶었을 때, 몇 개의 제국이 붕괴하고 여하한 독재도 공포정치도 사라져 갔다."는 따위의, 즉 누구라도 이의를 제기할 리 없는 보편적 명제로 수렴되는지라 불쾌감이나 위협감을 수반하지는 않는다. 린위탕의 자리는 딱 그만큼에 머무른다. 청량제에 비견하면 맞춤할 기능, 그것이 반세기 동안 린위탕이 한국에서 해온 역할의 골자다.

어떤 독서가가 말했듯 린위탕을, 특히 『생활의 발견』을 읽는다는 것은 "절로 속이 시원해지고 기분이 상쾌해"지는 경험이다.[1] 1950년대 말 형무소에서 재판을 기다리고 있던 작가 한운사 역시 『생활의 발견』을 통해 "아주 느긋한 여유"를 느낄 수 있었노라고 쓴 바 있다.[2] 그렇듯 린위탕이 『생활의 발견』에서 선보이는 유머와 위트는 산업사회와 도시문명의 일반적 규율을 풍자하는 동시에 일찍이 그것이 무찔렀던 삶의 리듬을 환기시킨다. 린위탕은 정신주의와 물질주의를 똑같이 비판하면서 일상의 사소한 쾌락을 즐기고 노동·직업이나 성공에의 강박은 경계할 것을 제안한다. 즐겁고도 지혜로운 삶을 살기 위해선 의·식·주의 쾌락부터 개방적으로 음미할 필요가 있고, 자기 자신의 결함과 나태에 관대해질 필요가 있다. 예컨대 음식은 침을 꿀꺽 삼키고 입맛을 다시며 먹어야 한다. "보이가 맛있는 암소갈비

1_권덕주, 「임어당의 『생활의 발견』」, 『동아일보』, 1984. 1. 7.
2_한운사, 「인생만유기(28)」, 『경향신문』, 1992. 10. 15.

를 가지고 올 때에는 우선 '아-' 하고 감탄을 한 다음, 그 한 개를 뜯고 나서는 '응-' 하고, 동물과 같은 울림소리를 내는 것이 좋다."[3] 성공가의 강철 같은 의지며 발군의 능력을 부러워할 필요도 별반 없다. 그것은 실상 실패·빈곤·무명(無名) 등에 대한 공포에서 촉발된 것으로(191) 그들 성공가라고 해도 삶에서 궁극적으로 추구하는 것은 한가와 여백이기 때문이다(280~281).

린위탕은 정신 우위의 금욕주의나 물질 지상의 성공주의를 넘기 위해 동양적인, 특히 중국적인 삶을 그 대안적 좌표에 놓는다. 중국인은 "영달 성공을 싫어하고 생활로서의 생활을 강렬하게 사랑"(280)하며, 한 마리 생선과 마주치면 먼저 그 맛을 궁금해 하지 "냉냉담담하게 그 생선을 관찰"하지는 않는다(90). 중국에서 자연과학이 발달하지 않고 산업 또한 저발달한 것은 그 때문이지만, 서양 문명이 한계에 봉착해 있는 오늘날 중국인의 삶의 방식은 유력한 대안이 될 수 있을 것이다. 물론 여기서 린위탕이 '중국적'이라 일컫는 삶의 방식은 공맹(孔孟)의 것이 아니라 노장(老莊)의 것, 명·청대의 주류였던 주자학적 가치가 아니라 당·송대 명사(名士)의 삶이나 명말·청초 은사(隱士)의 자취를 통해 목격되는, 다분히 이단적인 노선이다. 린위탕은 『생활의 발견』에서 종횡무진 이 계열의 고전을 인용하면서 '중국의 지혜'를 당대 서양 문명 비판과 접속시키기 위해 노력한다. 그는 백락천(白樂天)과 소동파(蘇東坡), 도적수(屠赤水)와 원중랑(元中郎), 이탁오(李卓吾)와 장조(張潮)와 이립옹(李笠翁)에 김성탄(金聖嘆) 등을 '마음의 지기'로 꼽고, 장자와 도연명(陶淵明)을 '스승'으로 우러른다고 쓰는데(서 7~8), 실제로 『생활의 발견』을 유명하게 만든 것은 린위탕 자신의 기지와 문장일 뿐

3_林語堂, 이종렬 옮김, 『생활의 발견』, 학우사, 1954, 89면. 이하 같은 책을 인용할 때는 본문 괄호 안에 면수만 표시토록 한다.

아니라 위에서 든 모든 이들의 혼성적(混聲的) 발화에 가까운 면모이다. 린위탕은 이들 중국 사상가들의 글을 인용하되 단편적 인용에 그치지 않고, 도연명의 「귀거래사」 전문을 번역하는가 하면 '유쾌한 한때 33종'에 대한 김성탄의 긴 글을 옮겨놓기도 한다. 그런 만큼 한국의 독자들로서는 『생활의 발견』이란 서양을 경유해 다시 동양-중국과 한국을 재발견할 수 있게 해 주는 책이었다.

『생활의 발견』을 넘어 좀 더 넓은 지평에서 보자면 한국에서 린위탕의 이름은 1930년대 말부터 알려지기 시작했다. 당시 린위탕이 막 세계적 명성을 얻고 있었음을 생각하면 놀라운 일은 아니다. 한글로 번역되지 않았음에도 『생활의 발견』도 읽힌 것 같고 가족사 소설에 속한다 할 『北京好日』(*Moments of Peking*, 1938)[4] 또한 적지 않은 인상을 남긴 듯하다. 『생활의 발견』을 가리킴인 듯 "생활 속에서 부단히 인생의 예지를 추구하는" 면모가 인상적이었다는 술회를 보거나[5] 『북경호일』을 읽고 "훌륭한 구라파의 소설을 읽을 때와 똑같은 감동을 받았다."는 기록 등을 참조하면[6] 린위탕의 영향이 쉽게 휘발되는 종류는 아니었다고 생각해 볼 수 있음직하다. 『인문평론』에 「林語堂論」이란 표제의 글이 발표된 적도 있다. "중국인으로서 영미인보다도 능란한 언어"를 구사한다는 사실이 특별히 호기심을 자아내는 가운데 도미 직전 『論語』와 『人間世』 『宇宙風』 등 소품문을 주로 한 잡지를 발간했다는 점 또한 주목을 끌었다. 경성제대 지나문학과 출신으로 「임

4_『北京好日』이란 일본어로 번역된 후 한국에서도 널리 회자되었던 제목이다. 그밖에 '北京歷日', '北京の日' 등의 제목으로도 번역되었고, 중국에서는 뒤늦게 '京華煙雲'이란 제목으로 번역됐다.

5_김진섭, 『생활인의 철학』, 문지사, 1991, 25면.

6_이효석, 「명작 읽은 작가 소감」, 『삼천리』, 1941.7., 166면.

어당론」을 쓴 필자 배호는 이들 잡지에 참여할 당시 린위탕이 "문단에 蓋世의 기운"을 보였다고 보고한다. 배호의 진단에 의하면 린위탕 류의 소품문이란 저우쭤런(周作人)의 산문정신에 영향 받은 것으로, 흡사 원중랑에 크로체와 니체를 배합한 것 같은 스타일이다. 배호는 린위탕의 사상을 "실천적한 면이 적"은 종류로 평가하면서도 그가 "혼돈한 중국의 한 류의 사상을 계통 세워서 이것을 해결지운 것"만은 사실이라고 인정하고 있다.[7]

2. 중개자 – 동·서양의 혼혈, 린위탕의 위치

집집마다 간직한 위안, 『생활의 발견』

그러나 1940~41년이 지나면 린위탕의 이름은 더 이상 목격되지 않는다. 중국과 일본 사이 전쟁이 계속되던 이 시기에 린위탕은 점점 단호한 항일의 태도를 보였는데, 그 때문에 위험한 필자로 분류된 까닭이 아닌가 한다. 해방 이후 린위탕의 이름은 신문·잡지를 통해 다시 언급되기 시작한다. 『대조』 1948년 12월호에 '魯迅과 林語堂'이란 특집이 실렸던 것이 대표적인 사례일 테고, 『신천지』 지상에 린위탕 명의 하 「장개석 주석을 만나서」라는 탐방기가 게재된 적이 있으며(1946.4.) 그밖에 린위탕 명의의 청언(淸言)이나 경구(警句) 류가 기사 여백에 번역된 일도 많았다. 그러나 좌파나 좌파 주도 연합의 구상이 폭넓은 지지를 받았던 해방기에 있어, '동양 공산

7_배호, 「임어당론」, 『인문평론』, 1940. 1., 38~43면.

당 세력'을 경계하고 미국 내 이승만 환영연에 참석하는 등 명백히 우파적이었던 린위탕의 입지[8]가 널리 주목을 받지는 못한 듯하다. 예컨대 미국 내 중국통으로서 그 문화·정치적 위상이 린위탕과 겹치는 바 있었던 에드가 스노의 경우 단행본만도 여럿이 번역됐던 데 비해 린위탕에 대해 그런 본격적 조명은 가해진 바 없다.

린위탕의 저작이 한글로 번역·출판되기 시작한 것은 한국전쟁 이후다. 그 핵심에는 『생활의 발견』이 있었다. 1954년 학우사에서 첫 번역본이 나온 이래 근우사·삼문사 등 다른 출판사에서도 잇따라 번역본이 출간되었으니 이 책의 인기는 1950년대에도 상당했던 것 같다. "세계에서 유명한 중국의 임어당 씨는 그의 저서 『생활의 발견』이란 책 속에 각 나라의 국민성을 재미있게 비교하고 있다(…)"[9] 같은 구절이 1950년대 중반 신문지면에 출현하고 있는 것을 보면 린위탕은 이미 '유명'했으며 『생활의 발견』 또한 어지간히 알려져 있었으리라고 짐작할 수 있겠다. 『폭풍 속의 나뭇잎』(이명규 옮김)이나 『마른 잎은 굴러도 대지는 살아 있다』(이명규 옮김) 같은 소설도 1957~58년경에 번역되기 시작했다. 린위탕이 편역한 『중국전기소설선』과 미국행 이전 1930년대에 쓴 글들을 모은 『임어당 수필집』도 이 무렵 출간된다.

1960년대에 접어들어 린위탕의 인기는 '독서계' 수준을 넘어 대중적 현상으로 확산된다. 린위탕이 1967년 미국을 떠나 타이완에 정착한 직후,

8_「이승만박사 환영연 전후세계대책위에서 개최」, 『동아일보』, 1947.2.20.; 「동양 적화세력, 미국 안전에 대위협, 임어당 씨 경고」, 『자유신문』, 1948.11.11.; 「미국민 일대 각성의 시기는 도래」, 『동아일보』, 1948.11.11.

9_「각 나라 사람의 국민성」, 『동아일보』, 1955.8.8.

1968년 세계대학총장회의 참석 차 서울을 방문한 것을 정점으로 해서는 가히 '린위탕 붐'이라 할 만한 선풍까지 불었다. 국립중앙도서관 열람순위를 보도했던 1967년의 신문기사를 참조로 하면 『생활의 발견』은 비소설 분야에서 단연 수위를 달려, 4~5월 사이 앙드레 모로와의 기세에 눌린 외에는 계속 1위를 차지했다.[10] 방한 직후인 1968년 가을에는 을유문화사가 전집 발간 계획을 발표한 것을 필두로 여러 출판사에서 각축을 벌인 일이 있었을 정도다.[11] 실제로 휘문출판사에서 전 5권 규모로 『임어당전집』(1968)을 낸 외에 을유문화사에서 전 4권 분량으로 동명의 전집을 출판했고(1971), 그밖에 서너 군데 출판사에서 전집·선집·문집 등의 명목 하에 린위탕의 저술을 묶어 발행했다. 상당수는 해적판이었으리라고 짐작된다. 이 시기를 통해 린위탕은 한국에서 초시대적 '석학'이자 '현인'으로서의 자리를 굳힌다. 그러고도 또 반세기, 린위탕의 다른 저작이 다 잊힌 후에도 『생활의 발견』은 여전히 명성을 자랑하고 있다. 2000년 이후에도 여러 출판사에서 판을 거듭하고 있을 정도다. 하긴, "우리 집에만도 이 책은 세 권이나 굴러다니고 있다."는 말이 나온 적도 있지 않은가.[12]

1980년대까지도 린위탕은 중·고등학교 등의 청소년 권장도서 목록에 즐겨 오르내린 이름이었다.[13] "어찌 파스칼의 『팡세』나 임어당의 『생활의

10_「베스트리더」, 『동아일보』, 1967.3.2.; 4.5.; 5.9.; 6.1.; 7.13.

11_"지난여름 방한했던 임어당이 '임어당 붐'을 일으키자 을유문화사에서는 곧 임어당전집(전 5권)을 계획, 곧 발간할 계획인데 여기에 (…) 몇몇 출판사가 뛰어들어 (…) 혼선을 빚어내고 있다."(「높아진 어린이책에의 관심」, 『경향신문』, 1968.9.18).

12_권덕주, 「임어당의 『생활의 발견』」 『동아일보』, 1984.1.7.

13_「방학 동안에 권하고 싶은 책」, 『동아일보』, 1964.8.1.;「한 권의 양서로 복더위를 잊자」, 『경향신문』 1975.7.21.; 「청소년 권장도서 발표」, 『동아일보』, 1986.7.30. 등.

발견』을 안 읽고 인생이나 생활을 통찰할 수 있겠느냐"[14]는 추천사에서 볼 수 있듯 1960년대 이후 린위탕은 거의 고전적 작가의 반열에 오른 것으로 보인다. 『세계단편문학전집』(삼성출판사, 1985)에서 린위탕은 R.타고르와 함께 수록돼 있으며, 『현대세계사상교양대전집』(운암사, 1983)이나 『현대사상대전집』(삼양출판사, 1987) 같은 전집류에서라면 흔히 홍자성(洪自誠)과 더불어 묶여 있다. 홍자성의 『채근담』과 린위탕의 『생활의 발견』 사이에는 무려 300여 년의 거리가 놓여 있으나 그 사실은 잊히기 일쑤다. 자기계발서의 일환인 수양서 계열로서, 『생활의 발견』은 『채근담』과 마찬가지로 길거리 책 좌판에서 볼 수 있는 목록에 속해 있으며, 두 권짜리 정식 판본으로 읽힌 외에 다양하게 축약되고 짜깁기된 해적판으로 팔렸다.[15] 이 자리에서 길게 논할 문제는 아닐 터이나 '장터에서, 기차역에서, 고속도로 휴게소에서' 팔릴 만한 책으로 『생활의 발견』과 『채근담』 사이 접점은 어지간히 흥미롭다. 어쩌면 이 목록에 『명심보감』 정도를 보태도 좋을 터인데, 14세기(『명심보감』), 16세기(『채근담』), 20세기(『생활의 발견』)라는 수백 년의 차이에도 불구하고 이 책들은 한국에서 '동양적 지혜의 서(書)'로서 길게는 수백 년 간, 짧게는 수십 년 간 '난세의 심정'을 위로해 왔다.[16] 『생활의 발견』의 당대성이 거의 철저히 삭제돼 버린 것은 이런 수용의 역사와 무관하지 않을 것이다. 『명심보감』이 '안분(安分)'의 가르침으로 조선시대 불우한 처지를 위안했고 『채근담』이 피식민 초기와 말기에 절망에 빠진 마음을 달

14_구인환, 「책 안 읽는 '빈 수레'」, 『동아일보』, 1982.9.27.

15_「양심 아쉬운 출판계」, 『매일경제신문』, 1969.11.7.

16_명대 范立中이 편찬한 『명심보감』은 유독 한국에서, 『채근담』은 한·일 양국에서 유행했다고 한다. 반면, 중국에서 널리 읽힌 것은 이 두 권의 책과 상당부분 내용이 중복되는 『昔時賢文』이다(임동석, 「명대 3종 격언집의 비교 연구」, 『중국어문학논집』 32호, 2005).

래준 것처럼[17] 『생활의 발견』은 1950~60년대 이후 한반도 남녘에서 위로와 초탈과 지혜의 원천으로 기능해 왔다. 그것은 꼭 열독(閱讀)에만 근거한 기능은 아니었다. 선반에 간직해 두는 것만으로, 집에 있다는 사실만으로 허전함을 채워 주는 것이 때로 책의 역할이라고 한다면 『생활의 발견』은 그런 역할에 충실했던 책이다. 굳이 면면을 들춰 내지 않아도 존재의의가 충분했던 책이라는 뜻도 될 텐데, 그럼에도 어쩔 수 없이 궁금해진다. 『생활의 발견』은 무엇으로부터 어떻게 한반도 남녘의 삶을 위안해 온 것일까. 위안의 반면, 망각되고 외면되어야 했던 것은 무엇이었을까.

『생활의 발견』의 문명비교론

『생활의 발견』은 중국 고전에 기반을 둔 책이다. 휘트먼이나 소로우나 산타야나 같은 미국 초월주의자들도 자주 인용되지만, 책의 얼개를 이루고 있는 것은 노장(老莊)에서 이탁오와 장조에 이르는 중국 사상가의 발화다. 앞에서 말했듯 『생활의 발견』은 때로 번역서나 주석서에 가까운 자리를 맴도는데, 예컨대 '누가 인생을 가장 즐겁게 보낼 수 있는가'라는 표제의 제5장에서 린위탕은 각 절별로 장자·맹자·노자·자사(子思)와 도연명의 인생

17_한용운이 『채근담강의』라는 제목의 책을 낸 것은 1917년의 일이다. 1960년대에 발행, 지금까지도 널리 팔리고 있는 현암사의 『채근담』은 조지훈이 번역한 것으로, 식민 말기의 초역을 근간으로 하고 있다. 17세 때 『채근담』을 처음 읽었다는 조지훈은 그 책을 통해 "동양의 생리를 알았고 동양의 마음을 느낄 수가 있었다."면서 그 함의를 "遁世의 味와 自適의 멋"으로 요약하고 있다(조지훈, 『조지훈 전집 9: 채근담』, 나남출판, 1996). 소설가 송영은 식민 말기, "출옥 뒤부터는 채근담이니 화엄경이니 도덕경이니 춘추좌전이니 하는 책들만 들여다 보"는, 그러면서도 불안정한 전향자의 내면을 묘사한 바 있다(송영, 「금화」, 『동아일보』, 1939.7.16.).

관을 다루고 있다. 린위탕은 확실히 '번역' 혹은 '통역'의 역할을 자임한 저작자이기도 했다. '중국인 철학자'으로서 그는 비단 중국 고전뿐 아니라 인도나 기타 아시아 지역의 고전을 아울러 소개했다. 『생활의 발견』 이후 그는 『공자의 지혜(*The Wisdom of Confucius*)』(1939), 『중국과 인도의 지혜(*The Wisdom of China and India*)』(1942), 『노자의 지혜(*The Wisdom of Laotz*)』(1949) 등 아시아 지역에서의 지(知)의 전통을 소개하는 저서를 잇달아 출간, 서양 독자들에게 동양적 '지혜'의 가치를 효과적으로 각인시킨다. 이 '지혜'의 출판 전략은 당시 서양 경험이 지배하는 환경 속 동양 일반의 위치에 적절하게 조응했던 것으로 보인다. 한국에서도 "우리의 동양적 문화를 경시하고 서구적인 것에만 도취되기 쉬운 요즘 젊은이들에게" 필요한 책이라는 것은 『생활의 발견』을 추천할 때 흔히 동원됐던 명분이다.[18]

비서양으로서의 '동양'과 초시대적 '지혜'의 조응은 린위탕을 통해 문명론적 풍자와 지적 유머라는 새로운 통로를 발견했다. 린위탕 자신 영어를 자유자재로 구사하는 코즈모폴리턴이었고 하버드대학 및 라이프치히 대학에서 각각 석·박사 학위를 받은 근대 지식인이었던 만큼 중개자로선 적절했다. 번역자이자 중개자로서 그는 당대의 향취를 '딱 적당한 만큼' 버무려냈다. 『생활의 발견』이 처음 발간된 1937년을 기준으로 할 때 '당대'의 방향은 여러 갈래다. 그것은 마침내 중일전쟁이 일어난 중국의 정치적 상황을 뜻하는 것이자, 일본과 중국, 나아가 중국 공산당과 국민당 사이에서 동요하던 미국의 외교 노선을 지칭하는 것이었으며, 또한 대공황 이후 새로 형성되고 있던 미국 중산층의 생활 방식을 겨냥하는 것이었다. 예민한 화

18_「방학 동안에 권하고 싶은 책」, 『동아일보』, 1964.8.1.

제에 고루 걸려 있었던 셈이다. 『생활의 발견』의 성공 비결은 이들 화제를 함축적으로 상기시키면서도 결코 그 연루를 노골화하지 않는 데 있었던 것으로 보인다. '동양'의 '지혜'라는 초시대적 호소력을 해치지 않고 오히려 그 호소력을 현대화해 낸 것이 『생활의 발견』의 특징이었다고 할 수 있다. 서양과 동양, 특히 미국과 중국을 계속 견주는 문명 비교론의 화술이 이런 특징을 강화했다. 린위탕은 미국인의 생활이 "소란스럽고 분주"한 반면, 중국인들은 "아량 있게 빈정대는 맛"으로 한세상을 보내는 드넓은 정신을 갖고 있다고 진단한다(을유 20).[19] 기독교 사상에서 "산다고 하는 문제는 영생이라고 하는 문제 속에서 망각"되는 반면, 중국 철학은 "인생을 즐긴다는 것" 그 과제 자체에 몰두할 줄 안다(을유 130). 더 나아가 린위탕은 양복이 인체의 윤곽을 폭로하는 데 반해 중국옷은 결점을 넉넉히 숨겨 준다며 후자를 예찬하고(을유 250), 서양식 악수 습관은 "유럽의 야만 시대의 유습"에 분명하며, 모자를 벗는 예절 또한 서로 투구를 들어 화평의 뜻을 보이던 옛 습관에 기인한 것이라고 꼬집는다(을유 246).

1950~60년대 한국에서도 이런 문명 비교론적 관점은 적잖은 호소력을 발휘한 것 같다. 1968년 처음으로 『林語堂全集』을 발간한 휘문출판사에서 내세운 선전 문구는 "유려한 문장으로 다듬어진 동양 정신의 大河, 심오한 사상으로 부각시킨 중국의 지혜!"라는 것이었다. 린위탕 자신은 "동양 정신과 서양 문명과의 조화를 이룩한 세계적인 석학"으로 소개된다.[20]

19_제1장에서는 첫 한국어 번역본인 1954년 판 『생활의 발견』을 기준으로 인용했으나, 제2장 이하에서는 林語堂, 『임어당문집 1: 생활의 발견/ 공자의 지혜』, 을유문화사, 1971와 혼용한다. 1954년 판 『생활의 발견』은 제9장 이하의 번역인 하권을 입수하지 못한 데다 번역의 양상 또한 두 면에 차지가 있기 때문이다. 본문에 면수를 표시할 때는 1971년 을유문화사 간행본을 '을유'로 구분한다.

1960년대, 4·19혁명을 전후한 시기부터 서양 추수나 아메리카니즘에 대한 비판이 자라나기 시작하고 민족적 자기지식(self-knowledge) 추구가 붐을 이루었음을 생각하면 린위탕의 책 또한 이 맥락에서 소비되기도 했던 것으로 보인다. 역시 문화비교론의 방법을 채용한 이어령의 『흙 속에 저 바람 속에』가 선풍적 인기를 끌었던 것은 1963~64년경이다. 예컨대 윷놀이와 주사위놀음을 비교하면서 전자에서 '전체 속의 개체'를, 후자에서 '고립된 개체'를 읽어 내고 그 대비로써 한국을 설명하려 한 이어령의 설명법은 린위탕 식 동서 문화 비교론과 겹치는 바 있다. 정조랄까 질감에는 큰 차이가 있어서, 시종일관 유머를 강조한 『생활의 발견』과 달리 『흙 속에 저 바람 속에』에는 비애와 울분의 감상이 깔려 있지만, 서구 일변의 사고에 익숙한 세간에 자극을 주었다는 점[21]에서는 공통점을 읽어 낼 수 있음 직하다. 『흙 속에 저 바람 속에』가 낙후된 현실을 전시함으로써 '이것이 한국'임을 충격적으로 현시했다면, 『생활의 발견』은 동양의 후진성을 인정하면서도 그것을 미래의 가능성으로 전환시키는 낙관적 여유를 보여 주었다. '조국 근대화'의 열정에는 아마 전자가 훨씬 적합했겠지만, 『생활의 발견』은 낙후와 후진성을 절대화하는 태도를 경계하고 '동양'으로서의 자긍심을 드높였다.

불만족한 현실을 일깨우되 그것을 창조의 원천으로 삼자고 설득하는 역설은 이 시기 '민족'을 문제 삼은 저작에서 광범위하게 보이는 특징이다.[22] 『흙 속에 저 바람 속에』는 그 중 전자, "이 나라와 나의 오늘을 우리

20_『동아일보』, 1968.11.5.

21_「흘러간 만인의 사조 베스트셀러 (5): 이어령 수필집 흙 속에 저 바람 속에」,『경향신문』, 1973.3.10.

22_권보드래·천정환, 『1960년을 묻다: 박정희 시대의 문화정치와 지성』, 천년의상상, 2012, 제6장 참조.

는 못마땅하게 생각한다."는 정조에 편향돼 있다. "우리의 가난한 사유와 문화에 대한 어떠한 전망이 가능할 것인가"라는 갈망은 그 불만족의 반면으로서 등장한다.[23] 반면, 린위탕의 『생활의 발견』은 발전과 속도에 대한 집착 자체를 문제시하고 궁극에는 동양적 삶의 태도가 더 본받을 만한 것임을 힘주어 주장한다. 그는 "미국인일지라도(…) 때로는 사지를 쭉 펴고 쉬고 싶을 때도 있을 것"이라고 단언하고, "자기가 그 일을 하고 싶을 때에 그 일을 해야" 하며 "'인생은 아름답다'고 그의 심령이 외칠 때는(…) 모래위에 벌렁 한가하게 나자빠져 있을 때"(을유 20)라는 말로써 마음을 간질인다. "중국인이 위대한 빈들빈들주의자로 알려져 있는 것처럼 미국인은 위대한 활동가로 알려져 있다."(을유 151). 중국이 근대의 문턱에서 허덕이고 있는 반면, 미국은 위대한 기계 문명의 생산자다. 중국에 근대화와 합리화가 필요하다는 것은 불가피한 사실이다. 그러나 누가 미래를 점칠 수 있으랴? "기계문명은 우리를 급속도로 한가 시대로 접근시키고 있는 중이다."(을유 151~152). 미국에서도 사라져 버렸던 19세기 뉴잉글랜드 문화가 다시 꽃필지 모른다. "그 때가 오면 아메리카 기질이라는 것은 현재의 그것과는 아주 다른 것이 되어 버릴 것이며, 오히려 에머슨이나 소로우에 아주 가까운 것이 되지나 않을까?"(을유 153).

1960년대 후반, 한국에서 린위탕에 대한 대중적 관심이 가장 고조되었을 때 그가 던진 말에도 동·서양 문명 비교론 및 그에 입각한 미래 전망은 생생하게 살아 있다. 린위탕은 "아시아인은 서양 기술문명을 배워"야 한다고 인정하면서도 그 목적이 "동양 문화의 위대한 고목이 길이 살도록 손질"

23_지명관, 「이어령 저 흙 속에 저 바람 속에」, 『경향신문』, 1963.12.30.

하는 데 있다고 주장했고,[24] "세월의 흐름에 따라 서구 사상에 미치는 동양 사상의 비중이 점차 커지리라"[25]고 보았다. 1980년대 초까지도 다하지 않은 린위탕의 인기[26]는 이렇듯 '동양의 지혜'에 대한 자긍심을 불러일으켰던 데 크게 힘입은 것으로 생각된다. 더욱이 학문과 언어 능력에 있어 코즈모폴리턴적이었던 린위탕의 이력은 '동양의 지혜'론을 절반쯤 '외부로부터' 온 것으로 느끼게 하는 데 기여했다. 1930년대 말 린위탕이 처음 알려지기 시작했을 때부터 그 탁월한 영어 실력이 화제가 됐던 것은 우연이 아니다. 린위탕은 중국과 중국 외부에 동시에 속해 있는 인물이었고, 경계에 선 발신자였으며, 그럼으로써 양쪽에 다 호소할 만한 발신 능력을 갖출 수 있었다. 동서 문화의 중개자로서 그는, 노자의 일생과 공자의 언행을 소개하고 소동파의 평전을 집필하되, 동시에 그들의 생애에 '유쾌한 천재(gay genius)' 류의 보편적 의장을 선사했다. 당대의 현안을 건드리면서도 과하게 진지해지지 않고, 동양 고전을 소개하면서도 유쾌한 생활감각을 섞어 놓은 것이야말로 린위탕의 특유한 개성이었으며, 그것은 1930년대 미국에서부터 1960년대 한국에 이르기까지 광범한 영향력을 발휘했다.

미국 중산층이 열광한 연성(軟性)의 동양 교양

『생활의 발견』은 본래 'The Importance of Living'이라는 제목으로

24_「林語堂 인터뷰」, 『동아일보』, 1967.7.29.

25_「세계 인류의 공통된 유산을 찾아」, 『경향신문』, 1968.6.18.

26_예컨대 1981년에 신문 제1면에 통단으로 실린 광고에서 『林語堂 전집』은 '박종화 3대 걸작'이나 '톨스토이 인생론 전집'과 더불어 "한국 독서계 36년사상 대표적 롱 셀러 전집군 3가지"로 불리고 있다(『경향신문』, 1981.2.24.).

존 데이 출판사(A John Day Books)에서 출판된 영문 서적이다. 린위탕은 1936년 가족과 함께 미국으로 이주—같은 해 일찍이 『語絲』 동인으로 함께 활동했던 루쉰이 세상을 떠난다. 린위탕은 「루쉰을 애도하며」라는 글로써 조의를 표했다—, 이듬해인 1937년 『생활의 발견』을 펴낸다. 450여 면에 이르는 부피니 결코 만만한 책은 아니었다. 린위탕은 이에 앞서 1935년 역시 같은 출판사에서 펴낸 『내 나라 내 겨레(*My Country and My People*)』로써 일약 센세이션을 일으켰던 바 있다. 『내 나라 내 겨레』는 우국(憂國)의 정념이 배어 있는 대로 린위탕 특유의 유머가 생생하게 살아 있는 책으로, 지역·혈통·역사 등을 간략히 소개하는 데서 시작해 중국인의 기질·정신과 취향·이상 등을 아우르고 마침내 당시 상황에서의 출구를 모색하는 데서 끝난다. 펄 벅의 서문을 달고 나온 이 책은 당시 중국 관련 서적으로선 이례적으로 출간한 지 3년이 채 되기 전에 10쇄를 돌파했다. 영어권 독자들이 뜨거운 반응을 보였던 셈인데, 그런 인기의 핵심에는 중국 고유의 생활 방식을 논한 제7장('예술적 생활')과 제8장('생활의 기예')이 놓여 있었다고 한다. 시사·정치적 판단을 비껴, 여성의 생활이며 사회 시스템을 탐구한 대목을 피해, 무해 무탈한 '지혜'를 설파한 장에 대한 관심이 가장 높았던 것이다. 『생활의 발견』은 바로 이 장을 확대·부연한 기획출판의 산물이다. 중국의 반식민 상황을 태생으로 하는 『내 나라 내 겨레』에서 시사·정치적 내용을 거세한 몸이 『생활의 발견』이었다고 할 수 있다. 『생활의 발견』이 일종의 초시대적 텍스트로 대접받게 된 내력은 이미 그 탄생의 일화에서부터 새겨져 있었던 셈이다.

『생활의 발견』은 출간되자마자 미국 독서시장을 석권했다. 출간 이듬해인 1938년에는 52주간이나 판매순위 1위에 등극, 말 그대로 공전의 베스트셀러가 된다.[27] 뉴욕타임스사에서 '린위탕 경기대회'를 개최했을 정도다. 이것은 『생활의 발견』 첫 부분에서 각국 민족성을 측정하기 위해 린위탕이 제안했던 네 가지 척도, 즉 현실·꿈·유머와 감수성을 뜻하는 R·D·H·S라는 약칭[28]의 비율로써 각국 지도자의 개성을 평가하고, 독자들이 보내온 그 결과를 린위탕 자신의 평가와 비교, 가장 가까운 평점을 매긴 사람을 시상하는 행사였다.[29] 이런 행사를 기획케 할 정도로 『생활의 발견』이 불러일으킨 열풍은 뜨거웠다. 미국 전역의 평범한 독자들이 "『생활의 발견』은 내 성서가 되었다."며, "그 책 없이 산다는 건 상상도 할 수 없다."고 고백했으며, "이 책을 읽고 인생을 이해하기 시작했다."고 토로하는가 하면, '행복한 순간 33가지' 부분을 "매일 잠자리에 들기 전 읽는다."는 말로 감사를 표하기도 했다.[30] 이 책을 통해 린위탕은 일약 미국에서 가장 유명한 중국 인사로 발돋움한다.

『생활의 발견』이 이토록 드높은 호응을 얻었던 이유는 단순치 않다. 중일전쟁이 발발한 직후였던 당시, 이 책은 동아시아 지역에 대한 고양된 관심에 부응했으며, 유럽 대신 미국을 서양 문명의 대표적 표상으로 놓음으로써 패권국가로 부상하고 있던 미국의 국가적 자존심을 충족시켰고, 동시에 현세적이고 구체적인 쾌락을 예찬함으로써 중산층 독자들에게 광범위하게 호소했다. 미국인들에겐 낯설 수밖에 없었던 중국의 각종 고전을 인류 차원에서의 지혜의 원천으로 부각시킨 것 또한 놀라운 효과를 발휘했

27_Qian Suoqiao, *Liberal Cosmopolitan,* Boston: Leiden, 2011, p.175.

28_예컨대 린위탕은 중국인은 R4 D1 H3 S3인 반면 일본인은 R2 D3 H1 S1이며 영국인은 R1 D2 H2 S1, 프랑스인은 R2 D3 H3 S3라는 식의 민족성 규정을 제안했다(13~14).

29_林太乙, 임홍빈 옮김, 『현실+꿈+유머: 유머의 대스승 린위탕 일대기』, 시니북스, 2005, 663~665면.

30_Qian Suoqiao, *Op.cit.*, p.176.

다. 『생활의 발견』은 매일 신문지상을 점령하기 시작한 저편, 중국에서 발신된 서적이면서도 복잡한 정치적 지형 바깥에 놓여 있었고, 바야흐로 세계적 관심을 촉구받게 된 미국인들에게 연성(軟性) 교양을 제공하는 동시 증가일로에 있던 교외-중산층 독자의 행복 지상주의를 정당화했다. 이렇듯 다양한 수요에 부응한 것만으로도 『생활의 발견』은 성공을 보증받고 있었다. 저자 린위탕은 이 모든 일을 문화 간 종합이라는 견지에서, 그 자신의 중국인-됨을 재발견한 근대적 코즈모폴리턴으로서의 중국인이라는 위치에서 해냈다.[31] 푸젠(福建)의 목사 아들로 태어나 아모이(廈門)와 상하이에서 수학했던 훠러(和樂)이라는 청년이 보스턴과 예나와 라이프치히를 거쳐 베이징대학 교수로 부임한 이래(1923년)—위탕(玉堂)이란 이름으로 고쳤다가 위탕(語堂)으로 개명한 것도 이 해다—10여 년 만의 일이었다. 물론 그 혼자만의 성취는 아니었다. 자유주의적 민족주의자로서 그와 공명했던 후쓰(胡適)나 저우쭤런 같은 인물들이 있었고, 미국 진출을 제안하고 기획자 역할을 한 존 데이 출판사 같은 후원자가 있었다. 『생활의 발견』은 이들, 중국의 자유주의 지식인과 미국의 중국 전문가 사이 마침내 대중적 가교(架橋)가 생겨났음을 의미하는 서적이기도 했다.

『생활의 발견』을 낸 존 데이 출판사는 몇 해 전(1931년) 펄 벅의 『대지(*The Good Earth*)』를 발행한 바 있는—본래 '왕룽'이라는 제목이었던 소설은 출판사의 제안에 의해 '대지'로 개명되었다고 한다—바로 그 출판사였다. 그 편집장 리처드 월쉬(Richard Walsh)는 이즈음 펄 벅과 결혼하여 부부가 함께 미국 내 중국 전문가로서 명성을 얻고 있었다. 후일, 1950년대 중

31_*Ibid.*, p.181.

반에 판권 및 인세 문제를 빌미로 결별을 맞기까지[32] 린위탕의 저술 활동은 월쉬 부부와 분리시켜 생각하기 어렵다. 펄 벅과 리처드 월쉬는 책의 주제를 제안했고, 원고가 완성된 후엔 편집자로서 적극적으로 수정을 요구했으며, 출판에 따른 제반 전략을 책임졌다. 앞에서 썼듯 린위탕의 첫 번째 영어 저작인 『내 나라 내 겨레』에는 펄 벅이 서문을 달았다. “지금껏 중국에 대해 쓰인 책 중 가장 진실하고 심오하고 완전하고 중요한 책”이라는 극찬을 쏟아 낸 후 펄 벅은 “게다가 중국인에 의해 쓰인” 저술이라는 사실을 특별히 강조한다.[33] 펄 벅 자신 중국에서 활동한 미국 선교사의 딸로서 바로 그 사실 때문에 중국 지식인들의 공격을 받은 바 있었던 만큼, 마침내 “중국인에 의해 쓰인” 중국에 대한 책이라는 진술은 특별한 실감을 지니고 있다.

3. 자유주의자 - 인간과 자유와 행복

『대지』, 그리고 펄 벅 부부와의 협력 관계

펄 벅의 『대지』는 1938년 노벨문학상을 수상할 정도로 국제사회에서 널리 인정받았지만, 중국 지식인들 사이에서의 반응은 비교적 차가웠다.[34]

32_林太乙, 앞의 책, 479~481면.

33_Lin Yutang, 1936, *My Country and My People,* London: William Heinemann Ltd., vii. 린위탕 연구서들이 모두 1935년 존데이 출판사에서 『내 나라 내 겨레』가 출판되었다고 기술하고 있음에도, 책을 찾는 과정에서 다른 연도 다른 출판사에서 발행된 초판을 발견했다. 사유는 분명치 않다.

34_중일전쟁 즈음인 당시 『대지』를 둘러싼 복잡한 정황에 대해서는 최원식, 「전경 뒤에 숨은

맑시스트 비평가 후평(胡風) 등이 공격에 나선 가운데 루쉰 또한 "우연히 중국에서 자라게 된 미국 여성 선교사"의 입장이 고스란히 녹아 있는 소설이라며, "펄 벅이 다루고 있는 것은 오직 표면뿐"이라는 말로써 비판에 가세한다. 반면, 린위탕은 "두 국가에 동시에 속해 있다는 의미에서 일종의 세계주의자일 수밖에 없었던" 펄 벅의 처지에 공감했으며, 특히 '신애국주의'에 대한 비평에 동조했다. 린위탕이 보기에 중국 민족주의는 내적으로 허약하고 공허한 동시에, 과민할 정도로 서양을 적대시하는 데 급급할 뿐, 중국의 문화적 전통과 평범한 대중(common folks)의 삶을 무시하고 있다.[35] 펄 벅에 대한 의심과 비판도 그런 민족적 감성의 일환이라는 것이 린위탕의 판단이다. 세계주의를 열망했던 지식인으로서 그는 『대지』를 둘러싼 논쟁에서 기꺼이 펄 벅을 옹호하는 입장에 선다. 정확히 말하자면 린위탕이나 펄 벅 모두 민족주의 자체를 부정했다기보다 세계주의와 공존할 수 있는 민족주의를 애호했다. 『대지』가 보여 주듯 펄 벅의 입장이나 감성은 자유주의보다 보수주의에 가까웠지만, 그런 대로 린위탕과 펄 벅, 리처드 월쉬 사이 우정과 협력의 관계는 여러 해 지속되었다. 종전 무렵에 이르러 린위탕이 『울지도 웃지도 못하고(*Between Tears and Laughter*)』(1943)나 『새벽을 기다리며(*The Vigil of a Nation*)』(1944) 등의 책을 통해 국민당 지지의 입장을 명백히 드러낸 후에도 이들 사이 관계가 단번에 끊기지는 않는다. 『생활의 발견』 이후 『공자의 지혜』(1938), 『중국과 인도의 지혜』(1942), 『노자의 지혜』(1949) 등의 베스트셀러를 연이어 내놓을 수 있었던 것도 월쉬 부부의 조언에 힘입어서였다고 한다.

신」, 『문학의 귀환』, 창작과비평사, 2003, 148~170면 참조.

35_Qian Suoqiao, *Op.cit.*, pp.90~94.

이들 '지혜'의 책들은 승승장구했다. 출판사에서 "프랑스의 지혜, 영국의 지혜, 스칸디나비아, 이탈리아, 기타 등등"에 대해 유사한 책을 더 낼 수 있으리라고 흥분에 찬 기대를 했을 정도다.[36] 『미국의 지혜에 대하여(*On the Wisdom of America*)』(1950)가 참패함으로써 이 기획은 중단되고 말지만, 이들 책을 통해 '동양의 현자'로 대접받게 된 린위탕은 이후 그런 위치의 이점과 문제점을 모두 겪어야 했다. 독자들은 린위탕이 전하는 '동양의 지혜'에 열광했지만 그가 '동양의 현실'에 대한 정치적 발언을 할라치면 예외 없이 냉담해지곤 했다. 마치 타고르가 그 정치적 색채를 거세당한 채 현자이자 예언자로서 유통되었던 것처럼, 린위탕 역시 전투적 자유주의자로서의 정치색 대부분을 탈색당했던 것이다. 그러나 잠시 짚어두자면, 1950~60년대 한국에서처럼 그 탈색이 철저히 이뤄졌던 사례는 달리 찾기 어렵다. 미국과 일본, 중국과 타이완 등을 비교의 거점으로 할 때 그렇다. 미국에서는 적어도, '현자' 린위탕은 미국의 전형화된 심성을 꼬집는 통렬한 유머를 날리는 이방의 사상가였다. 린위탕은 중국인의 '빈들빈들주의'와 미국인의 '활동주의'를 계속 대비시킴으로써 업적에의 미국식 강박이 공허한 것은 아닌가 계속 묻는다. 그가 중국인의 특색으로 내세운 "현명하고 유쾌한 생활철학"(7)은 교외에서의 삶(suburban life)을 추구하기 시작한 미국 중산층의 새로운 가치관을 격려하는 것이었지만, 다른 한편 미국식 업적주의를 부분 부정하는 효과 또한 거둘 수 있었다.

나아가 『울지도 웃지도 못하고』나 『새벽을 기다리며』에서의 강력한 반제국주의 또한 완전히 망각되지는 않았던 것으로 보인다. 미국의 대일

36_*Ibid.*, p.187.

타협책을 공박하고 있는 『울지도 웃지도 못하고』의 첫 대목이나 국민당과 장제스에 대한 지지를 공공연히 한 『새벽을 기다리며』 머리말 등은 제2차 대전기, 여러 해 동안 전쟁 개입을 꺼렸던 미국에 참전을 요구한 강력한 정치적 발언이었다. 『북경의 추억(*Moment in Peking*)』[37]이나 『폭풍우 속의 나뭇잎(*A Leaf in the Storm*)』 같은 소설에서도 중일전쟁에서의 일본의 잔학상을 폭로하고 중국인들 사이 민족적 저항의식을 고취시키려는 의도는 명백하다. 『북경의 추억』에서는 석가장(石家莊) 학살 이후 증씨(曾氏) 집안의 장손이 항일 유격대에 합류하고, 중년에 이른 요씨 집안의 딸은 난징(南京)의 국민당 정부를 향하며, 『폭풍우 속의 나뭇잎』에서 요씨 가(家) 마지막 후손은 일본군을 저격한 후 총격에 희생된다. 이들 저작 중 상당수는 1960년대 후반 린위탕 전집 발간의 열풍 속에서 한국에도 번역되었다. 아마 실제로 읽은 사람들 사이에선 흔적을 남겼겠지만, 대중적 수용의 수준에서라면 한국에 있어 『생활의 발견』은 다른 모든 면모를 가려 버렸다. 이유가 무엇이었는지 단언하긴 어렵다. 반공산주의나 항일 민족주의 등 린위탕을 특징 짓는 정치적 색채는 1960년대 후반 한국의 주류 이데올로기와 지나칠 정도로 중첩되는 것이었다. 노골적으로 드러낼 경우 오히려 대중의 빈김을 살 위험이 있었다고 볼 수 있을 정도다. 어쩌면 린위탕의 이데올로기적 입장 자체는 너무나 익숙한 자기 초상에 가까웠다. 반공산주의나 항일 민족주의 배후에 확고한 자유주의가 깔려 있다는 점은 중요한 차이였지만, 그런 차이가 섬세하게 독해되기는 어려웠을 것으로 짐작된다. 결과적으로

37_앞서 말한 대로 대표적인 일역본 제목은 '北京好日', 중역본 제목은 '京華煙雲'이다. 중역본은 린위탕이 본래 친구 위다푸에게 의뢰했던 번역이 위다푸의 죽음으로 좌절된 이후 수십 년 후에야 실현되었다.

1950~60년대 한국에서 린위탕의 '지혜'는 공공연하게 수용되었고 그의 자유주의는 절반쯤 긍정되었지만, 그 밖의 이념적 색채, 특히 반공산주의는 무의식의 영역에 처해 있었다. 그렇다고 반공주의자였던 린위탕의 일면이 전혀 무시되었던 것은 아니다. 책 바깥에서, 뉴스나 인터뷰를 통해 전해지는 린위탕의 편편에서 반공산주의는 의연히 살아 있었기 때문이다.

웃음의 반(反) 전체주의 효과

한국에서 『생활의 발견』이 『채근담』이나 『명심보감』과 함께 소비된 내력을 앞서 간단히 다루었지만, 이들 책과 나란히 두기엔 『생활의 발견』은 지나치게 정치적인 책이다. 도교와 유교의 전승이나 명말 청초 사상가들의 발화를 관통하여, 쾌락과 우유(優遊)의 인생관 자체가 정치화되고 있는 상황을 저자가 민감하게 의식하고 있기 때문이다. 린위탕은 활동주의를 풍자하고 경제지상주의를 조롱하지만, 더 공들여 독재를 비판하고 공산주의를 염려한다. 그는 『생활의 발견』의 핵심을 "자유인과 자유인적 정신"에 대한 옹호라고 요약하고는, 바로 이어 "자유인이야말로, 독재자에 대해서는, 가장 두려운 적일 것"(25)이라고 덧붙인다. 책에서 가장 강조하고 있으며 또한 실제 서술에서도 요체가 되고 있는 유머—린위탕은 그 중국어 번역으로 '유묵(幽默)'이라는 새로운 어휘를 제안했던 바 있다—의 가치도 민주주의와 연결된다. "민주주의 국가의 대통령은 웃음을 알고 있는데 독재자는 언제나 찌푸린 상을 하고 있다."(147). 제1차 세계대전(=유럽전쟁)에서 독일이 패배한 이유도 빌헬름 2세가 도통 웃음이라곤 몰랐기 때문이라고 한다. 1930년대 말의 항일전쟁을 묘사한 『폭풍 속의 나뭇잎』에서도 일본인은 '웃을 줄을 모르'는 민족으로 묘사된다.[38] 고작 웃는다고 해도 그들은

"망측하고 부자연스러운 웃음"(106)을 지을 뿐이다. 웃음, 그것은 삶의 능력이며 자유로운 정신의 표현으로서, 웃는 사람 자신이 인간이라는 사실을 확인시켜 준다. 『생활의 발견』을 쓴 1930년대 후반, 이 사실은 아무리 강조해도 지나치지 않다. 웃음과 더불어 "환경에 대해서 끈기 있고 대담하게 뛰어드는 굉장한 자유인적 소질"도 사라져 가고 있기 때문이다. 한쪽에 파시즘의 위험이 있다면 다른 한쪽에는 공산주의라는 문제가 있다. 공산주의 역시 삶을 무미하게 만들기는 마찬가지다. "공산주의와 파시즘은 둘 다 똑같은 정신의 소산물이다."(을유 382). "인간 대신 계급의 일원이 있다(…) 개성 대신에 맹목적이 있다."(161).

좀 더 근본적으로는 린위탕은 파시즘과 공산주의의 배후에서 똑같이 과도한 이상주의를 본다. 유토피아의 완성을 목전에 두고 있다는 감각, 그것이야말로 웃음을 마비시키고 생활을 위태롭게 하는 위험천만한 함정이다. "이런 세계를 상상해 보라. 신문에는 살인 기사가 나지 않는다. 모든 사람이 전지전능하며, 불도 한 번 나지 않는다(…) 남편은 그의 처를 버린 적이 없었다. 합창대의 처녀와 손을 맞잡고 도망치는 목사도 없다(…) 사람들은 다 논리적인 정확성을 가지고, 열 살 때 자기가 스스로 입안한 行程을 실현하는 데 노력을 하고 있다, 라는 그런 세계. 그렇게 되어서는 이 유쾌한 인간 세계도 그만이다!"(112). 하기야 린위탕의 말대로다. 모순 없고 문제없고 허점 없는 세상이란 얼마나 건조할 것인가. 마오쩌뚱을 모방해 '모순' 자체를 삶의 기본형으로 하는 새로운 공산주의를 설계해 볼 수도 있겠지만, 대저 공산주의에 강력한 유토피아 충동이 내재해 있다는 사실은 부

38_林語堂, 장심현 옮김, 『임어당전집 4: 폭풍 속의 나뭇잎』, 휘문출판사, 1968, 91면.

정하기 어렵다. 한때 '공산주의적 인간형'이란 말을 낳았던 이상주의적 정향에 맞서 린위탕은 "우리들은 지상의 것"임을 새삼 강조한다. "지상에서 태어나고, 지상에서 자란다(…) 이 아름다운 지상에 태어난 것은, 아무 불행한 일도 아니다."(46). 앞서 들었던 현실·꿈·유머의 방정식에 따르면 이상주의는 '현실+꿈'과 등가다. 린위탕은 심술궂게도 그 산출물을 '심통(心痛)'이라 명명한다. 반면 '현실+유머'는 현실주의 즉 보수주의로서, '현실+꿈+유머= 예지'만 같진 못하지만 비교적 지혜로운 삶의 태도에 속한다(10).

이상주의자보다는 보수주의자에 가까운 사상가로서 린위탕은 인간의 근본적 불완전성을 옹호한다. 그가 즐겨 인용하는 경구는 "담배를 피우는 사람 치고 아직 자살한 사람이 없다."(을유 225)라거나 "독재자는 모두 금주가다."(을유 232) 같은 것, 즉 담배 피우고 술 마시는 결함을 높이 사는 역설이다. 숙취를 통해서라면 누구나 "대중의 하나, 그 대중 속에서도 최하층의 하나"가 되는 경험을 하게 되는바 "이러한 경험은 그의 걷잡을 수 없는 자부심에 대한 청심제의 역할을 하게 될 것"(을유 233)이라는 식의 유머를, 독재며 민주주의 같은 정치적 문제에도 적용시키는 것이다. 인간의 애교스런 속물성과 사회의 어쩔 수 없는 불완전성은 린위탕식 자유주의의 이론적 전제다. 따지고 보면 린위탕의 이런 발상법은 비슷한 시기 씌어졌고 역시 한국에서 뒤늦게 베스트셀러가 된 버트런드 러셀의 『행복의 정복(*Conquest of Happiness*)』(1930)을 떠올리게도 한다. 러셀 역시 "미국의 실업가가 행복해지려면 먼저 종교를 고쳐야 한다."며, '경쟁적 성공'을 우상시하는 미국인의 태도를 문제 삼았고[39] "우리들은 결국 이 지구의 아들"이므로 자연의 리

39_B.Russell, 안병욱 옮김, 『행복의 철학』, 민중서관, 1955, 34~36면.

듬에 맞춰 살아야 한다고 주장했다(49). 지도자나 지식인을 선망하는 대신 튼실한 일꾼을 찬미하고, 건강한 식욕과 만물에의 흥미를 높이 산 것도 린위탕과 마찬가지다. 린위탕과 마찬가지로 러셀 역시 가족이라는 주제에 따로 장을 할애했으며, 조화 감정을 고평한 반면, "자기의 가치를 과대평가하여 흥분 속에 휩쓸린"다든가 "인생의 여러 가지 목적을 다 잊어버리고 오직 하나 둘만 아"는 태도를 경계했다(172~173). 비록 파시즘이나 공산주의에 대한 직접 언급이 보이지는 않으나, 1930년에 출간된 이 책이 2차 세계대전 전후 자유주의의 지침서 중 하나였을 것은 짐작할 수 있는 일이다.

린위탕이나 러셀의 책은 공히 미국과 소련 사이 반파시즘적 연대가 성립하기 전의 세계에 속한다. 이들이 대중적 글쓰기를 통해 자유주의를 매력적으로 선보인 1930년대 초·중반 이후, 파시즘의 침공이 격화되면서 영·미와 소련을 중심으로 반파시즘 공동전선이 형성되고 한동안은 자유주의와 공산주의 사이 적대가 부차화됐다. '민주주의'라는 노선 하에 영·미와 소련이 연대할 수 있다고 믿었던 당시에는 자유주의 대 공산주의라는 전선은 오히려 가려 두어야 할 문제였다. '자유'와 '인간'과 '행복'이란 이름으로 파시즘과 공산주의를 동등하게 비판했던 이들의 책이 다시 기세를 올린 것은 반파시즘 전선에의 기대가 무너진 후, 명확하게는 한국전쟁 발발 이후다. 이들의 자유주의-반공산주의 저작이 1950년대 말부터 1960년대 초·중반까지 한국에서 널리 읽혔던 것이다. 지금까지 기억되기로는 러셀과 린위탕의 책이 가장 유명하지만, 그밖에 매키버(R. M. MacIver)의 『행복의 탐구』(1957)나 모로와(A. Maurois)의 『행복에의 초대』(1960)도 1960년대 중·후반에 이르기까지 꾸준히 읽혔다.[40] 그 중 매키버의 저작 같은 경우 『생활의 발견』 못지않게 독재와 공산주의에 대한 비판의식을 명확히 한 축이다. 옮긴이에 의해 "라스키 교수와 더불어 현대의 다원적 국가론의 대표적 학자"로 소개된 매키버는 다양성이야말로 행복의 원리임을 설파하는 데서 시작해[41] 사회주의를 민주주의와 대립시키며(47) 민주주의의 핵심을 자아에서 찾은 결과(50) 공산주의를 '폭군'이라고 부르는 결과에까지 이른다(183). 이미 히틀러가 사라진 후 출간된 책임에도 『행복의 탐구』는 히틀러와 스탈린을 동일시하고(117) 그 특성을 편협한 독단에서 찾는다(259). 그런 위험에 대항해 저자가 강조하는 것은 '고독의 권리', '고독의 특권'이자 "자유라고 하는 위험한 천부의 재능"이다. 매키버는 "당신의 〈주의〉는 전체적 진리가 아니고, 다만 한 진리에 불과하다."(119)고 거듭 상기시키면서 그런 다양성의 사회적 실현으로서 "민주주의적 평등과 자유기업의 장점"(100)을 반복적으로 거론하고 있다.

4. 장제스주의자 – '중국의 붉은 별'과의 불화

행복론의 탈정치적 정치성

1950년대 말부터 출판시장에서 '행복'에의 추구가 뚜렷한 흐름을 이루었다는 사실은 유념해 둘 만하다. 앞서 들었던 린위탕과 러셀, 매키버나 모로와의 책들 외 세네카와 에밀 샤르티에, 칼 힐티의 책 등 행복론의 고전이

40_러셀과 마키버는 발간 당시에 많이 읽힌 것으로 보이지만 린위탕과 모로와는 발간 후 근 10년이 지나, 1960년대 후반에 새로이 선풍을 일으키며 베스트셀러 순위에 올랐다. 구체적 정황은 상세하지 않다.

41_R.M.MacIver, 안병욱 옮김, 『행복의 탐구』, 을유문화사, 1957, 39면.

거의 이때 번역되었다.[42] 여기서 몇 년이 지나면 번역서뿐 아니라 국내 저자들의 에세이류도 흔히 '행복'을 겨냥하게 된다. 연세대 철학과 교수였던 김형석의 베스트셀러 『영원과 사랑의 대화』(1961)나 러셀과 매키버를 번역한 안병욱이 낸 『인생은 예술처럼』(1966) 등이 그런 서적으로 대표적이다. 이들은 해방 후 한국 사회를 휩쓸었던 소비주의와 향락주의 대신 "생산과 근로와 검소의 새 의상"을 걸치고 추구할 만한 새로운 지표로 '행복'을 추천한다.[43] 1960년대 중반에 『생활의 발견』이나 『행복에의 초대』 등이 불러일으킨 대중적 호응은 1950년대에 시작, 근 10년을 이어진 이 같은 흐름 속에서 생각해 보아야 할 현상일 터이다. 이른 경우는 1950년대 중반부터 번역되기 시작했고 꾸준한 판매고를 기록했으나, 린위탕 열풍이 보여 주듯 이들 '행복'의 서(書)가 뜨거운 반응을 일으킨 것은 1960년대 중반 이후였다.

예컨대 린위탕의 『생활의 발견』과 러셀의 『행복의 철학』은 어조가 놀랄 만큼 비슷하다. 매키버도 그렇고, 모로와의 『행복에의 초대』—프랑스에서 인기를 끌었던 라디오방송 대본을 번역한 것으로, 그 내용은 한 쌍의 남녀를 통해 연애와 결혼의 제 문제에 대한 현실적 해답을 찾는 것이다—마저 형식이나 주제가 이질적인 채로나마 그렇다. 이들 행복론의 기조는 모두 유사하다. 멀리 이상을 좇으려 하거나 금욕적 태도를 가지려 하지 말고, 바로 곁의 현실에서 즐거움을 찾으며 현세적 쾌락을 적절히 즐기자는 방향으로 편향되어 있기 때문이다. 합리주의적 행복론이라 불러야 할 이 태도는 현실주의 혹은 보수주의와 맞닿아 있으며, 파시즘과 공산주의에 대한 비판을 함축하고 있다. 1930년대, 파시즘과의 대치 국면에서 인기를 끌었

42_권보드래·천정환, 『1960년을 묻다』, 천년의상상, 2012, 400~403면.
43_안병욱, 『인생은 예술처럼』, 민중서관, 1973, 165~166면.

『생활의 발견』이 'Importance of Living'이란 표제로 1937년에 처음 출판됐을 당시 표지. 펄 벅과 리처드 월시 부부가 경영한 존데이출판사에서 나왔다.

던 『생활의 발견』이며 『행복의 철학』이 1950~60년대에 다시 소환된 까닭을 이 어름에서 생각해 볼 수 있지 않을까 싶다. 주지하다시피 파시즘과 공산주의를 '두 개의 적'으로 설정하는 것은 1930년대 초·중반까지 서구 및 미국 자유주의자들 사이에 일반적인 태도였다. 린위탕은 이를 "왼쪽에는 프롤레타리아가, 오른쪽에는 파시즘이 있다."는 유명한 구절로 표현한 바 있다.[44] 제2차 세계대전 막바지에 영·미와 소련 사이 반파시즘 연합전선이 성립하면서 잠시 유보됐던 이 노선은 1950년대 이후 냉전기에 '자유세계'의 전략으로 재부상했다. 많은 지식인들이 결집했던 세계문화자유회의(Congress for Cultural Freedom)가 옛 파시즘의 기억을 공산주의와 중첩시키며 둘을 동등하게 '전체주의'로 공격했던 것이 그 전략을 잘 보여 주는 사례라 할 것이다.[45]

린위탕과 러셀은 모두 세계문화자유회의의 적극적 활동가였다. 린위탕

44_Qian Suoqiao, *Op.cit.*, p.86.

45_세계문화자유회의의 노선 및 활동, 그 한국적 전개 양상에 대해서는 권보드래·천정환, 앞의 책, 347~353면 참조.

의 경우 세계문화자유회의와 노선을 나란히 한 국제PEN클럽의 저명한 참석자 중 한 명이기도 했다. 제1차 세계대전 당시 반전론으로 구속됐던 러셀도 그렇지만, 린위탕은 한결 공공연하게 정치적이었다. 흥미로운 점은, 그럼에도 자유주의적 전통에 속해 있는 이들의 발화가 대체로 비정치적인 것으로 받아들여졌다는 사실이다. 한국의 린위탕 수용에서 그 점은 특히 명백하다. 미국에서 린위탕은 대 아시아정책에 (잠재적) 영향력을 행사할 수 있는 인사 중 한 명이었고, 일본에서는 노골적으로 항일을 주장한 중국 지식인 중 하나였으며, 중국에서라면 공산당을 가차 없이 비판한, 타이완에서라면 국민당을 애호한 정치적 고유명사였다. 1940~50년대의 린위탕을 기억한다면 그렇듯 정치적인 색채는 불가피하게 인정해야 할 측면일 터이다. 그러나 1950년대에 번역되고 1960년대에 열렬한 환영을 끌어냈던 한국의 '지각한 유행' 속에서 린위탕은 비정치적-탈정치적 입지를 지킬 수 있었다. 그가 그토록 강조했던 '유머'는 1930년대에 루쉰의 신랄한 비판을 받은 것이었지만[46] 초시대적인 현자의 태도로서 쉽게 수용되었고, '인간'과 '자유'와 '행복'에 대한 역설 역시 반 공산의 태도를 함축한 것이었지만 보편적인 가치로서 대중적 설득력을 발휘했다.

린위탕은 자기 철학의 정치적 용법을 잘 이해하고 있었던 것 같다. "개인을 단순히 계급의 일원이나 국가기관의 한 부분으로 여기는 공산국가도 (…) 인생의 진정한 목적에 비추어보면 곧 그 매력을 잃게 될 것이다(…) 모든 정치적인 권리보다 더 중요한 것은 인간이 행복을 추구할 수 있는 권리이다."[47] 같은 문장은 린위탕이 '인간'이나 '행복' 같은 어휘를 어떻게 위치

46_Qian Suoqiao, *Op.cit.*, p.82. 잘 알려져 있듯 루쉰은 '유머' 대신 '풍자'와 '正經'을 추천하고 실천한다.

시켜 왔는지를 압축적으로 보여 주고 있다. 조금 비약해 보자면, 한국전쟁 후 몇 해 지나지 않아 시작된 '행복'의 모색은 공산주의 및 북조선에 대한 이론적 항체를 찾아가는 과정에 해당한다고 주장해 볼 수 있음직도 하다. 그것은 대중적 반감을 불러일으키기 십상인 '쾌락'과 다르고, 전투의 가능성을 품고 있는 '자유'와도 차별되며, 오직 자연-예술-가족 등의 계열과 결부되면서 삶의 안정성을 추구하는 데 기여한다. 1960년대 한때 북조선에서도 '행복'을 공산주의적으로 조형하기 위해 여러 가지 노력을 기울였지만, '행복'이란 확실히 자유주의 내지 자본주의 내에서 한결 쉽게 호소력을 발휘할 수 있는 가치다. 개인과, 실은 그보다 가족과 쉽게 친연성을 발휘하는 개념이기도 하다. 한국전쟁 이후 유행하기 시작한 '행복'이 1960년대 중·후반에 이르러 다양한 베스트셀러 목록을 거느리게 됐다는 사실은, 그러므로 이 무렵 한국에서 '행복'의 긍·부정적인 토양이 형성되기 시작했음을 증명하고 있는 셈이다.

장편소설의 계보와 국민당 지지

린위탕은 1967년 오랫동안의 미국 생활을 접고 타이완에 정착한다. 총통 장제스는 수도 한복판에 넓은 부지 위 훌륭한 저택을 선사함으로써 세계적 지식인이 된 노학자의 귀국을 환영했다. 비록 고향인 푸젠이 아니라 멀리 떨어진 타이페이로 돌아온 것이었지만, 이제 72세가 된 린위탕에게 그것은 진정한 귀향이었다. 오랜 지기인 후쓰가 있고, 평생 경모한 장제스가

47_林語堂, 「중용」, 윤영춘, 『임어당의 생애와 사상』 1, 박영사, 1976, 137면.

있는 땅이었기 때문이다. 미국으로 이주하기 전, 그러니까 『생활의 발견』을 써 내기 전 린위탕의 정치적 입지가 '비정치성의 정치성'이라 불러야 좋을 종류의 것이었다면[48] 중일전쟁이 본격화된 이래 린위탕은 항일을 독려하고 국민당을 지지하는 정치적 행보를 계속한다. 『울지도 웃지도 못하고』에서는 중국 대륙에서 일본군의 만행을 폭로하면서 미국의 보다 적극적인 개입을 촉구했으며, 『새벽을 기다리며』에서는 갑작스레 국제적 지지를 모으기 시작한 중국 공산당을 비판하는 데 주력했다. 그밖에 린위탕은 장제스의 영문판 전기 『중국의 운명(*China's Destiny*)』에 서문을 썼고 미·중 사이 데탕트가 모색되고 있던 1959년에는 미국 상원 외교위원회에의 보고서를 통해 '두 개의 중국'론에 단호히 반대했다. 중화인민공화국이 린위탕에 대한 구애를 포기하지 않았던 무렵에 썼다고 하는 「마오쩌뚱 만장」은 그의 정치적 선택이 얼마나 단호한 것이었는지를 잘 보여 주고 있다: "장강을 붉게 하였고 청해를 푸르게 하였네 / 도적놈 모택동은 동방의 좀도둑으로 동방을 도둑질했네."[49]

국민당이 대일 항전을 선포한 이래 린위탕은 한 번도 장제스에 대한 지지를 철회한 적이 없다. 그것은 머뭇거리거나 유보하는 지지가 아니라 열렬하고도 즉각적인 지지였다. 논설이나 보고서를 통해 그러했을 뿐 아니라 소설에도 그 표적을 뚜렷이 남겨 놓았다. 1900년 의화단 운동 한복판의 베이징을 묘사하는 데서 시작, 1938년 1월 1일로 끝을 맺고 있는 대표작 『북경의 추억』에서 주인공 뮤란(木蘭)의 발걸음이 마지막으로 향하는 곳은 국민당 정부가 자리하고 있던 충칭이다. 베이징 유수의 가문 요씨와 증씨의

48_Qian Suoqiao, *Op.cit.*, p.88.
49_윤영춘, 앞의 책, 112면.

후손으로서 이 소설의 주인공들은 위안스카이 정부며 문학혁명과 5·4운동이며 군벌 대치 같은 상황을 지척에서 겪는데, 피서지에서 장제스 집에 이웃해 살았던 뮤란의 남편 쑨야(遜亞)는 "제갈량도 하지 못한 일들을 해치웠다."는 말로써 그를 극찬한다: "난 그 양반처럼 냉정하고 완고한 사람을 본 적이 없어(…) 이번은 중국을 영도해서 일본과 싸우는 더욱 큰 과제에 직면하게 된 거야."[50] 뮤란의 친정조카뻘인 빠어야(伯牙)를 주인공으로 내세운 후속작 『폭풍우 속의 나뭇잎』에서 그런 태도는 더욱 명백하다. 재기발랄한 청년 빠어야는 장제스를 '영웅'으로 숭배하고 있으며, 틈이 날 때면 장제스가 쓴 『대학론』이며 『중용론』 같은 책을 읽곤 한다.[51] 그의 애인 마린(단니)은 시시때때로 '장 총통 부인', 즉 쑹미링을 언급하며 길에서 만난 고아를 쑹미링이 운영한다는 양육시설로 보낸다(452). 도교적 세계관을 체화하고 있는 요씨며 선불교(『능엄경』)를 실천하고 있는 펜 등이 인상적으로 조정 중심 역할을 해내고 있는 세계이지만, 그럼에도 『북경의 추억』과 『폭풍우 속의 나뭇잎』에서 국민당에 대한 지지는 더불어 명백하다.

국민당과 장제스에 대한 요지부동의 확고한 지지, 어쩌면 이것은 린위탕이 어떤 지점에서 역사의식을 결하고 있다는 표지일지도 모른다. 다케우치 요시미의 말마따나 "사상적으로 그는 5·4 시대에서 한 걸음도 더 내디딘 것 같지 않다."[52] 린위탕은 현실 속의 국민당에 착목한다기보다 그 기원에 집착하고, 장제스의 다면을 분석하기보다 그를 우상화한다. 『북경의 추억』, 특히 그 제3부에 강렬하게 표현되어 있는 애국적 열정은 다분히 실체

50_林語堂, 박진석 옮김, 『임어당문집 4: 북경의 추억』, 휘문출판사, 1971, 702면.
51_林語堂, 장심현 옮김, 『폭풍 속의 나뭇잎』, 휘문출판사, 1968, 40·48·65면 등.
52_竹內好, 윤여일 옮김, 『내재하는 아시아』, 휴머니스트, 2011, 191면.

론적이다.[53] 갓 유학에서 돌아왔던 5·4운동 당시부터 1970년대 중반 세상을 떠나기까지, 성년 후 반 세기 가까운 린위탕의 생애에 있어 국민당이 다양한 시·공간을 관통하며 변화해 왔음에도, 국민당에 대한 그의 지지는 늘 즉각적이고도 열렬한 것이었다. 그 사실이 뚜렷하게 드러난 것은 중국의 항일전쟁이 정점에 달했던 당시다. 시안 사건 이후 국민당과 공산당 사이에 민족통일전선이 형성되었던 당시에도 린위탕은 국민당을 전면 긍정하고 공산당은 비판하는 태도를 조금도 바꾸지 않았다.

에드가 스노 대 린위탕, 미국 내 '아시아통'의 노선

린위탕의 국민당 지지가 가장 문제적인 장면을 빚어 낸 것은 아마 『새벽을 기다리며』 발간을 전후해서일 것이다. 1944년, 제2차 세계대전 막바지에 출간된 『새벽을 기다리며』는 1943년 가을부터 1944년 봄까지 린위탕이 직접 내륙의 국민당 통치 지구를 돌아본 후 그 소회를 기록한 책이다. 중국 군대의 영웅적 항일투쟁을 전하면서, 그러나 린위탕은 항일전 못지않게 격렬한 내전에 더 관심을 기울인다. 국민당 지구에서 만난 여러 사람이 전하기로는 국공합작이 성사된 이후지만 공산주의자들은 "돌아다닐 뿐 싸우지 않"는다. 일본군이 도착하면 철수해 병력을 보존하는 반면, 중앙 군대(국민당 군대)가 진군하면 맹렬히 맞서는 식이다. 대일본군 전선이 답보 상태인 이유 역시 국민당 관계자들은 공산당의 그런 태도에서 찾는다. 군인

53_『북경의 추억』에 대해서는 영문판 출간 직후인 1940년, 무려 세 종류의 일본어 번역이 나왔다. 이들 일본어 번역이 원저의 항일의식을 수용해 내지 못했음은 쉽게 예상할 수 있는 일이라 할 것이다. 그 왜곡 양상에 대한 대략의 검토로는 위의 책, 196~209면 참조.

들은 심지어 평준이나 청틴 등지에서 공산당이 수백에서 일천 남짓에 이르는 무고한 인민을 생매장했다는 소식도 들려준다.[54] 전통적 가족제도에 '봉건'이란 딱지를 붙여 공격하는 태도 역시 인민의 정서에는 어울리지 않는다. 종합적으로, 린위탕은 중국 공산당이 (1)레닌적 의미의 공산주의는 아니지만 (2)맑스주의적 이념에 기초하고 있으며 (3)반민족주의적 관념을 포지하고 있고 (4)전체주의적 독재로서 소련의 통치술을 모방하고 있다고 결론짓는다(229~230). 중국인들은 국민당에 대해 무관심하지만 공산당에 대해서는 더더욱 그렇다. 그럼에도 문제는 미국을 비롯한 외국에서 중국 공산당이 전 인민적 지지를 얻고 있다고 생각하고 있으며, 그 카멜레온적 변신술에 넘어가고 있다는 사실이다. 그런 까닭에 국민당에 대한 공산당의 요구는 점점 과도해지고 있으며, 평화협정은 더 어려워지고 있다(240).

『새벽을 기다리며』는 그 기획에서부터 문면에 이르기까지, '에드거 스노가 본 중국'에 이의를 제기하려는 의도가 명백한 책이다. 마치 에드거 스노가 1936~37년 4개월 간 홍군(紅軍) 점령 지구에서 생활한 뒤 『중국의 붉은 별(*Red Star over China*)』(1937)을 펴낸 것처럼 린위탕은 6개월여 국민당 통치 지구를 여행한 경험을 르포르타주 형식에 담아내려 했고, 에드거 스노가 미국의 대 중국—나아가 대 아시아—정책을 극적으로 바꾸어 낸 것처럼 린위탕 자신이 그 반대 방향으로 영향력을 발휘하고자 했다. 린위탕은 곳곳에서 에드거 스노가 쓴 『아시아를 위한 전투(*The Battle for Asia*)』를 상대로 구체적으로 면수를 적시(摘示)하며 논쟁을 걸고 있기까지 하다. 『중국의 붉은 별』 이후 몇 해 사이 미국 대중의 태도가 중국 공산당에 대해 우

54_Lin Yutang, *The Vigil of a Nation*, New York: The John Day Company, 1944, pp.107~109.

호적으로 전환되었다는 사실은 린위탕 역시 잘 알고 있다. 그럼에도, 혹은 그렇기 때문에, 린위탕은 중국 공산당의 입장에서 본 다른 측면이 "정말이지 유려하게, 끊임없이, 효과적으로 선전되었으므로" 독자들이 또 다른 측면도 알아 둘 필요가 있으리라고 설득한다(111). 예컨대 자신의 책 『새벽을 기다리며』의 100면 이하 몇 페이지와 에드가 스노의 『아시아를 위한 전투』 300면 이하 얼마간을 비교하면서 함께 읽어 보라고 권하는 식이다. 린위탕은 언론의 자유가 없고 당의 독재만이 있는 체제로 옌안 일대의 상황을 파악하는 한편, 그런 체제가 언론자유와 헌법 민주주의가 보장돼 있는 충칭의 국민당 정부를 압도하고 있는 상황에 몇 번이고 우려를 표한다(122~123). 항일과 통일, 민주주의라는 과제를 두고 볼 때 이는 중국의 미래에 어두운 징조다.

린위탕 자신이 인정했다시피 『새벽을 기다리며』의 정치적 의도는 좌절되었다.[55] 가까운 벗이자 믿음직한 편집자였던 월쉬 부부마저 이의를 피력했을 정도다. 린위탕의 원고를 검토하고 조언해 주곤 하던 펄 벅과 리처드 월쉬는 출판을 포기하는 것이 낫겠다고 조언했고, 당황한 린위탕은 편집자의 의견을 받아들여 원고 전체에 걸쳐 대대적인 손질을 했다. 그럼에도 출간 후 『새벽을 기다리며』는 반감과 혹평을 불러일으켰다. 월쉬 부부 같은 미국 내 중국통들(Chinahands) 사이 반응이 특히 심했다. 쑹칭링의 통역을 지냈던 아녜스 스메들리의 경우 린위탕이 '국민당 돈을 받아먹었다.'며 개인적으로 모욕을 가하기까지 했다. 에드거 스노 역시 『내이션』지에

55_린위탕 자신은 리처드 월쉬에게 보낸 서한에서 "대수롭잖은 일에서 나는 성공했지만, 내 정치적 신념－솔직하게는 공산주의에 대한 의문－이 문제되는 경우 내 말은 신빙성 없게 들리고 잘못된 해석을 낳곤 했다."고 토로한 바 있다(Qian Suoqiao, *Op.cit.* P.212.).

비판문을 게재해, 린위탕은 조국을 여러 해 떠나 안락하게 살아온 만큼 갈등의 실제를 잘 이해하지 못하는 데다 고대의 지혜를 집대성할 때 빛났던 그의 기지 역시 당의 선전가로선 어울리지 않는다며, 『생활의 발견』에 입각해 『새벽을 기다리며』를 부정하는 효과 높은 공격법을 구사했다.[56] 『생활의 발견』에 열광했던 독자 대부분은 확실히 『새벽을 기다리며』처럼 정치색이 노골화되는 변화를 참지 못했을 것이다. 개가를 올린 것은 에드거 스노 쪽이었다. 『중국의 붉은 별』을 비롯한 그의 각종 아시아 관련 서적은 제2차 세계대전 당시부터 한국전쟁 직전에 이르기까지 미국의 대중국 정책을 결정하는 데 결정적인 기여를 했다. 중국 정책의 방향이 한국에는 왜 적용되지 않았는지, 남로당에서 제기했던 '인민민주주의'의 노선이 한반도에선 왜 무력화되고 말았는지에 대해선 더 궁리가 필요하겠지만 말이다.

에드거 스노는 해방기 한반도에서 가장 자주 호명된 이름 중 하나다. 1946년에만도 세 권의 단행본이 번역되었으며(『민주주의의 승리』, 『신민주주의 건설: 홍군 종군기』, 『중국 소비에트 시찰기』), 『신천지』와 『민성』 『백민』 등 잡지에 번역된 기사만도 십수 종을 헤아린다. 「동구라파 기행」, 「간디의 유훈」, 「표랑청년이 지배하는 緬甸」, 「모스크바 결혼」, 「전설의 나라 이란」 같은 표제가 보여 주듯, 에드거 스노의 글은 일본 제국주의의 시선을 매개해서만 봐왔던—그러므로 보지 못했던—중국과 소련과 동유럽, 그리고 인도와 버마와 이란 등 여러 아시아 국가에 대한 정보와 시각을 제공했다. 제퍼슨식 근본 민주주의자로서 스노는 제2차 세계대전 당시 공산주의와의 연합전선에 동조했고, 맑스·레닌의 기본서적을 읽었으며 독특하게도

56_*Ibid*, pp.213~214.

버나드 쇼를 통해 사회주의에 접근했다.[57] 공산주의자는 아니었지만 중일 전쟁 당시 '해방구'에서 중국산업협동조합 조직을 적극 지원했던 것을 보면[58] 스스로 말한 대로 페비언 사회주의에 가까운 면모를 지니고 있었던 것 같다. 그는 역사의 합법칙성을 믿었으며 눈앞의 폭력과 비참이 진보를 위한 '광적인 절규'라고 생각했다. 요컨대 공산주의, 특히 저발전 (반)식민사회에서의 공산주의와 공감할 수 있는 가능성이 높았던 것이다. 미국과 자본주의라는 체제를 등지지 않은 상황에서, 에드거 스노는 좌우가 연대할 수 있는 최대의 경계치를 표시했다. 정세를 가늠하고 참조항을 구성하기 위해 아시아 각 지역에 대한 지식 또한 요청되는 상황이었다.

해방기 조선의 상황은 제2차 세계대전 와중 미국이 처해 있던 정황을 연상시키는 바 있다. 반파시즘 연대의 필요성이 제기된 상황에서, 게다가 일찍부터 아시아 지역을 누빈 폭넓은 경험을 쌓아 온 기자 출신으로서 에드거 스노는 귀중한 인재였다. 스노는 중국 공산당에 대한 미국 대중의 공포를 덜어내는 데 크게 기여했다. 그는 "국가적 자유를 박탈당한 민족에게는 혁명적 임무가, 조속한 사회주의의 실현이 아니라 독립을 위한 투쟁이다. 우리가 공산주의를 실행할 나라를 빼앗긴다면 아예 공산주이를 논의할 수조차 없을 것이다."라는 마오쩌뚱의 말을 타전했으며[59] 중국 공산당은 인민의 폭넓은 지지를 바탕으로 하고 있는 만큼 일본에 맞서 민족주의적 지도력을 발휘할 수 있으리라는 사실을 미국 대중에 설득했다.[60] 에드거 스노

57_E.Snow, 최재봉 옮김, 『에드거 스노 자서전』, 김영사, 2005, 269면.
58_같은 책, 373~379면.
59_E.Snow, 신홍범 옮김, 『중국의 붉은 별』, 두레, 1985, 397면.
60_같은 책, 14면.

뿐 아니라 펄 벅과 리처드 월쉬를 포함한 대부분의 중국통들이 비슷한 판단을 내렸던 것 같다. 이들은 중국 공산당을 'communist'로 번역하는 대신 'kungchantang'이라고 음차함으로써 마치 공산주의 일반과 다른 독특한 존재인 양 각인시켰으며, 마오쩌뚱을 '농촌 개혁가'로, 공산당을 지지하는 인민을 '농민 대중'으로 해석해 전달했다. 중화인민공화국이 대륙을 장악하고 미·중 관계가 변화해 한국전쟁을 거친 후에도 이들은 자기 입장의 타당성 자체를 의심하지는 않았다. 미국 내 중국학의 개척자라 할 페어뱅크가 아쉬워했던 대로, 문제는 그들 자신이 '충분한 영향력을 발휘하지 못한' 데 있었다고 생각했기 때문이다.[61]

5. 또 다시 현인(賢人) – 경계 위의 지혜

린위탕에 대해서도 일찍이 해방기에 그 우파-자유주의적 면모가 전해졌던 바 있다. 예컨대 대한민국 건국 직후 린위탕은 미국의 극동정책에 항의하는 인물로서 기사화된다. "중국 공산당을 농업 개혁주의자라고 하는 일부 미국 관변의 견해"를 비판하면서 장제스의 국민당을 지지하고, 방관적 정책을 폐기하고 중국 대륙의 상황에 적극 개입할 것을 촉구했다는 내용이다.[62] 린위탕의 이름이 한창 상종가였던 1960년대 중·후반에 있어서도 그 강력한 정치적 입장이 완전히 잊혔던 것은 아니다. '자유중국'으로 불렸던 타이완은 한·일과 더불어 아시아 지역에서 반공의 중요한 거점 중 하

61_Qian Suoqiao, *Op.cit.* P.218.
62_「미국민 일대 각성의 시기는 도래」, 『동아일보』, 1948.11.11.

나였던 만큼 '세계적 석학' 린위탕의 타이완 지지를 통해 한국(남한)의 정치적 정당성을 주조하려는 움직임은 결코 적지 않았다. 타이완 정부의 환대에 감격하고 마오쩌뚱 사후 중국 공산당은 곧 무너지리라고 예언하는 등, 정치적 행보를 보일 때마다 한국 내 신문에서는 린위탕의 말을 부지런히 받아 적었다.[63] 문제는 다만, 『생활의 발견』을 베스트셀러로 만들고 『임어당전집』까지도 사들였던 대중에게 그런 정치성의 수용 효과가 너무나도 미약했다는 것이겠다. 기묘한 비대칭이다.

하긴 린위탕이 기독교로 돌아가고 비틀즈를 공격하는 등 급격하게 보수화될 때이기도 했다. 노년에 다다른 린위탕은 더 이상 쾌활한 현실주의자일 수도 없는 듯 보였다. 발행 당시로부터 30년이 지나 한국에서 유행한 『생활의 발견』은 착잡한 아나크로니즘의 산물이었다. 더 던져볼 만한 질문은, 그럼에도 불구하고 린위탕이 새삼 소환된 데 다른 까닭이 더 있었는지 하는 점이겠다. 좀 더 구체적으로 말하자면, 1930년대 말과 마찬가지로, 그러나 그때와는 다르게 동아시아 및 유럽 등지에서 일종의 붐을 일으키고 있었던 마오쩌뚱이 한국에서는 과연 어떻게 받아들여지고 있었는가, 그 깊은 속내를 읽어 볼 수 있겠는가 하는 의문이라고 해도 좋다. 물론 대중적 층위에서라면 마오쩌뚱과 중국은 '죽(竹)의 장막' 저 너머에 있었다. 프랑스 지식인들이 '중국적인 것(la Chinoise)'—고다르의 영화 제목이기도 하다—에 심취하고 일본의 청상년들이 마오쩌뚱 어록을 휴대하고 다니던 같은 시절이었지만, 제3공화국 하 한국에서 반공은 압도적 실재였다. 그러나 이 시기 『사상계』에서는 중국 관련 특집과 좌담을 마련했고, 리영희 등이 중

63_「조국 위해 일할 터 린위탕 대만에 정착」, 『동아일보』, 1967.5.25.; 「중공 3년내에 붕괴 毛 죽으면 格下必至」, 『동아일보』, 1966.8.1.

린위탕이 1968년 세계대학총장대회 참석 차 서울을 방문했을 때 소설가 최인훈과 가진 좌담. 『경향신문』 1968년 6월 19일자. 당시 린위탕은 타이완으로 영구 귀국, 이전의 개방된 자유주의에서 크게 달라진 보수적 태도로 일관하고 있었다.

국을 접하는 새로운 통로를 개척하기 시작했다. 물론 이 모든 작업의 명분은 "적을 알고 我方을 알면 만사에 위태로움이 없다."는 것이었으나[64] 과연 그뿐이었는지, 그뿐이었다 해도 '적'이 '아방'을 바꿔 놓은 바 없었는지 궁금해지지 않을 수 없다.

린위탕은 마오쩌뚱의 이데올로기적 대극(對極)이었지만 "마오쩌뚱은 린위탕을 품고 린위탕은 마오쩌뚱을 품는다."[65] 이것은 항일 민족통일전선을 가리키는 진술로서 유효한 데 그치지 않는다. 근대 중국의 정치적 방향타를 가늠하는 데 있어 린위탕 식 우파와 마오쩌뚱 식 좌파는 서로를 배제하면서도 포함하는 관계였다. 이들은 서로 대립하는 자리에서 윤리적 주체

64_김상협, 1967, 『모택동사상』, 지문각, 2면.
65_竹內好, 앞의 책, 214면.

로서의 자기 확신을 이루었고, 그로써 중국의 정치적 현실을 주조해 가려 했다. 한국에서 린위탕을 정치적 존재로 받아들일 수 없게끔 했던 것, 그것은 우파의 윤리적 독립이 불가능했던 상황이었음직도 하다. 반면, 적대적인 소문 속에서나마 마오쩌뚱은 새로운 세계의 가능성을 내포하고 있었다. 세계 곳곳의 젊은이들이 마오쩌뚱 어록을 가슴에 품고 다니던 1960년대, 한국에서 마오쩌뚱의 '대극' 린위탕을 전유했던 것은, 그러므로 다중적으로 혼란스런 정황이다. 후일 1970년대 총리를 지낸 정치학자 김상협은 이 시기에 『모택동 사상』이란 책을 펴낸다. 발간되고 얼마 되지 않아 쇄를 거듭하고 오래잖아 개정판까지 나온 것을 보면 이 책의 반향은 적지 않았던 것 같다.

김상협은 '중공(中共)'에 대한 몇 안 되는 입문서 중 하나였던 이 책 말미에 기이하게도 자유주의 대 공산주의 대신 수정주의 대 교조주의라는 대립을 기입해 넣었다. 중·소 분쟁을 이해해야 할 필요 때문이었겠으나, 이 책에서 마지막으로 정리된 마오쩌뚱주의란 무기의 위력보다 인간의 정신력을, 물리적 원자탄보다 정신의 원자탄을, 장거리 포격전보다 근거리 육박전을, 군사·경제·문화보다 정치공작을, 즉 '외적 조건을 압도하는 정신성을' 높이 사는 주의다. 과연, 이런 책을 읽으면서, 또한 '중공'과 '자유중국' 사이 린위탕의 입지를 보면서 당시 지식인들은 어떤 생각을 했을까. 『생활의 발견』을 환영했던 독서 대중과 그들 사이의 관계는 또 무엇이었을까. 궁금증만을 남겨 기록해 둔다.

America and Asia in Imagination

The Imagined Geography of the World in 1950s Korea

This book is a result of cooperative research on the imaginative change of 'the World' in the 1950s Korea. It was a decade of destitution and chaos after the Korean War, when postcolonial practices were overshadowed by Cold War power politics. Korea, as a former colony of Japan, was divided into North and South respectively by the U.S.S.R. and U.S. Army military government, and South Korea accommodated itself to the new imaginary geography of the 'Free World'. U.S. lead 'Free World' meant a blockage of the northern pathway to North Korea, China, and the U.S.S.R., and an undermining of the western pathway to the West and South Asia for Korea.

Section One, 'Translation, Literature, and Globality' which preconditions a point to view the cultural landscape of 1950s Korea, focuses on how the translation of foreign intellectual resources was regulated by state, capital, and influenced by 'free world' politics. It consists of one long paper, "The Formation of

Translation Field and Literary Translation in the 1950s: Structural Relationship of the State, Capital and Literature" but is equal to two or three articles both in length and topic range.

Section Two, 'The Representation of America and Gender' consists of three articles. The first article, "The Reception of Pearl Buck and the Image of America in the 1950~60s" and the third article, "Choi Jaeseo's MacArthur: The Representation of MacArthur by (Post)Colonial Period Elites" recall in complementary ways a gender politics of representation of the U.S. to Koreans. Douglas McArthur codified the overwhelming masculine power as a paternal incarnation of U.S. force over Asia, while Pearl Buck symbolized the caring feminine existence as a motherly figure of U.S. friendship with Asia. It was also important to convey American civilization as a tangible image, and the 'Humor Novel' of popular magazines functioned as a medium to introduce an everyday model of American family life and illustrate its (dis)harmony with Korean life in a comic tone. "The Convention and Consciousness of the 'Humor Novel' in the Late 1950s: The Humor Novels as a Contact Zone of 'Entertainment' and '(American) Civilization'" is dedicated to such a topic.

Section Three, 'The Imaginative Geography of the Colonial Period and Cold War Era' comprises two articles. Two intellectuals who shared a posture of liberalism but differed in developing cultural-political practices are dealt with here. "Anticommunism, Asia, America, and Oh Youngjin: 〈The Youth〉 and 〈Storm Riders〉 as Biographical Dramas of Rhee Syngman" focuses on the playwright and politician Oh Youngjin, explicating his later career as covering up the past of colonial collaboration through anticommunism of a pro-American stance. On the other hand, "The Translation of Cold War Culture and Kim Su-young's Translational Practice in the 1950~60s", centering on the poet and translator Kim Su-young, exhibits his translation of foreign literature as an ambivalent response to cultural Americanism.

Section Four, 'The World Beyond America: Experiments and Traces' consists of three articles. The first, "The Asiatic Exoticism and Desire for Internationality of 1950s Popular Songs" portrays a revitalization and re-appropriation of Asiatic exoticism in colonial period for Cold War era Americanism. The second, "The Globality and Locality of Korean Cinema, and the Cartography of National Cinema: Criticism of the 1950s" presents a history of 1950s Korean cinema by illuminating its efforts for Korea's cultural identity among the foreign influences of U.S., Europe, and Japan. The last, "Lin Yutang and the Cultural Politics of Chinese Liberalism: The Readership of Lin Yutang and Korea between Two Chinas in the 1950~60s" explains the 'Lin Yutang phenomenon' of the book market through Koreans' open or secret interest in 'two Chinas'.

Koreans experienced the liberation, division, and war in less than ten years since 1945, and it drastically transformed the political and cultural landscape of Korea. The image of the world also changed among Koreans. This book, as a collaboration of nine researchers, approaches such a landscape and image in the various fields of literature, music, cinema, and translational practices. Anticommunism and Americanism was an omnipresent horizon, but its direction and intensity was uneven and often contradictory, and Koreans never ceased to search for alternatives for their survival and better existence. This book is a place to keep such a memory.

ARI Monograph Series 28

America and Asia in Imagination

The Imaginative Geography of the World in 1950s Korea

First Published 2018
by The Asiatic Research Institute at Korea University
145 Anam-ro, Seongbuk-gu, Seoul 136-701, Korea
www.asiaticresearch.org

아연동북아총서 28

미국과 아시아

1950년대 세계성의 심상지리

1판1쇄 | 2018년 3월 26일

편저자 | 권보드래
펴낸이 | 이종화
펴낸 곳 | 아연출판부
등록 | 2000년 5월 24일 제6-376호
주소 | 서울시 성북구 안암로 145 고려대학교 아세아문제연구소(136-701)
전화 | 02-3290-1600 팩스 | 02-923-4661
홈페이지 | www.asiaticresearch.org

값 20,000원

ISBN 978-89-90769-99-2 94300
ISBN 978-89-90769-29-9(세트)

이 도서의 국립중앙도서관 출판시도서목록(CIP)은 e-CIP 홈페이지(http://www.nl.go.kr/ecip)에서
이용하실 수 있습니다(CIP제어번호: CIP2018008554).